Betriebs-Berater Schriftenreihe

Arbeitsrechtlicher Umgang mit Pandemien

Praxisleitfaden am Beispiel der Corona-Krise

Herausgegeben von

Holger Dahl

Dr. Burkard Göpfert, LL.M. (Columbia)

Dr. Rüdiger Helm, LL.M (Cape Town)

Fachmedien Recht und Wirtschaft | dfv Mediengruppe | Frankfurt am Main

Bibliografische Information der Deutschen Nationalbibliothek

Die Deutsche Nationalbibliothek verzeichnet diese Publikation in der Deutschen Nationalbibliografie; detaillierte bibliografische Daten sind im Internet über www.dnb.de abrufbar.

ISBN: 978-3-8005-1746-6

dfv Mediengruppe

www.ruw.de

Druckvorstufe: Lichtsatz Michael Glaese GmbH, 69502 Hemsbach

Druck und Verarbeitung: WIRmachenDRUCK GmbH, 71522 Backnang

Printed in Germany

Inhaltsverzeichnis

Autorenverzeichnis

Biere, Benjamin	Rechtsanwalt und Fachanwalt für Arbeitsrecht, Krebühl Biere Rechtsanwälte, Frankfurt a. M.
Brune, Jan-Philipp	Rechtsanwalt, KLIEMT.Arbeitsrecht, München
Dahl, Holger	Einigungsstellenvorsitzender, Holger Dahl Konfliktmanagement GmbH, Königstein
Dreyer, Dr. Martin	Stellvertretender Hauptgeschäftsführer des Interessenverbandes Deutscher Zeitarbeitsunternehmen e. V. (iGZ)
Faber, Dr. Ulrich	Rechtsanwalt, CHRONOS Agentur, Berlin/Bochum
Fink, Martin	Partner, Rechtsanwalt und Fachanwalt für Arbeitsrecht, BEITEN BURKHARDT, München
Giese, Katja, LL.M. (UConn)	Partnerin, Rechtsanwältin und Fachanwältin für Arbeitsrecht, Attorney-at-Law (NY), KLIEMT. Arbeitsrecht, München
Göpfert, Dr. Burkard, LL.M. (Columbia)	Partner, Rechtsanwalt und Fachanwalt für Arbeitsrecht, KLIEMT.Arbeitsrecht, München
Handrup, Dr. Moritz	Partner, Rechtsanwalt, BEITEN BURKHARDT, Frankfurt a. M.
Helm, Dr. Rüdiger, LL.M. (Cape Town)	Rechtsanwalt, huber.mücke.helm, München/Kapstadt
Hoffmann-Remy, Dr. Till	Partner, Rechtsanwalt und Fachanwalt für Arbeitsrecht, KLIEMT.Arbeitsrecht, Frankfurt a. M.
Krebühl, Peter	Rechtsanwalt und Fachanwalt für Arbeitsrecht, Krebühl Biere Rechtsanwälte, Frankfurt a. M.
Meyer, Heinrich	Partner, Rechtsanwalt, BEITEN BURKHARDT, Frankfurt a. M.
Meyer, Dr. Michael	Rechtsanwalt und Fachanwalt für Arbeitsrecht, Dr. Meyer Fachanwälte, Neu-Isenburg
Reinhard, Dr. Barbara	Partnerin, Rechtsanwältin und Fachanwältin für Arbeitsrecht, KLIEMT.Arbeitsrecht, Frankfurt a. M.

Scheicht, Katrin	Partnerin, Rechtsanwältin und Fachanwältin für Arbeitsrecht, Pusch Wahlig Workplace Law, München
Schmid, Dr. Erik	Partner, Rechtsanwalt und Fachanwalt für Arbeitsrecht, BEITEN BURKHARDT, München
Schotter, Ass. iur. Annika	Wissenschaftliche Mitarbeiterin bei KLIEMT. Arbeitsrecht, München
Schulze, Maik	Rechtsanwalt, Fachanwalt für Arbeitsrecht, Leifeld Niechoj Scholten LNS – Rechtsanwälte, Bochum
Stück, Volker	Rechtsanwalt, Lead Expert Arbeitsrecht und Mitbestimmung, BWI GmbH, Bonn

Abkürzungsverzeichnis

a. A.	andere Ansicht
ABR	Aktenzeichen für Rechtsbeschwerdeverfahren
AG	Aktiengesellschaft
AGB	Allgemeine Geschäftsbedingungen
AiB	Arbeitsrecht im Betrieb (Zeitschrift)
AktG	Aktengesetz
a. M.	am Main
AP	Arbeitsrechtliche Praxis (Entscheidungssammlung)
AuR	Arbeit und Recht (Zeitschrift)
ArbG	Arbeitsgericht
ArbGG	Arbeitsgerichtsgesetz
ArbR-Aktuell	Arbeitsrecht Aktuell
ArbR.-HB	Arbeitsrechtshandbuch (*Schaub*)
Art.	Artikel
AuA	Arbeit und Arbeitsrecht (Zeitschrift)
Aufl.	Auflage
AZR	Aktenzeichen für Revisionsverfahren
BAG	Bundesarbeitsgericht
BAGE	Sammlung der Entscheidungen des Bundesarbeitsgerichts
BB	Betriebs-Berater (Zeitschrift)
BDSG	Bundesdatenschutzgesetz
BeckOK ArbR	Beck'scher Online-Kommentar Arbeitsrecht (hrsg. von *Rolfs/Giesen/Kreikebohm/Udsching*)
BeckRS	Beck-Rechtsprechung
BetrVG	Betriebsverfassungsgesetz
BGB	Bürgerliches Gesetzbuch
BGBl.	Bundesgesetzblatt
BGH	Bundesgerichtshof
BGHZ	Entscheidungen des Bundesgerichtshofes in Zivilsachen
bspw.	beispielsweise
BT-Drs.	Bundestags-Drucksache
Ca	Aktenzteichen Klagen in erstinstanzlichen Arbeitssachen
DB	Der Betrieb (Zeitschrift)
d. h.	das heißt
DSGVO	Datenschutz-Grundverordnung

DStR	Deutsches Steuerrecht (Zeitschrift)
EFZG	Entgeltfortzahlungsgesetz
EGMR	Europäischer Gerichtshof für Menschenrechte
ErfK	Erfurter Kommentar (hrsg. von *Müller-Glöge/Preis/Schmidt*)
EUR	Euro
ff.	fortfolgende
FS	Festschrift
GewO	Gewerbeordnung
GG	Grundgesetz
GK-BetrVG	Gemeinschaftskommentar zum Betriebsverfassungsgesetz
GS	Großer Senat
HGB	Handelsgesetzbuch
Hs.	Halbsatz
IfSG	Gesetz zur Verhütung und Bekämpfung von Infektionskrankheiten beim Menschen
i. S. d.	im Sine des
i.V.m.	in Verbindung mit
KSchG	Kündigungsschutzgesetz
Kug	Kurzarbeitsgeld
LAG	Landesarbeitsgericht
MAH	Münchner Anwaltshandbuch Arbeitsrecht
m.a.W.	mit anderen Worten
m.E.	meines Erachtens
m. w. N.	mit weiteren Nachweisen
NK-ArbR	Nomos-Kommentar Arbeitsrecht (hrsg. von *Boecken/Düwell/Diller/Hanau*)
NJOZ	Neue Juristische Online-Zeitschrift
NJW	Neue Juristische Wochenschrift
NZA	Neue Zeitschrift für Arbeitsrecht
Nr.	Nummer

o. ä.	oder ähnliches
OLG	Oberlandesgericht
RdA	Recht der Arbeit (Zeitschrift)
Rn.	Randnummer
S.	Seite
sog.	sogenannte
St. Rspr.	ständige Rechtsprechung
TaBV	Aktenzeichen für Beschwerden in Beschlussverfahren
TVG	Tarifvertragsgesetz
u. a.	unter anderem
vgl.	vergleiche
Ws	Aktenzeichen des Oberlandesgerichts für Beschwerden in Strafsachen und Bußgeldsachen
z. B.	zum Beispiel
ZPO	Zivilprozessordnung
zust.	zustimmend

Kapitel 1

Einleitung – Sondersituation Pandemie

Gibt man in die juristische Suchmaschine „beck-online" die Stichworte „Pandemie" und „Arbeitsrecht" ein, finden sich zunächst – immerhin – 41 Treffer. In den meisten Fällen wird der Begriff Pandemie allerdings nur am Rande und im Zusammenhang mit arbeitsschutzrechtlichen Vorschriften erwähnt. Gab es bislang ja auch praktisch keinen Anlass, sich damit näher auseinanderzusetzen. Die „Schweinegrippe" beschäftigte 2009 nur einen kleinen Teil der Arbeitsrechtswelt.[1] Die Anzahl der Todesfälle durch Influenza H1N1-Viren belief sich in Deutschland bis zum 20.4.2010 auf 253, europaweit auf 2.900, weltweit auf 18.449. Dabei wurden bis Ende Januar 2010 weltweit mehr als 622.000 Fälle registriert, die wirtschaftlichen Auswirkungen schienen überschaubar, letztlich war die Schweinegrippe „weit weg".[2] 1

Im *Schaub* findet man unter „Pandemie und Streik" zur Arbeitsverhinderung des Arbeitnehmers aus persönlichen Gründen gem. **§ 616 BGB** Folgendes: 2

> „Ein persönlicher Hinderungsgrund liegt auch bei einer Erkrankung der Kinder im Rahmen einer Pandemie (zB Schweinegrippe) vor. Auch wenn es sich bei einer Pandemie um einen Hinderungsgrund handelt, der zugleich bei einer Mehrzahl von Beschäftigten auftritt, realisiert sich hier nicht ein Alltagsrisiko, das jeden Arbeitnehmer treffen kann, sondern das besondere Risiko der zur Personensorge Verpflichteten. Gleiches gilt bei einem Streik im Kindergarten. Die Eltern bleiben nicht deshalb ihrer Arbeit fern, weil der Kindergarten geschlossen bleibt, sondern weil sie ihrer Elternpflicht nachkommen und für ihr Kind sorgen – dieser Grund liegt in der persönlichen Sphäre und erfüllt die Anforderungen des § 616 BGB. Dabei dürfen die Anforderungen an den Nachweis einer unabwendbaren Pflichtenkollision nicht überspannt werden: Den Eltern muss ein weiter Einschätzungsspielraum bei der Frage zugebilligt werden, welche Betreuungspersonen das Vertrauen in eine angemessene Versorgung der Kinder rechtfertigen."[3]

---

1 Z.B. *Falter*, Die Arbeitsleistung in der Pandemie, BB 2009, 1974 oder *Steinau-Steinrück/Mosch*, Arbeitsrechtliche Maßnahmen bei ausgebrochener Pandemie, NJW-Spezial 2009, 578 und *Schmidt/Novara*, Arbeitsrechtliche Aspekte der Pandemievorsorge und -bekämpfung, DB 2009, 1817 sowie *Stück*, Pandemie – Praktische und arbeitsrechtliche Maßnahmen zur Vorbeugung und Bekämpfung, MDR 2009, 1209.

2 Vgl. de.statista.com/themen/131/schweinegrippe/ (zuletzt abgerufen: 27.3.2020).

3 *Linck*, in: Schaub, ArbR-HdB, § 97 Rn. 13.

3 Die Situation hat sich nun grundlegend geändert, die Sichtweise auch: „Grundsätzlich sind Beschäftigte verpflichtet, Anstrengungen zu unternehmen, um das Kind anderweitig betreuen zu lassen“, erklärt der Deutsche Gewerkschaftsbund die Situation. Gerade bei kleinen Kindern ist das allerdings häufig zumindest nicht ad hoc machbar. Betroffene sollten in diesem Fall schnellstmöglich das Gespräch mit ihrem Arbeitgeber suchen und gemeinsam die verschiedenen Möglichkeiten einer Übergangslösung ausloten – etwa, ob Arbeiten von zu Hause aus eine denkbare Option darstellt.[4]

4 Dass wir angesichts der aktuellen Situation mit den vorhandenen Instrumentarien nicht klarkommen und nicht klarkommen können, liegt auf der Hand. Der Arbeitsmarkt „boomte“. Personal- bzw. Fachkräftemangel standen im Fokus. Man beklagte das „unzeitgemäße Arbeitszeitgesetz“[5] und wollte zu jeder Tages- und Nachtzeit arbeiten, zumindest telefonieren, skypen, mailen oder simsen:

> „Die Digitalisierung der Arbeitswelt hat sich national und international zum Megathema der arbeitsrechtlichen und arbeitsrechtspolitischen Debatte entwickelt. Die hohe Betriebstemperatur der Diskussion erklärt sich aus der Reichweite und der Geschwindigkeit der digitalen Transformation des Wirtschafts- und Arbeitslebens, deren vollständige Auswirkungen heute noch unabsehbar sind, die aber schon jetzt viele arbeitsrechtliche Gewissheiten ins Wanken bringt und die dazu zwingt, die normativen Rahmenbedingungen für Erwerbsarbeit zu überdenken und gegebenenfalls auf den unterschiedlichen Ebenen neu auszuhandeln.“[6]

5 Es geht nun von einem auf den anderen Tag nicht mehr um grenzenloses Wachstum, sondern schlicht darum, wirtschaftlich zu überleben und den totalen „Shut Down“ zu überstehen.

6 Das werden wir vielleicht nicht schaffen, wenn wir weiterhin ausschließlich auf „Rechten“ und „Regeln“ beharren, sondern wir müssen Kompromisse finden. Die Politiker und Mediziner haben das schnell verstanden und gehen mit gutem Beispiel voran. Sie erklären unumwunden, der Situation (noch) nicht gewachsen zu sein und stündlich dazuzulernen:

> „Nicht das, was du nicht weißt, bringt dich in Schwierigkeiten, sondern das, was du sicher zu wissen glaubst, obwohl es gar nicht wahr ist.“ (Mark Twain)

7 Mit diesem ersten Handbuch seiner Art versuchen wir, den nun geforderten Mitarbeiterinnen und Mitarbeitern in den Personalabteilungen, den Mitgliedern der

---

4 Focus Online Familie, https://www.focus.de/familie/eltern/keine-schule-keine-gross eltern-was-eltern-zum-corona-chaos-jetzt-wissen-muessen_id_11767457.html (zuletzt abgerufen: 27.3.2020).

5 *Bauer*, Unzeitgemäßes Arbeitszeitgesetz, RAW 2016, 1 f.

6 *Krause*, Herausforderung Digitalisierung der Arbeitswelt und Arbeiten 4.0*, NZA-Beilage 2017, 53.

Betriebsräte, den Rechtsanwältinnen und Rechtsanwälten, den Sachverständigen und der Richterschaft einen Kompass an die Hand zu geben. Auch wir lernen stündlich dazu und es ist möglich, dass uns der Gesetzgeber schon morgen „eines Besseren belehrt". Das ist aber nicht weiter schlimm, wenn wir dadurch die Krise besser bewältigen.

I. Situation des Arbeitgebers

Viele Arbeitgeber fürchten derzeit um ihre Existenz. Es werden Hilfspakete in Billionenhöhe geschnürt, das Insolvenzrecht für durch die Corona-Epidemie geschädigte Unternehmen zeitweise suspendiert.[7] Das Arbeitsrecht bleibt hingegen (noch) unverändert in Kraft. Lediglich der Zugang zu dem im Sozialgesetzbuch Arbeitsförderung – SGB III – verankerten Kurzarbeitergeld (dort §§ 95 ff.) wurde bzw. wird gelockert. Bundestag und Bundesrat haben am 13.3.2020 die Voraussetzungen für pandemie- bzw. coronabedingtes Kurzarbeitergeld bis zum 31.12.2021 (so die Befristung der Verordnungsermächtigung in § 109 Abs. 5 Satz 3 SGB III) erheblich gesenkt. Das Gesetz ist am 14.3.2020 im BGBl. verkündet worden und damit nach Art. 3 am 15.3.2020 in Kraft getreten.[8] Die Erleichterungen gelten aufgrund der Pressemitteilung des BMAS rückwirkend ab dem 1.3.2020.[9] Die Bundesarbeitsagentur tut ein Übriges und verlangt nicht mehr, dass Urlaub für das laufende Kalenderjahr verbraucht werden muss, bevor Kurzarbeit gewährt werden kann.[10] Mit der Thematik Kurzarbeit setzen wir uns eingehend in **Kapitel 2** auseinander, und zwar in einem Beitrag aus Betriebsratssicht und in einem anderen aus Arbeitgebersicht. Die übrigen Vorschriften und Systeme bleiben bestehen. Arbeitsrecht in der Corona-Pandemie ist „normales Arbeitsrecht". Eine zentrale Frage für den Arbeitgeber ist, ob und unter welchen Umständen er zur Lohnzahlung verpflichtet bleibt. U. a. das beleuchtet **Kapitel 5** unseres Handbuchs. 8

1. Betriebsschließungen

Betriebsschließungen sind naheliegend, wenn nichts mehr zu tun ist oder eine Ansteckungsgefahr für die Belegschaft besteht. Die Entscheidung, den Betrieb 9

---

7 Pressemitteilung des Bundesministeriums der Justiz und für Verbraucherschutz vom 16.3.2020, https://www.bmjv.de/SharedDocs/Pressemitteilungen/DE/2020/031620_Insolvenzantragspflicht.html (zuletzt abgerufen: 27.3.2020).

8 BT-Drs. 19/17893 und BGBl. I 2020, S. 493 f.

9 Vgl. https://www.bmas.de/DE/Presse/Meldungen/2020/mit-kurzarbeit-gemeinsam-beschaeftigung-sichern.html (zuletzt abgerufen: 27.3.2020).

10 https://www.arbeitsagentur.de/news/corona-virus-informationen-fuer-unternehmen-zum-kurzarbeitergeld (zuletzt abgerufen: 1.4.2020).

aufrechtzuerhalten oder zu schließen, trifft mitunter aber nicht der Arbeitgeber, sondern die Behörde.

a) Betriebsschließungen aufgrund behördlicher Anordnung

10 Betriebsschließungen aufgrund behördlicher Anordnungen aus reiner Vorsicht sind zwischenzeitlich Realität. Das betrifft derzeit landesweit Restaurants, Cafés, Kinos etc., ohne dass ein konkreter Verdacht erforderlich war.

11 Schon die Rechtsgrundlage dafür ist allerdings „schwammig". § 28 des Gesetzes zur Verhütung und Bekämpfung von Infektionskrankheiten beim Menschen (Infektionsschutzgesetz – IfSG) besagt, dass die zuständige Behörde Veranstaltungen oder sonstige Ansammlungen einer größeren Anzahl von Menschen beschränken oder verbieten und Badeanstalten oder in § 33 genannte Gemeinschaftseinrichtungen oder Teile davon schließen kann, wenn Kranke, Krankheitsverdächtige, Ansteckungsverdächtige oder Ausscheider festgestellt werden. Ein berufliches Tätigkeitsverbot kann nach § 31 IfSG verhängt werden: „Die zuständige Behörde kann Kranken, Krankheitsverdächtigen, Ansteckungsverdächtigen und Ausscheidern die Ausübung bestimmter beruflicher Tätigkeiten ganz oder teilweise untersagen. Satz 1 gilt auch für sonstige Personen, die Krankheitserreger so in oder an sich tragen, dass im Einzelfall die Gefahr einer Weiterverbreitung besteht." Da die Voraussetzungen für eine Schließung in diesen Fällen fehlen, besteht auch kein Anspruch auf Entschädigung gem. § 56 IfSG. Denn die Norm baut auf den gesetzlichen Anforderungen auf und nennt als Anspruchsteller Ausscheider, Ansteckungsverdächtiger, Krankheitsverdächtiger oder als sonstiger Träger von Krankheitserregern. Außerdem spricht die Vorschrift von Verdienstausfall und definiert diesen in § 56 Abs. 3 Satz 1 IfSG als „das Arbeitsentgelt (§ 14 des Vierten Buches Sozialgesetzbuch), das dem Arbeitnehmer bei der für ihn maßgebenden regelmäßigen Arbeitszeit nach Abzug der Steuern und der Beiträge zur Sozialversicherung und zur Arbeitsförderung oder entsprechenden Aufwendungen zur sozialen Sicherung in angemessenem Umfang zusteht". Die Norm bzw. das Gesetz haben den Arbeitgeber als Anspruchsteller also gar nicht im Auge.

12 Dennoch herrscht die Ansicht, dass Arbeitgeber gleichwohl Ansprüche nach § 56 IfSG geltend machen sollten[11] und auch verschiedene IHKs raten dazu. Mit Blick auf den Normzweck lasse sich eine erweiterte Auslegung von § 56 IfSG auch in den Fällen vorsorglicher Betriebsschließungen nach § 28 IfSG diskutieren.[12]

---

11 *Grimm*, Kurzarbeitergeld bei Nichtbeschäftigung und Betriebsstörungen aufgrund Corona (SARS-Covid 19) – Mit vielen Tipps für die Antragstellung und gestaltende Beratung, ArbRB 2020, 100.

12 Z.B. www.ihk-krefeld.de/de/international/corona-virus/entschaedigungen-nach-infektionsschutzgesetz-bei-schliessung.html (zuletzt abgerufen: 27.3.2020).

Weil das auf das Kurzarbeitergeld jedenfalls keinen negativen Einfluss nimmt, wie aus § 56 Abs. 9 IfSG hervorgeht,[13] sollte dies beherzigt werden.

Praxistipp: 13

Bei behördlich angeordneten Betriebsschließungen, beispielsweise von Gaststätten, sollten die Arbeitgeber vorsorglich Ansprüche nach dem IfSG anmelden. Zuständig sind gem. § 64 Abs. 1 IfSG die für die Durchführung des Bundesversorgungsgesetzes zuständigen Behörden. Es gilt daher die Regelung des § 2 Satz 1 KOVVfG, derzufolge grundsätzlich die Versorgungsämter die zuständigen Behörden sind. Von dieser Regelung kann und wird allerdings durch landesrechtliche Regelung z. T. abgewichen. Denn es handelt sich bei § 2 Satz 1 KOVVfG nicht um eine zwingende gesetzliche Vorschrift. In jedem Fall aber liegen Kriegsopferversorgung und Impfschadensrecht in der Zuständigkeit der gleichen Behörde.[14]

b) Betriebsschließungen ohne behördliche Anordnung

Die Corona-Krise bedeutet zumindest nach derzeitigem Verständnis nicht, dass 14 Betriebsschließungen den Arbeitgeber von der Lohnzahlungspflicht befreien. Gem. § 615 Satz 3 BGB trägt er auch bei Pandemien dieses Ausmaßes das volle Betriebsrisiko.[15] Davon kann sich der Arbeitgeber vertraglich wohl nicht lösen:

> „Eine generelle vertragliche Abwälzung des Betriebsrisikos steht im Widerspruch zum Grundgedanken des S. 3 und ist daher als unangemessene Benachteiligung rechtsunwirksam (§ 307 Abs. 2 Nr. 1 iVm Abs. 1 S. 1). Möglich ist es auch, mit den Mitteln des Tarifvertrags oder der Betriebsvereinbarung, im Einzelfall aber auch individualvertraglich, in Fällen des S. 3 Kurzarbeit zu vereinbaren und dem Arbeitnehmer so anstelle des Lohnanspruchs einen Anspruch auf Kurzarbeitergeld zu verschaffen.“[16]

Im Auge behalten sollte man dabei allerdings eine Entscheidung des BAG aus 15 dem Jahre 1975, die andeutet, dass bei Existenzgefährdung andere Grundsätze gelten könnten.[17]

---

13 Abs. 9 besagt: „Der Anspruch auf Entschädigung geht insoweit, als dem Entschädigungsberechtigten Arbeitslosengeld oder Kurzarbeitergeld für die gleiche Zeit zu gewähren ist, auf die Bundesagentur für Arbeit über.“

14 *Meßling*, in: Knickrehm, HK-SozEntschR, § 64 IfSG Rn. 1 f.

15 Für viele ErfK/*Preis*, § 615 BGB Rn. 130 ff.

16 NK-ArbR/*Boemke*, § 615 BGB Rn. 139.

17 BAG 28.9.1972 – 2 AZR 506/71, NJW 1973, 342.

2. Schutzpflichten nach § 618 BGB

16 Der Arbeitgeber hat gem. § 618 BGB die Pflicht, Räume, Vorrichtungen und Gerätschaften so einzurichten und zu unterhalten, dass der Verpflichtete (der Arbeitnehmer) gegen Gefahren für Leben und Gesundheit soweit geschützt ist, als die Natur der Dienstleistung es gestattet. Konkretisiert werden die Schutzpflichten des Arbeitgebers nicht nur durch gesetzliche Arbeitsschutzvorschriften, sondern auch durch zahlreiche von den Berufsgenossenschaften erlassene Unfallverhütungsvorschriften.[18]

> „Das Arbeitnehmerschutzrecht ist die Urzelle des modernen Arbeitsrechts.[19] [...] Das Arbeitnehmerschutzrecht wird durch staatliche Aufsicht, Zwang und Strafe oder Buße durchgesetzt, und zwar unabhängig vom Willen des Arbeitnehmers. Wegen dieser Funktionsweise gehört es zum öffentlichen Recht. [...] Für den Gefahrenschutz bildet die in § 618 BGB als Generalklausel verankerte Fürsorgepflicht die Brücke für eine privatrechtliche Einwirkung auf den Inhalt des Arbeitsverhältnisses.“[20]

17 Der BGH hat das 1978 wie folgt konkretisiert:

> „Der Arbeitgeber ist nämlich schon nach § 618 BGB gegenüber seinen übrigen Arbeitnehmern und nach § 823 BGB gegenüber jedermann aus Gründen der allgemeinen Verkehrssicherungspflicht verpflichtet, den Betrieb von Ansteckungsgefahren freizuhalten. Er muss von sich aus gegen die Beschäftigung von Ausscheidern, Ausscheidungsverdächtigen und Ansteckungsverdächtigen einschreiten.“[21]

18 Die aktuelle Situation zeigt, dass es sehr schwierig sein kann, Ausscheidungsverdächtige von nicht Ausscheidungsverdächtigen zu unterscheiden.

> „Eine Person ist ansteckungsverdächtig i. S. von § 2 Nr. 7 IfSG, wenn die Annahme, sie habe Krankheitserreger aufgenommen, wahrscheinlicher ist, als das Gegenteil. Für die Beurteilung sind die Eigenheiten der Krankheit, epidemiologische Erkenntnisse und Wertungen sowie die jeweiligen Erkenntnisse über Zeitpunkt, Art und Umfang der möglichen Exposition und über die Empfänglichkeit der Person für den Erreger zu berücksichtigen.“[22]

19 Soll nun jeder Arbeitgeber seinen Betrieb besser gleich schließen, bevor er am Ende noch in Anspruch genommen werden kann? Wie Arbeitgeber damit umge-

---

18 Nur ErfK/*Wank*, § 618 BGB Rn. 6ff.

19 *Fischinger*, in: Kiel/Lunk/Oetker, MHdB ArbR, Bd. 1: Individualarbeitsrecht I, § 4 Rn. 13.

20 *Fischinger*, in: Kiel/Lunk/Oetker, MHdB ArbR, Bd. 1: Individualarbeitsrecht I, § 4 Rn. 14.

21 BGH, Urt. v. 30.11.1978 – III ZR 43/77, NJW 1979, 422.

22 BVerwG, Urt. v. 22.3.2012 – 3 C 16/11, NJW 2012, 2823.

hen können, wird eingehend in **Kapitel 7 „Arbeits- und Gesundheitsschutz in der Pandemie**“ behandelt.

II. Situation Arbeitnehmer

Arbeitnehmer haben ein Zurückbehaltungsrecht aus § 618 BGB, wenn Arbeitgeber die ihnen obliegenden Schutzpflichten nicht erfüllen.[23] Können sie also „einfach“ auf Verdacht zu Hause bleiben? **20**

Jedenfalls im Falle eines behördlichen Verbots oder im Rahmen der Entgeltfortzahlung sind sie geschützt. **21**

1. § 56 IfSG und Entgeltfortzahlung

§ 56 IfSG gibt dem Arbeitnehmer, der „auf Grund dieses Gesetzes als Ausscheider, Ansteckungsverdächtiger, Krankheitsverdächtiger oder als sonstiger Träger von Krankheitserregern im Sinne von § 31 Satz 2 Verboten in der Ausübung seiner bisherigen Erwerbstätigkeit unterliegt oder unterworfen wird und dadurch einen Verdienstausfall erleidet“, einen Anspruch auf Entschädigungen. Ist er gleichzeitig arbeitsunfähig erkrankt, kommt es zu einem Konkurrenzverhältnis, das infolge „der von beiden Entgeltersatzsystemen vorausgesetzten Monokausalität eine Schutzlücke“ zur Folge haben kann.[24] Diese soll mit dem Argument geschlossen werden, dass das infektionsschutzrechtliche Beschäftigungsverbot wegen der öffentlich-rechtlichen Zwangswirkung der vorrangige Hinderungsgrund ist.[25] Bleibt der Arbeitnehmer aber zu Hause aus Angst vor Ansteckung, ohne dass er arbeitsunfähig erkrankt oder möglicher Anspruchsteller nach § 56 IfSG ist, droht der Einkommens- oder Existenzverlust. Unklar sind insbesondere die Fälle der „freiwilligen Quarantäne“. Das behandelt eingehend der Beitrag „**Quarantäne und Entgeltfortzahlung**“ in **Kapitel 5**. **22**

2. Wegerisiko

Die Schutzsysteme versagen indes beim sog. Wegerisiko. Kann der Arbeitnehmer wegen öffentlicher Verkehrsstörungen, Glatteis, Schneeverwehungen oder Smogalarm oder einer Aschewolke infolge Vulkanausbruchs den Arbeitsplatz **23**

---

23 ErfK/*Wank*, § 618 BGB Rn. 25.

24 *Greiner*, in: Kiel/Lunk/Oetker, MHdB ArbR, Bd. 1: Individualarbeitsrecht I, § 80 Rn. 41.

25 *Greiner*, in: Kiel/Lunk/Oetker, MHdB ArbR, Bd. 1: Individualarbeitsrecht I, § 80 Rn. 41 und *Bonanni*, Die Folgen von Corona für Arbeitnehmer und Arbeitgeber – Ein Special mit vielen Informationen, Handlungsoptionen und Praxistipps ArbRB 2020, S1.

nicht erreichen, entfällt der Vergütungsanspruch. Dies gilt nach Ansicht des BAG selbst dann, wenn der Arbeitgeber aus Entgegenkommen einen Werksbus einsetzt, der wegen Eisglätte nicht fahren kann. Auch ein sich in Rufbereitschaft befindlicher Klinikarzt trägt das Wegerisiko bei einem nächtlichen Unfall selbst.[26]

3. Kinderbetreuung

24 Als großes Problem erweist sich die Kinderbetreuung. Nachdem die Schulen und Kitas nahezu flächendeckend geschlossen sind, ist es vielen Eltern nicht möglich, zur Arbeit zu erscheinen. Das Bundesministerium für Arbeit und Soziales verweist in diesem Zusammenhang auf § 616 BGB, der – wenn überhaupt – den Arbeitgeber nur für wenige, in der Regel zwei bis drei Tage zur Lohnfortzahlung verpflichtet.[27] § 616 BGB kann allerdings tarif- oder arbeitsvertraglich abbedungen, also ausgeschlossen werden. Die Abweichung kann zugunsten, aber auch zuungunsten der Arbeitnehmer erfolgen.[28] Die Abhandlung „**Entsendung ins Homeoffice/Mobile Work**“ in **Kapitel 3** zeigt Lösungen.

4. Homeoffice und flexible Arbeitszeitregelungen

25 Wegerisiko und Kinderbetreuung bei starren Arbeitszeiten zwingen den Arbeitnehmer letztlich dazu, zu Hause zu bleiben. Das Bundesministerium für Arbeit und Soziales appelliert an die Arbeitgeber, Homeoffice-Lösungen oder flexible Arbeitszeitregelungen zu überdenken. Damit beschäftigt sich neben Kapitel 3 **Kapitel 4 „Flexibilisierung der Arbeitszeit“**.

III. Situation Betriebsräte

26 Die Betriebsverfassung gilt in der Krise genauso wie im „Normalfall“. Nur im Notfall, in dem nicht wiedergutzumachende Schäden drohen, darf der Arbeitgeber, soweit der Betriebsrat nicht rechtzeitig erreichbar ist oder entscheiden kann, vorübergehend und bis zur Entscheidung des Betriebsrats ohne dessen Zustimmung handeln.[29] Auf die Betriebsräte kommen ebenso große Herausforderungen zu wie auf die Arbeitgeber. Das erfordert eine eigenständige Be-

---

26 *Waas/Palonka*, in: Däubler/Hjort/Schubert/Wolmerath, Arbeitsrecht, § 615 BGB Rn. 34 und BAG, 8.12.1982 – 4 AZR 134/80, AP BGB § 616 Nr. 58.

27 Pressemitteilung vom 15.3.2020: Lohnfortzahlung bei Kinderbetreuung, https://www.bmas.de/DE/Presse/Meldungen/2020/lohnfortzahlung-bei-kinderbetreuung.html (zuletzt abgerufen: 27.3.2020).

28 ErfK/*Preis*, § 616 BGB Rn. 13.

29 NK-ArbR/*Schwarze*, § 87 BetrVG Rn. 118.

trachtung der „**Handlungsfähigkeit des Betriebsrats in Zeiten von Corona**" in **Kapitel 11**.

IV. Durchführung der Einigungsstelle während der Pandemie

Einigungsstellen während der Pandemie müssen – sofern es um Kurzarbeit geht – **27** schnell zusammenkommen. Die Beteiligten müssen dabei nicht nur kollektivrechtliche Probleme der Pandemie regeln, sondern sich selbst vor der Pandemie schützen. Zusammenkünfte sollten möglichst vermieden werden, um nicht unnötige Ansteckungsrisiken einzugehen. Die Frage ist, ob das in Form von Videokonferenzen etc. bewältigt werden kann. Das beleuchtet die Darstellung „**Die Durchführung einer Einigungsstelle während einer Pandemie**" in **Kapitel 12**.

V. Zeitarbeit

Die Zeitarbeit ist besonders von dem Ausbruch einer Pandemie betroffen, da die **28** Kunden als erstes ihr Fremdpersonal abmelden, wenn unvermittelt der Arbeitskraftbedarf fällt. **Kapitel 10** „**Zeitarbeit in Zeiten von Corona**" erläutert, wie diese Probleme zu lösen sind.

VI. Sonderbelastung systemrelevanter Berufe

Während die meisten Branchen unter einem rasanten Arbeitsrückgang leiden, **29** müssen Lebensmittelherstellung und -handel, Apotheken, Mitarbeiter im Staatsdienst und vor allem Arztpraxen und Krankenhäuser Sonderopfer bringen. Die Ausführungen „**Sonderbelastung systemrelevanter Berufe**" in **Kapitel 6** erklären, mit welchen Rahmenbedingungen dies zu bewältigen ist und welche Möglichkeiten unter Berücksichtigung der vertraglichen Grundlagen und Mitbestimmungsrechte bestehen.

VII. Restrukturierung

Durch eine Pandemie können Arbeitgeber insbesondere in besonders betroffe- **30** nen Branchen schnell in Liquiditätsprobleme kommen, wenn die oben beschriebenen Maßnahmen nicht ausreichen, um den Auftragseinbruch abzufangen und die Personalkosten zu senken. Der Beitrag „**Restrukturierung während und wegen einer Pandemie**" **in Kapitel 9** beschreibt, wie ein Arbeitgeber schnell reagieren kann und welche Rahmenbedingungen in solchen Fällen für Interessenausgleich gelten.

VIII. Datenschutz

31 Bei allem darf nicht übersehen werden, dass der Gesetzgeber erst 2018 ein neues (Beschäftigungs-)Datenschutzgesetz mit hohen Bußgeldandrohungen eingeführt hat. Wie damit in Zeiten von Corona umzugehen ist, behandelt **Kapitel 8**.

IX. Gesetz zur Abmilderung der Folgen der Covid-19-Pandemie

32 Vorübergehende Betriebsschließungen und Kurzarbeit belasten sowohl Unternehmen als auch eine Vielzahl von privaten Haushalten. Um die wirtschaftlichen Folgen dieser Krise abzumildern, hat der Gesetzgeber kurzer Hand die Insolvenzantragsfristen für einige Monate ausgesetzt und Verbrauchern und Kleinstunternehmen zeitlich begrenzte Leistungsverweigerungsrechte eingeräumt. **Kapitel 13** stellt kurz die wesentlichen Gesetzesänderungen dar und erklärt, unter welchen Voraussetzungen die Betroffenen davon Gebrauch machen können.

33 Das abschließende **Kapitel 14** widmen die Herausgeber einer Abschlussbetrachtung. Wie wünschen aber schon an dieser Stelle Ihnen und uns, dass wir alle diese Zeiten gesund überstehen und bald zur viel gescholtenen „Normalität“ zurückkehren können.

Kapitel 2

Allheilmittel Kurzarbeit

Abschnitt 1 – Perspektive Betriebsrat

Bereits in der letzten Wirtschaftskrise 2009 war Deutschland weltweit für sein Krisenmanagement insbesondere durch die Kurzarbeit geachtet. Mit den Mitbestimmungsregelungen zur Kurzarbeit konnte ein erheblicher Beitrag dafür geleistet werden, dass Deutschland wie kaum ein anderes Land die Krise bewältigte und wichtige Grundlagen für Wirtschaftswachstum nach dem Krisenzeitraum legte. Die Autoren beraten Betriebsräte und Arbeitnehmer in der aktuellen Ausnahmesituation und erläutern die Grundzüge der Kurzarbeit. Sie erklären, worauf Betriebsrat und Mitarbeiter zu achten haben. 1

I. Einleitung

Die Kurzarbeit war ein entscheidender Faktor dafür, dass Deutschland die Wirtschaftskrise im Jahr 2009 überstehen und entscheidende Ressourcen für das folgende Wirtschaftswachstum sammeln konnte. Nicht zuletzt aufgrund dieser positiven Erfahrungen ist die Bundesregierung in Zeiten einer Pandemie eines nicht vorhersehbaren Ausmaßes nicht zögerlich, vorrangig wieder dieses Mittel der Arbeitsförderung einzusetzen, um insbesondere auch die schnell unter wirtschaftlichen Druck geratenden kleinen und mittelständischen Unternehmen zu entlasten. Hierzu werden formelle Hürden für die Einführung von Kurzarbeit abgesenkt und der Handlungsspielraum der Bundesregierung erweitert. 2

Grundlegende Voraussetzung für den Einsatz von Kurzarbeit ist unverändert eine Absatzkrise, ein Auftragsmangel oder ein unabwendbares Ereignis, das zu einem Arbeitsausfall führen kann. Ausschließlich bei Vorliegen einer dieser Voraussetzungen kommt eine vorübergehende Kompensation des Arbeitsausfalls durch Kurzarbeit in Betracht.[1] 3

II. Struktur der Kurzarbeit

Die Kurzarbeit als Instrument der Arbeitsförderung kann in zwei grundlegende rechtliche Aspekte eingeteilt werden. Auf der arbeitsrechtlichen Seite geht es 4

---

1 *Pletke/Schrader/Siebert/Thoms/Klagges*, Rechtshandbuch Flexible Arbeit, Rn. 510.

darum, die Wochenarbeitszeit vorübergehend zu reduzieren und die Vergütung proportional zu verringern.[2] Demgegenüber steht der sozialversicherungsrechtliche Aspekt. Dieser gewährleistet einen anteiligen Ausgleich des vorübergehenden Entgeltausfalls durch die Gewährung von Kurzarbeitergeld seitens der Agentur für Arbeit. Den Arbeitgebern wird auf diese Weise eine Handlungsmöglichkeit eingeräumt, die in zweierlei Hinsicht eine Ausnahme darstellt. Zum einen kann der Arbeitgeber einseitig die Arbeitszeit verkürzen, also in das vertraglich verbindlich geregelte Austauschverhältnis eingreifen – eine Möglichkeit, die sonst nur in engen Grenzen den Arbeitnehmern im Rahmen der Arbeitszeitreduzierung nach dem Teilzeit- und Befristungsgesetz vorbehalten ist. Zum anderen wird das Betriebsrisiko, welches grundsätzlich der Unternehmer zu tragen hat, auf Arbeitnehmer und Gesellschaft verlagert:[3] Auf die Arbeitnehmer, weil sie mit einem erheblich reduzierten Einkommen ihren Lebensunterhalt bestreiten müssen und auf die Gesellschaft, die den Entgeltausfall durch eine Sozialleistung abmildert.

1. Arbeitsrecht: Rechtsgrundlage für Kurzarbeit

5 Der arbeitsrechtliche Aspekt betrifft die Regelung, durch welche die Kurzarbeit grundsätzlich arbeitsvertraglich ermöglicht wird. Diese Regelung kann der Arbeitsvertrag selbst enthalten, aber auch in einem anwendbaren Tarifvertrag enthalten sein oder über eine mit dem Betriebsrat vereinbarte Betriebsvereinbarung umgesetzt werden. Hinzu kommt die Ausübung der zwingenden Mitbestimmung des Betriebsrates, die sich aus § 87 Abs. 1 Nr. 3 BetrVG ergibt und die nach der Theorie der Wirksamkeitsvoraussetzung[4] unabdingbar für die wirksame Einführung der Kurzarbeit ist.

6 Auf wichtige Mindestinhalte der Betriebsvereinbarung, wie die Regelung von Beginn und Dauer der Kurzarbeitsperiode, die Lage und die Verteilung der Arbeitszeit sowie die Auswahl der betroffenen Arbeitnehmer,[5] wird an anderer Stelle näher eingegangen. Festzuhalten ist jedoch an dieser Stelle, dass die Betriebsvereinbarung zur Kurzarbeit stets die konkrete Ausnahmesituation des Unternehmens und die betrieblichen Auswirkungen des Arbeitsausfalls im Blick haben muss.

7 Arbeitsvertraglich muss die einseitige Verkürzung der Arbeitszeit bereits im Arbeitsvertrag oder – anlassbezogen – in individuellen Ergänzungsvereinbarungen zum Arbeitsvertrag vereinbart sein bzw. werden. Denn die Anordnung von Kurzarbeit greift wesentlich in das vertragliche Austauschverhältnis ein, das durch

2 *Pletke/Schrader/Siebert/Thoms/Klagges*, Rechtshandbuch Flexible Arbeit, Rn. 511.
3 *Bieback*, in: Gagel, SGB III, § 95 Rn. 125 f.
4 *Richardi*, in: Richardi, BetrVG, § 87 Rn. 101 ff.
5 BAG, 18.11.2015 – 5 AZR 491/14.

den Arbeitsvertrag begründet wird. Betriebsvereinbarungen hingegen können eine vorzugswürdige Alternative darstellen, da diese unmittelbar auf das vom Geltungsbereich erfasste Arbeitsverhältnis anwendbar sind, ohne dass sie wie einzelvertragliche Regelungen einer AGB-Kontrolle unterliegen, und vor allem können sie stellvertretend mit nur einem Verhandlungspartner umgesetzt werden.[6] Urlaubsansprüche können ausschließlich bei der Kurzarbeit auf „Null“ wirksam auf die Kurzarbeit angerechnet werden.[7] Beachtet werden muss auch der Gleichbehandlungsgrundsatz, der eine faire und gleiche Behandlung der Arbeitnehmer zu gewährleisten hat.[8]

2. Sozialversicherungsrecht: Kurzarbeitergeld

Der sozialversicherungsrechtliche Teil ist in den §§ 95 ff. SGB III geregelt. Kurzarbeitergeld ist eine Leistung der aktiven Arbeitsförderung, die als eine der wenigen Leistungen in diesem Bereich keine Ermessensleistung ist.[9] Allerdings wurden die hierzu geltenden Regelungen bereits modifiziert. Zweck der Neuregelung ist es, für Unternehmen den Zugang zu Kurzarbeit zu erleichtern. **8**

3. Aktuelle Änderungen der Kurzarbeit

In der aktuellen Situation zeigt sich die die Bundesregierung handlungsstark. **9**
Durch das Gesetz zur befristeten krisenbedingten Verbesserung der Regelungen für Kurzarbeitergeld vom 13.3.2020 wurde die in § 109 SGB III enthaltene Verordnungsermächtigung wie folgt erweitert:[10]

> „(5) Die Bundesregierung wird ermächtigt, für den Fall außergewöhnlicher Verhältnisse auf dem Arbeitsmarkt durch Rechtsverordnung, die nicht der Zustimmung des Bundesrates bedarf,
> 1. abweichend von § 96 Absatz 1 Satz 1 Nummer 4 den Anteil der in dem Betrieb beschäftigten Arbeitnehmerinnen und Arbeitnehmer, die vom Entgeltausfall betroffen sein müssen, auf bis zu 10 Prozent herabzusetzen,
> 2. abweichend von § 96 Absatz 4 Satz 2 Nummer 3 auf den Einsatz negativer Arbeitszeitsalden zur Vermeidung von Kurzarbeit vollständig oder teilweise zu verzichten,
> 3. eine vollständige oder teilweise Erstattung der von den Arbeitgebern allein zu tragenden Beiträge zur Sozialversicherung für Arbeitnehmerinnen und Arbeitnehmer, die Kurzarbeitergeld beziehen, einzuführen.

---

6 *Bieback*, in: Gagel, SGB III, § 95 Rn. 135.
7 Vgl. EuGH, 13.12.2018 – C-385/17.
8 LAG Hamburg, 7.1.2008 – 5 Sa 93/06.
9 Vgl. *Bieback*, in: Gagel, SGB III, § 95 Rn. 5.
10 BGBl. I 2020, S. 493.

Die Verordnung ist zeitlich zu befristen. Die Ermächtigung tritt mit Ablauf des 31. Dezember 2021 außer Kraft."

10 Bislang liegt ein Referentenentwurf (Stand: 20.3.2020) für eine Verordnung über die „Erleichterungen der Kurzarbeit" (Kurzarbeitergeldverordnung – KugV) vor. Der Entwurf macht von der erweiterten Verordnungsermächtigung Gebrauch und setzt den politisch gewünschten erleichterten Zugang zur Kurzarbeit um.[11]

11 Zum einen wird das Quorum der von dem Arbeitsausfall betroffenen Beschäftigten im Betrieb auf 10 % abgesenkt, die mindestens 10 % Entgeltausfall erleiden. Bislang musste ein Drittel der Beschäftigten im Betrieb vom Arbeitsausfall betroffen sein. Dies erleichtert die Einführung von Kurzarbeit schon dann, wenn nur einzelne Bereiche vom Arbeitsausfall und kleinere Betriebe betroffen sind. Außerdem soll die gesetzliche Regelung, die zunächst den Aufbau negativer Arbeitszeitsalden im Rahmen der betrieblichen Regelungen fordert, relativiert werden, um schneller die sozialrechtliche Kurzarbeitergeldleistung erhalten zu können. Die Ausschöpfung der Möglichkeit, negative Arbeitssalden aufzubauen, was bisher für die Unvermeidbarkeit zunächst erforderlich, soll aber in der aktuellen Krise nicht mehr erforderlich sein, um den Nachweis des unabwendbaren Arbeitsausfalls erbringen zu können.

12 Das Kurzarbeitergeld soll zudem auch entsprechend für Leiharbeitnehmer gewährt werden können, um diese Arbeitnehmer nicht mangels Vermittelbarkeit freisetzen zu müssen. Zudem wird die Bundesagentur für Arbeit (BA) Sozialversicherungsbeiträge, die den Entgeltausfall betreffen, auf Antrag in pauschalierter Form unter Anwendung der Regelungen des § 153 Abs. 1 Satz 2 Nr.1 SGB III erstatten. Für die Arbeitnehmer fallen indes Sozialversicherungsbeiträge unverändert nur in Höhe des verkürzten Bruttogehalts an. Dies entlastet besonders kleine und mittelständige Unternehmen.

4. Voraussetzungen für Kurzarbeitergeld

13 Die Gewährung von Kurzarbeitergeld ist, von der Erleichterungen der Verordnung abgesehen, von fünf Voraussetzungen abhängig, die in §§ 95 ff. SGB III geregelt sind.

a) Erheblicher Arbeitsausfall (§ 96 SGB III)

14 Der Arbeitsausfall muss auf wirtschaftlichen Gründen beruhen. Mit dem Arbeitsausfall ist aber nicht der finanzielle Verlust gemeint. Darunter fällt insbe-

---

11 Siehe https://www.bmas.de/SharedDocs/Downloads/DE/PDF-Gesetze/Referentenentwuerfe/ref-KugV.pdf (zuletzt abgerufen: 29.3.2020).

sondere eine schlechte Konjunkturlage (aktuell durch eine Pandemie bedingt) oder ein anderes unabwendbares Ereignis.

Entscheidend ist ferner, dass der Arbeitsausfall nur vorübergehend ist. Im Umkehrschluss bedeutet das, dass eine Rückkehr zur Vollarbeit bis zum Ende der Bezugsdauer von maximal 12 Monaten wahrscheinlich ist.[12] Anknüpfungspunkt ist insoweit eine tatsachenbasierte Prognose, ob der Wegfall eines Arbeitsplatzes dauerhaft oder eben nur vorübergehend ist. Entsprechend besteht hier grundsätzlich ein Ausschlussverhältnis zum Personalabbau. Zu beachten ist aber, dass dieses nur im Zeitpunkt der Anzeige der Kurzarbeit gegeben ist. Ändern sich die tatsächlichen Umstände während der Kurzarbeit erheblich, kann mit den veränderten Umständen gleichwohl eine betriebsbedingte Kündigung auch während der Kurzarbeit sozial gerechtfertigt sein.[13] Lediglich die Gründe dürfen hier nicht identisch sein. **15**

Schließlich muss der Arbeitsausfall auch unvermeidbar sein. Negativbeispiele sind in § 96 Abs. 4 SGB III aufgeführt. Hiernach ist ein Arbeitsausfall vermeidbar, wenn der Arbeitsausfall überwiegend branchen-, betriebs- oder saisonüblich ist oder ausschließlich auf betriebsorganisatorischen Gründen beruht. Ebenfalls vermeidbar ist der Arbeitsausfall, wenn er durch bezahlten Erholungsurlaub verhindert werden kann, soweit vorrangige Urlaubswünsche der Arbeitnehmer nicht entgegenstehen. Dies scheidet zum Beispiel dann aus, wenn die Urlaubsplanung bereits abgeschlossen ist, also Urlaub bereits beantragt und genehmigt worden ist. Unbeachtlich wäre der Arbeitsausfall ferner auch dann, wenn er durch die Nutzung von im Betrieb zulässigen Arbeitszeitschwankungen – also die Nutzung eines mit dem Betriebsrat vereinbarten Arbeitszeitkorridors auch im negativen Bereich – vermieden werden kann. Diese Voraussetzung wird aber mit Inkrafttreten der KugV angesichts der aktuellen Pandemielage modifiziert werden, sodass diese Anforderung befristet bis zum 31.12.2020 entfällt. **16**

Ein klassisches Beispiel für ein unabwendbares Ereignis ist eine Naturkatastrophe. Darunter können allerdings auch Pandemien und Folgewirkungen, wie zum Beispiel Kita-Schließungen oder auch behördliche Maßnahmen wie etwa Betriebsschließungen fallen.[14] Die KugV indes lässt diese Frage offen und verlagert diese Konkretisierung an die Arbeitsverwaltung. Die Bundesagentur für Arbeit wendet nach ihren eigenen Angaben die gesetzliche Regelung bereits so an, dass z.B. behördliche Maßnahmen wegen des Corona-Virus als unabwendbares Ereignis anerkannt werden.[15] **17**

---

12 BSG, 17.5.1983 – 7 RAr 13/82, SozR 4100, § 63 Nr. 2.

13 *Bieback*, in: Gagel, SGB III, § 95 Rn. 186.

14 *Pletke/Schrader/Siedbert/Thoms/Klagges*, Rechtshandbuch Flexible Arbeit, Rn. 530f.

15 Siehe https://www.arbeitsagentur.de/news/corona-virus-informationen-fuer-unternehmen-zum-kurzarbeitergeld (zuletzt abgerufen: 29.3.2020).

b) Betriebliche Voraussetzungen (§§ 96, 97 SGB III)

18 Dieses Kriterium setzt voraus, dass mindestens ein Arbeitnehmer beschäftigt wird (§ 97 SGB III) und dass der jeweilige Betrieb oder eine Betriebsabteilung erheblich von Arbeitsausfall und Entgeltausfall betroffen sein müssen (§ 96 SGB III). Das Mindesterfordernis für den Arbeitsausfall wurde nun vorübergehend durch die KugV modifiziert: In dem Betrieb müssen während des Anspruchszeitraums, also dem entsprechenden Kalendermonat, mindestens 10 % der Beschäftigten vom Arbeitsausfall und mehr als 10 % von einem Entgeltausfall betroffen sein.[16] Bislang musste gemäß § 96 Abs. 1 Satz 1 Nr. 4 SGB III ein Drittel der Beschäftigten vom Arbeitsausfall betroffen sein.

c) Persönliche Voraussetzungen (§ 98 SGB III)

19 Dieses Erfordernis verlangt insbesondere, dass ein ungekündigtes und unbeendetes Arbeitsverhältnis besteht und dass kein Ausschluss des Arbeitnehmers von Kurzarbeitergeldbezug vorliegt. Ausschlussgründe sind beispielsweise Weiterbildungsmaßnahmen, ein geringfügiges Beschäftigungsverhältnis oder Krankengeldbezug.

20 Da bei gekündigten Arbeitnehmern das Ziel des Kurzarbeitergeldes, den Arbeitsplatz zu sichern, nicht erreicht werden kann und zudem diese Arbeitnehmer bei Lohnkürzung ihr Arbeitsverhältnis fristlos kündigen können und dann einen Anspruch auf Arbeitslosengeld haben, ist es gerechtfertigt, ihnen grundsätzlich den Kurzarbeitergeld-Anspruch zu versagen.[17] Haben Arbeitgeber und Arbeitnehmer vor Anzeige der Kurzarbeit bereits eine vertragliche Aufhebung vereinbart, sind daher auch diese Arbeitnehmer vom Kurzarbeitergeld ausgeschlossen, denn die Funktion der Arbeitsförderung kann in diesen Fällen nicht mehr erfüllt werden.

d) Anzeige des Arbeitsausfalls (§ 99 SGB III) und Antrag auf Kurzarbeitergeld

21 Der Arbeitsausfall muss bei der zuständigen Agentur für Arbeit angezeigt werden. Diese Anzeige ist in schriftlicher oder elektronischer Form möglich. Die Agentur für Arbeit stellt hierfür online ein Formular bereit. Grundsätzlich besteht ein Anspruch auf Kurzarbeitergeld frühestens von dem Kalendermonat an, in welchem diese Anzeige bei der Agentur für Arbeit eingegangen ist.[18] Wichtig ist, dass der Arbeitsausfall auch nachweisbar ist. Die jeweilige Anzeige erfordert jedenfalls die Glaubhaftmachung der Kausalität zwischen dem Arbeitsausfall und dem wirtschaftlichen Grund oder unabwendbaren Ereignis. Beides wird im Rahmen einer Pandemie wie der „Corona-Krise“ ohne Weiteres

---

16 Siehe https://www.bmas.de/SharedDocs/Downloads/DE/PDF-Gesetze/Referentenentwuerfe/ref-KugV.pdf (zuletzt abgerufen: 29.3.2020).

17 *Bieback*, in: Gagel, SGB III, § 98 Rn. 37.

18 BSG, 6.4.2000 – B 11 AL 81/99 R, NZA-RR 2001, 609.

als hinreichender Grund bzw. Ereignis vertretbar sein und im Zweifel durch Rechtsverordnung klargestellt werden.

Die Antragstellung gem. § 323 Abs. 2 SGB III ist vom Arbeitgeber vorzunehmen.[19] Dafür muss der Arbeitgeber zuvor fristgerecht einen Antrag auf Kurzarbeitergeld gestellt haben. Die Beantragung ist fristgerecht, wenn diese spätestens drei Monate nach dem Ablauf des Abrechnungsmonats eingegangen ist. Durch die derzeit eingehende Vielzahl von Anträgen bei der Agentur für Arbeit entsteht eine „Antragsflut", allerdings stellt die Agentur für Arbeit Arbeitshilfen auf ihrer Onlinepräsenz bereit. **22**

5. Leistungshöhe

Grundsätzlich übernimmt die Bundesagentur für Arbeit derzeit 60 % des ausgefallenen Nettolohns für maximal 12 Monate. Bei Arbeitnehmern mit einem unterhaltsberechtigten Kind liegt der Leistungssatz bei 67 %.[20] Für die Berechnung der Entgeltdifferenzen ist das Entgelt maßgeblich, das der Beitragsbemessung (BBG) zugrunde liegt (§106 Abs. 1 Satz 6 i.V.m. § 153 SGB III). Derzeit liegt die Beitragsbemessungsgrenze im Westen Deutschlands bei 6.900,00 EUR brutto und im Osten bei 6.450,00 EUR brutto. Dadurch entsteht eine überproportionale Einbuße bei „Besserverdienern", denn deren Entgeltausfall wird gedeckelt auf die Höchstleistungssätze 2.482,33 EUR (verheiratet mit einem Kind) und 2.222,98 EUR (verheiratet ohne Kind). **23**

Der Arbeitgeber kann von seiner Seite aus Zuschüsse zum Kurzarbeitergeld gewähren, die anders als ein anderweitiger Hinzuverdienst das Kurzarbeitergeld nicht vermindern, solange der Entgeltausfall gegeben ist. Üblich sind in der Praxis (z.B. bei Transfergesellschaften) Aufstockungen auf 80 % des letzten Nettogehalts. Die Aufstockung kann aber auch bis auf 100 % des letzten Nettogehalts erfolgen und sollte sich an der wirtschaftlichen Leistungsfähigkeit des jeweiligen Unternehmens orientieren. Wurden in der Vergangenheit Gewinne erwirtschaftet, können die Arbeitnehmervertreter mit Recht hier eine Beteiligung des Unternehmens an der Bewältigung der Krise einfordern. Insbesondere bei Arbeitnehmern mit Gehältern erheblich unterhalb der Beitragsbemessungsgrenze wirkt sich die Reduzierung des Gehalts trotz des Kurzarbeitergeldes erheblich mindernd aus und kann bei den Arbeitnehmern zur wirtschaftlichen Schieflage führen. Vor allem in diesen Fällen sollte eine Aufstockung des Kurzarbeitergelds durch den Arbeitgeber angezeigt sein. **24**

---

19 *Koch*, in: Schaub, ArbR-HdB, § 48 Rn. 15.
20 *Hamann*, in: Schüren/Hamann, AÜG, § 1 Rn. 573.

6. Leistungsdauer

25 Kurzarbeitergeld wird gemäß § 104 Abs. 1 SGB III grundsätzlich für die Dauer von bis zu 12 Monaten gewährt. Hieran ändert auch die aktuelle KugV bislang nichts. Ob die anlässlich der Corona-Pandemie eingeführten Kurzarbeits-Regelungen insbesondere im Hinblick auf die vorgesehene Dauer verlängert werden, bleibt abzuwarten. Die erweiterte Ermächtigungsgrundlage gilt bis 31.12.2021 und würde hierfür Raum lassen. Grundsätzlich hat sich die Steuerung durch den Staat in der letzten Wirtschaftskrise bewährt, sodass man die Erkenntnisse hieraus sicher im Rahmen der Entwicklung berücksichtigen wird.

7. Berechnung des KUG

26 **Beispiel 1**:

- Monatsgehalt 4.000,00 EUR brutto bei 40 Wochenstunden.
- Kurzarbeit wird in Höhe von 50 % angeordnet, Arbeitsausfall: 20 Stunden pro Woche.
- Steuerklasse III, 1 Kind → Leistungssatz 1 (67 %)

Kurzarbeit	**Bruttogehalt in EUR**	**Rechnerischer Leistungssatz in EUR (nach Tabelle Bundesagentur für Arbeit)**
	4.000,00	1.882,47
50 %	2.000,00	1.072,00
Kurzarbeitergeld		810,47

27 Aus dieser Beispielsberechnung ergibt sich ein verfügbares Einkommen aus dem reduzierten Bruttogehalt für 20 Wochenstunden Arbeitsleistung von 2.000,00 EUR plus 810,47 EUR Kurzarbeitergeld als Nettoleistung.

28 **Beispiel 2**:

- Monatsgehalt 8.000,00 EUR brutto bei 40 Wochenstunden.
- Kurzarbeit wird in Höhe von 50 % angeordnet, Arbeitsausfall: 20 Stunden pro Woche.
- Steuerklasse I, kein Kind → Leistungssatz 2 (60 %)

Kurzarbeit	**Bruttogehalt in EUR**	**Rechnerischer Leistungssatz in EUR (nach Tabelle Bundesagentur für Arbeit)**
	8.000,00	2.222,98
50 %	4.000,00	1.491,73
Kurzarbeitergeld		731,25

29 Aus dieser Beispielsberechnung ergibt sich ein verfügbares Einkommen aus dem reduzierten Bruttogehalt für 20 Wochenstunden Arbeitsleistung von 4.000,00 EUR plus 731,25 EUR Kurzarbeitergeld als Nettoleistung.

Der Vergleich dieser Beispiele, zeigt, dass ein Ausgleich von Gehaltsbestandteilen oberhalb der Beitragsbemessungsgrenzen von aktuell 6.900 EUR (West) und 6.400 EUR (Ost) verhältnismäßig gering ausfällt. Dies mag man damit rechtfertigen, dass von diesen Verdienstgruppen ein größerer Eigenbetrag im Krisenfall erwartet werden kann. Andererseits ist es für diese Einkommensbereiche oftmals umso schwieriger, ihre laufenden Lebenshaltungskosten an die veränderte Einkommenssituation anzupassen. Abhängig von der Struktur der Belegschaft kann es daher angezeigt sein, alternative Modelle zu entwickeln. Denn die Kurzarbeit verfolgt den Zweck der Arbeitsförderung und soll zu einem Erhalt der Arbeitsverhältnisse beitragen.[21] **30**

8. Aufstockungsleistungen

Die erhebliche Kürzung des zur Verfügung stehenden Lebensunterhalts, den die Begrenzung des Kurzarbeitergeldes mit sich bringt, können wie bereits angesprochen die Arbeitgeber abmildern, indem sie den Arbeitnehmern einen Zuschuss gewähren, der die Differenz zwischen dem früheren Entgelt und dem Entgelt während Kurzarbeit ganz oder teilweise ausgleichen kann. Auf diese Weise können Arbeitgeber von der Entlastung durch das Kurzarbeitergeld profitieren, ohne eine Abwanderung der Belegschaft zu riskieren. **31**

Die Steuerpflicht gilt insoweit nur für das infolge der Kurzarbeit reduzierte Bruttogehalt. Auch die Berechnung der Beiträge zur Sozialversicherung erfolgt nur in Höhe des reduzierten Gehalts. **32**

Ein Zuschuss des Arbeitgebers zum Kurzarbeitergeld ist eine besondere, vom Lohn getrennte zusätzliche Leistung, die ausdrücklich nicht beim Ist-Entgelt zu berücksichtigen ist.[22] Steuerlich wird aufseiten der Arbeitnehmer das Kurzarbeitergeld im Rahmen der Progression bei der Bemessung des Steuersatzes berücksichtigt.[23] **33**

Grundlage für die Aufstockung ist entweder eine individuelle arbeitsvertragliche Vereinbarung oder eine Betriebsvereinbarung. Da die Betriebsvereinbarung über die Einführung von Kurzarbeit grundsätzlich der zwingenden Mitbestimmung unterliegt, stellt sich in der Praxis die Frage, ob und inwieweit Betriebsräte auch eine entsprechende Aufstockungsleistung des Arbeitgebers erzwingen können. **34**

Während das Bundesarbeitsgericht ein zwingendes Mitbestimmungsrecht des Betriebsrats ablehnt,[24] vertritt ein Teil der Literatur die Auffassung, dass ein Mit- **35**

21 *Koch*, in: Schaub, ArbR-HdB, § 48 Rn. 1.
22 BeckOK SozR/*Bieback*, § 106 SGB III Rn. 13.
23 *Koch*, in: Schaub, ArbR-HdB, § 48 Rn. 16.
24 BAG, 21.1.2003, NZA 2003, 1097, 1100.

bestimmungsrecht insbesondere über eine Aufstockung des Kurzarbeitergelds durch den Arbeitgeber nach dem Schutzzweck des § 87 Abs. 1 Nr. 3 BetrVG geboten sei.[25] Selbst die Meinungen, die ein Mitbestimmungsrecht insoweit ablehnen, räumen dem Betriebsrat das Recht ein, die Zustimmung zu einer Arbeitszeitverkürzung unter Hinweis auf fehlende Aufstockungsleistungen zu verweigern, da die mit der Arbeitszeitverkürzung verbundene Entgeltkürzung für die Arbeitnehmer des Betriebs ein unangemessenes Sonderopfer darstellt.[26]

36 Den ablehnenden Meinungen ist zuzugestehen, dass im Bereich der Mitbestimmung nach § 87 BetrVG das finanzielle Volumen in der Regel nicht der Mitbestimmung unterfällt. Nach der sog. Topf-Theorie, ist das „Ob“ mitbestimmungsfrei. Im Rahmen der Kurzarbeit kann die Mitbestimmung des Betriebsrats in Bezug auf die Aufstockungsleistung aber als Annexkompetenz im Rahmen der Verkürzung der Arbeitszeit begriffen werden. Denn es bedarf bei der Kurzarbeit, die in erheblichem Maße in das Austauschverhältnis der Arbeitsvertragsbeziehung eingreift, insbesondere dann einer auch wirtschaftlichen Rechtfertigung, wenn die Leistungsfähigkeit des Unternehmens die Gehaltseinbußen der Mitarbeiter überwiegt. Entscheidet eine Einigungsstelle über die Einführung von Kurzarbeit, also die Verkürzung der betrieblichen Arbeitszeit, muss die Entscheidung bei der erforderlichen Abwägungen aller Interessen daher auch in Betracht ziehen, dass eine Aufstockungsleistung einem grundsätzlich leistungsfähigen Arbeitgeber zuzumuten ist, sofern die Interessen der Arbeitnehmer dies als angemessen erscheinen lassen. Denn für die Arbeitnehmer kann der in der Anordnung von Kurzarbeit bestehende Eingriff in das Synallagma des Arbeitsvertrages eine soziale Härte darstellen, die vergleichbar mit einer erzwingbaren Sozialplanleistung nach § 112 BetrVG eines wirtschaftlichen Ausgleichs bedarf.

37 Ein Rückgriff auf die insoweit vergleichbare Interessenlage und die insoweit entwickelte Rechtsprechung zu der wirtschaftlichen Vertretbarkeit i.S.d. § 112 Abs. 5 Satz 1 BetrVG bei der Dotierung von Ausgleichsleistungen in einem Sozialplan ist aber insbesondere deswegen geboten, weil eine Beteiligung der Unternehmen an den Kosten der Kurzarbeit im Rahmen ihrer wirtschaftlichen Möglichkeiten im Gesetz nicht ausdrücklich vorgesehen ist. Sie ist aber sozial- und arbeitsrechtlich als Korrektiv geboten, um die hier vorhandene Regelungslücke auszufüllen, weil anderenfalls der Zweck der Kurzarbeit – nämlich die Beschäftigung zu fördern und zu sichern – im Einzelfall nicht erreicht werden kann. Ohne eine angemessene Aufstockung des Kurzarbeitergeldes kann bei ge-

---

25 *Klebe*, in: Däubler/Kittner/Klebe/Wedde, BetrVG, § 87 Rn. 129; *Henkel/Hagemeier*, Mitwirkungs- und Mitbestimmungsrechte des Betriebsrates in Angelegenheiten der außertariflichen Angestellten , BB 1976, 1420; *Trittin*, Vergütungsanspruch gegen den Arbeitgeber bei Kurzarbeit, wenn das Arbeitsamt kein Kurzarbeitergeld zahlt, AiB 1991, 94f.

26 LAG Köln, 14.6.1989 – 2 TaBV 17/89.

ringem Einkommensniveau oder Teilzeitbeschäftigung die Einführung von Kurzarbeit dieselbe wirtschaftliche Härte darstellen, die mit der Beendigung von Arbeitsverhältnissen verbunden ist, die durch erzwingbare Sozialplanleistungen auszugleichen ist. Denn ohne Aufstockungsleistung kann die Kurzarbeit Arbeitnehmer dazu drängen, von sich aus bestehende Arbeitsverhältnisse beenden zu müssen, um ihren Lebensunterhalt sichern zu können. Die Kurzarbeit könnte auf diese Weise missbraucht werden, um eine Betriebsänderung zu vermeiden, die wiederum mit erzwingbaren Ausgleichsansprüchen verbunden wäre.

Bei der Abwägungsentscheidung der Einigungsstelle, ob eine Aufstockung in **38** Betracht kommt, muss natürlich vollumfänglich berücksichtigt werden, dass durch die Kurzarbeit ein Betrieb und schließlich ein Unternehmen vor einer konkreten wirtschaftlichen Schieflage und damit der Gefährdung des Bestands des Unternehmens an sich – mithin aller Arbeitsplätze – bewahrt werden soll. Doch im Einzelfall kann durch die zwingende Entscheidung einer Einigungsstelle im Rahmen der wirtschaftlichen Vertretbarkeit über die Gewährung einer Aufstockungsleistung sichergestellt werden, dass die Einführung der Kurzarbeit letztlich sozial verträglich bleibt.

Sollte die Bundesregierung auf die insbesondere auch von Gewerkschaftsseite **39** aufgebrachte Forderung reagieren und höhere KUG-Sätze (z.B. „Aufstockung" auf 90 %) gesetzlich – zumindest für einen Übergangszeitraum aufgrund der Pandemie – festsetzen, würde der innerbetriebliche Streit um die Höhe der den Arbeitnehmern zustehenden finanziellen Mittel eine deutliche Mäßigung erfahren.

9. Verfahrensweise zur Einführung von Kurzarbeit

Zunächst muss der Arbeitgeber das Bestehen oder die Schaffung einer Rechts- **40** grundlage für die arbeitgeberseitige Anordnung von Kurzarbeit prüfen. Anschließend hat eine Ankündigung gegenüber den betroffenen Arbeitnehmern unter Beachtung etwaig geltender Ankündigungsfristen und eine Anzeige des Arbeitsausfalls bei der zuständigen Agentur für Arbeit zu erfolgen. Aktuell geht die Bundesagentur für Arbeit davon aus, dass der Arbeitsausfall unvermeidbar ist.[27] Schließlich wird eine monatliche Berechnung und Beantragung von Kurzarbeitergeld durch den Arbeitgeber vorgenommen. Das Kurzarbeitergeld wird dem Arbeitgeber monatlich nachträglich erstattet. Bei einem unerwarteten Arbeitsanfall, z.B. ein Auftragseingang, ist auch eine Unterbrechung möglich.

---

27 Siehe https://www.arbeitsagentur.de/news/corona-virus-informationen-fuer-unternehmen-zum-kurzarbeitergeld (zuletzt abgerufen: 29.3.2020).

III. Mitbestimmung des Betriebsrats bei der Einführung von Kurzarbeit

41 Der Betriebsrat ist bei der Einführung von Kurzarbeit nach § 87 Abs. 1 Nr. 3 BetrVG zwingend zu beteiligen.[28] Würde der Arbeitgeber es unterlassen, mit dem Betriebsrat über die Verkürzung der Arbeitszeit eine Betriebsvereinbarung abzuschließen, darf er Kurzarbeit nicht einführen: Eine mitbestimmungspflichtige Maßnahme kann nur vorgenommen werden, wenn der Betriebsrat sein Mitbestimmungsrecht ausgeübt oder die Einigungsstelle einen bindenden Spruch gefällt hat (Theorie der Wirksamkeitsvoraussetzung).[29] Betriebsräte wiederum werden bei der Ausübung ihres Mitbestimmungsrechts darauf drängen, die mit der Kurzarbeit für die Arbeitnehmer verbundenen erheblichen Nachteile nach Möglichkeit abzufedern – wobei dabei die grundsätzlich positive arbeitsplatzerhaltende Stoßrichtung der Kurzarbeit nicht negiert werden soll. Die Herkulesaufgabe für die Betriebsparteien besteht darin, die Interessen des Unternehmens und der Arbeitnehmer bestmöglich in ein ausgewogenes Verhältnis zu bringen. Bei allem Respekt für den Einsparwillen oder -zwang der Arbeitgeberseite ist zu berücksichtigten, dass gerade die unteren Entgeltbereiche durch eine Reduzierung der Vergütung auf 60 % bzw. 67 % des bisherigen Entgelts erheblich unter Druck geraten, regelmäßig wird mit diesem Volumen die übliche monatliche Belastung der Arbeitnehmer nicht gedeckt sein.

42 Daher bietet es sich im Rahmen der Ausübung der Mitbestimmung an, die nachfolgenden Aspekte einer Klarstellung und Regelung zuzuführen.

1. Darstellung der wirtschaftlichen Situation, die den Arbeitsausfall bedingt

43 In der Betriebsvereinbarung sollte klargestellt werden, welche Umstände den verringerten Arbeitsbedarf tatsächlich bedingen. Betriebsräte sollten hier auch darauf beharren, dass sie aussagekräftige Informationen und Unterlagen hierüber erhalten. Denn nur so werden sie in die Lage versetzt, nachvollziehen zu können, ob das Unternehmen etwa wirtschaftlich in der Lage ist, z. B. Aufstockungsleistungen zu gewähren, und wie lange der Kurzarbeitszeitraum andauern sollte.

---

28 *Pletke/Schrader/Siebert/Thoms/Klagges*, Rechtshandbuch für Flexible Arbeit, Rn. 524.

29 *Richardi*, in: Richardi, BetrVG, § 87 Rn. 101 ff.

2. Ausnahmen von der Kurzarbeit

Sinnvoll ist es auch, den Geltungsbereich, also die „Reichweite“ der Kurzarbeit, für die verschiedenen Arbeitnehmergruppen zu diskutieren. Verschiedene Konstellationen werden in gesetzlichen Bestimmungen abgedeckt, nicht immer ist aber der Schutzbedarf so eindeutig abgedeckt, wie Arbeitnehmervertreter sich das wünschen würden. Da auch für Betriebsräte und betroffene Arbeitnehmer immer wieder Unsicherheit besteht, empfiehlt es sich, insbesondere für folgende Arbeitnehmergruppen klarstellende Regelungen in die Vereinbarung aufzunehmen: **44**

– Geringfügig Beschäftigte (d.h. maximal 450 EUR/Monat);
– Auszubildende;
– Arbeitnehmer, für deren Arbeitsverhältnis die Beendigung aufgrund Kündigung oder Aufhebungsvertrag vor dem Kurzarbeitszeitraum eingeleitet oder vereinbart wurde;
– Arbeitnehmer, die Elterngeld in Anspruch nehmen oder dies zeitnah ansteht (Schwangerschaft) und bei denen der Bezug von Kurzarbeitergeld in den Bemessungszeitraum des Elterngeldes gem. § 2 BEEG fallen wird;
– Arbeitnehmer in Altersteilzeit.

Da die gesetzlichen Regelungen zur Kurzarbeit und den Folgen über verschiedene Gesetze verteilt zu finden sind, erschwert dies den Zugang zur Rechtsklarheit für die betroffenen Arbeitnehmer erheblich. **45**

Insbesondere relevant sind Regelungen für besondere Lebens- und Arbeitssituationen, da Kurzarbeit anderenfalls zu unverhältnismäßigen Härten führen könnte. So würden Arbeitnehmer, deren Elternzeit nach einem Kurzarbeitszeitraum ansteht, Elterngeld nur auf Grundlage der reduzierten Kurzarbeitsvergütung erhalten[30] und damit in einer objektiven Bedarfssituation schlechter gestellt. Durch die Herausnahme dieses Personenkreises aus der Kurzarbeit kann dies erfolgreich vermieden werden. **46**

Arbeitsverhältnisse, die gekündigt wurden oder deren Beendigung vor Einführung der Kurzarbeit bereits vertraglich vereinbart wurde, nimmt das Gesetz, wie oben dargestellt, in § 98 Abs. 1 Nr. 2 SGB IIII von der Kurzarbeit aus. **47**

Es sprechen auch gute Gründe für diese gesetzliche Regelung. Denn der arbeitsmarktpolitische Wunsch, Beschäftigungsverhältnisse mit der Einführung des Kurzarbeitergeldes weiter aufrechtzuerhalten, kann bei einer bereits erfolgten Kündigung oder einem unterschriebenen Aufhebungsvertrag nicht mehr erreicht werden. Mit der reduzierten Vergütung im Kurzarbeitszeitraum sollen Arbeitnehmer einen Beitrag zum Erhalt der Arbeitsplätze, zum Fortbestand des Unternehmens insgesamt leisten. Dieser „Förderungsgedanke“ lässt sich bei Arbeits- **48**

30 BSG, Urt. v. 17.2.2011 – B 10 EG 21/09 R.

verhältnissen, die sich schon im gekündigten Stadium befinden oder deren Beendigung vereinbart wurde, nicht erreichen.

49 Ist eine Kündigungsschutzklage erhoben worden, sind gekündigte Arbeitnehmer nicht von der Kurzarbeit auszunehmen. Bei Stattgabe besteht das Arbeitsverhältnis von Anfang an ungekündigt fort (§ 1 Abs. 1 KSchG). Wird während der Dauer des Kündigungsschutzprozesses das Arbeitsverhältnis fortgesetzt, besteht ein faktisches (auf die Dauer des Kündigungsschutzprozesses befristetes) Arbeitsverhältnis, was eine hinreichende Fortsetzung des Arbeitsverhältnisses zum Zwecke der Gewährung von Kurzarbeitergeld ist. Das Gleiche gilt, wenn die Arbeitsvertragsparteien für die Dauer des Kündigungsschutzprozesses ausdrücklich den Fortbestand des Arbeitsverhältnisses vereinbaren. Ebenfalls muss dies gelten, wenn der Arbeitnehmer nach Widerspruch des Betriebsrats und Erhebung der Kündigungsschutzklage Weiterbeschäftigung verlangt (§ 102 Abs. 4 BetrVG).[31]

50 Arbeitnehmer, deren Beschäftigungsverhältnis wirksam befristet ist, fallen jedoch nicht in diese Fallgruppe. Die Arbeitskapazität, die Grundlage dieser Arbeitsverhältnisse ist, soll ebenso wie bei unbefristeten Arbeitsverhältnissen erhalten werden. Wenn befristete Arbeitsverhältnisse innerhalb des Ausfall- und Gewährungszeitraums enden, besteht in dieser Zeit ein ungekündigtes Arbeitsverhältnis.[32]

51 Nicht im Sinne des § 98 Abs. 1 Nr. 1 SGB III versicherungspflichtig und damit ohne Anspruch auf Kurzarbeitergeld sind folgende Arbeitnehmer:

- Arbeitnehmer nach Vollendung des 65. Lebensjahres,
- Schüler und Studenten in einer – gegenüber ihrem Studium nachrangigen – Beschäftigung (§ 27 Abs. 4 SGB III),
- geringfügig Beschäftigte gem. § 8 SGB IV, wobei mehrere geringfügige Beschäftigungen sowie geringfügige Beschäftigungen und nicht geringfügige Beschäftigungen nicht zusammengezählt werden,
- Bezieher von Erwerbsunfähigkeitsrente gem. § 28 Nr. 1 SGB III.

52 Auszubildende sind zwar gem. § 170 Abs. 1 Nr. 4 SGB III bei der Erfüllung der Mindestausfallquote nicht zu berücksichtigen. Ansonsten gelten sie gem. § 25 Abs. 1 i.V.m. § 98 SGB III voll als versicherungspflichtige und anspruchsberechtigte Arbeitnehmer.[33] Die Reduzierung der Vergütung stellt für Auszubildende oft auch eine besondere Härte dar, die von den Betriebsparteien vermieden werden kann. Zu regeln ist im jeweiligen Einzelfall zudem, wie die Ausbildungsziele, z.B. durch Übertragung von Aufgaben in Heimarbeit oder auch über eine Herausnahme der Ausbilder aus der Kurzarbeit, erreicht werden können.

---

31 BeckOK SozR/*Bieback*, § 98 SGB III Rn. 6.
32 *Bieback*, in: Gagel, SGB III, § 98 Rn. 33.
33 *Bieback*, in: Gagel, SGB III, § 98 Rn. 26.

Die – zum Teil deklaratorische – Aufnahme dieser Fallgruppen in den Geltungsbereich der Betriebsvereinbarung ist vor allem aus Gründen der Transparenz und Information für die jeweiligen Arbeitnehmergruppen geboten. 53

3. Berücksichtigung des Ehrenamts von Betriebsräten

In der Praxis stellt sich häufig die Frage, wie sich die Kurzarbeit auf Betriebsräte in ihrer Amtsführung auswirkt. 54

Für ehrenamtliche Mitglieder einer Betriebsvertretung ist die Unterstützung mit Kurzarbeitergeld grundsätzlich zulässig, denn die Betriebsräte sind ordnungsgemäß in den Betriebsablauf eingebunden. So muss sich auch ein Betriebsratsmitglied die dadurch bedingte Verschlechterung seiner Arbeitsbedingungen gefallen lassen, denn anderenfalls würde gegen die Unentgeltlichkeit der Betriebsratstätigkeit verstoßen.[34] Eine Ausnahme von der Kurzarbeit wäre in diesem Fall alleine mit dem Ehrenamt kaum zu begründen. Es bestünde das Risiko, dass diese Regelung eine unzulässige Begünstigung im Sinne des § 78 Satz 2 BetrVG darstellt. 55

Weniger eindeutig zu beantworten ist die Fragestellung bei dauerhaft gemäß § 38 Abs. 2 BetrVG freigestellten Betriebsräten. Denn die Tätigkeit freigestellter Betriebsräte bezieht sich ausschließlich auf die Wahrnehmung betriebsverfassungsrechtlicher Aufgaben. 56

Schwierig ist es also, festzustellen, ob und in welchem Umfang ein Betriebsratsmitglied tatsächlich vom Arbeitsausfall im Sinne der §§ 95, 96 SGB III betroffen ist. In § 38 Abs. 2 BetrVG indes findet sich hierauf keine direkte Antwort. Natürlich könnte man annehmen, auch ein von der Kurzarbeit betroffenes Betriebsratsmitglied könnte über die – fiktiv aufgrund der Zugehörigkeit zu einer betroffenen Betriebsabteilung – verkürzte Arbeitszeit hinaus außerhalb seiner Arbeitszeit Betriebsratstätigkeiten erbringen, die nach § 37 Abs. 3 BetrVG auch in Freizeit oder Geld abzugelten wäre. Maßgeblich ist im Hinblick auf diese Frage des Arbeitsausfalls aber doch, ob ein freigestelltes Betriebsratsmitglied im Hinblick auf die aktuelle Tätigkeit als Mitglied im Betriebsrat von einem Arbeitsausfall betroffen ist. 57

Zeiten, in denen Kurzarbeit innerhalb eines Betriebs verhängt wird, sind Krisenzeiten für einen Betrieb. Somit ist es nicht unwahrscheinlich, dass in der Zeit während der Kurzarbeit in einem Betrieb die Aufgaben des Betriebsrats eher zunehmen. 58

34 *Thüsing*, in: Richardi, BetrVG, § 37 Rn. 12.

59 Die Bundesarbeitsagentur für Arbeit führt in den fachlichen Weisungen zum Kurzarbeitergeld[35] dazu aus:

> „Gegenstand der Tätigkeit freigestellter Betriebsräte sind allein die betriebsverfassungsrechtlichen Aufgaben. Demgemäß ist für die Frage, ob ein freigestelltes Betriebsrat-Mitglied einen Arbeitsausfall i.S. der §§ 95 und 96 erleidet, auf die aktuelle Tätigkeit als Mitglied des Betriebsrats abzustellen. Ob und in welchem Umfang ein freigestellter Betriebsrat von einem Arbeitsausfall und entsprechenden Entgeltausfall betroffen ist, lässt sich nur auf Grund der tatsächlichen Gegebenheiten im Betrieb feststellen. Allerdings spricht viel dafür, dass bei Kurzarbeit im Betrieb die Aufgaben des Betriebsrats eher zu- als abnehmen, weil Zeiten der Kurzarbeit für den Betrieb kritische Zeiten sind. Mitglieder des Betriebsrats sind von ihrer beruflichen Tätigkeit ohne Minderung des Arbeitsentgelts zu befreien, wenn und soweit es nach Umfang und Art des Betriebes zur ordnungsgemäßen Durchführung ihrer Aufgaben dient (§ 37 Abs. 2 BetrVG). Damit wird geregelt, dass für Arbeitszeiten als Betriebsrat/SBV (§ 179 Abs. 3 SGB IX) kein Anspruch auf Kug besteht, auch wenn die übrige Belegschaft kurzarbeitet."

60 Im Anschluss an diese Auffassung dürfte nichts dagegensprechen, in einer Betriebsvereinbarung auch freigestellte Betriebsräte mangels Arbeitsausfalls ausdrücklich von der Kurzarbeit auszunehmen.

4. Aufstockungsregelung

61 Wie bereits oben ausgeführt, sprechen die besseren Gründe dafür, dass Arbeitgeber im Rahmen ihrer wirtschaftlichen Möglichkeiten Aufstockungen zum Kurzarbeitergeld gewähren. Deshalb sollten die Betriebsräte ihre Arbeitgeber unter Berücksichtigung der aktuellen wirtschaftlichen Situation zur Aufstockung der KUG-Leistungen anhalten.

5. Dauer der Kurzarbeit

62 Damit die Regelung zur Einführung der Kurzarbeit wirksam ist, muss mindestens der Beginn und die Dauer der Kurzarbeit, die Regelung der Lage und Verteilung der Arbeitszeit sowie die Auswahl der betroffenen Arbeitnehmer festgelegt sein.[36] Diese Inhalte sind daher in der Kurzarbeits-Betriebsvereinbarung zwingend aufzunehmen. Das Recht zur einseitigen Verlängerung des Kurzarbeit-Zeitraums kann dem Arbeitgeber nicht durch eine Betriebsvereinbarung einge-

---

35 Bundesagentur für Arbeit, Fachliche Weisungen Kurzarbeitergeld (Kug), Stand: 20.12.2018, S. 11, 95.21, https://www.arbeitsagentur.de/datei/dok_ba013530.pdf (zuletzt abgerufen: 29.3.2020).

36 BAG, Urt. v. 18.11.2015 – 5 AZR 491/14, NZA 2016, 565.

räumt werden, da die Betriebsparteien gemeinsam im Zeitpunkt der Verlängerungsentscheidung die aktuelle Situation zu beraten haben und der Betriebsrat sein Mitbestimmungsrecht auszuüben hat. Eine vorherige „Freigabe“ ist nicht wirksam, weil der Betriebsrat nicht schon vorab sein Mitbestimmungsrecht ausüben kann.

6. Nebentätigkeit

Sinnvoll ist es auch, die Modalitäten für die Aufnahme einer Nebentätigkeit zu regeln und idealerweise zu vereinfachen, damit die Arbeitnehmer hiervon ungehindert Gebrauch machen können, um ihren Lebensunterhalt durch einen weiteren Job sichern zu können. Einkünfte, aus einer „*während des Bezugs von Kurzarbeitergeld aufgenommenen Beschäftigung*“ werden auf das Kurzarbeitergeld nach § 106 Abs. 3 SGB III angerechnet. Damit unterfallen Einkünfte aus Nebentätigkeiten, die *vor* Einführung der Kurzarbeit aufgenommen werden, nicht der Anrechnung auf das Kurzarbeitergeld. **63**

Daher sollten Betriebsräte die Belegschaft schon vor Einführung von Kurzarbeit und der Aufnahme entsprechender Verhandlungen mit dem Arbeitgeber über diese Möglichkeit der Vermeidung der Anrechnung von Nebentätigkeitsverdiensten nachdrücklich informieren. **64**

Anrechnungsfrei sollen nach § 421c SGB III zudem für einen Übergangszeitraum Nebentätigkeiten in systemrelevanten Branchen und Berufen sein. **65**

7. Härtefallfond

Ein im Rahmen von Sozialregelungen oftmals wirksames Werkzeug ist die Aufstellung eines Härtefallfonds, aus dem Ausgleichsleistungen insbesondere für nicht vorhersehbare oder selten auftretende Konstellationen, in denen die Anwendung der betrieblichen Regelungen zu sozial unbilligen Ergebnissen führen würde, erbracht werden können. Dieses Instrument kann insbesondere auch eine Rückfalloption sein, wenn ein Unternehmen nicht die finanziellen Mittel für eine pauschale Aufstockung der Leistungen für alle von der Kurzarbeit betroffenen Arbeitnehmer bereitstellen kann – oder will. Mit einer Regelung für Härtefälle kann auch in diesen Fällen die Situation für besonders bedürftige Arbeitnehmer abgemildert werden. **66**

Auch insoweit ist für die Spruchkompetenz einer Einigungsstelle zu plädieren, weil ihr über einen solchen Härtefallfond auch ein Mittel zur Feinjustierung einer wirtschaftlich vertretbaren Entscheidung i.S.d. § 112 Abs. 5 BetrVG zur Verfügung steht. **67**

Zur Nutzung des hierfür bereitgestellten Budgets sind von den Betriebsparteien idealerweise schon in der Betriebsvereinbarung Kriterien festzulegen. Sinnvoll **68** kann es dabei auch sein, dem Betriebsrat eine eigenständige Entscheidungskompetenz einzuräumen, da unterstützungsbedürftige und antragswillige Arbeitnehmer in der Regel eine persönliche, wirtschaftlich prekäre Situation nicht en Detail dem Arbeitgeber preisgeben wollen. Wenn sie ihren Antrag auf Bereitstellung von Mitteln aus dem Härtefallfonds nur gegenüber dem Betriebsrat zu begründen haben, kann der Kreis der Personen, die von den intimen, personenbezogenen Daten der Antragssteller erfahren, klein gehalten werden.

69 Sollte der Arbeitgeber nicht bereit sein, die Verteilungskompetenz dem Betriebsrat zu übertragen, kann die Einzelfallentscheidung über die Bedürftigkeit eines Antragsstellers auch auf einen externen Entscheidungsträger, wie z. B. eine Einigungsstelle oder einen Schlichter, übertragen werden.

8. Homeoffice

70 In einer Pandemie-Situation kann es sich anbieten, zugleich auch verbindliche Regelungen festzuhalten, unter welchen Voraussetzungen und in welchem Umfang die Arbeitnehmer ihre Arbeitsleistung vorübergehend von zu Hause aus erbringen sollen und können, sofern nicht bereits anwendbare Vereinbarungen hierzu oder zu mobiler Arbeit vorhanden sind. Unternehmen haben verschiedentlich das Interesse, dass die verkürzte Arbeitszeit nicht an einem, sondern in Teilstücken an verschiedenen Tagen der Woche erbracht wird. Die tägliche Anfahrt ins Büro, die nach den *Social-Distancing*-Vorgaben sowieso auf ein Minimum reduziert werden sollte, kann so vermieden werden und es kann auf diese Weise den Arbeitnehmern, die aufgrund der Schließung von Schul- und Betreuungseinrichtungen ggf. ihre Kinder betreuen müssen, ermöglicht werden, dies mit der Arbeitsleistung zu harmonisieren.

9. Anweisung von Umfang, Erhöhung und Verringerung

71 Geregelt werden sollten auch die Modalitäten von Unterbrechung, Ausweitung, Verlängerung oder vorzeitiger Beendigung der Kurzarbeit.

72 Alle Veränderungen dieser Art müssen unter den Zustimmungsvorbehalt des Betriebsrats gestellt werden, um sicherzustellen, dass hier weder Ungleichbehandlungen zulasten noch eine Bevorzugung einzelner Arbeitnehmer erfolgen. Arbeitgeber verweisen oft darauf, dass in der wirtschaftlichen Krisensituation Entscheidungen schnell getroffen werden müssen. Wenn der Betriebsrat rechtzeitig, umfassend und tagesaktuell über die Situation des Betriebs informiert ist, steht die Ausübung der Mitbestimmung dem sicherlich nicht im Wege. Kurzarbeit stellt eine kollektive Maßnahme dar, die in ihrer konkreten Ausprägung stets von der Belegschaft, vertreten durch die Betriebsräte, mitgetragen werden muss. Auch Änderungen der einmal festgelegten Kurzarbeitsregelungen müssen unter

Berücksichtigung von Transparenz und Gleichbehandlung erfolgen – hier kann der Betriebsrat oft wertvolle Unterstützung leisten.

Zuständig für den Abschluss von Betriebsvereinbarungen zur Kurzarbeit ist immer der lokale Betriebsrat.[37] Dies ergibt sich bereits aus der betriebsbezogenen Konzeption der Kurzarbeit. Denn die Kurzarbeit wird nicht unternehmensweit, sondern nach dem gesetzlichen Konzept stets für den jeweiligen Betrieb eingeführt. Dies ist dadurch begründet, dass der Arbeitsausfall im Einzelnen dargelegt werden muss und dies sinnvoll ohnehin nur je Betrieb möglich ist. Eine unternehmensweite Entscheidung über die Einführung von Kurzarbeit mag gerade in Krisen, wie einer Pandemie, angezeigt oder jedenfalls gewünscht sein. Ohne eine wirksame Delegation – die in der Pandemie trotz aller Bemühungen um die Anerkennung virtueller Beschlussfassungen nach dem aktuellen Gesetzesstand nur schwer herbeizuführen ist – kann der Gesamtbetriebsrat mangels originärer Zuständigkeit diese Aufgabe nicht übernehmen. **73**

IV. Besondere Konstellationen im Rahmen der Kurzarbeit

Schließlich sollen noch einige besondere Konstellationen betrachtet werden, die in der betrieblichen Praxis oft für Kopfzerbrechen sorgen. **74**

1. Kurzarbeit und Krankheit (§ 98 SGB III)

Für den Fall der Erkrankung während der Kurzarbeit gilt es, eine besondere Regelung zu beachten. Es werden zwei Kategorien unterschieden: **75**

Eine Variante ist, dass die Erkrankung vor dem Beginn des Anspruchs auf Kurzarbeitergeld eingetreten ist. Besteht der Anspruch auf Entgeltzahlung weiter, dann gilt bei dem Anspruch auf Kurzarbeitergeld für die Zeit der Arbeit eine normale Entgeltfortzahlung für die Arbeitszeitstunden (§ 4 Abs. 3 EFZG) und für die Zeit des Arbeitsausfalles die Zahlung von Krankengeld gemäß § 47b Abs. 4 SGB V in Höhe des Kurzarbeitergeldes.[38] Ist der Anspruch auf Entgeltfortzahlung ausgelaufen oder bestand dieser von Anfang an nicht, dann gilt für die Zeit der Arbeit das Gleiche wie für die Zeit des Arbeitsausfalls. Das bedeutet, dass das normale Krankengeld gemäß § 47 SGB V auf der Basis des Regelentgeltes vor der Erkrankung gezahlt wird.[39] **76**

---

37 *Annuß*, in: Richardi, BetrVG, § 50 Rn. 21b mit Verweis auf BAG, 29.11.1978, AP BGB § 611 Bergbau Nr. 18.

38 *Pletke/Schrader/Siebert/Thoms/Klagges*, Rechtshandbuch für Flexible Arbeit, Rn. 584.

39 *Bieback*, in: Gagel, SGB III, § 95 Rn. 192.

77 Die andere Variante betrifft den Anspruch auf Kurzarbeitergeld, wenn die Erkrankung mit der Arbeitsunfähigkeit am Tag des Beginns oder während der Dauer des Kurzarbeitsanspruchs eingetreten ist.[40] Wenn der Anspruch auf Entgeltfortzahlung weiterhin besteht, gilt für die Zeit der Arbeit die normale Entgeltfortzahlung für die Arbeitsstunden (§ 4 Abs. 3 EFZG) und für die Zeit des Arbeitsausfalles der Anspruch des Kurzarbeitergeldes (§ 98 Abs. 2 SGB III). Besteht hingegen der Anspruch auf Entgeltfortzahlung von Anfang an nicht oder ist dieser ausgelaufen, gilt für die Zeit der Arbeit wie für die Zeit des Arbeitsausfalles, dass der Krankengeldanspruch gemäß § 47b Abs. 3 SGB V auf Basis des Regelentgelts vor der Erkrankung berechnet wird bzw. besteht.[41]

2. Absonderung von Arbeitnehmern in Quarantäne

78 Für den Fall der Absonderung von Arbeitnehmern in Quarantäne gibt es keine Regelung in §§ 95 ff. SGB III. Wenn die Quarantäne behördlich angeordnet worden ist, besteht ein Entschädigungsanspruch gemäß § 56 IfSG. Als Verdienstausfall gilt gemäß § 56 Abs. 3 Satz 1 IfSG das Arbeitsentgelt, das dem Arbeitnehmer bei der für ihn maßgebenden regelmäßigen Arbeitszeit nach Abzug der Steuern und der Sozialversicherungsbeiträge zusteht (Netto-Arbeitsgeld). Der Betrag erhöht sich um das Kurzarbeitergeld, auf das der Arbeitnehmer Anspruch hätte, wenn er nicht an der Arbeitsleistung wegen der Anordnung der Quarantäne verhindert gewesen wäre.

3. Urlaub

79 Bei der Einführung von Kurzarbeit während des Urlaubs gilt kein Anspruch auf Kurzarbeitergeld, sondern auf Urlaubsentgelt. Dies folgt aus dem Gedanken des § 96 Abs. 4 Satz 2 Nr. 2 SGB III.[42] Das Urlaubsentgelt entspricht dem durchschnittlichen Arbeitsverdienst in den letzten 13 Wochen vor Urlaubsbeginn und damit vor Beginn des Kurzarbeitergelds. Wenn der Urlaub nach der Einführung von Kurzarbeit genommen wird, besteht kein Anspruch auf Kurzarbeitergeld, sondern auf Urlaubsentgelt. Verdienstverkürzungen wegen der Kurzarbeit bleiben bei der Berechnung des Urlaubsentgelts grundsätzlich außer Betracht (§ 11 Abs. 1 Satz 3 BUrlG).[43]

---

40 *Bieback*, in: Gagel, SGB III, § 95 Rn. 191a.
41 *Bieback*, in: Gagel, SGB III, § 95 Rn. 191b.
42 EuGH, 13.12.2018 – C-385/17.
43 EuGH, 13.12.2018 – C-385/17.

Abschnitt 2 – Perspektive Arbeitgeberin

Kurzarbeit war gerade in den letzten vom Wirtschaftswachstum geprägten Zeiten für die meisten Arbeitgeber kein Thema. Man suchte händeringend nach Fachkräften und Möglichkeiten, die Grenzen des für nicht mehr zeitgemäß befundenen Arbeitszeitgesetzes auszuweiten.[44] Nun wird es plötzlich zu einem zentralen Instrument in der Krise. Die Nachrichten dazu überschlagen sich. „*In dieser Woche (sind) bundesweit bisher rund 76.700 Anzeigen auf Kurzarbeit bei den Arbeitsagenturen eingegangen*",[45] „Fraport schickt 18.000 seiner rund 22.000 Beschäftigten in Frankfurt in Kurzarbeit".[46] Was in der Eile nicht oder nicht deutlich kommuniziert wird, ist allerdings, dass Kurzarbeit das Eine, Kurzarbeitergeld aber das Andere ist.[47] Kurzarbeitergeld unterliegt sozialversicherungsrechtlichen Vorgaben (§§ 95 ff. SGB III), Kurzarbeit arbeitsrechtlichen (individualvertraglichen oder kollektivrechtlichen).[48] Kurzarbeitergeld lässt sich derzeit leicht und schnell beantragen und erhalten.[49] Die Anerkennungsbescheide (als erste Stufe im zweistufigen Verfahren) werden nach Lage der Dinge auch bestandskräftig,[50] wobei die Arbeitsagentur auch die vertragliche Grundlage wohl zu prüfen hätte, denn sie spielt eine zentrale Rolle: 1

> „Nach § 95 Nr. 1 setzt die Bewilligung von Kug einen Arbeitsausfall mit Entgeltausfall voraus. Der Anspruch auf Kug hat damit als immanente Voraussetzung zunächst die wirksame Anordnung von Kurzarbeit, da die Arbeitnehmer sonst ihre Entgeltansprüche in voller Höhe wegen Annahmeverzugs (§ 615 BGB) des Arbeitgebers behalten. Der Zahlung von Kug bedarf es dann wegen des fehlenden Entgeltausfalls nicht. Der Arbeitgeber kann nicht ohne Weiteres Kurzarbeit anordnen. Wegen der arbeitsvertraglichen Pflicht des Arbeitgebers, den Arbeitnehmer im vereinbarten Umfang zu beschäftigen und zu vergüten, bedarf die Einführung von Kurzarbeit einer besonderen arbeitsrechtlichen Grundlage, also entweder einer entsprechenden Vereinbarung zwischen den Arbeitsvertragsparteien oder einer besonderen kollektivrechtlichen Grundlage. Das Direktionsrecht des Arbeitgebers allein ist als Rechtsgrundlage nicht ausreichend."[51]

---

44 Z.B. *Jacobs*, Reformbedarf im Arbeitszeitrecht, NZA 2016, 733.
45 BA-Presseinfo Nr. 14 vom 20.3.2020.
46 Quelle: Liveblog zur Corona-Krise am 20.3.2020.
47 *Fitting*, BetrVG, § 87 Rn. 162.
48 Wieder *Fitting*, BetrVG, § 87 Rn. 162.
49 *Grimm*, Kurzarbeitergeld bei Nichtbeschäftigung und Betriebsstörungen aufgrund Corona (SARS-Covid 19), ArbRB 2020, 101.
50 *Kühl*, in: Brand, SGB III, § 99 Rn. 14.
51 *Kühl*, in: Brand, SGB III, § 95 Rn. 9; genauso *Voelzke*, in: Küttner, Personalbuch 2019, Stand: 1.1.2020, Rn. 28: „Die Vorschriften über das Kurzarbeitergeld (§§ 95 ff. SGB III) regeln nur die Voraussetzungen, unter denen die Agentur für Arbeit Kurzar-

2 Man kann sich aber verständlicherweise bei den Massen von Anträgen nicht darauf verlassen, dass damit auch die vertragliche Grundlage „stimmt“, nur weil Kurzarbeitergeld bewilligt wurde. Das im Verhältnis zum Arbeitnehmer zu prüfen, ist auch immer noch Aufgabe der Arbeitsgerichtsbarkeit und nicht der Arbeitsagenturen oder der Sozialgerichte. Deswegen liegt der Schwerpunkt der nachfolgenden Ausführungen auch weniger auf den derzeit „wie von selbst“ funktionierenden Antragsverfahren, sondern auf der vertraglichen Grundlage. Sonst kann es dem Arbeitgeber passieren, abhängig von Bestand und Inhalt einer Ausschlussklausel,[52] später nachzahlen zu müssen. Voraussetzung ist freilich, er trägt auch in der Corona-Pandemie das sog. Betriebsrisiko.

I. Entgeltausfall – Betriebsrisikolehre

3 Das vom Arbeitgeber zu tragende Betriebsrisiko gem. § 615 Satz 3 BGB betrifft Fälle, in denen der Arbeitgeber die Belegschaft aus betriebstechnischen Gründen nicht beschäftigen kann, obwohl er selbst ebenso wenig dafür verantwortlich ist wie der Arbeitnehmer. Dies sind typischerweise Unterbrechungen der Betriebstätigkeit aufgrund technischer Störungen oder aufgrund höherer Gewalt. Beispiele sind Naturkatastrophen, Überschwemmungen, widrige Witterungsverhältnisse, Aschewolken, Brand, Stromausfall, Unterbrechung der Gasversorgung oder Mangel an Rohstoffen. Bei Schließung des Betriebs aufgrund behördlicher Maßnahmen trägt der Arbeitgeber das Betriebsrisiko ebenfalls.[53]

4 Allerdings hat das BAG 1972[54] dazu eine wesentliche Einschränkung gemacht:

> „Allein die Notwendigkeit, die zur Lohnfortzahlung benötigten Mittel der Substanz des Betriebsvermögens entnehmen zu müssen, rechtfertigt es jedoch noch nicht, das Betriebsrisiko ganz oder teilweise auf den Kläger abzuwälzen. Dazu bedürfe es mehr als einer bloßen Beeinträchtigung des Bestandes eines Betriebes der Beklagten zu 1, nämlich zumindest einer echten Existenzgefährdung des Unternehmens. Der wirtschaftliche Fortbestand des Unternehmens der Beklagten zu 1 und seine Gefährdung durch die Auferlegung der vollen Lohnzahlungspflicht hängt einmal von dem erforderlichen Kapitalbetrag für den Wiederaufbau des Werkes und zum anderen auch wesentlich von der wirtschaftlichen Leistungsfähigkeit der Beklagten zu 1 ab. Dazu fehlt es an einem ausreichenden Vortrag durch die Beklagten. Es wären insbesondere Angaben

---

beitergeld zahlt. Die arbeitsrechtliche Zulässigkeit der Einführung von Kurzarbeit wird insoweit vorausgesetzt.“

52 Zu den aktuellen Anforderungen *Lingemann/Chakrabarti*, Hilfe des BAG bei Ausschlussklauseln, NJW 2019, 978.

53 *Waas/Palonka*, in: Däubler/Hjort/Schubert/Wolmerath, Arbeitsrecht, § 615 BGB Rn. 32; ErfK/*Preis*, § 615 BGB Rn. 120 ff. sowie *Bonanni*, Die Folgen von Corona für Arbeitnehmer und Arbeitgeber, ArbRB 2020, S1 f.

54 BAG, Urt. v. 28.9.1972 – 2 AZR 506/71, NJW 1973, 342.

darüber erforderlich gewesen, wie hoch das nicht in den zerstörten Betriebsanlagen investierte weitere Betriebsvermögen der Beklagten zu 1 einschließlich etwaiger Rücklagen gewesen ist, ob und in welcher Höhe die Beklagten zu 2–4 als persönlich haftende Gesellschafter der Beklagten zu 1 aufgrund des Gesellschaftsvertrages hinsichtlich ihrer Geschäftseinlagen eine Nachschußpflicht haben und wie der Aufbau des Betriebes in D. finanziert werden soll. Da die Beklagten auf diese entscheidenden Gesichtspunkte nicht eingegangen sind, fehlt es an ausreichenden Anhaltspunkten dafür, daß die Zahlung des Lohnes für Oktober 1970 an den Kläger die Beklagte zu 1 vor erhebliche, existenzbedrohende Schwierigkeiten stellen würde."[55]

Diese Entscheidung des BAG aus dem Jahre 1972 trifft zwar auf Kritik,[56] kann nun nach fast 50 Jahren aber durchaus eine Renaissance erleben. Man darf zwar nicht verkennen, dass bereits eine mögliche (nicht notwendig abgeschlossene!) Betriebsunterbrechungsversicherung das Betriebsrisiko wieder auf den Arbeitgeber verlagert,[57] wird sich aber mit diesen Fragen nun neu auseinanderzusetzen haben. **5**

Im Regelfall freilich lautet der Befund, dass der Arbeitgeber auch während der Corona-Pandemie den Lohn zu zahlen hat, ob der Betrieb nun funktioniert oder nicht. Deswegen sind Kurzarbeit und Kurzarbeitergeld elementar. **6**

II. Keine Kurzarbeit ohne Ermächtigungsgrundlage

Da der Arbeitnehmer während des Arbeitsverhältnisses grundsätzlich einen Anspruch auf Beschäftigung hat, bedarf der Arbeitgeber für die Einführung von Kurzarbeit arbeitsrechtlich bzw. kollektivrechtlich einer besonderen Ermächtigungsnorm. **7**

1. Keine einseitige Anordnung (auch nicht bei entsprechenden Vertragsklauseln!)

Der Arbeitgeber kann Kurzarbeit nicht einseitig im Wege seines Direktionsrechts anordnen, und zwar auch dann nicht, wenn der Arbeitsvertrag das so vorsieht. Allgemein vereinbarte Kurzarbeitsklauseln in Arbeitsverträgen, die dem Arbeitgeber einseitig das Recht einräumen, über das Direktionsrecht Kurzarbeit anzuordnen, sind regelmäßig unwirksam. Sowohl in Tarifverträgen als auch in Arbeitsverträgen oder Betriebsvereinbarungen umgehen sie den Kündigungs- **8**

---

55 BAG, Urt. v. 28.9.1972 – 2 AZR 506/71, NJW 1973, 342.

56 Z.B. *Waas/Palonka*, in: Däubler/Hjort/Schubert/Wolmerath, Arbeitsrecht, § 615 BGB Rn. 32.

57 BAG, Urt. v. 28.9.1972 – 2 AZR 506/71, NJW 1973, 343.

schutz, der verfassungsrechtlich dem Schutz der Berufsfreiheit des Arbeitnehmers dient. Das hat das BAG zum BAT-O 1994 entschieden:

> „§ 15 V BAT-O, der die Einführung von Kurzarbeit durch den Arbeitgeber erlaubt, ohne Regelungen über Voraussetzungen, Umfang und Höchstdauer dieser Maßnahme zu treffen, ist wegen Verstoßes gegen kündigungsrechtliche Gesetzesbestimmungen (hier: Einigungsvertrag Anl. I Kap. XIX Sachgeb. A Abschn. III Nr. 1 Abs. 4) unwirksam."[58]

9 Eine gerichtliche Billigkeitskontrolle der Weisung reicht nicht aus, denn der Schutz durch das KSchG ist erheblich differenzierter, was Fristen und Darlegungslasten sowie zugelassene Gründe anbelangt.[59]

2. Rahmenvereinbarungen

10 Sog. Rahmenvereinbarungen, die praktisch und sicherlich zeitsparend sind,[60] müssen sowohl in Tarifverträgen als auch in Betriebsvereinbarungen und in den Arbeitsverträgen strikt von den konkreten Regelungen zur Einführung der Kurzarbeit „selbst" unterschieden werden.

11 Konkrete Regeln zur Kurzarbeit müssen deren genauen Umfang vorgeben, etwas zur Lage sagen und den Beginn bestimmen, um den Anforderungen an die BAG-Rechtsprechung zu genügen.[61]

12 Der Tarifvertrag zu Kurzarbeit und Beschäftigung der Metall- und Elektroindustrie Baden-Württemberg von 2012[62] enthält hierzu bereits sehr ausdifferenzierte Regelungen. Abgesehen von den haarklein definierten tariflichen Zuschüssen zum Kurzarbeitergeld, Zulagen etc. bestimmt er in:

> **„§ 4 Tarifliche Kurzarbeit**
> 4.1 Um bei vorübergehenden Beschäftigungsproblemen, die nicht durch Kurzarbeit i. S. d. SGB III überwunden werden können, betriebsbedingte Beendigungskündigungen zu vermeiden, können beide Betriebsparteien den Abschluss einer Betriebsvereinbarung zur Absenkung der Arbeitszeit unter 31,5 bis 28 Stunden verlangen (tarifliche Kurzarbeit).
> Durch Vereinbarung zwischen den Betriebsparteien wird die individuelle regelmäßige wöchentliche Arbeitszeit auf die Zeitspanne zwischen 28 Stunden

---

58 BAG, Urt. v. 27.1.1994 – 6 AZR 541/93, NZA 1995, 134.

59 *Bieback*, in: Gagel, SGB III, § 95 Rn. 135; wohl unstr., siehe auch ErfK/*Preis*, § 611a BGB Rn. 657 ff.

60 *Hümmerich/Reufels*, Gestaltung von Arbeitsverträgen, § 1 Rn. 3141 mit Nachweisen auf *Bauer/Günther*, Ungelöste Probleme bei Einführung von Kurzarbeit, BB 2009, 662, 664; *Säcker/Oetker*, Tarifliche Kurzarbeits-Ankündigungsfristen im Gefüge des Individualarbeitsrechts und des kollektiven Arbeitsrechts, ZfA 1991, 131 in Fn. 5355.

61 BAG, Urt. v. 18.11.2015 – 5 AZR 491/14, NZA 2016, 565 f. und dazu noch unten 4.

62 Vom 31.1.2012, gültig ab 1.2.2012, Laufzeit bis 31.12.2015; bislang regelmäßig verlängert.

bis unter 31,5 Stunden pro Woche für alle Beschäftigten oder für Teile der Beschäftigten, mit Ausnahme der Auszubildenden, der Ausbilder in Ausbildungswerkstätten und der Beschäftigten mit Arbeitsbereitschaft gemäß § 7.2 MTV abgesenkt. Die Monatsentgelte sowie die von ihnen abgeleiteten Leistungen vermindern sich entsprechend der verkürzten Arbeitszeit."

Aktuell haben beispielsweise die Tarifparteien der Metallindustrie für Nordrhein-Westfalen eine Regelung getroffen, mit der 80 % der Nettoentgelte der Beschäftigten bei Kurzarbeit für die ersten Monate abgesichert sind,[63] andere Tarifpartner befinden sich in Verhandlungen. **13**

Solche Rahmenvereinbarungen wie der Tarifvertrag zu Kurzarbeit und Beschäftigung der Metall- und Elektroindustrie Baden-Württemberg von 2012 sind zulässig. Arbeitgeber und Betriebsrat oder die Arbeitsvertragsparteien in betriebsratslosen Betrieben werden ermächtigt, Kurzarbeit einzuführen. Tarifvertraglich regelbar ist dabei auch das Verfahren zur Einführung von Kurzarbeit (beispielsweise Ankündigungsfristen oder Aufstockungsleistungen etc.).[64] Möglich sind überdies konkrete Vorgaben zur maximalen Absenkung der Arbeitszeit. **14**

Betriebsvereinbarungen hingegen sind das probate Mittel, um Kurzarbeit unmittelbar einzuführen, also Beginn, Umfang und Lage konkret zu regeln. Sie sind in der Einigungsstelle erzwingbar.[65] **15**

Freilich ist zunächst das Verhältnis zum Tarifvertrag zu prüfen (Stichwort: Tarifsperre, Vorrangtheorie[66]). Ein Tarifvertrag, der Kurzarbeit vordefiniert, ist wegen der Tarifsperren des § 77 Abs. 3 BetrVG, § 87 Abs. 1 Eingangsatz BetrVG zu beachten. Gibt der Tarifvertrag also Rahmenbedingungen vor (beispielsweise Aufstockungsbeträge, maximale Reduzierung), ist zu prüfen, ob das abschließend ist (sonst verbleibt Regelungsspielraum![67]). **16**

(Freiwillige) Betriebsvereinbarungen sind auch selbst als sog. Grundbetriebsvereinbarungen oder Rahmenvereinbarungen beispielsweise hinsichtlich des Aufstockungsbetrags vorstellbar.[68] **17**

Hauptaufgabe und Hauptfunktion der Betriebsvereinbarung in Zeiten der Krise aber ist, die Kurzarbeit nach Beginn, Umfang und Lage selbst einzuführen.[69] Der Abschluss einer formlosen Regelungsabrede genügt hingegen dafür nicht. Sie **18**

---

63 Pressemitteilung Nr. 10/2020 der IG Metall. Siehe auch der Tagesspiegel, 20.3.2020.

64 Siehe zur sog. „Grundbetriebsvereinbarung" *Grimm*, Kurzarbeitergeld bei Nichtbeschäftigung und Betriebsstörungen aufgrund Corona (SARS-Covid 19), ArbRB 2020, 99.

65 BAG, Beschl. v. 4.3.1986 – 1 ABR 15/84, NJW 1987, 1844.

66 *Fitting*, BetrVG, § 87 Rn. 40f.

67 *Fitting*, BetrVG, § 87 Rn. 48.

68 *Grimm*, Kurzarbeitergeld bei Nichtbeschäftigung und Betriebsstörungen aufgrund Corona (SARS-Covid 19), ArbRB 2020, 99.

69 *Pletke/Schrader/Siebert/Thoms/Klagges*, Rechtshandbuch Flexible Arbeit, B. Rn. 517.

wahrt zwar das Mitbestimmungsrecht des Betriebsrats nach § 87 Abs. 1 Nr. 3 BetrVG, scheidet jedoch wegen der fehlenden normativen Wirkung als Rechtsgrundlage aus. Wenn der Arbeitgeber auf der Grundlage einer solchen Regelungsabrede Kurzarbeit im Betrieb einführen will, bedarf es für eine individualrechtliche Umsetzung der Kurzarbeit deshalb einer den Arbeitsvertrag ergänzenden individualvertraglichen Vereinbarung oder einer Änderungskündigung.[70]

19 Auch eine individualvertragliche Vereinbarung kann den Arbeitgeber vorbehaltlich entgegenstehender günstigerer tariflicher oder betrieblicher Regelungen zur Einführung von Kurzarbeit berechtigen. Dabei unterliegt die Vereinbarung freilich der gleichen Systematik wie Tarifvertrag oder Betriebsvereinbarung. Vorratsregeln zu Rahmenbedingungen dürften der AGB-Kontrolle nach §§ 307 ff. BGB standhalten, wenn sie sich im gesetzlichen Rahmen bewegen. Insoweit wird empfohlen sich an den §§ 95 ff. SGB III zu orientieren.[71]

20 Allerdings ist fraglich, ob das Sinn macht. Den Abschluss einer Betriebsvereinbarung über Kurzarbeit kann der Arbeitgeber (und auch der Betriebsrat!) gegebenenfalls in einer Einigungsstelle erzwingen: „Das Mitbestimmungsrecht des Betriebsrats nach § 87 I Nr. 3 BetrVG bei der Einführung von Kurzarbeit hat auch zum Inhalt, daß der Betriebsrat die Einführung von Kurzarbeit verlangen und gegebenenfalls über einen Spruch der Einigungsstelle erzwingen kann."[72] Eine einzelvertragliche Abrede hingegen lässt sich nicht erzwingen, sondern nur über eine Änderungskündigung durchsetzen. Allerdings sollte bedacht werden, dass „günstige Rahmenbedingungen" beispielsweise über Aufstockungsbeträge die Durchsetzbarkeit im Kündigungswege möglicherweise erleichtern.

3. Konkrete Vereinbarung

21 Beginn, Umfang und Lage der Kurzarbeit lassen sich wirksam nur konkret einführen. Das ist allerdings auch konkludent[73] möglich.

4. Inhaltliche Anforderungen an Vereinbarungen – BAG, Urteil vom 18.11.2015

22 Die inhaltlichen Anforderungen an Vereinbarungen zur Kurzarbeit waren lange umstritten. Aus Praktikabilitätsgründen wurden Spielräume für sinnvoll erach-

---

70 Wieder *Pletke/Schrader/Siebert/Thoms/Klagges*, Rechtshandbuch Flexible Arbeit, B. Rn. 518.

71 *Pletke/Schrader/Siebert/Thoms/Klagges*, Rechtshandbuch Flexible Arbeit, B. Rn. 521.

72 BAG, Beschl. v. 4.3.1986 – 1 ABR 15/84, NJW 1987, 1844.

73 *Linck*, in: Schaub, ArbR-HdB, § 47 Rn. 8; dazu noch unten Rn. 41, 42.

tet.[74] Allerdings hat das BAG dem am 18.11.2015 deutliche Grenzen gesetzt.[75] In Rede stand eine Klausel in einer Betriebsvereinbarung folgenden Inhalts:

> „1. Die Kurzarbeit erfolgt flexibel und wird an den Arbeitsanfall in den jeweiligen Arbeitsbereichen angepasst. Die Planung erfolgt in den Abteilungen mit dem Vorgesetzten.
> 2. Die Kurzarbeitertage der Mitarbeiter werden von den Vorgesetzten in die Urlaubsplanungsdatei mindestens eine Woche im Voraus eingetragen, so dass Geschäftsleitung und Betriebsrat zeitnah Einsicht nehmen können.“

Dem 5. Senat genügte das nicht: **23**

> „Kurzarbeit ist die vorübergehende Kürzung des Volumens der regelmäßig geschuldeten Arbeitszeit bei anschließender Rückkehr zum vereinbarten Zeitumfang. Die Einführung von Kurzarbeit bedarf einer besonderen normativen oder einzelvertraglichen Grundlage. Allein das Direktionsrecht des Arbeitgebers ist kein geeignetes Instrument, die vertragliche Vergütungspflicht einzuschränken. Hingegen kann auf Grund § 87 I Nr. 3 BetrVG durch eine Betriebsvereinbarung mit unmittelbarer und zwingender Wirkung (§ 77 IV 1 BetrVG) Kurzarbeit eingeführt werden. Eine Betriebsvereinbarung zur Einführung von Kurzarbeit muss die sich daraus ergebenden Rechte und Pflichten **so deutlich regeln**, dass diese für die Arbeitnehmer zuverlässig zu erkennen sind. **Erforderlich sind mindestens die Bestimmung von Beginn und Dauer der Kurzarbeit, die Regelung der Lage und Verteilung der Arbeitszeit sowie die Auswahl der betroffenen Arbeitnehmer** (Schaub/Linck, ArbR-HdB, 16. Aufl., § 47 Rn. 6).“[76]

a) Personenkreis

Der einzelne Arbeitnehmer muss wissen, ob er von Kurzarbeit betroffen ist oder sein kann. Das ist bei einzelnen Arbeitsverträgen oder Zustimmungen kein Problem, denn die Erklärung gibt ja der betroffene Arbeitnehmer selbst ab. Die Frage stellt sich bei Betriebsvereinbarungen und (Haus-)Tarifverträgen. Hier muss wenigstens festgelegt sein, für welche Arbeitnehmer Kurzarbeit angeordnet wird.[77] Dafür ist eine namentliche Benennung (also eine Art Namensliste) wohl nicht erforderlich. Vielmehr genügt es, wenn der Personenkreis bestimmt ist. Das BAG rügt insoweit nur die „Unbestimmtheit des **Personenkreises**“.[78] In den **24**

---

74 Hümmerich/Reufels/*Reufels*, Gestaltung von Arbeitsverträgen, § 1 Rn. 3139.
75 BAG, Urt. v. 18.11.2015 – 5 AZR 491/14, NZA 2016, 565 f. sowie *Eylert*, Arbeitszeitschutz durch den Betriebsrat?, NZA-Beilage 2017, 95, 99.
76 BAG, Urt. v. 18.11.2015 – 5 AZR 491/14, NZA 2016, 565 Rn. 15.
77 BAG, Urt. v. 18.11.2015 – 5 AZR 491/14, NZA 2016, 565 Rn. 17.
78 BAG, Urt. v. 18.11.2015 – 5 AZR 491/14, NZA 2016, 565 Rn. 17.

einschlägigen Formularbüchern wird der Personenkreis beispielsweise in Gestalt von Abteilungen beschrieben und eingegrenzt.[79]

b) Beginn und Dauer

25 Beginn und Dauer der Kurzarbeit sind ebenfalls festzulegen.[80] Niemand weiß, wie lange die Corona-Pandemie anhält. Stündlich gibt es neue Meldungen, stündlich wird umgedacht und neu prognostiziert. Der Gesetzgeber hat in Gestalt des Gesetzes „zur befristeten krisenbedingten Verbesserung der Regelungen für das Kurzarbeitergeld vom 13. März 2020“[81] reagiert. Dort ermächtigt er die Bundesregierung, „für den Fall außergewöhnlicher Verhältnisse auf dem Arbeitsmarkt durch Rechtsverordnung“ von den Vorschriften über Kurzarbeit im SGB III in gewisser Hinsicht abzuweichen und schreibt in Art. 1 und Art. 2 am Ende vor: „Die Verordnung ist zeitlich zu befristen. Die Ermächtigung tritt mit Ablauf des **31. Dezember 2021** außer Kraft“. Das Gesetz ist allein der aktuellen Pandemie geschuldet und wurde im Eilverfahren erlassen. Dazu erklärt die Bundesregierung am 16.3.2020:[82] „Die Ausbreitung des Coronavirus stellt Wirtschaft und Arbeitsmarkt vor große Herausforderungen. Um Beschäftigte und Unternehmen zu unterstützen, ist im Eilverfahren die gesetzliche Grundlage für einen leichteren Zugang zum Kurzarbeitergeld geschaffen worden. Die Regelungen treten rückwirkend zum 1. März 2020 in Kraft“.

26 Eine Betriebsvereinbarung oder eine Individualvereinbarung zum Kurzarbeitergeld, die vor dem Hintergrund der Corona-Pandemie abgeschlossen bzw. eine Zustimmung des Arbeitnehmers, die deswegen erteilt wird, sind wirksam, wenn sich ihre Dauer im gesetzlichen Umfang hält.

27 **Die Formulierung:**

„Die Kurzarbeit dauert längstens bis zum 31. Dezember 2021“ ist also zulässig und sollte in keiner Vereinbarung fehlen.

c) Umfang, Lage und Verteilung

28 Hauptproblem sind Umfang, Lage und Verteilung. Das BAG verlangt in einer Betriebsvereinbarung, dass „Lage und Verteilung der Arbeitszeit“ festgelegt sind.[83] Das kann aber nur geregelt werden, wenn auch der Umfang bestimmt wird.

---

79 So *Rossa*, in: Oberthür/Seitz, Betriebsvereinbarungen, B. III 59.

80 BAG, Urt. v. 18.11.2015 – 5 AZR 491/14, NZA 2016, 565 f. Rn. 15.

81 BGBl. I 2020, S. 493.

82 Vgl. https://www.bundesregierung.de/breg-de/themen/coronavirus/bundestag-kurzarbeitergeld-1729626 (zuletzt abgerufen: 23.3.2020).

83 BAG, Urt. v. 18.11.2015 – 5 AZR 491/14, NZA 2016, 565, Rn. 15.

Wie genau das zu geschehen hat, ist der Entscheidung nicht zu entnehmen. Gefordert wird aber, dass der Arbeitnehmer zuverlässig erkennen muss, welche Rechte und Pflichten er während der Kurzarbeit hat. Findet sich die Regelung in einer Betriebsvereinbarung, ist sie am Grundsatz der Normenklarheit und des Transparenzgebots zu messen.[84] Arbeitsverträge unterliegen der AGB-Kontrolle. **29**

Solange der Arbeitsbedarf nicht schwankt, ist das unproblematisch. Es wird genau festgelegt, in welchem Umfang reduziert wird (beispielsweise um 50 % oder von 40 auf 20 Stunden usw.) und an welchen Tagen wie viele Stunden gearbeitet wird.[85] Bei Kurzarbeit 0 ist es noch einfacher. **30**

Schwierig wird es, wenn sich der Bedarf während der laufenden Kurzarbeit ändert, also mal weniger und mal mehr zu tun ist. Kurzarbeit „an sich" ist ein Flexibilisierungsinstrument.[86] Hier aber stellt sich die Frage, wie flexibel man dieses Flexibilisierungsinstrument gestalten kann. **31**

aa) In einer Betriebsvereinbarung

Flexible Arbeitszeiten sind in den meisten Tarifverträgen verankert, teilweise begleitet von Regelungen zu Arbeitszeitkonten mit Begrenzungen in Gestalt von Ampelkonten etc.[87] **32**

§ 6 Abs. 2 TVöD bestimmt beispielsweise, dass für die Berechnung der regelmäßigen wöchentlichen Arbeitszeit ein Zeitraum von einem Jahr zugrunde zu legen ist. Je länger der Zeitraum ist, desto größer wären die Schwankungsbreiten.[88] Theoretisch könnte die Wochenarbeitszeit dann zwischen 0 und 60 Stunden schwanken. **33**

Gleiches müsste auch für Kurzarbeit möglich sein, denn die Lage der Arbeitszeit (nicht deren Umfang!) ist nicht minutengenau festzulegen, sondern hier besteht eben das Direktionsrecht des Arbeitgebers bzw. die Hoheitsmacht der Betriebsparteien über § 87 Abs. 1 Nr. 2 und 3 BetrVG. **34**

Ob und wie das mit der Rechtsprechung des BAG vereinbar wäre, ist nicht explizit ausgeführt. Bislang hatte man es nämlich offensichtlich nur mit „Extremen" zu tun, in denen Kurzarbeit flexibel und an den Arbeitsanfall in den jeweiligen Arbeitsbereichen angepasst, also überhaupt ohne eine Begrenzung eingeführt **35**

---

84 *Kohte*, in: Düwell, BetrVG, § 87 Rn. 53.
85 Dazu anschaulich das Muster von *Rossa*, in: Oberthür/Seitz, Betriebsvereinbarungen, B. III Rn. 59.
86 Für viele *Pletke/Schrader/Siebert/Thoms/Klagges*, Rechtshandbuch Flexible Arbeit, B. Rn. 510f.
87 *Meyer*, Ankündigungsfristen bei kurzfristigen Dienstplanänderungen?, RDA 2019, 223, 224.
88 *Burger*, in: Burger, HK-TVöD/TV-L, § 6 TVöD Rn. 17 und 25.

werden sollte. Verankert man nun aber ein Verteilungssystem für Kurzarbeit und flexibilisiert damit das Flexibilisierungselement, ist das nicht mehr unzuverlässig. In welchen Grenzen das möglich ist, muss ausgelotet werden. Die Systeme zur „regulären" Arbeitszeit begrenzen sich insoweit freilich durch Ankündigungsfristen, Ampelkonten, max. Höchstarbeitszeiten oder Durchschnittswerte selbst.

36 Je kürzer der Verteilungszeitraum ist, je sicherer die Regelung. Eine Steuerung über Ampelkonten bietet ebenfalls Zuverlässigkeit. Freilich muss man dabei auch im Auge haben, dass die Anforderungen an das Kurzarbeitergeld gewahrt bleiben.[89]

37 Folgende Regelung hierzu wäre also vorstellbar:

38 Infolge der Corona-Epidemie müssen wir die Produktion von Reisekoffern erheblich drosseln. Derzeit haben wir wegen der pandemiebedingten Insolvenzen oder Betriebsschließungen unserer Kunden nur noch 10 % Auftragskapazität. Vereinzelte Aufträge könnten jedoch bestehen bleiben oder sich kurzfristig ergeben. Wir führen deswegen Kurzarbeit vom 1.4.2020 bis zum 31.12.2020 für die Produktion von Reisegepäck in der Abteilung c) ein und reduzieren die Arbeitszeit der Vollzeitarbeitskräfte von 40 Stunden in der Woche um 75 % auf durchschnittlich 10 Stunden in der Woche (durchschnittliche Kurzarbeitszeit pro Woche). Für die Berechnung der durchschnittlichen Kurzarbeitszeit legen wir einen Zeitraum von 3 Monaten zugrunde. Innerhalb der 3 Monate kann der Arbeitnehmer höchstens 8 Stunden am Tag beschäftigt werden. Die Lage seiner Arbeitszeit wird ihm 4 Tage vor Arbeitsbeginn mitgeteilt. Überstunden sind nicht zulässig. Der Betriebsrat muss der Arbeitszeit zustimmen. Die Vergütung erfolgt verstetigt.

bb) Im Arbeitsvertrag

39 Flexible Arbeitszeitmodelle lassen sich auch in Arbeitsverträgen verankern. Sobald die Vergütung verstetigt ist, handelt es sich nicht um Arbeit auf Abruf, § 12 TzBfG spielt keine Rolle.[90] Arbeitsvertragliche Regelungen unterliegen der AGB-Kontrolle, wobei der Arbeitgeber hinsichtlich der Lage (nicht des Umfangs!) ein Ermessen im Rahmen des § 106 GewO hat. Der Arbeitgeber muss dabei die Interessen des Arbeitnehmers berücksichtigen und hat regelmäßig bei der Ausübung seines Direktionsrechts hinsichtlich der Lage der Arbeitszeit eine

89 *Pletke/Schrader/Siebert/Thoms/Klagges*, Rechtshandbuch Flexible Arbeit, B. Rn. 521.

90 *Bayreuther*, Mehr Flexibilität hinsichtlich des Arbeitsumfangs?, NZA-Beilage 2018, 103 f., 104 und *Meyer*, Ankündigungsfristen bei kurzfristigen Dienstplanänderungen, RDA 2019, 223, 224.

Ankündigungsfrist zu wahren. Auf diese Weise ist es dem Arbeitnehmer zu ermöglichen, sich auf eine zuvor nicht festgelegte Inanspruchnahme seiner Arbeitskraft zu der neuen zeitlichen Lage einzurichten.[91]

Die unter Rn. 38 dargestellte Regelung erfüllt die Anforderungen und ist auch individualrechtlich möglich. In Betrieben mit Betriebsräten unterliegt die Regelung selbstverständlich der Mitbestimmung des Betriebsrats gem. § 87 Abs. 1 Nr. 2 und 3 BetrVG, die wiederum durch Regelungsabrede erfolgt. **40**

d) Konkludente Vereinbarungen in betriebsratslosen Betrieben

In betriebsratslosen Betrieben muss man mit allen von Kurzarbeit betroffenen Arbeitnehmern eine **vertragliche Vereinbarung** abschließen. Das geht auf verschiedene Weise: durch Abschluss einer konkreten Vereinbarung, durch Zustimmung auf den Antragsbögen an die Arbeitsagentur oder u. U. auch konkludent: **41**

> „Hat ein Arbeitgeber Kurzarbeit eingeführt und nehmen die Arbeitnehmer die Zahlungen von Kurzarbeitergeld entgegen, kann im Wege einer konkludenten, einvernehmlichen Änderung des Arbeitsvertrags Kurzarbeit eingeführt sein."[92]

Allerdings ist insoweit Vorsicht geboten, denn es gibt auch dazu keine gesicherte Rechtsprechung und das ArbG Marburg hat wie folgt eingeschränkt: **42**

> „Das Stillschweigen des Arbeitnehmers auf die dann folgende Anweisung des Arbeitgebers zur Durchführung der Kurzarbeit kann ein Einverständnis des Arbeitnehmers beinhalten. Dies gilt jedenfalls dann, wenn der Arbeitnehmer in den Monaten zuvor bereits mehrfach sein Einverständnis mit der Kurzarbeit durch Stillschweigen kundgetan hat. Sollte der Arbeitnehmer nunmehr mit der erneuten Kurzarbeit nicht einverstanden sein, muss der Arbeitnehmer so widersprechen, dass für den verständigen Arbeitgeber die Weigerung erkennbar wird."[93]

e) Mitbestimmung in Betrieben mit Betriebsrat

In Betrieben mit Betriebsrat ist die Mitbestimmung des Betriebsrats gem. § 87 Abs. 1 Nr. 3 BetrVG erforderlich. Das kann durch Zustimmung zu jeder arbeitsvertraglichen Regelung erfolgen, wobei man die Zustimmung des Betriebsrats in Ausübung der Mitbestimmung dann als Regelungsabrede zu qualifizieren hat, die formlos möglich ist.[94] Dann ist die Ermächtigungs- oder Rechtsgrundlage die (mitbestimmte) arbeitsvertragliche Regelung. **43**

---

91 BeckOK ArbR/*Joussen*, 54. Ed. 1.12.2019, § 611a BGB Rn. 384.
92 *Linck*, in: Schaub, ArbR-HdB, § 47 Rn. 8.
93 ArbG Marburg, Urt. v. 17.12.1999 – 2 Ca 203/99, NZA-RR 2001, 144.
94 *Fitting*, BetrVG, § 87 Rn. 579.

44 Soll die Abrede bzw. Vereinbarung mit dem Betriebsrat aber die eigentliche Ermächtigungsgrundlage sein, dann muss zwingend eine den Formerfordernissen genügende Betriebsvereinbarung abgeschlossen werden. Diese Betriebsvereinbarung muss den Inhalten der BAG Rechtsprechung 2015 entsprechen, was freilich das LAG Sachsen schon 2002 gefordert hat:[95]

> „In einer Betriebsvereinbarung über die Einführung von Kurzarbeitergeld muss Beginn und Dauer der Kurzarbeit, die Lage und Verteilung der Arbeitszeit, die Auswahl der von der Kurzarbeit betroffenen Arbeitnehmer oder Abteilungen sowie die Zeiträume, in denen die Arbeit ganz ausfallen soll, festgelegt werden."

45 Die Betriebsvereinbarung ist für den Arbeitgeber und für den Betriebsrat erzwingbar, kann also in der Einigungsstelle durchgesetzt werden.[96]

5. Änderungskündigung

46 Eine Änderungskündigung zur Einführung von Kurzarbeit ist in Betracht zu ziehen, sofern kein Einvernehmen mit dem Betriebsrat und/oder dem Arbeitnehmer zu erzielen ist. Sie kann nicht deswegen von vornherein abgewertet werden, weil „das Abwarten von individuellen Kündigungsfristen unpraktikabel und mit erhöhtem organisatorischem Aufwand verbunden ist, da es eine gleichzeitige und zeitnahe Einführung von Kurzarbeit fast unmöglich macht".[97]

a) Außerordentliche Änderungskündigung

47 Eine außerordentliche Änderungskündigung ist bislang eher in den Bereich der Fabel verwiesen worden und nur in Extremfällen denkbar.[98] Der wichtige Grund zur außerordentlichen Änderungskündigung setzt voraus, dass dem Kündigenden die Fortsetzung der Bedingungen, deren Änderungen er erstrebt und nicht kraft seines Weisungsrechts (§ 106 GewO) erreichen kann, unzumutbar geworden ist. Die vorgesehenen Änderungen müssen einerseits für den Kündigenden unabweisbar notwendig und andererseits dem Arbeitnehmer zumutbar, also von ihm billigerweise hinzunehmen sein.[99] Die Rechtsprechung befasste sich bislang – soweit ersichtlich – mit Fällen der Entgeltsenkung bzw. Entgeltreduzierung und judizierte:

---

95 LAG Sachsen, Urt. v. 31.7.2002 – 2 Sa 910/01, NZA-RR 2003, 366.

96 BAG, Beschl. v. 4.3.1986 – 1 ABR 15/84, NJW 1987, 1844.

97 *Grobys/Panzer-Heemeier*, StichwortKommentar Arbeitsrecht, „Kurzarbeit" Rn. 6.

98 *Pletke/Schrader/Siebert/Thoms/Klagges*, Rechtshandbuch Flexible Arbeit, 1. Aufl. 2017, C. Rn. 89.

99 ErfK/*Niemann*, § 626 BGB Rn. 191 ff.

> „Ein zur außerordentlichen Änderungskündigung berechtigender Grund liegt deshalb nur vor, wenn die Änderung der Arbeitsbedingungen für den Arbeitgeber unabweisbar notwendig ist, etwa die Änderung der Arbeitsbedingungen zum Ziel hat, der konkreten Gefahr einer Insolvenz des Arbeitgebers zu begegnen. In einer existenzbedrohenden Lage kann der Arbeitgeber grundsätzlich auch von seinen ordentlich unkündbaren Arbeitnehmern einen Sanierungsbeitrag verlangen und im Wege der außerordentlichen Änderungskündigung durchsetzen. Allerdings muss er hierfür darlegen, dass die Sanierung mit den Eingriffen in die Arbeitsverträge steht und fällt und alle gegenüber der beabsichtigten Änderungskündigung milderen Mittel ausgeschöpft sind."[100]

Bei der Corona-Pandemie handelt es sich vollkommen unzweifelhaft um eine Katastrophe ungeahnten Ausmaßes. Ob der Extremfall damit eingetreten ist oder noch eintritt, wird sich zeigen. Auszuschließen ist das jedenfalls nicht. Im Gegenteil: Dass der Arbeitgeber, dessen Geschäft geschlossen wird, oder der nichts mehr produzieren kann, weil ihm die Produktionsmittel fehlen, von Insolvenz bedroht ist, bedarf in vielen Fällen keiner weiteren Ausführungen. Das betrifft vor allem kleinere Betriebe und ist bereits Gegenstand eines weiteren Gesetzgebungsverfahrens: **48**

> „Das Bundesministerium der Justiz und für Verbraucherschutz bereitet eine gesetzliche Regelung zur Aussetzung der Insolvenzantragspflicht vor, um Unternehmen zu schützen, die infolge der Corona-Epidemie in eine finanzielle Schieflage geraten. Als Vorbild hierfür dienen Regelungen, die anlässlich der Hochwasserkatastrophen 2002, 2013 und 2016 getroffen wurden. Wir wollen verhindern, dass Unternehmen nur deshalb Insolvenz anmelden müssen, weil die von der Bundesregierung beschlossenen Hilfen nicht rechtzeitig bei ihnen ankommen. Die reguläre Drei-Wochen-Frist der Insolvenzordnung ist für diese Fälle zu kurz bemessen. Deshalb flankieren wir das von der Bundesregierung bereits beschlossene Hilfspaket mit einer Aussetzung der Insolvenzantragspflicht bis zum 30.09.2020 für die betroffenen Unternehmen. Mit diesem Schritt tragen wir dazu bei, die Folgen des Ausbruchs für die Realwirtschaft abzufedern."[101]

In welchem Umfang diese Hilfen geleistet werden, ist noch unklar. **49**

Bedenken muss man, dass die Kurzarbeit nicht dauerhaft, sondern nur vorübergehend – also befristet – eingeführt werden soll. Bietet der Arbeitgeber zudem noch Aufstockung an, sollte man eine außerordentliche Änderungskündigung zur Einführung von Kurzarbeit angesichts einer Katastrophe wie der Corona-Pandemie nicht voreilig von der Hand weisen. **50**

---

100 BAG, Urt. v. 20.10.2017 – 2 AZR 783/16, NZA 2018, 440f. Rn. 42.

101 Pressemitteilung des Bundesministeriums der Justiz und für Verbraucherschutz vom 16.3.2020, www.bmjv.de/SharedDocs/Pressemitteilungen/DE/2020/031620_Insolvenz antragspflicht.html (zuletzt abgerufen: 23.3.2020).

51 Dem Arbeitgeber, der sich vergeblich bemüht hat, mit seinen Arbeitnehmern Kurzarbeitsvereinbarungen abzuschließen, weil er keine Arbeit mehr hat, kann aktuell nur empfohlen werden, von fristlosen Änderungskündigungen als letztem verbleibenden Mittel Gebrauch zu machen.

52 In Betrieben mit Betriebsräten besteht für Arbeitgeber und Betriebsrat die Möglichkeit, eine Betriebsvereinbarung im Einigungsstellenverfahren zu erzwingen bzw. das zu versuchen.[102] Das Mitbestimmungsrecht des Betriebsrats nach § 87 Abs. 1 Nr. 3 BetrVG bei der Einführung von Kurzarbeit hat auch zum Inhalt, dass der Betriebsrat die Einführung von Kurzarbeit verlangen und gegebenenfalls über einen Spruch der Einigungsstelle erzwingen kann.[103] Demzufolge könnte der Arbeitgeber hier auf das Einigungsstellenverfahren verwiesen werden. Gleichwohl wird man mit Blick auf die Besonderheit der Lage aus anwaltlicher Vorsicht anzuraten haben, dass begleitend auch fristlose Änderungskündigungen ausgesprochen werden, zumal sich Einigungsstellenverfahren hinziehen können.

b) Ordentliche Änderungskündigung

53 Bei einer ordentlichen Änderungskündigung sind die Kündigungsfristen einzuhalten, was dieses Instrument umständlicher, aber nicht wertlos macht. Es sollte hilfsweise stets davon Gebrauch gemacht werden.

c) Kurzarbeitergeld trotzdem beantragen!

54 Selbst wenn sich Arbeitgeber und Arbeitnehmer oder Betriebsräte „im Clinch" befinden, kann gleichwohl Kurzarbeitergeld beantragt werden. Ist nämlich die Rechtmäßigkeit der angeordneten und durchgeführten Kurzarbeit zwischen den Arbeitsvertragsparteien oder zwischen dem Arbeitgeber und dem Betriebsrat umstritten, kommt u. U. sogar eine vorläufige Entscheidung nach § 328 Abs. 1 Satz 1 Nr. 3 in Betracht.[104]

III. Weitergehende Anforderungen an Kurzarbeitergeld

55 Kurzarbeit einzuführen ist das Eine, Kurzarbeitergeld zu erlangen das Andere.[105]

102 BAG, Beschl. v. 4.3.1986 – 1 ABR 15/84, NJW 1987, 1844; siehe auch *Bischof*, Mitbestimmung bei Einführung und Abbau von Kurzarbeit, NZA 1995, 1021.

103 *Salamon*, in: Kiel/Lunk/Oetker et al., MHdB ArbR, Bd. 4: Kollektives Arbeitsrecht II, § 322 Rn. 51 und BAG, Beschl. v. 4.3.1986 – 1 ABR 15/84, NZA 1986, 432.

104 *Kühl*, in: Brand, SGB III, § 95 Rn. 14.

105 Nochmal *Fitting*, BetrVG, § 87 Rn. 162 oder *Wahlig*, in: Lukas/Dahl, Mitbestimmung in sozialen Angelegenheiten, Bd. 1: Arbeitszeit und Urlaub, D. XXVII. Rn. 19.

1. Erheblicher Arbeitsausfall mit Entgeltausfall

Voraussetzung gem. § 96 Abs. 1 SGB III ist ein erheblicher Arbeitsausfall mit Entgeltausfall. Der besteht aufgrund des Gesetzes zur befristeten krisenbedingten Verbesserung der Regelungen für das Kurzarbeitergeld vom 13.3.2020,[106] wenn mindestens 10 % der Beschäftigten einen Arbeitsentgeltausfall von mehr als 10 % haben. Unzweifelhaft ist das bei behördlichen Schließungen infolge der Pandemie, Flugausfällen von bis zu 95 %, Auftrags- und Umsatzrückgängen usw. Betroffen sind praktisch alle Branchen mit Ausnahme derer, die gerade in Krisenzeiten besonders gefordert sind. **56**

2. Gewährung von Urlaub

Gem. § 96 Abs. 4 Satz 2 Nr. 2 SGB III ist zunächst der Urlaub zu gewähren, soweit vorrangige Urlaubswünsche der Arbeitnehmerinnen und Arbeitnehmer der Urlaubsgewährung nicht entgegenstehen. Daran hat das Gesetz zur befristeten krisenbedingten Verbesserung der Regelungen für das Kurzarbeitergeld vom 13.3.2020[107] nichts geändert. Die Bundesagentur tut ein Übriges und verlangt nicht mehr, dass Urlaub für das laufende Kalenderjahr verbraucht werden muss, bevor Kurzarbeit gewährt werden kann.[108] Voraussetzung ist allerdings, dass arbeitsrechtlich die Anordnung von Urlaub zulässig ist, d.h. sowohl die Voraussetzungen des BUrlG (bzw. einschlägiger Tarifverträge) erfüllt sind, als auch der Betriebsrat gem. § 87 Abs. 1 Nr. 5 BetrVG beteiligt wurde. **57**

Arbeitsrechtlich ist zwar grundsätzlich der Wunsch des Arbeitnehmers ausschlaggebend, es hat aber dennoch eine Abwägungsentscheidung zu erfolgen.[109] Dabei kann schon grundsätzlich die Notwendigkeit für Kurzarbeit einer der „dringenden betrieblichen Belange" i. S. d. § 7 Abs. 1 BUrlG sein, der gegenüber den an sich maßgeblichen Urlaubswünschen der Arbeitnehmer Vorrang hat[110] bzw. haben kann.[111] Ob davon nur der Urlaub des letzten Jahres oder auch der aktuelle Urlaub des laufenden Jahres betroffen ist, ist nicht klar. Der laufende Urlaub sollte aber jedenfalls soweit entstanden (§ 5 Abs. 1c) BurlG) ebenfalls erteilt werden. **58**

3. Auflösung von Arbeitszeitkonten

Die Auflösung von Arbeitszeitkonten ist gem. § 96 Abs. 4 Nr. 3 SGB III erforderlich, um Kurzarbeitergeld zu erhalten. **59**

---

106 BGBl. I 2020, S. 493.
107 BGBl. I 2020, S. 493.
108 https://www.arbeitsagentur.de/news/corona-virus-informationen-fuer-unternehmen-zum-kurzarbeitergeld (zuletzt abgerufen: 1.4.2020).
109 *Kühl*, in: Brand, SGB III, § 96 Rn. 34.
110 BeckOK SozR/*Bieback*, 55. Ed. 1.12.2019, SGB III, § 96 Rn. 34.
111 *Bieback*, in: Gagel, SGB III § 96 Rn. 151a.

a) Einschränkung gem. § 96 Abs. 4 Satz 3 SGB III

60 Eine wesentliche Einschränkung enthält das Gesetz selbst:

61 Die Auflösung eines Arbeitszeitguthabens kann von der Arbeitnehmerin oder dem Arbeitnehmer zunächst nicht verlangt werden, soweit es

1. vertraglich ausschließlich zur Überbrückung von Arbeitsausfällen außerhalb der Schlechtwetterzeit (§ 101 Absatz 1) bestimmt ist und den Umfang von 50 Stunden nicht übersteigt,
2. ausschließlich für die in **§ 7c Absatz 1** des Vierten Buches genannten Zwecke bestimmt ist,
3. zur Vermeidung der Inanspruchnahme von Saison-Kurzarbeitergeld angespart worden ist und den Umfang von 150 Stunden nicht übersteigt,
4. den Umfang von 10 % der ohne Mehrarbeit geschuldeten Jahresarbeitszeit einer Arbeitnehmerin oder eines Arbeitnehmers übersteigt oder
5. **länger als ein Jahr unverändert bestanden** hat.

62 Damit sind u.a. alle Wertguthaben ausgenommen, sodass von vornherein nur sog. Kurzzeit- oder Flexikonten angegriffen werden müssen.[112]

b) Gesetzliche Neuregelung – kein Minus-Saldo aufbauen

63 Neu ist nun, dass die Arbeitszeit- bzw. Flexikonten nicht wie bislang auch ins Minus gefahren werden müssen, um Kurzarbeitergeld zu erlangen:

> „Auf den Aufbau negativer Arbeitszeitsalden vor Zahlung des Kurzarbeitergeldes soll vollständig oder teilweise verzichtet werden können (Ausnahme von § 96 Absatz 4 Satz 2 Nummer 3). Das geltende Recht verlangt, dass in Betrieben, in denen Vereinbarungen zu Arbeitszeitschwankungen genutzt werden, diese auch zur Vermeidung von Kurzarbeit eingesetzt werden und ins Minus gefahren werden."[113]

IV. Antragsverfahren und Leistungen

64 Die Erstattung von Kurzarbeitergeld erfordert einen Antrag an die zuständige Arbeitsagentur. Empfohlen werden können in diesem Zusammenhang zunächst die Videos „Kurzarbeitergeld – Teil 1: Voraussetzungen" und „Kurzarbeitergeld – Teil 2: Verfahren", die Anforderungen und Procedere sehr anschaulich darstel-

---

112 Siehe näher *Natzel*, in: Henssler/Moll/Bepler, Der Tarifvertrag, Teil 5 (5) Rn. 7 und dort Fn. 2 sowie *Rolfs/Witschen/Veit/Hoff*, Recht und Praxis der Arbeitszeitkonten, C. I. Rn. 6.

113 BT-Drs. 19/17893, S. 4.

len.[114] Die Videos haben bereits die Corona-Krise und damit auch die neue Gesetzeslage zum Gegenstand.

Ab dem 1.3.2020 gelten wesentliche Erleichterungen.[115] Auch Leiharbeitnehmer können danach zukünftig Kurzarbeitergeld erhalten (§ 11a AÜG n.F.). Vorbehaltlich der näheren Ausgestaltung durch die Rechtsverordnung werden ab dem 1.3.2020 die Voraussetzungen für das Kurzarbeitergeld abgesenkt und die Leistungen erweitert. Der Zustimmung des Bundesrats bedarf die Verordnung nicht.[116] **65**

Die Antragsvoraussetzungen sind ausführlich und übersichtlich von der BA unter „Fachliche Weisungen Kurzarbeitergeld (Kug) Drittes Buch Sozialgesetzbuch – SGB III §§ 95–100 und 103–109 SGB III“ zusammengestellt.[117] Zu verwenden sind die ebenfalls online zugänglichen Antragsformulare bzw. der Antrag kann online gestellt werden. *Grimm* weist in seiner aktuellen Abhandlung darauf hin: **66**

> „Die Fachliche Weisung der BA stellt eine „Bedienungsanleitung“ dar. Sie sollte beachtet werden. Daneben sind unbedingt die Formvordrucke (im Internet bearbeitbar) zu benutzen. Diese enthalten auch eine Abrechnungsliste zur innerbetrieblichen Vorbereitung, was ab dem 1.3.2020 weniger relevant ist.“[118]

Regelmäßig genügt bei der Anzeige des Arbeitsausfalls eine Glaubhaftmachung der Ursachen mit Nachweisen – auch bezüglich der betroffenen Beschäftigten und der coronabedingten Auswirkung auf die Beschäftigungsunmöglichkeit – in einfacher Form. Zweckmäßig ist es, sich telefonisch zu melden (so man noch Ansprechpartner findet) und die Unterlagen schriftlich per e-Services der BA einzureichen. Der Antrag soll nur für den ersten Monat abgegeben werden müssen. Danach reicht die Einreichung von Kurz-Anträgen zusammen mit Abrechnungslisten, sofern sich keine Änderungen ergeben. Abschlussprüfungen werden bis zum Ende der krisenhaften Situation verschoben, damit die Betriebe sich von der Krise erholen können. **67**

---

114 Vgl. www.arbeitsagentur.de/unternehmen/finanziell/kurzarbeitergeld-video (zuletzt abgerufen am 23.3.2020).

115 BGBl. I 2020, S. 493; BT-Drs. 19/17893, S. 2.

116 Siehe auch *Grimm*, Kurzarbeitergeld bei Nichtbeschäftigung und Betriebsstörungen aufgrund Corona (SARS-Covid 19), ArbRB 2020, 100ff.

117 Vgl. https://www.arbeitsagentur.de/datei/dok_ba013530.pdf (zuletzt abgerufen: 27.3.2020).

118 *Grimm*, Kurzarbeitergeld bei Nichtbeschäftigung und Betriebsstörungen aufgrund Corona (SARS-Covid 19), ArbRB 2020, 98.

V. Vorrang anderer Leistungen – aus dem IfSG

68 Die Leistungen aus dem Infektionsschutzgesetz (IfSG) gehen dem Kurzarbeitergeld vor und sind höher, aber an enge Voraussetzungen geknüpft. In einschlägigen Fällen sind sie ungeachtet des Bezugs von Kurzarbeitergeld freilich unter entsprechender Offenlegung zu beantragen. Ansprüche nach § 56 IfSG werden – wie § 56 Abs. 9 IfSG zeigt – nicht ausgeschlossen. § 56 Abs. 9 IfSG regelt nämlich: „Der Anspruch auf Entschädigung geht insoweit, als dem Entschädigungsberechtigten Arbeitslosengeld oder Kurzarbeitergeld für die gleiche Zeit zu gewähren ist, auf die Bundesagentur für Arbeit über". Sie sollten also geltend gemacht werden.[119]

VI. Überstunden

69 Überstundenanordnungen während der Kurzarbeit sind kein probates Mittel, Mehrarbeit hingegen schon. Einen praktikablen Vorschlag hierzu findet man bei *Spengler/Herbert*:[120]

> „**§ 6 Überstunden**
> Während der Dauer der Kurzarbeit ist die Leistung von Überstunden ausgeschlossen. Mehrarbeitsstunden in dringenden Ausnahmefällen bedürfen der vorherigen Zustimmung des Betriebsrates. Angefallene Mehrarbeitsstunden sind umgehend noch im gleichen Monat durch Freizeitgewährung wieder auszugleichen."

VII. Betriebsbedingte Kündigungen oder Kurzarbeitergeld?

70 Arbeitgeber „schwanken", ob sie Kurzarbeitergeld beantragen oder besser betriebsbedingt kündigen sollen oder müssen. Sowohl die Einführung von Kurzarbeit als auch der Ausspruch betriebsbedingter Kündigungen dienen der Anpassung des in einem Betrieb vorhandenen Arbeitskräftevolumens an einen gesunkenen Arbeitskräftebedarf.[121] Die Instrumente unterscheiden sich letztlich durch die angestellte Prognose. Kurzarbeit ist bei nur vorübergehendem Arbeitsausfall das probate Instrument. Das ist der Fall, wenn mit einer gewissen Wahrscheinlichkeit voraussehbar ist, dass in absehbarer Zeit mit dem Übergang zur Vollarbeit zu rechnen ist. Betriebsbedingte Kündigungen hingegen sind auszusprechen, wenn (potenziell) der endgültige Wegfall des Arbeitsbedarfs in Rede

---

119 So auch *Grimm*, Kurzarbeitergeld bei Nichtbeschäftigung und Betriebsstörungen aufgrund Corona (SARS-Covid 19), ArbRB 2020, 100.

120 *Spengler/Hahn/Pfeiffer*, Betriebliche Einigungsstelle, § 12 Rn. 74.

121 *Wahlig/Jeschke*, Betriebsbedingte Kündigung versus Kurzarbeit, NZA 2010, 607.

steht. Es darf also bei Kurzarbeit kein „Dauermangel“ vorliegen, sondern es muss davon auszugehen sein, dass in absehbarer Zeit wieder Arbeit zur Verfügung steht.[122] Als Anhaltspunkt dafür wird von *Wißmann* die Bezugsdauer des Kurzarbeitergeldes (§ 104 Abs. 1 SGB III oder § 109 Abs. 1 Nr. 2 SGB III) herangezogen. Überschreitet die Dauer des Arbeitsausfalls diese Bezugsdauer deutlich, so kann nicht mehr von einer absehbaren Zeit gesprochen werden.[123] Allerdings kann bei außergewöhnlichen Verhältnissen auf dem gesamten Arbeitsmarkt (wie sie in Zeiten der Pandemie herrschen!) die Bezugsdauer für das Kurzarbeitergeld durch Rechtsverordnung gem. § 109 Abs. 1 Nr. 2 SGB III auf bis zu 24 Monate verlängert werden.

In der Pandemie ist eine Prognose (leider) nicht möglich. Demzufolge reicht re- **71**
gelmäßig eine auf dieser Ursache beruhende Prognose für eine betriebsbedingte Kündigung nicht aus.

Muss der der Arbeitgeber in der Krise seine Prognose ändern, weil er feststellt, **72**
dass der Arbeitsplatz nicht mehr zu retten ist, kann er nach dem Ende der Kurzarbeit betriebsbedingt kündigen:

> „Entfällt der Beschäftigungsbedarf für einzelne von der Kurzarbeit betroffene Arbeitnehmer auf Grund weiterer, später eingetretener Umstände dauerhaft, kann trotz der Kurzarbeit ein dringendes betriebliches Erfordernis für eine Kündigung vorliegen. Dies setzt voraus, dass der Arbeitgeber die Möglichkeiten zur Reduzierung der geschuldeten Arbeitszeit, die ihm die Regelungen zur Kurzarbeit bieten, in vollem Umfang ausgeschöpft hat.“[124]

VIII. Muster

Wie dargestellt, sind an die arbeitsrechtlichen Grundlagen teilweise recht hohe **73**
Anforderungen zu stellen. Einige Muster finden sich bereits im Text zu den jeweiligen Themen. Nachfolgend weitere Muster zur Orientierung, die selbstverständlich – wie bei Mustern üblich – nur Kompass-Funktion haben.

---

122 ErfK/*Oetker*, KSchG § 1 Rn. 287.

123 *Wißmann*, in: Kiel/Lunk/Oetker, MHdB ArbR, Bd. 1: Individualarbeitsrecht I, § 29 Rn. 93.

124 BAG, Urt. v. 23.2.2012 – 2 AZR 548/10, NJW 2012, 2747 f.

1. Muster: Betriebsvereinbarung

Muster für eine Betriebsvereinbarung Kurzarbeit finden sich in verschiedenen Hand- und Formularbüchern.[125]

Betriebsvereinbarung zur Kurzarbeit in der Corona-Pandemie zur Abmilderung bzw. als Reaktion auf die Unwägbarkeiten und Auswirkungen von Covid-19

Zwischen

der …… GmbH

– nachfolgend Arbeitgeber genannt –

und

dem Betriebsrat der …… GmbH

– nachfolgend Betriebsrat genannt –

wird die nachfolgende Betriebsvereinbarung zur Kurzarbeit geschlossen.

Präambel

Aufgrund der Corona-Pandemie muss der Betrieb weitgehend eingestellt werden, weil – keine Werkstoffe mehr geliefert werden/ – die Lieferketten abgebrochen sind/ – der Warenabsatz eingebrochen ist/ – die Betriebsstätte behördlich geschlossen wurde/ – nur noch von 9.00 Uhr bis 18:00 Uhr geöffnet sein darf/ – 95 % unserer Flüge gestrichen wurden/ – usw. Wie lange das so bleibt, kann derzeit niemand absehen, wir sind alle sehr verunsichert. Der Gesetzgeber hat bereits durch das Gesetz zur befristeten krisenbedingten Verbesserung der Regelungen für das Kurzarbeitergeld vom 13. März 2020, Bundesgesetzblatt Teil I G 5702 Nr. 121 reagiert und die Bundesregierung ermächtigt, durch Verordnung die Anforderungen an den Bezug von Kurzarbeitergeld zu lockern. Wir müssen hiervon Gebrauch machen, um den Fortbestand des Betriebes zu sichern und um betriebsbedingte Kündigungen zu vermeiden. Gleichzeitig schützen wir damit unsere Mitarbeiterinnen und Mitarbeiter.

Deswegen haben der Betriebsrat und das Unternehmen folgende Betriebsvereinbarung zur Kurzarbeit in der Corona-Pandemie abgeschlossen. Wir bitten alle Mitarbeiterinnen und Mitarbeiter um Verständnis.

§ 1 Geltungsbereich

(1) Diese Betriebsvereinbarung gilt räumlich für den Betrieb ……

(2) Diese Betriebsvereinbarung gilt für alle Arbeitnehmer mit Ausnahme von

a) leitenden Angestellten iSd § 5 Abs. 3 BetrVG

b) Praktikanten

c) Auszubildenden.

§ 2 Einführung der Kurzarbeit

(1) Kurzarbeit wird in folgenden Abteilungen/in der gesamten Produktion eingeführt:

a)

b)

c)

---

125 Z.B. *Oberthür/Seitz*, Betriebsvereinbarungen, B III Rn. 55 oder *Gragert*, in: Moll, MAH ArbR, § 14 Rn. 66 und *Pletke/Schrader/Siebert/Thoms/Klagges*, Rechtshandbuch Flexible Arbeit, B. Rn. 587.

(2) Von der Kurzarbeit ausgenommen sind Mitarbeiterinnen und Mitarbeiter, die infolge der Kurzarbeit keinen Entgeltausfall haben.

§ 3 Beginn der Kurzarbeit
Die Kurzarbeit beginnt frühestens am 19. März 2020 und endet voraussichtlich am ….
Alternativ: für jede Abteilung gesondert[126]

§ 4 Umfang und Lage der Kurzarbeit
Der Umfang der Kurzarbeit ist je nach Abteilung wie folgt:

1. Abteilung a)
In Abteilung a) ist Kurzarbeit 0.

2. Abteilung b)
In Abteilung b) wird die Wochenarbeitszeit eines/einer vollzeitbeschäftigten Arbeitnehmers/in von 40 Stunden auf 15 Stunden verringert und gleichmäßig auf die Wochentage Dienstag bis Donnerstag verteilt. Montag und Freitag sind arbeitsfrei.
oder
Die Lage der Kurzarbeit richtet sich nach den betrieblichen Bestimmungen zur Lage der Arbeitszeit wie bisher.

3. Abteilung c)
In der Abteilung c) wird die Wochenarbeitszeit eines/einer vollzeitbeschäftigten Arbeitnehmers/in von 40 Stunden auf 20 Stunden verringert und wie folgt verteilt:
- Dienstags bis donnerstags arbeiten alle Arbeitnehmer/innen je 5 Stunden täglich.
- Montags und freitags arbeitet jeweils die Hälfte der Arbeitnehmer/innen 5 Stunden, wobei zunächst für vier Wochen die in Anlage 1 genannten Arbeitnehmer/innen montags und die in Anlage 2 genannten Arbeitnehmer/innen freitags arbeiten. Danach wechselt der Einsatztag alle vier Wochen. Ein Tausch des Einsatztages ist im gegenseitigen Einvernehmen und nach Zustimmung des Vorgesetzten möglich.

oder
Die Lage der Kurzarbeit richtet sich nach den betrieblichen Bestimmungen zur Lage der Arbeitszeit wie bisher.

4. Dokumentation
Jeder Arbeitnehmer, der von Kurzarbeit betroffen ist, dokumentiert die tatsächlich erbrachte reduzierte Arbeitszeit (ohne Pausen) auf dem Formular „Nachweis KUG". Das Formular ist von dem Arbeitnehmer und seinem Vorgesetzten zu unterzeichnen und bis zum 3. Werktag des Folgemonats zu senden.

§ 5 Überstunden
Während der Dauer der Kurzarbeit ist die Leistung von Überstunden ausgeschlossen. Mehrarbeitsstunden in dringenden Ausnahmefällen bedürfen der vorherigen Zustimmung des Betriebsrates. Angefallene Mehrarbeitsstunden sind umgehend noch im gleichen Monat durch Freizeitgewährung wieder auszugleichen.

§ 6 Anzeige der Kurzarbeit
Der Arbeitgeber zeigt unverzüglich nach Abschluss dieser Betriebsvereinbarung bei der Agentur für Arbeit den erheblichen Arbeitsausfall gem. § 99 SGB III an. Der Be-

126 Siehe das Muster von z. B. *Oberthür/Seitz*, Betriebsvereinbarungen, B III Rn. 55.

triebsrat wird dem Arbeitgeber eine Stellungnahme zur Verfügung stellen, in der dargestellt wird, dass der Arbeitsausfall infolge der Corona-Pandemie unvermeidbar ist und dass alle Möglichkeiten, den Arbeitsausfall zu vermeiden, insbesondere die Abwicklung von Resturlaub, Betriebsurlaub, Reduzierung von Arbeitszeitkonten etc., ausgeschöpft sind. Der Arbeitgeber stellt bei der zuständigen Agentur für Arbeit den Leistungsantrag auf Gewährung von Kurzarbeitergeld für die nach dieser Betriebsvereinbarung von Kurzarbeit betroffenen Arbeitnehmer/innen. Der Arbeitgeber wird das Kurzarbeitergeld errechnen und an die Arbeitnehmer/innen auszahlen, sobald er die Leistungen von der Agentur für Arbeit erhalten hat.

§ 7 Überstunden
Für Arbeitnehmer/innen, die in Kurzarbeit beschäftigt werden, dürfen Überstunden nur in dringenden Ausnahmefällen angeordnet werden. Die Anordnung bedarf in jedem Fall der Zustimmung des Betriebsrates. Die Mitbestimmungsrechte des Betriebsrates gemäß § 87 BetrVG bleiben im Übrigen unberührt.

§ 8 Betriebsbedingte Kündigungen
Während der Laufzeit dieser Betriebsvereinbarung werden betriebsbedingte Kündigungen nur mit Zustimmung des Betriebsrates gemäß § 102 Abs. 6 BetrVG ausgesprochen. Der Beschäftigungsschutz gilt nicht bei betriebsbedingten Änderungskündigungen sowie Entlassungen aufgrund von Betriebsänderungen oder im Wege einer Massenentlassung.

§ 9 Änderung und Beendigung der Kurzarbeit
Änderungen der Dauer der Kurzarbeit oder anderer Inhalte dieser Betriebsvereinbarung sind nur einvernehmlich mit dem Betriebsrat möglich. Geschäftsgrundlage für die Kurzarbeit ist ausschließlich die Corona-Pandemie.

§ 10 Inkrafttreten und Geltungsdauer
Diese Betriebsvereinbarung tritt mit Unterzeichnung in Kraft und endet, ohne dass es einer Kündigung bedarf, spätestens mit Ablauf der aufgrund des Ermächtigungsgesetzes erlassenen Verordnungen.
Gegebenenfalls kann (zusätzlich) eine Aufstockung vereinbart werden. Diese hätte folgenden Wortlaut:[127]

§ 11 Aufstockung des Kurzarbeitergeldes
Um die für die Arbeitnehmer/innen finanziell nachteiligen Auswirkungen der Kurzarbeit abzumildern, stockt der Arbeitgeber das Kurzarbeitergeld für die Arbeitnehmern/innen mit einem Zuschuss zum Kurzarbeitergeld auf.
Das Kurzarbeitergeld wird auf 80 % der Nettoentgeltdifferenz im Sinne der §§ 105, 106 SGB III aufgestockt. Die Aufstockung beträgt bei Arbeitnehmern/innen, die beim Arbeitslosengeld die Voraussetzungen für den erhöhten Leistungssatz erfüllen würden, folglich 13 % und im Übrigen 20 % der pauschalierten Nettoentgeltdifferenz gemäß § 106 Abs. 1 S. 1 SGB III.
Der Zuschuss zum Kurzarbeitergeld wird zusammen mit dem Kurzarbeitergeld ausgezahlt.

127 Siehe *Rossa*, in: Oberthür/Seitz, Betriebsvereinbarungen, B III Rn. 55.

2. Muster: Arbeitsvertrag

Ergänzung zum Arbeitsvertrag über Kurzarbeit in der Corona-Pandemie zur Abmilderung bzw. als Reaktion auf die Unwägbarkeiten und Auswirkungen von Covid-19

Zwischen

der ...... GmbH

– nachfolgend Arbeitgeber genannt –

und

Frau.../Herrn ...

– nachfolgend Arbeitnehmer genannt –

wird die nachfolgende Änderung zum Arbeitsvertrag vom ...... über Kurzarbeit geschlossen.

§ 1 Einführung der Kurzarbeit
Frau ... / Herr ... arbeitet in unserem Ladengeschäft im Neu-Isenburg-Zentrum in 63263 Neu-Isenburg. Das Geschäft wurde infolge der Corona-Pandemie geschlossen, weil es nur noch ganz wenige Kundinnen und Kunden aufsuchen. Der Umsatz ist praktisch vollständig eingebrochen. In anderen Geschäften können wir Frau ... / Herrn ... nicht beschäftigen, weil wir diese aus dem gleichen Grunde geschlossen haben.
Deswegen führen wir hiermit mit dem Tage der Unterzeichnung der Vereinbarung für zunächst 9 Monate Kurzarbeit 0 ein/reduzieren die Arbeitszeit des Arbeitnehmers von wöchentlich 40 Stunden auf 10 Stunden.

§ 2 Urlaub
Frau ... / Herr ... hat noch 5 Tage Urlaub aus 2019. Der Urlaub wird einvernehmlich in der Zeit von heute (23. März 2020) bis zum 27. März 2020 genommen.
In 2020 hat Frau ... /Herr ... bislang 5 Tage Urlaub erworben. Dieser Urlaub wird einvernehmlich in der Zeit vom 30. März 2020 bis zum 3. April 2020 genommen.

§ 3 Arbeitszeitguthaben
Arbeitszeitguthaben besteht nicht.

§ 4 Lage der Kurzarbeit (falls nicht Kurzarbeit 0)
Die konkrete Lage der Arbeitszeit ist dem Dienstplan zu entnehmen, der mit dem zuständigen Vorgesetzten wie gewohnt abzustimmen ist. Die Kurzarbeit soll so durchgeführt werden, dass die betroffenen Arbeitnehmer so weit wie möglich ganze freie Tage haben.

§ 5 Antrag auf Kurzarbeitergeld
Den Antrag auf Kurzarbeitergeld stellen wir umgehend mit Abschluss dieser Vereinbarung.

Neu-Isenburg, den

Arbeitnehmer Arbeitgeber

3. Muster: Urlaub und Arbeitszeitguthaben

Sehr geehrte … , sehr geehrter …,

Ihr Arbeitszeitguthaben beträgt 38 Stunden. Wir stellen Sie unter Anrechnung dieses Guthabens gegen Fortzahlung der Vergütung vom 23. März 2020 bis zum 27. März 2020 unwiderruflich von der Arbeitsleistung frei.

Ferner erteilen wir Ihnen hiermit beginnend mit dem 30. März 2020 bis zum 3. April 2020 Ihren Urlaub 2019 in Höhe von noch 5 Tagen.

Mit freundlichen Grüßen

4. Muster: Änderungskündigung

Sehr geehrte … , sehr geehrter …,

leider sehen wir uns aus Ihnen bekannten Gründen gezwungen, hiermit eine fristlose Änderungskündigung im Hinblick auf die mit Ihnen vertraglich vereinbarte Arbeitszeit wie folgt auszusprechen:

§ 4 Ihres Arbeitsvertrags, wonach Sie 38 Stunden in der Woche für uns arbeiten, wird fristlos gekündigt.

Wie bieten Ihnen stattdessen unter Fortsetzung des Arbeitsvertrags im Übrigen den Abschluss folgender Vereinbarung über Kurzarbeitergeld an (gem. Muster 2, Urlaub anpassen).

Kapitel 3

Entsendung ins Homeoffice und mobiles Arbeiten

I. Einleitung

In der aktuellen Corona-Krise stehen das Arbeiten im sog. „Homeoffice" sowie ein mobiles Arbeiten mehr denn je im Fokus. Insbesondere in den Fällen, in denen im Betrieb ein erhöhtes Infektionsrisiko besteht oder Betriebe unter Quarantäne stehen und Arbeitnehmer ihre Arbeitsleistung auch mobil erbringen können, liegt es nahe, dass der Arbeitgeber zunächst auf diese mobilen Arbeitsformen zurückgreift. Auf Empfehlung der Bundesregierung wurden in allen Bundesländern bereits zahlreiche Unternehmen und Einrichtungen mit Publikumsverkehr vorübergehend geschlossen. Eine flächendeckende Schließung von Unternehmen unter Ausnahme besonders systemrelevanter Marktteilnehmer – wie dies bereits in anderen europäischen Ländern der Fall ist – scheint aufgrund des nicht vorhersehbaren Verlaufs der Corona-Pandemie auch in Deutschland nicht völlig ausgeschlossen. Vor diesem Hintergrund kann die „mobile" Arbeitsleistung ein elementarer Motor zum Erhalt der Betriebsfähigkeit sein. 1

Im Folgenden geben wir einen kurzen Überblick dazu, wie mobile Arbeit vertraglich und kollektivrechtlich in Krisenzeiten möglichst schnell und rechtswirksam eingeführt werden kann, welche Gestaltungsgrenzen zu beachten sind und inwiefern ein modernes Arbeiten „von wo aus auch immer" auch arbeitsschutzrechtlich abgesichert werden muss. 2

II. Begriffsbestimmungen

Auch wenn in der Presse die Begriffe des mobilen Arbeitens (Mobile Working) und des Homeoffice (juristisch richtiger: Telearbeitsplatz) bunt durcheinander gehen, sollte man aufgrund von Tatbestandsvoraussetzung und Rechtsfolge zwischen beiden Arbeitsformen klar differenzieren. 3

1. Begriff des Telearbeitsplatzes (Homeoffice)

Ein **Homeoffice** ist dadurch gekennzeichnet, dass der Arbeitnehmer die Tätigkeit von seinem Arbeitsplatz am eigenen Wohnsitz aus erbringt und der dortige Arbeitsplatz aufgrund vertraglicher Vereinbarung mit dem Arbeitgeber als Telearbeitsplatz fest eingerichtet ist. Die **Arbeitsstättenverordnung** (ArbStättV) 4 definiert den Telearbeitsplatz und grenzt ihn klar von sonstigen Formen des mobilen Arbeitens ab, die mit dem Einsatz tragbarer (mobiler) Geräte an demselben oder unterschiedlichen Arbeitsorten möglich sind. So schreibt § 2 Abs. 7 ArbStättV vor:

> „Telearbeitsplätze sind vom Arbeitgeber fest eingerichtete Bildschirmarbeitsplätze im Privatbereich der Beschäftigten, für die der Arbeitgeber eine mit den Beschäftigten vereinbarte wöchentliche Arbeitszeit und die Dauer der Einrichtung festgelegt hat.
> Ein Telearbeitsplatz ist vom Arbeitgeber erst dann eingerichtet, wenn Arbeitgeber und Beschäftigte die Bedingungen der Telearbeit arbeitsvertraglich oder im Rahmen einer Vereinbarung festgelegt haben und die benötigte Ausstattung des Telearbeitsplatzes mit Mobiliar, Arbeitsmitteln einschließlich der Kommunikationseinrichtungen durch den Arbeitgeber oder eine von ihm beauftragte Person im Privatbereich des Beschäftigten bereitgestellt und installiert ist.“

2. Begriff des mobilen Arbeitens

5 Im Gegensatz zum Arbeiten im Homeoffice ist **mobiles Arbeiten** dadurch gekennzeichnet, dass die Arbeitsleistung unabhängig von einem festen Arbeitsplatz und einem festen Arbeitsort erbracht wird. So kann der Arbeitnehmer sowohl von zu Hause als auch beim Kunden, im Café, im Hotel oder auf einer Reise arbeiten, ohne dass eine feste Arbeitsstätte außerhalb des Hauptbetriebs eingerichtet ist. Während beim Homeoffice der Arbeitgeber sehr weitgehend dem Pflichtenkatalog der Arbeitsschutzvorschriften unterliegt – und insbesondere Gefährdungsbeurteilungen durchzuführen hat –, ist das mobile Arbeiten mit einem größeren Gestaltungsspielraum und geringeren Schutzpflichten möglich. Praktisch betrachtet dürften „echte“ Telearbeitsplätze die Ausnahme sein, erst recht im Falle des durch eine Pandemie forcierten Wechsels auf mobiles Arbeiten innerhalb weniger Tage.

III. Individualrechtliche Einführung

6 Ob der Arbeitgeber alternative Arbeitsformen und -orte einseitig anordnen kann oder ob es einer vertraglichen Regelung bedarf, hängt wesentlich davon ab, ob der Arbeitnehmer ins Homeoffice geschickt werden soll oder mobil arbeiten soll. Im Übrigen spielen die im Arbeitsvertrag geregelten Versetzungsrechte eine Rolle.

7 Sind mobiles Arbeiten und/oder Homeoffice-Tätigkeiten bereits arbeitsvertraglich geregelt, kann in den dort festgeschriebenen Grenzen ein Arbeiten außerhalb des Betriebs im Krisenfall und befristet auf dessen Dauer angeordnet werden. Fehlt es an einer solchen ausdrücklichen Regelung, stellt sich die Frage, in

welchem örtlichen und/oder zeitlichen Umfang das Direktionsrecht für eine Versetzung „aus dem Betrieb heraus" genutzt werden kann.

1. Direktionsrecht des Arbeitgebers

Das Gesetz ermöglicht dem Arbeitgeber sehr weitgehend eine einzelfallbezogene und konkretisierende Ausgestaltung von Ort, Art und Zeit der Arbeitsleistung. § 106 GewO regelt insoweit: **8**

> „Der Arbeitgeber kann Inhalt, Ort und Zeit der Arbeitsleistung nach billigem Ermessen näher bestimmen, soweit diese Arbeitsbedingungen nicht durch den Arbeitsvertrag, Bestimmungen einer Betriebsvereinbarung, eines anwendbaren Tarifvertrages oder gesetzliche Vorschriften festgelegt sind. Dies gilt auch hinsichtlich der Ordnung und des Verhaltens des Arbeitnehmers im Betrieb. Bei der Ausübung des Ermessens hat der Arbeitgeber auch auf Behinderungen des Arbeitnehmers Rücksicht zu nehmen."

Der Arbeitgeber hat insofern umfassende Gestaltungsrechte. Diese betreffen nicht nur Ort, Zeit und Inhalt der Arbeitsleistung, sondern alle arbeitsvertraglichen Pflichten, deren Festlegung unumgänglich ist, um den Austausch der Hauptleistungen sinnvoll zu ermöglichen. Dagegen erstreckt sich das **Direktionsrecht** von vornherein nicht auf die Höhe des Entgelts oder den Umfang der geschuldeten Arbeitsleistung. Es ermöglicht keine Eingriffe in die Hauptleistungspflichten, sondern soll lediglich die im Übrigen festgelegte Arbeitspflicht nach Zeit, Ort und Inhalt konkretisieren. **9**

Zu beachtende Gestaltungsgrenzen folgen aus individualvertraglichen Gestaltungen, Kollektivregelungen oder unmittelbar aus dem Gesetz (§ 106 GewO). Das Direktionsrecht kann daher weder vertraglich einvernehmlich festgelegte Vertragsinhalte noch zwingende gesetzliche Inhalte eines Arbeitsverhältnisses durchbrechen. Damit ist das Direktionsrecht des Arbeitgebers umso stärker eingeschränkt, je detaillierter die Vertragsparteien die jeweiligen Arbeitspflichten einvernehmlich festlegen. **10**

Will der Arbeitgeber sich eine einseitige Gestaltung offen halten, bedarf es klarer Festlegungen im Vertrag, dass dort festgelegte Einzelregelungen entweder nur eine Erstausübung des Direktionsrechts darstellen oder der Arbeitgeber sich die Weisungsrechte nach § 106 GewO trotz der Festlegung im Arbeitsvertrag ausdrücklich offen hält. **11**

2. Festlegung des Arbeitsortes

Diese allgemeinen Grundsätze können auf die Festlegung des **Arbeitsortes** übertragen werden. Der Arbeitgeber kann den Arbeitsort kraft seines Direktionsrechts festlegen. Lediglich dann, wenn der Arbeitsvertrag den Arbeitsort konkret **12** festschreibt – ohne dass die Änderung des Arbeitsortes vorbehalten wird – ist das Weisungsrecht des Arbeitgebers auf diesen Arbeitsort beschränkt. Allerdings geht das Bundesarbeitsgericht davon aus, dass eine Formulierung im Arbeitsvertrag, mit der ein „grundsätzlicher" Arbeitsort bestimmt wird und sich der Arbeitgeber zugleich eine entsprechende Änderung des Arbeitsortes vorbehält, eine bloße Erstausübung dieses Direktionsrechts darstellt. Mit einer solchen Vertragsgestaltung legen die Vertragsparteien daher den Arbeitsort nicht verbindlich für die Zukunft fest, sondern belassen es bei dem dem Arbeitgeber obliegenden Direktionsrecht.[1]

13 Die bloße Tätigkeit an einem bestimmten Arbeitsort über einen sehr langen Zeitraum führt noch nicht zu einer vertraglichen Festlegung des Arbeitsortes und einer **Einschränkung des Direktionsrechts**. Der Arbeitnehmer kann einer Beschäftigung am gleichbleibenden Arbeitsplatz über einen sehr langen Zeitraum keine Erklärung dahingehend entnehmen, dass der Arbeitgeber zukünftig auf sein Direktionsrecht verzichten will. Dies hat das Bundesarbeitsgericht zum Beispiel anhand einer Beschäftigung über 14 Jahre am selben Ort entschieden.[2]

14 Zusammengefasst bedeutet dies: Unabhängig davon, ob der Vertrag von vornherein keine Festlegung des Arbeitsortes enthält oder aber der Vertrag eine solche Festlegung enthält, zugleich aber die Aufrechterhaltung eines Direktionsrechts klarstellt, ist dem Arbeitgeber die einseitige Änderung des Arbeitsortes erlaubt.

15 Eine Klausel im Arbeitsvertrag, mit der lediglich die gesetzliche Regelung des § 106 GewO abgebildet wird, unterliegt auch keiner Inhaltskontrolle nach den Grundsätzen der AGB-Rechtsprechung. Das Bundesarbeitsgericht hat mit Entscheidung aus dem Jahr 2011 klargestellt, dass es rechtlich keinen Unterschied machen kann, ob der Versetzungsvorbehalt im Arbeitsvertrag geregelt ist oder sich von vornherein aus der gesetzlichen Regelung des § 106 GewO ergibt.[3] Mithin ist lediglich im Einzelfall zu prüfen, ob dem Arbeitgeber das Direktionsrecht überhaupt zusteht und ob er dieses im Einzelfall ermessensgerecht ausgeübt hat. Denn jede Ausübung des Direktionsrechts unterliegt der sogenannten Ausübungskontrolle gemäß § 315 BGB. Der Arbeitgeber hat bei der einseitigen Gestaltung der Arbeitsinhalte und -pflichten die Interessen des Arbeitnehmers hinreichend zu berücksichtigen und mit seinen betrieblichen Interessen in Abwägung zu bringen. Im Streitfall obliegt dem Arbeitsgericht nach § 315 Abs. 3 Satz 1 BGB die Prüfung, ob der Arbeitgeber als Gläubiger die Grenzen seines Leistungsbestimmungsrechts beachtet hat.[4]

---

1 BAG, 13.6.2012 – 10 AZR 296/11, NZA 2012, 1154 ff.
2 BAG, 7.12.2000 – 6 AZR 444/99, NZA 2001, 780 ff.
3 BAG, 19.1.2011 – 10 AZR 738/09, NZA 2011, 631 ff.
4 BAG, 13.6.2012 – 10 AZR 296/11, NZA 2012, 1154 ff.

16 Die Leistungsbestimmung nach **billigem Ermessen** (§ 106 Satz 1 GewO, § 315 BGB) verlangt eine Abwägung der wechselseitigen Interessen nach

- verfassungsrechtlichen und gesetzlichen Wertentscheidungen,
- den allgemeinen Wertungsgrundsätzen der Verhältnismäßigkeit und Angemessenheit sowie
- der Verkehrssitte und Zumutbarkeit.

17 In die Abwägung sind alle Umstände des Einzelfalls einzubeziehen. Hierzu gehören die Vorteile für beide Seiten aus einer Regelung, die Risikoverteilung zwischen den Vertragsparteien, die beiderseitigen Bedürfnisse, außervertragliche Vor- und Nachteile, Vermögens- und Einkommensverhältnisse sowie soziale Lebensverhältnisse wie familiäre Pflichten und Unterhaltsverpflichtungen.[5]

18 Nach den vorgenannten Kriterien ist insofern eine umfassende Gesamtabwägung vorzunehmen. In deren Rahmen sind auch die Kriterien des § 1 Abs. 3 KSchG zu berücksichtigen. Allerdings hat der Arbeitgeber keine Sozialauswahl im engeren Sinne durchzuführen. Soweit es auf die Zumutbarkeit des neu zugewiesenen Arbeitsortes ankommt, kann aus den sozialrechtlichen Regeln über die Zumutbarkeit einer Beschäftigung kein belastbarer Maßstab für die arbeitsrechtliche Beurteilung des Ermessensgebrauchs nach § 106 Satz 1 GewO bei einer Versetzung abgeleitet werden.[6]

3. Arbeitgeberseitige Einführung von Homeoffice und Mobile Work

a) Homeoffice

19 Ein Arbeiten im Homeoffice bedarf immer einer vertraglichen Regelung und **Zustimmung durch den Arbeitnehmer** insoweit, als der Arbeitnehmer den heimischen Arbeitsplatz zum Zwecke der Einrichtung eines Telearbeitsplatzes (siehe oben zur Definition in der Arbeitsstättenverordnung) im privaten Umfeld freigibt. Ohne eine solche Vereinbarung besteht keine Möglichkeit, den Arbeitnehmer auf einen dauerhaften Telearbeitsplatz zu versetzen.

20 Aus Sicht des Arbeitgebers bedeutet die Einrichtung des Homeoffice die Gründung einer kleinen neuen Betriebsstätte. Aus Sicht des Arbeitnehmers handelt es sich im Ergebnis um die (Unter-)Vermietung des häuslichen Arbeitsplatzes. Über diesen und seinen Nutzungszweck, welcher auch durch Art. 13 GG geschützt ist, kann der Arbeitgeber nicht einseitig ohne Vertragsgrundlage verfügen.[7] Insbesondere kann er auch nicht einseitig in bestehende Verträge des Arbeitnehmers eingreifen, z. B. in einen bestehenden Wohnungsmietvertrag und in Verträge über Strom, Heizung und Reinigung der Arbeitsstätte „Arbeitszim-

5 BAG, 13.4.2010 – 9 AZR 36/09, NJOZ 2010, 2625 ff.
6 BAG, 17.8.2011 – 10 AZR 202/10, NZA 2012, 265 ff.
7 *Müller*, Homeoffice in der arbeitsrechtlichen Praxis, § 2 Rn. 117.

mer". So hat beispielsweise der Arbeitnehmer, der selbst Mieter einer Wohnung ist, zu prüfen, ob die gewerbliche Nutzung der Wohnung überhaupt gestattet ist und bei Mitmietern sicherzustellen, dass auch diese der Nutzung und z.B. Zutrittsrechten des Arbeitgebers zustimmen.

21 Sofern ein solcher häuslicher Arbeitsplatz zwischen Arbeitgeber und Arbeitnehmer vereinbart wurde und zu den nach dem Arbeitsvertrag zulässigen Arbeitsorten zählt, kann der Arbeitgeber den Arbeitnehmer auch qua Direktionsrecht in das Homeoffice entsenden. **Grenzen des Direktionsrechts** können sich insofern aus der vertraglichen Ausgestaltung oder einer Begrenzung des konkreten Ausübungsermessens, z.B. durch das Persönlichkeitsrecht des Arbeitnehmers, ergeben:

- Legt die vertragliche Ausgestaltung des Homeoffice z.B. fest, dass dieses nur in einem bestimmten Umfang, zu bestimmten Werktagen oder mit bestimmter technischer Ausstattung genutzt werden kann, kann der Arbeitgeber die Arbeit im Homeoffice auch nur in diesen Grenzen zuweisen.
- Sofern vertraglich alternierende Arbeit im Betrieb und im Homeoffice vereinbart ist, ist im Rahmen des Ausübungsermessens zu prüfen, ob mit einer konkreten Zuweisung der Tätigkeit im Homeoffice – z.B. als Dauerzustand für einen unbefristeten Zeitraum – die beiderseitigen Interessen angemessen berücksichtigt wurden. So hat das LAG Berlin-Brandenburg (mit etwas zweifelhafter Begründung) eine unangemessene Benachteiligung angenommen, wenn der Arbeitsvertrag eine Tätigkeit in einer Betriebsstätte vorsieht und der Arbeitnehmer nunmehr ausschließlich im Homeoffice arbeiten soll: Die Umstände einer ausschließlich in der eigenen Wohnung zu verrichtenden Tätigkeit seien mit einer solchen, die im Betrieb mit anderen Mitarbeitern ausgeführt werde, nicht zu vergleichen. Der Arbeitnehmer verliere den unmittelbaren Kontakt zu seinen Kollegen und die Grenzen zwischen Arbeit und Freizeit würden fließend. Zudem sei ein Arbeitnehmer im Homeoffice für Betriebsrat und Gewerkschaften schwerer erreichbar.[8]

22 Sind die vertraglichen Grundlagen für die Einrichtung des Homeoffice gelegt, sodass kein Eingriff in das häusliche Nutzungsrecht vorliegt, kann der Arbeitgeber unseres Erachtens in den vorgenannten Grenzen im Corona-Krisenfall zeitlich befristet auch eine dauerhafte Tätigkeit im Homeoffice einseitig anordnen. Denn die arbeitgeberseitigen Interessen an der Aufrechterhaltung des Geschäftsbetriebs und der Sicherstellung eines angemessenen Gesundheitsschutzes überwiegen deutlich die vorgenannten Interessen des Arbeitnehmers an dem sozialen Austausch mit seinen Kollegen, einem Betriebsrat oder Gewerkschaftsvertretern (welcher durch die Tätigkeit im Homeoffice auf anderen Wegen, z.B. virtuell, weiterhin möglich bleibt).

---

8 LAG Berlin-Brandenburg, 14.11.2018 – 17 Sa 562/18, BeckRS 2018, 34001 Rn. 21.

Fehlt es an den vertraglichen Grundlagen, mag immer noch über ein „**Notstandszuweisungsrecht**" diskutiert werden, um vom Arbeitgeber einen völlig unverhältnismäßigen Schaden abzuwenden. Näher liegen aber wohl folgende Argumentationsansätze: Der Arbeitnehmer kann in Notfällen auf Grundlage der **gegenseitigen Treuepflicht** verpflichtet sein, einer Homeoffice-Vereinbarung und Ergänzung des Arbeitsvertrags zuzustimmen. Eine solche Verpflichtung des Arbeitnehmers wird allerdings nur in absoluten Ausnahmefällen angenommen werden können, wenn andere Maßnahmen zur Aufrechterhaltung der Funktionsfähigkeit des Betriebs nicht möglich sind. Darüber hinaus stellt sich die Frage, inwiefern Annahmeverzugsansprüche des Arbeitnehmers nach § 615 BGB bei Ablehnung einer Tätigkeit im Homeoffice enden. Denn es lässt sich gut begründen, dass es sich dabei um ein zumutbares anderweitiges Arbeitsangebot handelt. **23**

b) Mobiles Arbeiten

Für das mobile Arbeiten gelten andere Rahmenbedingungen: Sieht der Arbeitsvertrag keinen festen Arbeitsort an einem bestimmten Betriebssitz vor, kann der Arbeitgeber in den Grenzen des Direktionsrechts andere Arbeitsorte und damit auch ein mobiles Arbeiten außerhalb des Betriebs und an wechselnden Orten anordnen. Diese Anordnung geht nicht mit einem Eingriff in das Wohnrecht oder sonstige Rechte über das häusliche Arbeitszimmer einher. **24**

Dabei ist im Rahmen des Ausübungsermessens (§ 315 BGB) lediglich zu prüfen, ob der Arbeitgeber billiges Ermessen beachtet hat. Es bedarf daher eines betrieblichen Anlasses bezogen auf die Veränderung und hinreichender Gründe, den Arbeitnehmer – vorübergehend bzw. zeitweise – dem betrieblichen Umfeld zu entziehen, die gegenüber möglichen entgegenstehenden Privatinteressen überwiegen. **25**

Im Sonderfall einer Pandemie, bei der die körperliche Anwesenheit der Mitarbeiter im Betrieb einen Risikofaktor darstellt oder aufgrund behördlicher oder gesetzlicher Vorgaben ein Arbeiten im Betrieb gar nicht mehr zulässig ist, wird eine solche Interessenabwägung sehr klar zugunsten des Arbeitgebers ausfallen. Die Gesundheit des Einzelnen und der Gesamtheit aller Mitarbeiter, die Funktionsfähigkeit des Betriebs und das Infektionsrisiko für die Gesamtbevölkerung stehen den Interessen der Arbeitnehmer an einer Arbeit im Betrieb entgegen. Dies führt dazu, dass die Zuweisung eines Arbeitsortes, an welchem die erforderlichen Abstandsregelungen eingehalten werden können, oder zu einem frei zu wählenden mobilen Arbeitsort, an dem ebenfalls ein angemessenes Arbeitsumfeld sichergestellt werden kann, nahezu immer billigem Ermessen entspricht. Denn – nach bisherigem wissenschaftlichem Kenntnisstand – kann durch „**physical distancing**" eine Eindämmung der Corona-Pandemie erreicht werden. Im Rahmen der Gesamtabwägung ist auch zu berücksichtigen, ob die Anordnung mobilen Arbeitens auf den Zeitraum der Krise zeitlich befristet ist. **26**

IV. Vertragliche Ausgestaltung der Tätigkeit im Homeoffice oder eines mobilen Arbeitens

27 Sofern ein eingerichteter Telearbeitsplatz (Homeoffice) nicht benötigt wird, sollten Arbeitgeber es schlicht bei der Ausgestaltung eines mobilen Arbeitens belassen. Dies bedeutet nicht, dass der Arbeitgeber sich damit jeder Verantwortung für den Arbeitsschutz entziehen kann. Es bedarf aber keiner vertraglichen Festlegung zum Nutzung eines häuslichen Arbeitsplatzes und nur vereinfachter einseitiger Richtlinien, Anweisungen, Hinweise etc. Gerade in einer pandemiebedingten Krisensituation, in der schnelles und effektives Handeln zur Aufrechterhaltung des Betriebs essenziell ist, ist daher mobiles Arbeiten vorzugswürdig.

28 Ist dagegen die Einrichtung eines Homeoffice gewünscht – gegebenenfalls auch über den Zeitraum des pandemiebedingten „physical distancing“ hinaus – bedarf es weiterer Überlegungen zur Ausgestaltung des Arbeitsplatzes und der Arbeitsform.

1. Gestaltung einer Homeoffice-Vereinbarung

29 Sofern ein regelmäßiges Arbeiten im Homeoffice mit gegebenenfalls festen Arbeitszeiten und jedenfalls einer eingerichteten und i.d.R. vom Arbeitgeber gestellten Arbeitsumgebung (Desktop, Drucker, WLAN etc.) geplant ist, sollte unbedingt zwischen zwei Gestaltungsthemen differenziert werden:

- Einrichtung des Homeoffice als neuer Arbeitsplatz („kleiner Mietvertrag“),
- Arbeiten im Homeoffice (Versetzung oder Änderungsvereinbarung).

30 Denn nur bei dieser klaren Differenzierung kann auch die Frage beantwortet werden, unter welchen Bedingungen der Arbeitgeber einen Arbeitnehmer ins Homeoffice entsenden oder aus dem vereinbarten Homeoffice wieder zurückholen kann.

31 Die vertragliche **Einrichtung** eines Homeoffice-Arbeitsplatzes als neue Betriebsstätte sollte insbesondere folgende Regelungen enthalten:

- Regelungen zur technischen und sonstigen **Ausstattung des Arbeitszimmers** im Zuhause des Arbeitnehmers können die Zurverfügungstellung der **Arbeitsmittel** durch den Arbeitgeber, aber auch die Verwendung der arbeitnehmereigenen Hardware („**Bring your own device**“) umfassen. Im letzten Fall ist zu beachten, dass Aufwendungsersatzansprüche des Arbeitnehmers entstehen können und Besonderheiten bei der Erfüllung datenschutzrechtlicher Vorgaben zu beachten sind.
- Weiteres Kernelement ist die Regelung des Nutzungsrechts, das auch Regelungen des **Zutrittsrechts** des Arbeitgebers zu der Homeoffice-Arbeitsstätte umfasst. Dies ist notwendig, da wegen des grundrechtlichen Schutzes der

Wohnung (Art. 13 GG) der Arbeitgeber die häusliche Arbeitsstätte des Arbeitnehmers ohne dessen Zustimmung nicht betreten darf. Zur Einhaltung der arbeitsschutzrechtlichen Vorgaben ist jedoch eine Besichtigung des Homeoffice-Arbeitsplatzes unvermeidbar. Der Arbeitgeber kann es nicht dem Arbeitnehmer überlassen, sich selbst um die Einrichtung bzw. Gestaltung des Arbeitsplatzes zu kümmern, sondern hat dafür Sorge zu tragen, dass die Bestimmungen des Arbeits- und Gesundheitsschutzes eingehalten werden. Er hat insbesondere die Arbeit so zu gestalten, dass eine Gefährdung für das Leben sowie die physische und psychische Gesundheit möglichst vermieden und die verbleibende Gefährdung möglichst gering gehalten wird (§ 4 Nr. 1 ArbSchG). § 3 ArbStättV schreibt eine Gefährdungsbeurteilung des Arbeitgebers bei der Einrichtung und Betreibung von Arbeitsplätzen – auch des Homeoffice-Arbeitsplatzes – vor. In der Regel wird eine solche vorzunehmen sein, wenn die Arbeitsumgebung von der „üblichen" betrieblichen Umgebung abweicht.

- Der Arbeitnehmer hat die Vorschriften über den **Datenschutz** und den **Schutz von Betriebs- und Geschäftsgeheimnissen** einzuhalten. Regelungen dazu sind kaum wegzudenken, denn den Arbeitgeber trifft die Pflicht, organisatorische Maßnahmen zur Gewährleistung der Datensicherheit zu treffen (§ 26 Abs. 5 BDSG).
- Die **Kosten** für die Einrichtung des Homeoffice (Anschaffung der Büroeinrichtung, Anschaffung, Wartung und Pflege der Kommunikationseinrichtung, dienstlicher Anteil der Raummiete, Beleuchtung, Heizung etc.) trägt in der Regel ohne abweichende vertragliche Regelung der Arbeitgeber. Es besteht die Möglichkeit der Vereinbarung einer Kostenpauschale, welche insbesondere im Hinblick auf die schnellere und übersichtlichere Abwicklung bei der Vielzahl von Arbeitnehmern, welche im Zuge der Corona-Pandemie gleichzeitig ein Homeoffice errichten, zu erwägen ist. Die steuerlichen Implikationen einer Pauschalzahlung sind jedoch zu beachten. Arbeitnehmer können mit Blick auf die eingesparten Fahrtkosten zum betrieblichen Arbeitsplatz auf eine Kostenerstattung – zumindest teilweise – verzichten.

Bei der **Gestaltung** der **Tätigkeit** im Homeoffice ist Folgendes zu beachten: **32**

- Wird zusammen mit der Einrichtung direkt auch die Tätigkeit im Homeoffice zugesagt bzw. vertraglich festgelegt, kann diese Homeoffice-Tätigkeit nur durch eine einvernehmliche Änderung der Arbeitsbedingungen oder durch Änderungskündigung aufgehoben werden. Um diese **Verbindlichkeit** der der Homeoffice-Zusage zu vermeiden, kann zwischen einer Versetzung mit Möglichkeit der Rückversetzung oder einer vertraglichen Zusicherung des Homeoffice mit Widerrufsvorbehalt gewählt werden.
- Wird in die Homeoffice-Vereinbarung eine **Versetzungsklausel** im Hinblick auf den Arbeitsort des Arbeitnehmers aufgenommen, kann der Arbeitgeber die Homeoffice-Tätigkeit durch einseitige Änderung des Arbeitsortes im

Rahmen sein Direktionsrechts nach § 106 Satz 1 GewO beenden und den Arbeitnehmer zurück in den Betrieb holen. Die Ausübung des Weisungsrechts muss dabei billigem Ermessen entsprechen (Rn. 16).

- Alternativ zu dem Weisungsrecht kommt die Vereinbarung eines einseitigen Lösungsrechts in Form eines **Widerrufsrechts** in Betracht. Eine Klausel im Arbeitsvertrag, die dem Arbeitgeber einen bedingungslosen Rückruf in den Betrieb ermöglicht, verstößt jedoch gegen das Recht der Allgemeinen Geschäftsbedingungen.[9] Daher erscheint es sinnvoll, Widerrufsgründe wie betriebsbedingte oder verhaltensbedingte Gründe oder auch die Beendigung der Corona-Krise, konkret (AGB-Kontrolle!) in den Arbeitsvertrag aufzunehmen.
- Grundsätzlich ändert die Vereinbarung von Arbeiten im Homeoffice die bestehenden **Arbeitszeitregelungen** zwischen den Vertragsparteien nicht. Eine Flexibilisierung – z. B. im Hinblick auf das Bedürfnis der Arbeitnehmer, ihre Kinder während Schließungsphasen von Schulen zu betreuen – kann jedoch in der Individualvereinbarung aufgenommen werden. Auch für die Tätigkeit im Homeoffice gilt das ArbZG, dessen Einhaltung vom Arbeitgeber zu überwachen ist – was im Homeoffice regelmäßig Schwierigkeiten bereitet. Vor diesem Hintergrund empfiehlt es sich, dem Arbeitnehmer die Verpflichtung aufzuerlegen, seine Arbeitszeit zu erfassen, insbesondere die über die werktägliche Arbeitszeit des § 3 Abs. 1 ArbZG hinausgehende Arbeitszeit. Auch im Lichte jüngerer EuGH-Rechtsprechung[10] drohen bis zu einer gesetzgeberischen Umsetzung der daraus für Deutschland möglicherweise resultierenden Handlungspflichten keine ordnungswidrigkeiten- oder strafrechtlichen Konsequenzen.
- Falls Anwesenheitspflichten im Betrieb (Vertretungsfälle, Team-Meetings etc.) oder bestimmte Zeiten der im Homeoffice erforderlich sind, können auch hierzu Regelungen getroffen werden.

2. Gestaltung von Mobile Working

33 Alternativ zur Einrichtung des Homeoffice-Arbeitsplatzes kann der Arbeitgeber auch ein bloßes flexibles Arbeiten in der Form des mobilen Arbeitens freigeben. In diesem Fall verzichtet der Arbeitgeber für bestimmte Zeiträume und unter bestimmten Bedingungen auf eine Anwesenheit im Betrieb und erlaubt – unter Einsatz der entsprechenden mobilen Arbeitsmittel (Mobiltelefon, Tablet, Laptop usw.) – ein Arbeiten an dem Wunschort des Arbeitnehmers. Dieser kann, muss aber nicht die eigene Wohnung sein. Soll in dieser Form der Arbeitsort in Zeiten

9 LAG Düsseldorf, 10.9.2014 – 12 Sa 505/14, BeckRS 2014, 73155.

10 EuGH, 14.5.2019 – C-55/18 – Federación de Servicios de Comisiones Obreras (CCOO) / Deutsche Bank SAE, juris.

der Corona-Pandemie freigegeben werden, gilt es folgende Regelungsgegenstände zu bedenken:

- Das mobile Arbeiten kann dem Arbeitnehmer generell, nur zu bestimmten **Zeiten**, nach Abstimmung im Team oder nach Freigabe durch den direkten Vorgesetzten ermöglicht werden. Insbesondere, wenn in der Corona-Pandemie zur Aufrechterhaltung der Funktionsfähigkeit des Betriebs ein „Schichtsystem" eingeführt wird, bietet sich eine Freigabe des mobilen Arbeitens nach Abstimmung mit dem Team/zu bestimmten (Funktions-)Zeiten an.
- Die mobilen **Arbeitsmittel** können, wie auch beim Homeoffice, entweder von dem Arbeitgeber gestellt werden oder der Arbeitnehmer verwendet seine private Hardware („Bring your own device").
- Der Arbeitnehmer hat die Vorschriften über den **Datenschutz** und den Schutz von **Betriebs- und Geschäftsgeheimnissen** einzuhalten. Der Arbeitnehmer sollte darauf hingewiesen werden, dass aufgrund der mobilen Arbeit gegebenenfalls besondere Vorkehrungen zu treffen sind, da nur begrenzte Einfluss- und Überwachungsmöglichkeiten bestehen.

Eine einseitige Beendigung von mobilem Arbeiten durch den Arbeitgeber ist durch bloße erneute Ausübung des Weisungsrechts möglich. Nur bei vertraglicher Festlegung des mobilen Arbeitens und eines verankerten Anspruchs auf ein mobiles Arbeiten bedarf es einer vertraglichen Anpassung oder einer Änderungskündigung; allerdings können auch hier vertragliche Widerrufsmöglichkeiten gestaltet werden. Es empfiehlt sich, ausdrücklich die Voraussetzungen zu regeln, unter denen eine einseitige **Beendigung** durch den Arbeitgeber erfolgen kann. Wird ein mobiles Arbeiten nur im Rahmen der Corona-Krise angeordnet, kann die Rückholung von vornherein dem Weisungsrecht des Arbeitgebers unterstellt werden – auch kann ein bestimmter Endtermin z. B. bei „Corona-Entwarnung" durch die Bundesregierung oder bei Lockerung der allgemeinen Ausgangsbeschränkungen vorgesehen werden. **34**

Bei der mobilen Arbeit findet in Bezug auf die **Arbeitssicherheit** und den **Arbeitsschutz** des Arbeitnehmers die Arbeitsstättenverordnung lediglich im Rahmen der Gestaltung von Bildschirmarbeitsplätzen (Nr. 6 des Anhangs der ArbStättV) Anwendung. Eine Unterweisung, wie sie bei der Einführung des Arbeitens im Homeoffice vorgeschrieben ist, ist für das mobile Arbeiten nicht vorgesehen. Trotz allem ist ein Hinweis des Arbeitgebers zum Arbeitsschutz in Hinblick auf die Gesundheit und die Einhaltung der Arbeitszeiten und -pausen der Arbeitnehmer ratsam. Denn mobiles Arbeiten bedeutet nicht, dass der Arbeitgeber von seinen allgemeinen arbeitsschutzrechtlichen Obliegenheiten frei würde. **35**

V. Anspruch auf einen Homeoffice-Arbeitsplatz oder mobiles Arbeiten

36 Eine gesetzliche Regelung, die einen **Anspruch** auf Mobile Working oder Homeoffice vorsieht, wie dies z.B. in den Niederlanden der Fall ist, existiert in Deutschland aktuell (noch) nicht. Ein Anspruch des Arbeitnehmers auf einen Arbeitsplatz im Homeoffice kann auch nicht aus sonstigen Rechtsgrundlagen hergeleitet werden. Denn es zählt zur **unternehmerischen Freiheit des Arbeitgebers** (Art. 12, Art. 14, Art. 2 Abs. 1 GG), über die Gründung oder Aufrechterhaltung von Betriebsstätten selbst zu entscheiden und seine betriebliche Organisation frei zu gestalten.[11] Es unterliegt der unternehmerischen Entscheidung des Arbeitgebers, einen außerbetrieblichen Arbeitsplatz zu errichten oder gerade nicht zu errichten.[12]

37 Hinter diesem Freiheitsrecht treten der Schutz von Ehe und Familie bzw. die Pflege und Erziehung der Kinder der Arbeitnehmer (Art. 6 Abs. 1, Abs. 2 GG) oder sonstige individuelle Interessen grundsätzlich zurück.[13] Im Rahmen der Corona-Krise können allenfalls besondere Betreuungsanforderungen oder Gesundheitsrisiken, Reise- und Ausgangsbeschränkungen oder sonstige Umstände, die einer Tätigkeit im Betrieb entgegenstehen, einen Anspruch auf mobiles Arbeiten begründen, um Ausfälle von Lohnansprüchen zu vermeiden. Auch in der Corona-Krise kann mobiles Arbeiten seitens des Arbeitnehmers aber nicht einschränkungslos gefordert werden. Die bloße Angst vor einer Ansteckung berechtigt den Mitarbeiter keinesfalls, eigenmächtig außerhalb des Betriebs, z.B. von zu Hause aus, zu arbeiten.

38 Erst recht besteht kein allgemeiner Anspruch auf Zuweisung eines mobilen Arbeitsplatzes. Dem Arbeitnehmer stehen keine Rechte aus § 106 GewO zu, da die Formulierung „kann" ein einseitiges Gestaltungsrecht des Arbeitgebers, nicht aber einen korrespondierenden Anspruch des Arbeitnehmers bezeichnet. Aus § 106 GewO lässt sich keine unmittelbare Pflicht des Arbeitgebers zur Ausübung des Direktionsrechts in gewünschter Weise herleiten.[14]

VI. Gleichbehandlungsgrundsatz

39 Hat der Arbeitgeber einer Gruppe von Arbeitnehmern bereits einen Homeoffice-Arbeitsplatz eingerichtet oder mobiles Arbeiten gewährt, sind seine Ge-

---

11 LAG Rheinland-Pfalz, 18.12.2014 – 5 Sa 378/14, BeckRS 2015, 66249; LAG Köln, 24.5.2016 – 12 Sa 677/13, BeckRS 2016, 69901.

12 LAG Hessen, 10.6.2015 – 6 Sa 451/14, BeckRS 2016, 66605.

13 LAG Rheinland-Pfalz, 18.12.2014 – 5 Sa 378/14, BeckRS 2015, 66249.

14 LAG Rheinland-Pfalz, 18.12.2014 – 5 Sa 378/14, BeckRS 2015, 66249; LAG Köln, 24.5.2016 – 12 Sa 677/13, BeckRS 2016, 69901.

staltungsrechte durch den arbeitsrechtlichen Gleichbehandlungsgrundsatz beschränkt.

Der Gleichbehandlungsgrundsatz gebietet dem Arbeitgeber, seine Arbeitnehmer oder Gruppen von Arbeitnehmern, die sich in vergleichbarer Lage befinden, **bei Anwendung einer selbst gesetzten Regel gleich zu behandeln**.[15] Er wirkt dabei nicht nur als Rechtsausübungsschranke, sondern begründet auch einen Anspruch auf Gleichbehandlung. Erfasst sind alle Entscheidungen des Arbeitgebers und damit auch auf die arbeitgeberseitige Entscheidung der Einführung bzw. Beibehaltung von Homeoffice-Arbeitsplätzen.[16] Der arbeitsrechtliche Gleichbehandlungsgrundsatz findet keine Anwendung, wenn der Arbeitgeber einzelne Arbeitnehmer besser stellt, indem er ihnen eine Homeoffice-Tätigkeit nicht auf der Grundlage einer abstrakt-generellen Regel gewährt, sondern diese individuell aufgrund der besonderen Situation zwischen den einzelnen Arbeitsvertragsparteien vereinbart wird. **40**

Die vergleichbare Lage der Arbeitnehmer ist grundsätzlich tätigkeitsbezogen zu bestimmen und richtet sich nach der Austauschbarkeit der Arbeitnehmer im Hinblick auf Qualifikation, erworbene Fähigkeiten, Verantwortung und Belastbarkeit. **41**

Differenziert der Arbeitgeber bei der Entscheidung über die Einrichtung bzw. Beibehaltung eines Homeoffice-Arbeitsplatzes zwischen verschiedenen vergleichbaren Arbeitnehmergruppen, bedarf die Ungleichbehandlung eines **sachlichen Grundes**. Solche sind im Hinblick auf die Entscheidung über die Einrichtung des Homeoffice etwa: **42**

- die Ortsgebundenheit der Tätigkeit (z.B. Produktionsmitarbeiter am Fließband),
- die Bedeutung der Tätigkeit für das Aufrechterhalten der Betriebsfähigkeit,
- die Entfernung zwischen der Wohnung des Arbeitnehmers und der Betriebsstätte,
- die Arbeit mit hochsensiblen bzw. sicherheitsrelevanten Daten,
- arbeitgeberseitige Aufwendungen für die Einrichtung bzw. Beibehaltung des Homeoffice und
- die Unterzeichnung einer wirksamen Homeoffice-Vereinbarung durch den Arbeitnehmer.

---

15 BAG, 3.9.2014 – 5 AZR 6/13, NZA 2015, 222 Rn.18.

16 ErfK/*Preis*, § 611a BGB Rn. 574a.

VII. Kollektivrechtliche Gestaltung

43 Mobile Working und Homeoffice können nicht nur auf individualvertraglicher Ebene eingeführt werden. Zur einheitlichen Regelung im Betrieb besteht auch die Möglichkeit des Abschlusses einer **Betriebsvereinbarung** oder eines **Tarifvertrags.** Darüber hinaus kann die Flexibilisierung des Arbeitsortes zwingende Mitbestimmungsrechte des Betriebsrats betreffen.

44 In einem Tarifvertrag kann die Einrichtung von und die Beschäftigung auf Homeoffice-Arbeitsplätzen geregelt werden. In der Praxis normiert ein entsprechendes Tarifwerk im Regelfall lediglich die Rahmenbedingungen des Homeoffice, kann aber im Einzelfall einen individuellen Anspruch auf Einrichtung eines Homeoffice-Arbeitsplatzes und entsprechende Beschäftigung vorsehen. Regelungen in Tarifverträgen gelten jedoch nur für Arbeitnehmer, die unter den Geltungsbereich des Tarifvertrags fallen und auf deren Arbeitsverhältnis der Tarifvertrag aufgrund Tarifbindung, allgemeinverbindlicher Tarifgeltung oder einer arbeitsvertraglicher Bezugnahmeklausel anwendbar ist.

45 Bei Vorhandensein eines Betriebsrats können die (mitbestimmten) Regelungen zum Homeoffice oder mobilem Arbeiten in einer Betriebsvereinbarung beschlossen werden. Im Regelfall steckt auch eine Betriebsvereinbarung zum Thema Homeoffice nur die Rahmenbedingungen ab und wird durch individuelle Regelungen konkretisiert. Dies ist insoweit zwingend, als auch den Betriebsparteien kein Eingriffsrecht in das häusliche Arbeitszimmer und dessen Nutzung zusteht (siehe hierzu Rn. 20). Zudem kann durch Betriebsvereinbarung nicht in die individualvertragliche Zusage eines festen Arbeitsortes im Betrieb eingegriffen und ein Versetzungsrecht implementiert werden. Etwas anderes gilt nur dann, wenn der Arbeitsvertrag betriebsvereinbarungsoffen ist.[17]

46 Entsprechend ermöglicht eine Betriebsvereinbarung zum Homeoffice oder mobilen Arbeiten auch für den Sonderfall der Corona-Pandemie nur dann die schnelle und einheitliche Einführung dieser Arbeitsform, wenn die Arbeitsverträge dem nicht entgegenstehen und die Arbeitnehmer der Einrichtung eines Homeoffice zustimmen.

VIII. Mitbestimmung des Betriebsrats

47 Selbst bei einer individuellen Vereinbarung über Homeoffice und mobiles Arbeiten kann die **Mitbestimmung des Betriebsrats** unter verschiedenen Aspekten betroffen sein. Die grundsätzliche Entscheidung des Arbeitgebers, ob er die Möglichkeit des Homeoffice oder mobilen Arbeitens eröffnen möchte oder nicht, ist allerdings mitbestimmungsfrei.

---

17 BAG, 5.3.2013 – 1 AZR 417/12, NZA 2013, 916 ff.

In der **Planungsphase** des Homeoffice-Arbeitsplatzes stehen dem Betriebsrat im Wesentlichen Informations-, Beratungs- und Vorschlagsrechte gemäß §§ 80 Abs. 2, 90 Abs. 1 Nr. 4, 92 und 92a BetrVG zu. **48**

Bezogen auf die einzelnen betroffenen Arbeitnehmer kommt eine Mitbestimmung in der **Phase der Einführung und Durchführung und Beendigung** der Homeoffice-Arbeit nach § 99 BetrVG in Betracht. Des Weiteren können bei einem mobilen Arbeiten verschiedene Tatbestände des § 87 BetrVG (Arbeitszeit, Vergütung, technische Einrichtungen) wie auch der Tatbestand einer Betriebsänderung im Sinne des § 111 BetrVG betroffen sein. **49**

1. Mitbestimmungsrechte nach § 87 BetrVG

Nach § 87 Abs. 1 Nr. 1 BetrVG besteht ein Mitbestimmungsrecht des Betriebsrats dann, wenn Maßnahmen zur Ordnung des Betriebs und des Verhaltens der Arbeitnehmer getroffen werden (sog. Ordnungsverhalten). Hierunter werden diejenigen Verhaltensregelungen und Maßnahmen verstanden, die dazu dienen, das Zusammenleben und Zusammenwirken der Arbeitnehmer im Betrieb zu beeinflussen und zu koordinieren. Hiervon abzugrenzen ist das mitbestimmungsfreie Arbeits- und Leistungsverhalten, das alle Regeln und Weisungen umfasst, die bei der Erbringung der Arbeitsleistung selbst zu beachten sind.[18] Der Tatbestand ist daher nicht einschlägig, sofern es zu konkreten Regelungen zu Arbeitszeiten, Arbeitseinsätzen etc. kommt. **50**

Die klassischen Mitbestimmungstatbestände zur Regelung der Arbeitszeit sind in § 87 Abs. 1 Nr. 2 und Nr. 3 BetrVG erfasst. Danach sind sowohl die allgemeinen Bestimmungen zur Festlegung von Arbeitszeit, also z.B. die Festlegung von Schichtzeiten, von Gleitzeitmodellen, von Kernarbeitszeiten etc., auch konkrete Verkürzungen oder Verlängerungen der Arbeitszeit, insbesondere in Form von Kurz- oder Mehrarbeit, jeweils mitbestimmungspflichtig. Sofern daher im Zusammenhang mit einem Homeoffice-Einsatz oder beim mobilen Arbeiten spezielle Regelungen zur Arbeitszeit eingehalten werden sollen, bedarf es insoweit einer Einigung mit dem Betriebsrat. **51**

Gemäß § 87 Abs. 1 Nr. 6 BetrVG darf der Betriebsrat mitbestimmen, wenn der Arbeitgeber „technische Einrichtungen“ einführt oder anwendet, die dazu bestimmt sind, das Verhalten oder die Leistung der Arbeitnehmer zu überwachen. Hierunter fallen alle optischen, mechanischen, akustischen oder elektronischen Geräte, mit deren Hilfe Arbeitnehmerdaten technisch aufgenommen, übermittelt oder ausgewertet werden **können**.[19] Dies erfasst auch sämtliche Software, die im **52**

18 BAG, 18.4.2000 – 1 ABR 22/99, NZA 2000, 1176ff.
19 BAG, 8.11.1994 – 1 ABR 20/94, NZA 1995, 313ff.

Betrieb eingesetzt wird.[20] Dabei reicht es bereits aus, dass die technischen Einrichtungen **geeignet** sind, die Arbeitnehmer zu kontrollieren.[21] Es ist nicht erforderlich, dass die technische Einrichtung zur Überwachung **dient** oder zu diesem Zweck **eingesetzt** wird.

53 Das Mitbestimmungsrecht besteht nicht nur bei der erstmaligen Einführung, sondern auch, wenn die **technische Einrichtung verändert oder ergänzt** wird. Dies ist gerade bei den ebenfalls erfassten Software-Programmen häufig der Fall. Werden die Mitbestimmungsrechte nicht ausreichend beachtet, kann der Betriebsrat den Einsatz der technischen Einrichtungen gerichtlich untersagen lassen. Allerdings ist im Einzelfall (und der Verhandlung einer Betriebsvereinbarung) sehr klar eine Grenze der Mitbestimmung dort zu ziehen, wo es nicht mehr um Fragen der Leistungs- und Verhaltenskontrolle, sondern die **allgemeine Ausgestaltung des Datenschutzes** geht. Sofern der Arbeitgeber in bestimmten Bereichen z.B. gänzlich auf eine Verwendung der Daten zum Zwecke einer Kontrolle verzichtet, ist die Mitbestimmung „verbraucht" und bedarf es keiner weiteren Diskussionen über den Datenschutz und seiner Ausgestaltung.

54 Schließlich kommt auch eine Mitbestimmung über § 87 Abs. 1 Nr. 7 BetrVG in Betracht. Dieser Tatbestand gewährt dem Betriebsrat ein Mitbestimmungsrecht bei der betrieblichen Umsetzung der Vorschriften des **Arbeits- und Gesundheitsschutzes** (durch innerbetriebliche kollektive Regelungen sowie technische und organisatorische Maßnahmen) unter der Voraussetzung, dass dem Arbeitgeber hierbei eigene Regelungsspielräume verbleiben. Insoweit ergibt sich aus der Formulierung „im Rahmen der gesetzlichen Vorschriften oder der Unfallverhütungsvorschriften" eine Begrenzung des Mitbestimmungsrechts, die über den „normalen" Gesetzesvorbehalt nach § 87 Abs. 1 Eingangssatz BetrVG hinausgeht. Zum einen gilt das Mitbestimmungsrecht nur, soweit **Rahmenvorschriften** des öffentlich-rechtlichen Arbeitsschutzes bestehen, die die zu treffenden Maßnahmen **nicht selbst detailliert beschreiben**, sondern dem Arbeitgeber lediglich ein zu erreichendes Schutzziel vorgeben und ihm einen Ermessensspielraum einräumen, innerhalb dessen der geeignete Weg zum Erreichen des Ziels nach Zweckmäßigkeitsgesichtspunkten ausgewählt werden kann.[22] Zum anderen folgt aus der Formulierung „im Rahmen", dass sich die obligatorische Mitbestimmung nach Nr. 7 auf die **Konkretisierung**, nicht aber auf die Anhebung des Schutzniveaus der Rahmenvorschriften erstreckt.[23] Dieser Mitbestimmungstatbestand mag im Zusammenhang mit betrieblicher IT nicht unmittelbar und

20 BAG, 6.12.1983 – 1 ABR 43/81, NJW 1984, 1476ff.; BAG, 14.12.2006 – 1 ABR 4/06, NZA 2007, 399ff.

21 Ständige Rechtsprechung seit BAG, 9.9.1975 – 1 ABR 20/74, NJW 1976, 261ff.

22 ErfK/*Kania*, § 87 BetrVG Rn. 63; BAG, 15.1.2002, NZA 2002, 995ff.

23 BAG, 8.7.1981 – 1 ABR 65/79, AP BetrVG 1972 § 87 Arbeitssicherheit Nr. 3.

zwingend relevant sein, kann jedoch mittelbar – etwa über die IT-Ergonomie – Anpassungen und Regelungen erfordern.

2. Einzelfälle § 99 BetrVG

Darüber hinaus kommt eine Beteiligung des Betriebsrats auch in personellen Einzelfällen in Betracht. Hier greifen insbesondere die Mitbestimmungstatbestände der §§ 99, 102 BetrVG. **55**

Wird ein Arbeitnehmer länger als nur vorübergehend ins Homeoffice versetzt oder aus dem Homeoffice zurückgeholt, geht dies mit einer wesentlichen Änderung des Arbeitsortes und einer Veränderung des betrieblichen Umfelds einher. Entsprechend greift i. d. R. der Mitbestimmungstatbestand der Versetzung (§§ 95, 99 BetrVG). Ob dieser Tatbestand auch im Fall der Einführung des „nur“ mobilen Arbeitens greift, ist von den Umständen des Einzelfalls abhängig. So ist insbesondere entscheidend, inwiefern sich z. B. eine Teamzugehörigkeit, das Arbeitsumfeld und die Art des Arbeitens wesentlich oder eher unwesentlich verändern. **56**

Sofern Änderungen im Zusammenhang mit der Einführung oder dem Entzug eines Homeoffice mit Eingriffen in den Arbeitsvertrag einhergehen, kann es notwendig sein, mit einer Änderungskündigung zu agieren. In diesem Fall greift der Tatbestand der §§ 102, 103 BetrVG zur Beteiligung bei Kündigungen. **57**

3. Durchführung der Mitbestimmung

Auf die Mitbestimmung des Betriebsrats kann nur in Notfällen verzichtet werden, also in solchen Fällen, in denen eine konkrete unmittelbar drohende Gefahr für die Gesundheit der Arbeitnehmer besteht. Ob ein solcher Notfall vorliegt, ist eine Frage des Einzelfalls – auch hier gilt: Die bloße Sorge, sich aufgrund eines allgemeinen Ansteckungsrisikos mit dem Corona-Virus zu infizieren, reicht für die Begründung eines Notfalls nicht aus. Hingegen dürften bei Vorliegen von **bestätigten** Corona-Infektionen oder begründeten Verdachtsfällen im Betrieb unmittelbare Schutzmaßnahmen auch ohne Beteiligung des Betriebsrats zulässig sein. **58**

Auch wenn Maßnahmen im Zusammenhang mit der Corona-Pandemie eilig sind, sollte von Arbeitgeberseite zumindest versucht werden, den Betriebsrat einzubinden, der vor dem Hintergrund des Grundsatzes der vertrauensvollen Zusammenarbeit auch zu einer schnellen „Mitarbeit“ verpflichtet ist. Darüber hinaus liegt es nahe, die Corona-Thematik zu nutzen, um mit Blick auf das grundsätzlich bestehende Risiko und z. B. auch regelmäßig auftretende jährliche Grippewellen einmal **grundsätzlich** zu prüfen, ob gegebenenfalls ein „Pandemieplan“ oder vergleichbare allgemeine Regelungen in einer Betriebsvereinbarung verankert werden. So kann auch auf zukünftige Epidemie-/Pandemiefälle flexibel reagiert werden. **59**

60 Da in einem Krisenfall der Betriebsrat typischerweise zu schnellen und angemessenen Maßnahmen seine Zustimmung geben wird, liegt es nahe, bei Maßnahmen mit personellen Auswirkungen jeweils Betriebsvereinbarungen mit **Listenanhörungen** im Sinne des § 99 BetrVG zu verbinden. Dies schließt spätere Diskussionen über die betriebsverfassungsrechtliche Wirksamkeit der Maßnahme aus und nimmt Arbeitnehmern die Möglichkeit, die mobile Arbeit zu verweigern.

4. Zuständigkeitsfragen

61 Hat ein Unternehmen nur einen Betrieb, so übt dessen Betriebsrat das Mitbestimmungsrecht aus. Ist hingegen bei mehreren Betrieben ein Gesamtbetriebsrat oder innerhalb einer Unternehmensgruppe ein Konzernbetriebsrat gebildet, so stellt sich die Frage nach dem zuständigen Organ für Mitbestimmung in „pandemierelevanten" Fragen.

62 Der Gesamtbetriebsrat ist nach § 50 Abs. 1 Satz 1 BetrVG insbesondere zuständig für Angelegenheiten des Unternehmens, die nicht auf betrieblicher Ebene geregelt werden **können**. Entsprechendes gilt für den Konzernbetriebsrat, dessen Zuständigkeit sich aus § 58 Abs. 1 Satz 1 BetrVG ergibt. Primär jedoch ist stets der Einzelbetriebsrat zuständig. Maßgeblich für eine Zuständigkeitsübertragung ist, dass ein **zwingendes Erfordernis** für eine einheitliche Regelung gegeben ist.[24] Nicht ausreichend ist es, dass die Regelung durch den Gesamt- oder gar Konzernbetriebsrat bloß zweckmäßig wäre.[25] Es kommt deshalb für die Abgrenzung der Zuständigkeiten darauf an, inwieweit eine einheitliche Steuerung – insbesondere technisch – notwendig ist. Bringt der Konzern z.B. innerhalb einer **Matrixstruktur** gesellschaftsübergreifend ein einheitliches Einsatztool zum Einsatz, bedarf es aus technischen Gründen auch einer einheitlichen Ausgestaltung der technischen Plattform, der Zugriffsrechte und der Ausgestaltungsmerkmale – zuständig ist daher der Konzernbetriebsrat.

63 Die pandemiebedingte Einführung eines mobilen Arbeitens kann diese **Zuständigkeitsregelungen nicht durchbrechen**. Der bloße Wunsch nach einer schnellen, einheitlichen Lösung oder die Zweckmäßigkeit einer Beteiligung z.B. des Konzernbetriebsrats begründen noch nicht dessen Zuständigkeit. Daher kann zwar die Anpassung eines auf Konzernebene eingeführten Tools, um pandemiebedingten Anforderungen zu genügen, oder die Flexibilisierung eines dahinterliegenden Prozesses in die Zuständigkeit des Konzernbetriebsrats fallen. Geht es hingegen schlicht darum, dass mobiles Arbeiten ermöglicht werden soll, wird regelmäßig der örtliche Betriebsrat zuständig sein.

---

24 BAG, 26.4.2005 – 1 AZR 76/04, NZA 2005, 892, 893.

25 BAG, 18.5.2010 – 1 ABR 96/08, NZA 2011, 171 Rn. 15.

Kapitel 4

Flexibilisierung der Arbeitszeit

Ein Pandemie wie die Corona-Krise stellt Arbeitgeber und Arbeitnehmer auch im Hinblick auf die Arbeitszeit vor große Herausforderungen: Für viele Arbeitnehmer ist eine Flexibilisierung der Arbeitszeit zur Vereinbarung von Arbeit und gleichzeitig bestehenden Kinderbetreuungspflichten notwendig, unabhängig davon ob sie im **Homeoffice** arbeiten oder im Betrieb. Zugleich sind die Möglichkeiten bei der Arbeitszeitgestaltung auch für Arbeitgeber eine der drängendsten Fragen. 1

Aufgrund eines abnehmenden Arbeitsbedarfs haben viele Arbeitgeber ein Interesse an einer vorübergehenden Reduzierung der Arbeitszeit, dem Abbau von Zeitguthaben und der Einführung von Betriebsferien. Andere suchen nach Lösungen, wenn im Zuge der Ausbreitung des Corona-Virus große Teile der Belegschaft ausfallen oder um bereits im Vorfeld einen solchen Ausfall, unter anderem durch Maßnahmen bei der Arbeitszeitgestaltung, zu verhindern und Betriebskontinuität sicherzustellen. Insbesondere dort, wo existenziell benötigte Güter produziert oder Dienstleistungen zur Daseinsvorsorge erbracht werden, ist das Thema Mehrarbeit relevant. 2

Die Möglichkeiten der Flexibilisierung der Arbeitszeit variieren dabei insbesondere je nach Branche, Größe des Unternehmens, Aufgabenbereich der Arbeitnehmer und Einsatzort. Der folgende Beitrag fasst die wesentlichen Gestaltungen sowie deren rechtliche Voraussetzungen zusammen und gibt praktische Handlungsempfehlungen. 3

I. Einführung und Änderung flexibler Arbeitszeitmodelle

Flexible Arbeitszeitmodelle, vor allem Arbeitszeitkonten und Gleitzeit, haben den großen Vorteil, dass kurzfristig auf Schwankungen der Arbeitsauslastung reagiert werden kann. Zudem haben Arbeitgeber und Arbeitnehmer vor allem mehr Flexibilität bei der Lage der Arbeitszeit, der Anordnung von Mehrarbeit und Minusstunden sowie dem Abbau von Zeitguthaben. Hinsichtlich der Einführung und Änderung von Arbeitszeitmodellen ist zum einen danach zu differenzieren, ob ein Betriebsrat existiert oder nicht. Zum anderen sind die Voraussetzungen des Arbeitszeitgesetzes nebst etwaigen Ausnahmebewilligungen und auch praktische Themen bei der Arbeitszeiterfassung zu berücksichtigen. 4

1. Flexible Arbeitszeitmodelle kurz zusammengefasst

5 Die inhaltliche Gestaltung des jeweiligen Modells hängt vor allem von dessen Zielsetzung und etwaigen bestehenden Grenzen in Tarifverträgen, Betriebsvereinbarungen und Arbeitsverträgen ab. Abhängig davon sind zahlreiche Arbeitszeitregelungen sowie die Anpassung bestehender Modelle denkbar:

6 Um den Arbeitnehmern größtmögliche Flexibilität bei der Lage ihrer persönlichen Arbeitszeit zu geben und so einerseits die Kinderbetreuung zu erleichtern, aber andererseits die Arbeitserbringung sicherzustellen, ist die Änderung etwaiger bestehender Beschränkungen bei der Arbeitszeit dort sinnvoll, wo dies nicht durch Gesetz oder Tarifvertrag ausgeschlossen ist. Dies kann insbesondere durch eine Ausweitung des Arbeits- oder Gleitzeitrahmens, eine Aufhebung oder Änderung einer etwaigen bestehenden Kernarbeitszeit sowie der Pausenregelungen geschehen. Möglich ist dies auch durch die Veränderung der Anzahl der Arbeitstage (z. B. eine Erhöhung von fünf auf sechs Wochenarbeitstagen). Je größer der zeitliche Rahmen, desto leichter kann die Arbeitszeit in diesem Rahmen erbracht werden. Darüber hinaus kommt auch eine Ausweitung der möglichen Zeitguthaben und Zeitsalden in Betracht.

7 Denkbar ist zudem die Einführung eines Schichtmodells, auch für Berufsgruppen, die typischerweise nicht im Schichtdienst arbeiten, wie zum Beispiel Finanzabteilung, Rechtsabteilung und Personalabteilung. Dadurch wird die aus Arbeitgebersicht erforderliche Erreichbarkeit der Abteilung sichergestellt und gleichzeitig den Arbeitnehmern ermöglicht, teilweise auch zu Randzeiten arbeiten zu können. Darüber hinaus führt ein Schichtsystem bei administrativen Tätigkeiten dazu, dass bei der Arbeit in zwei Schichten (z. B. von 6.00 Uhr bis 13.30 Uhr und von 14.30 Uhr bis 22.00 Uhr) nur maximal 50 % der Arbeitnehmer einer Abteilung jeweils anwesend sind. Dadurch wird zumindest das Ansteckungsrisiko mangels Kontakt untereinander reduziert und so für Betriebskontinuität gesorgt. Die mit der Schichtarbeit verbundene geringere Besetzung während einer Schicht erleichtert es zudem, den empfohlenen Verhaltensweisen zur Reduzierung des Ansteckungsrisikos, wie z. B. die Einhaltung des Abstandes zu anderen Personen, nachkommen zu können.

2. Überblick zu den rechtlichen Voraussetzungen

8 Für die Einführung und Änderung flexibler Arbeitszeitmodelle zur Abdeckung der während einer Pandemie bestehenden besonderen Bedürfnisse von Arbeitgebern und Arbeitnehmern an die Arbeitszeit sind insbesondere folgende rechtliche Rahmenbedingungen von Bedeutung:

9 a) Besteht ein Betriebsrat, hat dieser nach § 87 Abs. 1 Nr. 2 BetrVG ein Mitbestimmungsrecht über Beginn und Ende der täglichen Arbeitszeit einschließlich

der Pausen sowie der Verteilung der Arbeitszeit auf die einzelnen Wochentage. Im Hinblick auf eine mögliche Ausweitung des Arbeitszeitrahmens ist vor diesem Hintergrund besonders relevant, dass sich das Mitbestimmungsrecht des Betriebsrats insbesondere auf die Frage, an wie vielen Tagen pro Woche gearbeitet wird, erstreckt.[1] Gleiches gilt für die Einführung bzw. Änderung und die Einzelheiten der Ausgestaltung eines Gleitzeitmodells wie insbesondere die Kernarbeitszeit, die Gleitzeitspannen sowie Zeitguthaben und Zeitrückstände und den Zeitraum, in dem diese auszugleichen sind.[2] Auch die Einführung oder Änderung von Schichtarbeit ist mitbestimmungspflichtig.[3] Zu diesen Themen ist entweder eine Betriebsvereinbarung mit dem Betriebsrat abzuschließen oder eine ggf. schon bestehende Betriebsvereinbarung durch eine Änderungsvereinbarung zwischen den Betriebsparteien zu ergänzen.

b) In einem Betrieb ohne Betriebsrat kann der Arbeitgeber dort, wo der Arbeitsvertrag keine abschließende Regelung enthält, die Lage und Verteilung der Arbeitszeit nach billigem Ermessen im Rahmen der Vorgaben des Arbeitszeitgesetzes einseitig festlegen.[4] Ist eine Veränderung der bisherigen Lage und Verteilung der Arbeitszeit erforderlich, sollten Arbeitgeber zunächst prüfen, ob es eine vertragliche Festlegung gibt oder ob Raum für eine Änderung im Rahmen des Direktionsrechts besteht. Enthält der Arbeitsvertrag verbindliche Regelungen oder erfolgte sonst eine starre Festlegung der Lage und Verteilung der Arbeitszeit, die die erforderliche Flexibilität nicht ermöglichen, sind Änderungsvereinbarungen mit den Arbeitnehmern notwendig. **10**

Spezielle Besonderheiten sind dabei vor allem zu beachten, wenn eine Flexibilisierung durch Arbeit auf Abruf gewünscht ist. Arbeit auf Abruf liegt vor, wenn die Dauer der Arbeitszeit auf einen bestimmten Zeitraum festgelegt wird und die Lage der Arbeitszeit von der Konkretisierung des Arbeitgebers durch Abruf der Arbeitsleistung abhängt.[5] **11**

Für die Ausgestaltung eines Abrufarbeitsverhältnisses gelten die in § 12 TzBfG geregelten Mindestanforderungen: Danach darf der Arbeitgeber gemäß § 12 Abs. 2 Satz 1 TzBfG bei einer vereinbarten Mindestarbeitszeit nur bis zu 25 % der wöchentlichen Arbeitszeit zusätzlich abrufen. Ist für die Dauer der wöchentlichen Arbeitszeit hingegen eine Höchstarbeitszeit vereinbart, darf der Arbeitgeber nach § 12 Abs. 2 Satz 2 TzBfG nur bis zu 20 % der wöchentlichen Arbeitszeit weniger abrufen. Eine Vereinbarung, die diese Grenzen überschreitet, ist als unwirksam anzusehen.[6] Die Folgen der unwirksamen Regelung sind nach der **12**

1 BAG, 13.10.1987 – 1 ABR 10/86, NZA 1988, 251 ff.
2 BAG, 9.11.2010 – 1 ABR 75/09, NZA-RR 2011, 354 ff.
3 BAG, 29.9.2004 – 5 AZR 559/03, NJOZ 2005, 578 ff.
4 BAG, 16.4.2014 – 5 AZR 483/12, NZA 2014, 1262 ff.
5 ErfK/*Preis*, § 12 TzBfG Rn. 1.
6 BAG, 7.12.2005 – 5 AZR 535/04, NZA 2006, 423 ff.

Rechtsprechung durch ergänzende Vertragsauslegung zu ermitteln.[7] Diese kann zu einer höheren Arbeitszeit und einem entsprechenden Vergütungsanspruch führen, sodass die vertragliche Regelung sorgfältig gestaltet und durchgeführt werden sollte.

13 c) In Betrieben mit und ohne Betriebsrat sind bei jedem Arbeitszeitmodell und auch der sehr kurzfristigen Einführung von flexiblen Modellen die Vorgaben des Arbeitszeitgesetzes zu beachten. Dies gilt für die werktägliche Höchstarbeitszeit ebenso wie für Ruhepausen, die Ruhezeit und die Voraussetzungen für Nacht- und Schichtarbeit. In Zeiten der Pandemie kommen jedoch verschiedene Ausnahmeregelungen zum Tragen, die die unter Umständen sehr kurzfristig erforderliche Flexibilisierung der Arbeitszeit erleichtern können:

14 aa) Vor allem in Zeiten von Kita- und Schulschließung und der damit verbundenen erforderlichen umfangreicheren Kinderbetreuung, kann die Ruhezeit nach § 5 Abs. 1 ArbZG von 11 Stunden nach Beendigung der täglichen Arbeitszeit zu Schwierigkeiten führen. Gegebenenfalls arbeiten Eltern abends und früh morgens, um tagsüber die Kinderbetreuung sicherzustellen. Die Einhaltung der Ruhezeit von 11 Stunden bereitet dann Schwierigkeiten. Vor dem Hintergrund, dass aufgrund einer Pandemie das Arbeiten im **Homeoffice** und **mobiles Arbeiten** verstärkt genutzt werden, bieten die für einige Branchen bestehenden Tarifverträge gemäß § 7 Abs. 3 ArbZG die Möglichkeit, die Ruhezeit durch Betriebs- oder Dienstvereinbarung unter bestimmten Voraussetzungen um bis zu 2 Stunden zu kürzen. Dies ist zum Beispiel in dem für die private Versicherungswirtschaft geltenden Tarifvertrag Mobiles Arbeiten vom 27.5.2019 sowie in dem für die bayerische Metall- und Elektroindustrie geltenden Tarifvertrag Mobiles Arbeiten vom 8.2.2018 vorgesehen. Voraussetzung ist nach § 7 Abs. 3 ArbZG, dass die Art der Arbeit dies erfordert und die Kürzung der Ruhezeit innerhalb eines festzulegenden Ausgleichszeitraums ausgeglichen wird. Allerdings können sich die Betriebsparteien bei einer entsprechenden Öffnungsklausel im Tarifvertrag darauf verlassen, dass die Verkürzung der Ruhezeit bei Abschluss einer Betriebsvereinbarung im Einklang mit den jeweiligen tarifvertraglichen Vorgaben möglich ist, da die Tarifparteien bei der Prüfung der Erforderlichkeit einen großen Beurteilungsspielraum haben.[8]

15 Um die Ruhezeit wirksam verkürzen zu können, sollten Arbeitgeber prüfen, ob und unter welchen Voraussetzungen ein für sie geltender Tarifvertrag eine entsprechende Öffnungsklausel enthält. Erforderlich ist dann der Abschluss einer Betriebs- oder Dienstvereinbarung nach den Vorgaben der tarifvertraglichen Regelungen.

---

7 BAG, 7.12.2005 – 5 AZR 535/04, NZA 2006, 423 ff.

8 *Neumann*, in: Landmann/Rohmer, GewO, § 7 ArbZG Rn. 27; ErfK/*Wank*, § 7 ArbZG Rn. 10.

bb) Ferner kommt eine Abweichung insbesondere von Höchstarbeitszeiten, Ruhepausen und Ruhezeit sowie den Vorgaben für Sonn- und Feiertagsbeschäftigung nach § 14 Abs. 1 ArbZG dann in Betracht, wenn ein Notfall oder ein außergewöhnlicher Fall vorliegen. Dies hat der Arbeitgeber in eigener Verantwortung festzustellen. Eine behördliche Genehmigung erfolgt nicht. **16**

Ein Notfall im Sinn des § 14 Abs. 1 ArbZG ist ein ungewöhnliches, nicht vorhersehbares und vom Willen des Betroffenen unabhängiges Ereignis, das die Gefahr eines unverhältnismäßigen Schadens mit sich bringt.[9] Um einen Notfall in diesem Sinne handelt es sich bei Fällen höherer Gewalt, wie zum Beispiel bei Erdbeben, Überschwemmungen, Bränden oder Stürmen.[10] Aber auch Erkrankungen sind als Notfall anerkannt,[11] wie insbesondere eine ansteckende Grippewelle.[12] Gleiches muss für eine Pandemie, beispielsweise aufgrund des Corona-Virus, gelten. **17**

In Abgrenzung zum Notfall versteht man unter einem außergewöhnlichen Fall eine besondere Situation, die vom Willen des Betroffenen unabhängig ist, und deren Folgen nicht durch andere zumutbare Maßnahmen als durch die Abweichung von den in § 14 Abs. 1 ArbZG genannten Normen zu beseitigen sind.[13] **18**

Zu beachten ist, dass Arbeitnehmer in Notfällen und außergewöhnlichen Fällen nur mit vorübergehenden Arbeiten beschäftigt werden dürfen und diese Arbeiten auf das zur Beseitigung des Notfalls oder des außergewöhnlichen Falles erforderliche Maß beschränkt werden müssen.[14] **19**

Sowohl für die Prüfung, wann Arbeiten nur vorübergehend sind, als auch für die Beurteilung der Frage der Erforderlichkeit ist eine Einzelfallbetrachtung vorzunehmen. Die Grenze ist dann überschritten, wenn die besondere Situation längere Zeit andauert und/oder ihr durch andere Maßnahmen begegnet werden kann.[15] **20**

Zwar gibt es keine zeitlich feste Grenze, jedoch werden Arbeiten, die mehrere Wochen andauern, als unzulässig erachtet.[16] Für die gesamte Dauer einer Pandemie wird nach § 14 ArbZG daher keine Abweichung von Höchstarbeitszeiten, Ruhepausen, Ruhezeit und/oder den Vorgaben für Sonn- und Feiertagsbeschäftigung nach § 14 ArbZG möglich sein. Denkbar ist eine Abweichung jedoch für einige Tage, insbesondere, wenn bei kurzfristigen pandemiebedingten Ausfällen zahlreicher Arbeitnehmer einige wenige Beschäftigte unaufschiebbare Arbeiten **21**

---

9 ErfK/*Wank*, § 14 ArbZG Rn. 2.
10 ErfK/*Wank*, § 14 ArbZG Rn. 2.
11 *Baeck/Deutsch*, ArbZG, § 14 Rn. 7; *Stück*, Pandemie – Praktische und arbeitsrechtliche Maßnahmen zur Vorbeugung und Bekämpfung, MDR 2009, 1209, 1212.
12 *Ribbeck*, Personalmanagement in Sozialunternehmen, S. 132; *Peters*, Das Weisungsrecht des Arbeitgebers, Rn. 432; *Stück*, Pandemie – Praktische und arbeitsrechtliche Maßnahmen zur Vorbeugung und Bekämpfung, MDR 2009, 1209, 1212.
13 ErfK/*Wank*, § 14 ArbZG Rn. 3.
14 ErfK/*Wank*, § 14 ArbZG Rn. 4.
15 *Baeck/Deutsch*, ArbZG, § 14 Rn. 16.
16 NK-ArbR/*Wichert*, § 14 ArbZG Rn. 11.

erledigen müssen. Ein Fall des § 14 Abs. 1 ArbZG liegt beispielsweise aber auch dann vor, wenn Arbeitnehmer aus dem IT-Bereich die zulässige Höchstarbeitszeit überschreiten müssen, um anderen Arbeitnehmern des Unternehmens das technische Equipment für Homeoffice oder mobiles Arbeiten einzurichten.

22 In diesem Beispielsfall ist auch die weitere Voraussetzung der Erforderlichkeit erfüllt: Dies ist immer dann der Fall, wenn es keine anderen zumutbaren Möglichkeiten zur Abwehr des Schadens gibt.[17]

23 Ein länger andauernder Bedarf an Arbeitskräften kann daher nicht über die Ausnahmereglungen des § 14 Abs. 1 ArbZG gedeckt werden, zumal nach § 14 Abs. 3 ArbZG die Arbeitszeit von 48 Stunden wöchentlich im Durchschnitt von sechs Kalendermonaten oder 24 Wochen nicht überschritten werden darf.

24 Für solche Fälle kann jedoch die am 20.3.2020 zwischen McDonald's und Aldi vereinbarte Kooperation eine Anregung für eine kreative arbeitsrechtliche Gestaltung geben: Die Vereinbarung erlaubt es den Arbeitnehmern von McDonald's unkompliziert, einer bezahlten Arbeit in den Supermärkten nachzugehen, wenn die Restaurants aufgrund behördlich verfügter Versammlungseinschränkungen vorübergehend geschlossen bleiben müssen.[18] Davon profitieren nicht nur die Arbeitnehmer von McDonald's. Durch die Deckung des Bedarfs an Arbeitskräften profitiert auch Aldi und nicht zuletzt der Staat, der hier dadurch entlastet wird, dass er für diese Arbeitnehmer keine finanziellen Unterstützungsleistungen erbringen muss.

25 cc) Eine Abweichung insbesondere von den Höchstarbeitszeiten, Ruhepausen sowie Ruhezeit ist nach § 14 Abs. 2 ArbZG auch in weiteren eng begrenzten Ausnahmefällen denkbar. Beide Ausnahmeregelungen setzen ähnlich wie § 14 Abs. 1 ArbZG voraus, dass sich die Abweichungen nicht durch andere dem Arbeitgeber zumutbare Maßnahmen vermeiden lassen.[19]

26 Unter dieser Voraussetzung erlaubt § 14 Abs. 2 Nr. 1 ArbZG abweichende Arbeitszeiten, wenn eine verhältnismäßig geringe Zahl von Arbeitnehmern vorübergehend mit Arbeiten beschäftigt wird, deren Nichterledigung das Ergebnis der Arbeiten gefährden oder einen unverhältnismäßigen Schaden zur Folge haben würde. § 14 Abs. 2 Nr. 2 ArbZG erlaubt Abweichungen in Forschung und Lehre, bei unaufschiebbaren Vor- und Abschlussarbeiten sowie bei unaufschiebbaren Arbeiten zur Behandlung, Pflege und Betreuung von Personen oder zur Behandlung und Pflege von Tieren an einzelnen Tagen.

---

17 *Baeck/Deutsch*, ArbZG, § 14 Rn. 16; NK-ArbR/*Wichert*, § 14 ArbZG Rn. 11.

18 Siehe https://www.handelsblatt.com/dpa/wirtschaft-handel-und-finanzen-mcdonalds-mitarbeiter-helfen-bei-aldi-aus/25665794.html?ticket=ST-308295-tUMtLtVgKzS2KTOFd1CE-ap6 („McDonald's Mitarbeiter helfen bei Aldi aus") (zuletzt abgerufen: 31.3.2020).

19 ErfK/*Wank*, § 14 ArbZG Rn. 6.

Weder Nr. 1 noch Nr. 2 des § 14 Abs. 2 ArbZG setzen voraus, dass die Abweichung von den genannten Arbeitszeitvorschriften unvorhergesehen war. Da diese Voraussetzung des Abs. 1 wie ausgeführt im Falle der Pandemie gegeben ist, ist der praktische Anwendungsbereich des § 14 Abs. 2 ArbZG aufgrund der Pandemiesituation nicht häufiger eröffnet als zu anderen Zeiten. **27**

dd) Über die gesetzlich geregelten Ausnahmen hinaus haben Mitte März 2020 viele Regierungspräsidien in verschiedenen Bundesländern durch befristete Allgemeinverfügung gemäß § 15 Abs. 2 ArbZG weitere Ausnahmen von den Regelungen des Arbeitszeitgesetzes zugelassen. Insbesondere zur Produktion von existenziellen Gütern und für Dienstleistungen wurde die werktägliche Höchstarbeitszeit verlängert und/oder Sonn- und Feiertagsarbeit zugelassen. Die Einzelheiten ergeben sich aus der jeweils gültigen Allgemeinverfügung, die von der Aufsichtsbehörde erlassen wurde, in deren Bezirk der jeweilige Arbeitgeber seinen Sitz hat. **28**

II. Flexibilität durch Reduzierung der Arbeitszeit, Abbau von Arbeitszeitguthaben oder Minusstunden?

Nicht nur die Flexibilisierung der Arbeitszeit, sondern auch der Abbau von Guthaben auf einem Arbeitszeitkonto hat in Zeiten der Pandemie besondere Bedeutung, wenn weniger Bedarf des Arbeitgebers an der Arbeitsleistung des Arbeitnehmers besteht. Häufig stellt sich auch die Frage, ob Minusstunden angeordnet werden können oder eine Verkürzung der vereinbarten Arbeitszeit möglich ist. **29**

1. Reduzierung der vereinbarten Arbeitszeit nur in Ausnahmefällen

Eine Reduzierung der wöchentlichen Arbeitszeit kommt allerdings grundsätzlich nur einvernehmlich in Betracht. Einseitig ist dies durch den Arbeitgeber nur ausnahmsweise auf Grundlage eines Tarifvertrags möglich. Erlaubt ist dies beispielsweise bei einer sogenannten verlängerten Vollzeit nach dem Manteltarifvertrag der bayerischen Metall- und Elektronindustrie vom 1.4.2018: Haben die Arbeitsvertragsparteien nach diesem Manteltarifvertrag die tarifliche Arbeitszeit einvernehmlich von 35 auf 40 Stunden verlängert, kann diese von jeder Partei mit einer Ankündigungsfrist von 3 Monaten geändert werden. **30**

2. Abbau von Zeitguthaben

Der Abbau von Arbeitszeitguthaben hingegen ist in der Praxis häufiger. Auch insoweit gibt es allerdings Fallstricke zu beachten: **31**

Besteht ein Betriebsrat, richtet sich der Abbau von Arbeitszeitguthaben nach einer ggf. bestehenden Betriebsvereinbarung. Existiert eine solche nicht oder sollen die dort enthaltenen Regelungen geändert werden, besteht bei Einführung **32** oder Änderung von Regelungen zum Arbeitszeitkonto ein Mitbestimmungsrecht des Betriebsrats.[20]

33 In Betrieben ohne Betriebsrat richtet sich die Frage, wer berechtigt ist, den Abbau von Guthaben auf einem Arbeitszeitkonto festzulegen in erster Linie nach der vertraglichen Vereinbarung: Gibt es eine Regelung bezüglich eines Arbeitszeitkontos, ist zunächst zu prüfen, ob darin Vorgaben zum Ausgleich des Zeitguthabens enthalten sind. Ist dies der Fall, richtet sich der Abbau des Zeitguthabens nach der bestehenden Regelung. Etwaige Abweichungen erfordern eine Vereinbarung mit dem Arbeitnehmer.

34 Gibt es zum Abbau des Zeitguthabens jedoch keine entgegenstehende vertragliche Regelung, ist der Arbeitgeber nach § 106 Satz 1 GewO grundsätzlich berechtigt, die Arbeitszeit nach billigem Ermessen festzulegen.[21] Dies beinhaltet das Recht zur Festlegung der Arbeitszeit unterhalb des vertraglich vereinbarten Umfangs. Das Arbeitszeitkonto wird dann in entsprechendem Umfang mit einem „Minus" belastet. Nicht erforderlich ist es, dass der Arbeitnehmer damit einverstanden ist. Gibt es keine entgegenstehende vertragliche Vereinbarung, kann der Arbeitgeber somit einseitig den Abbau des Überstundenkontos anordnen.

3. Anordnung von Minusstunden?

35 In Betrieben ohne flexibles Arbeitszeitmodell und insbesondere ohne Arbeitszeitkonto gibt es keine Zeitguthaben der Arbeitnehmer, sodass sich die Frage nach deren Abbau nicht stellt. Die Frage, ob der Arbeitgeber Minusstunden anordnen kann, die der Arbeitnehmer dann zu einem späteren Zeitpunkt nacharbeiten soll, stellt sich in diesen Betrieben ohne Arbeitszeitkonto auch wenn es ein Arbeitszeitkonto gibt, auf dem kein Zeitguthaben vorhanden ist.

36 Nach der Rechtsprechung setzt die Belastung eines Arbeitszeitkontos mit Minusstunden voraus, dass der Arbeitgeber diese Stunden im Rahmen einer verstetigten Vergütung entlohnt hat und der Arbeitnehmer zur Nachleistung verpflichtet ist, weil er die in Minusstunden ausgedrückte Arbeitszeit vorschussweise vergütet erhalten hat.[22] Es kommt aber insbesondere dann nicht zu einem Vergütungsvorschuss, wenn der Arbeitnehmer aufgrund eines Entgeltfortzahlungstatbestands Vergütung ohne Arbeitsleistung beanspruchen kann oder sich der das Risiko der Einsatzmöglichkeit bzw. des Arbeitsausfalls tragende Arbeitgeber nach § 615 Satz 1 und Satz 3 BGB im Annahmeverzug befunden hat.[23]

---

20 *Kothe*, in: Düwell, BetrVG, § 87 Rn. 45.

21 BAG, 19.5.2009 – 9 AZR 433/08, NZA 2009, 1211; LAG Hamm, 18.5.2017 – 18 Sa 1143/16.

22 BAG, 26.1.2011 – 5 AZR 819/09, NZA 2011, 640ff.

23 BAG, 26.1.2011 – 5 AZR 819/09, NZA 2011, 640; LAG Rheinland-Pfalz, 15.11.2011 – 3 Sa 493/11; LAG Mecklenburg-Vorpommern, 13.10.2015 – 2 SA 113/15; LAG Rheinland-Pfalz, 3.4.2014 – 5 Sa 579/13.

37 Lehnt der Arbeitgeber die Leistung des Arbeitnehmers ab, weil er keinen Beschäftigungsbedarf hat, kommt er nach der vorgenannten Rechtsprechung in Annahmeverzug und kann das Arbeitszeitkonto eines Arbeitnehmers nicht mit Minusstunden belasten, die der Arbeitnehmer zu einem anderen Zeitpunkt ausgleichen muss. Zwar ist die Regelung zum Annahmeverzug in § 615 BGB dispositiv.[24] Eine Abbedingung der Arbeitsvertragsparteien ist dennoch allenfalls in Grenzen möglich und auch die Abdingbarkeit im Rahmen eines flexiblen Arbeitszeitmodells mit Plus- und Minusstunden wird jedenfalls dann bezweifelt, wenn das negative Stundensaldo auf einer fehlenden Beschäftigungsmöglichkeit beruht.[25] Hier wird auf die Umstände des Einzelfalls abzustellen sein. Es spricht viel dafür, dass bei einem reduzierten Beschäftigungsbedarf aufgrund von Schwankungen, der innerhalb von Tagen oder ggf. einigen Wochen wieder ausgeglichen wird, eine Vereinbarung über eine begrenzte Anzahl Minusstunden mit dem Arbeitnehmer möglich ist. Fehlt es länger an einer Einsatzmöglichkeit, wird eine Vereinbarung mit dem Arbeitnehmer über Minusstunden in der Regel eine unangemessene Benachteiligung darstellen.

III. Anordnung von Mehrarbeit zur kurzfristigen Überbrückung des Arbeitskräftebedarfs

38 Führt die Pandemie in einem Betrieb hingegen nicht zu einem geringeren Arbeitsanfall, sondern zu einem erhöhten Arbeitskräftebedarf, ist die Anordnung von Mehrarbeit und Überstunden ein Instrument, um Arbeitskapazitäten auszuschöpfen. Eine Verpflichtung des Arbeitnehmers zu Mehrarbeit besteht jedoch nur, wenn verschiedene rechtliche Voraussetzungen erfüllt sind.

1. Rechtliche Voraussetzungen der Anordnung von Mehrarbeit

39 In jedem Fall hat die Anordnung von Mehrarbeit und Überstunden im Einklang mit den Vorgaben des Arbeitszeitgesetzes bzw. etwaiger Ausnahmen zu stehen. Darüber hinaus setzt die Verpflichtung des Arbeitnehmers zu zusätzlicher Arbeit eine Rechtsgrundlage in Tarifvertrag, Betriebsvereinbarung oder Individualvertrag voraus.[26] Ohne eine solche Rechtsgrundlage kann der Arbeitgeber grundsätzlich keine Mehrarbeit verlangen. Eine Ausnahme kann allenfalls dann angenommen werden, wenn sich der Arbeitgeber in einer Notlage befindet, der anders nicht begegnet werden kann.

---

24 ErfK/*Preis*, § 615 BGB Rn. 8.

25 ErfK/*Preis*, § 615 BGB Rn. 8; *Hanau/Hoff*, Annahmeverzug bei flexibler Arbeitszeit, insbesondere bei Arbeitszeitkonten, NZA 2015, 1169, 1170.

26 BAG, 3.6.2003 – 1 AZR 349/02, NZA 2003, 1155, 1159.

40 a) Besteht ein Betriebsrat, unterliegt die Anordnung von Mehrarbeit dem Mitbestimmungsrecht. Bzgl. der Frage, ob Mehrarbeit geleistet wird, folgt die Mitbestimmung aus § 87 Abs. 1 Nr. 3 BetrVG.[27] Hinsichtlich der Verteilung der Mehrarbeit ergibt sich das Mitbestimmungsrecht aus § 87 Abs. 1 Nr. 2 BetrVG.[28]

41 Insbesondere in einer Pandemiesituation verändern sich die Gegebenheiten sehr kurzfristig. Von der Kita- und Schulschließung, über Ausgangssperren und bis hin zu dem möglichen gleichzeitigen Ausfall vieler Arbeitnehmer, steht der Arbeitgeber während einer Pandemie regelmäßig vor der Herausforderung äußerst schnell reagieren und ggf. Mehrarbeit anordnen zu müssen. Das Mitbestimmungsrecht des Betriebsrats entfällt jedoch auch in Eilfällen nicht.[29] Der vorübergehenden Verkürzung oder Verlängerung der betriebsüblichen Arbeitszeiten ist es immanent, dass diese kurzfristig angeordnet werden. Daher hat der Arbeitgeber auch in Eilfällen den Betriebsrat zu beteiligen und muss zumindest versuchen, eine vorläufige Regelung zu erreichen. Gelingt dies nicht, ist die Einigungsstelle anzurufen.

42 Nur wenn ein Notfall vorliegt, darf der Arbeitgeber vorläufig zur Abwendung konkreter Gefahren oder Schäden Mehrarbeit anordnen, wenn er unverzüglich die Beteiligung des Betriebsrats nachholt.

43 Ein Notfall ist dann gegeben, wenn ein Handeln geboten ist, um einen Schaden von dem Betrieb oder seinen Arbeitnehmern abzuwenden.[30] Nur in diesen Fällen, kann der Arbeitgeber Mehrarbeit anordnen, wenn er unverzüglich die Beteiligung des Betriebsrats nachholt.[31] Die ordnungsgemäße Beteiligung des Betriebsrats scheitert im Übrigen nicht daran, dass der Betriebsrat aufgrund der Pandemie keine Präsenzsitzung abhalten kann. Gemäß der Erklärung des Bundesministeriums für Arbeit und Soziales vom 20.3.2020 wird die Teilnahme an einer Betriebsratssitzung mittels **Telefon-** oder **Videokonferenz** in der Situation der Pandemie für zulässig erachtet.[32]

44 Da die Pandemiesituation geprägt ist von Unsicherheiten über die weitere Entwicklung und Entscheidungen häufig kurzfristig getroffen werden müssen, kann die Anordnung von Mehrarbeit kurzfristig erforderlich werden, ohne dass ein Notfall vorliegt. Es empfiehlt sich in Unternehmen mit hoher Arbeitsauslastung während der Pandemie, für etwaige Eilfälle so frühzeitig wie möglich eine Betriebsvereinbarung zur Anordnung von Mehrarbeit abzuschließen. Gleiches gilt für den Fall, dass viele Arbeitnehmer des Betriebs oder auch nur eines bestimmten Bereichs gleichzeitig erkranken. In einer Betriebsvereinbarung kann dann

---

27 *Richardi*, in: Richardi, BetrVG, § 87 Rn. 314.
28 *Richardi*, in: Richardi, BetrVG, § 87 Rn. 314.
29 *Richardi*, in: Richardi, BetrVG, § 87 Rn. 321.
30 *Richardi*, in: Richardi, BetrVG, § 87 Rn. 62.
31 *Richardi*, in: Richardi, BetrVG, § 87 Rn. 322.
32 Bundesministerium für Arbeit und Soziales, Ministererklärung vom 20.3.2020.

frühzeitig insbesondere auch geregelt werden, dass der Arbeitgeber bestimmte Mehrarbeit ohne weitere Zustimmung des Betriebsrats im konkreten Eilfall anordnen kann.[33] Ist eine konkrete Regelung noch nicht möglich, können auch rechtzeitig abgeschlossene Rahmenregelungen die Beteiligung des Betriebsrats erleichtern und damit Zeitaufwand ersparen, wenn ein konkrete Eilfall auftritt und dann einer ergänzenden Regelung der Betriebsparteien bedarf.

b) In einem betriebsratslosen Betrieb ist für die Anordnung von Mehrarbeit eine **45** tarifvertragliche oder eine individualvertragliche Grundlage nötig. Anderenfalls kann eine Anordnung von Mehrarbeit allenfalls bei Notfällen von dem Direktionsrecht des Arbeitgebers gedeckt sein.[34] Notfälle sind nur solche, die der Definition des Notfalls im Sinne des § 14 Abs. 1 ArbZG entsprechen.[35] Bei einer Pandemie kann zwar ein solcher Notfall eintreten, dieser wird aber nicht über die gesamte Dauer der Pandemie zur Anordnung von Mehrarbeit angenommen werden können. Die Möglichkeit, Mehrarbeit ohne Vertragsgrundlage über das Weisungsrecht anzuordnen, besteht daher nur ausnahmsweise und mit Blick auf die zeitliche Dauer des Notfalls, auch nur in begrenztem Umfang.

Gibt es weder eine tarifvertragliche, noch eine individualvertragliche Grundlage **46** für die Anordnung von Mehrarbeit, ist diese aber über einen längeren Zeitraum erforderlich, besteht die Möglichkeit, mit dem Arbeitnehmer eine Ergänzungsvereinbarung abzuschließen und die Mehrarbeit einvernehmlich zu vereinbaren. Eine solche Vereinbarung kann dabei nicht nur für den Fall kurzfristig erforderlicher Mehrarbeit, sondern auch allgemein und beispielsweise auch zu Beginn der Pandemie für den Fall etwaiger künftiger erforderlicher Mehrarbeit abgeschlossen werden.

2. Vergütung von Mehrarbeit

Die Vergütung von Mehrarbeit oder ein entsprechender Freizeitausgleich richtet **47** sich ebenfalls nach dem jeweils geltenden Tarifvertrag, Betriebsvereinbarung oder Individualvertrag. Auch ohne vertragliche Regelung gilt eine Vergütung für die Überstunden gemäß § 612 Abs. 1 BGB in der Regel als stillschweigend vereinbart, wenn diese den Umständen nach zu erwarten ist.[36] Klauseln, die pauschal eine Überstundenvergütung ausschließen, sind grundsätzlich unwirksam.[37]

---

33 BAG, 12.1.1988 – 1 ABR 54/86, NZA 1988, 517ff.; BAG, 3.6.2003 – 1 AZR 349/02, NZA 2003, 1155; *Richardi*, in: Richardi, BetrVG, § 87 Rn. 58.

34 ErfK/*Preis*, § 611a BGB, Rn. 663; ArbG Leipzig, 4.2.2003 – 7 Ca 6866/02, NZA-RR 2003, 365ff.

35 *Lakies*, Das Weisungsrecht des Arbeitgebers (§ 106 GewO), BB 2003, 364, 367ff.

36 BAG, 22.2.2012 – 5 AZR 765/10, NZA 2012, 861, 862.

37 BAG, 22.2.2012 – 5 AZR 765/10, NZA 2012, 861, 862; ErfK/*Preis*, § 310 BGB Rn. 92.

48 Keine Überstundenvergütung ist zu erwarten bei Diensten höherer Art oder wenn insgesamt eine deutlich herausgehobene Vergütung gezahlt wird.[38] Letzteres wird angenommen, wenn das Gehalt die Beitragsbemessungsgrenze in der gesetzlichen Rentenversicherung überschreitet.[39]

49 Besteht ein Betriebsrat, ist zu beachten, dass die Frage, ob Überstunden in Freizeit oder Geld abzugelten sind, ebenfalls der Mitbestimmung nach § 87 Abs. 1 Nr. 10 BetrVG unterliegt.[40] Es bietet sich an, diese mit dem Betriebsrat bereits zusammen mit der Mehrarbeit zu regeln, zumal die Regelung einer Mehrarbeitsvergütung oder eines Freizeitausgleichs meist Voraussetzung für die Zustimmung zur Mehrarbeit ist.

IV. Betriebsferien als weiteres Instrument bei zeitweise geringerem Arbeitsbedarf

50 Als weitere Möglichkeit, einen geringeren Arbeitsbedarf oder sogar vollständigen Arbeitsausfall für einen relativ kurzen Zeitraum zu überbrücken, kommt die Anordnung von Betriebsferien in Betracht. Während der Betriebsferien wird der Betrieb vollständig geschlossen und gleichzeitig angeordnet, Urlaub zu nehmen oder Zeitguthaben abzubauen.

1. Zulässigkeit von Betriebsferien?

51 In Betrieben mit Betriebsrat unterliegt die Einführung, Dauer und zeitliche Lage von Betriebsferien der Mitbestimmung des Betriebsrats nach § 87 Abs. 1 Nr. 5 BetrVG. Jedenfalls, wenn ein Betriebsrat besteht und dieser zustimmt, sind Betriebsferien möglich.[41] Eine mit dem Betriebsrat über die Betriebsferien abgeschlossene Betriebsvereinbarung stellt gegenüber den einzelnen Arbeitnehmern einen dringenden betrieblichen Grund dar, der ihren gegebenenfalls abweichenden Urlaubswünschen vorgeht.[42]

52 Umstritten ist allerdings, ob die Anordnung von Betriebsferien auch in einem Betrieb ohne Betriebsrat möglich ist. Dies haben das LAG Düsseldorf[43] sowie das LAG Rheinland-Pfalz[44] angenommen und festgestellt, dass die Betriebsferien auch in Betrieben ohne Betriebsrat einen dringenden betrieblichen Grund

---

38 BAG, 22.2.2012 – 5 AZR 765/10, NZA 2012, 861, 862.
39 BAG, 22.2.2012 – 5 AZR 765/10, NZA 2012, 861, 862.
40 ErfK/*Kania*, § 87 BetrVG Rn. 98.
41 BAG, 28.7.1981 – 1 ABR 79/79, NJW 1982, 959 ff.
42 BAG, 28.7.1981 – 1 ABR 79/79, NJW 1982, 959 ff.
43 LAG Düsseldorf, 20.6.2002 – 11 Sa 378/02, BB 2003, 156 ff.
44 LAG Rheinland-Pfalz, 25.9.2012 – 10 Ta 149/12.

für die Urlaubsfestlegung darstellen, während es aber auch ablehnende Stimmen[45] gibt.

Sollten die Betriebsferien an sich, mit der teilweise in der Literatur vertretenen Ansicht, in Betrieben ohne Betriebsrat nicht als dringende betriebliche Belange anerkannt werden, sprechen gute Argumente dafür, dass die einseitige Urlaubsfestlegung durch den Arbeitgeber nach allgemeinen Grundsätzen möglich ist: **53**

Grundsätzlich kann der Arbeitgeber den Urlaubsanspruch durch die Erklärung, für einen bestimmten Zeitraum Urlaub zu gewähren, erfüllen.[46] Dies gilt auch ohne vorherigen Antrag des Arbeitnehmers.[47] Diese ohne einen Antrag des Arbeitnehmers erfolgte Festlegung des Urlaubs durch den Arbeitgeber ist wirksam, wenn der Arbeitnehmer dies akzeptiert.[48] Äußert der Arbeitnehmer abweichende Urlaubswünsche sind diese nach § 7 Abs. 1 BUrlG zu berücksichtigen, es sei denn, dass dringende betriebliche Belange entgegenstehen. **54**

In Betrieben ohne Betriebsrat besteht bei der Anordnung von Betriebsferien und der damit verbundenen Festlegung des Urlaubs zum einen eine gute Chance, dass der Arbeitnehmer dies in der Praxis aufgrund der besonderen Situation der Pandemie akzeptiert. **55**

Sollte der Arbeitnehmer einen abweichenden Urlaubswunsch äußern, kann zum anderen gut argumentiert werden, dass die Pandemie und die damit verbundenen Auswirkungen auf den Arbeitsanfall dringende betriebliche Belange darstellen und damit die Betriebsferien vorrangig vor den Urlaubswünschen der Arbeitnehmer sind. Dies gilt insbesondere, wenn dies der Vermeidung von **Kurzarbeit** dient. **56**

Um das in diesem mangels höchstrichterlicher Rechtsprechung verbleibende Restrisiko, dass ein Arbeitsgericht die hier vertretene Rechtsauffassung nicht teilt, auszuschließen, könnten mit den Arbeitnehmern einzelvertragliche Vereinbarungen über die Festlegung des Urlaubs im Zeitraum der Betriebsferien geschlossen werden. In der Praxis wird dies jedoch aus administrativen Gründen nur bei einer nicht allzu hohen Anzahl von Arbeitnehmern durchführbar sein. **57**

2. Weitere rechtliche Voraussetzungen für Betriebsferien

Bei der grundsätzlich möglichen Anordnung von Betriebsferien sind die folgenden weiteren Anforderungen zu berücksichtigen: **58**

– Arbeitgeber (ggf. gemeinsam mit dem Betriebsrat) haben nicht das Recht, den gesamten Jahresurlaub der Arbeitnehmer als Betriebsferien festzulegen.

---

45 *Holthaus*, in: Däubler/Hjort/Schubert/Wolmerath, Arbeitsrecht, § 7 BurlG Rn. 34.
46 BAG, 20.8.2019 – 9 AZR 468/18.
47 ErfK/*Gallner*, § 7 BurlG Rn. 11.
48 BAG, 14.8.2007 – 9 AZR 934/06, NZA 2008, 473.

Allgemeingültige Grenzen gibt es hierbei nicht. Das Bundesarbeitsgericht hielt eine Festlegung von 3/5 des Jahresurlaubs für zulässig.[49]

- Besonderheiten bei den Betriebsferien sind zu berücksichtigen, wenn Arbeitnehmer wegen ihrer kurzen Betriebszugehörigkeit noch keinen oder nur einen zeitanteiligen Urlaubsanspruch erworben haben, den die Betriebsferien überschreiten.
- Bieten die betroffenen Arbeitnehmer für die Zeit der Betriebsferien ihre Arbeit an, liegt ein Fall des Annahmeverzugs des Arbeitgebers vor, sodass die Betriebsferien auch ohne Urlaub des Arbeitnehmers zu vergüten sind.[50] Um einen dadurch im Ergebnis entstehenden zusätzlichen bezahlten Urlaub für die betroffenen Arbeitnehmer zu vermeiden, kann einzelvertraglich mit diesen vereinbart werden, dass der Urlaub vor Entstehung des entsprechenden Urlaubsanspruchs gewährt wird. Zudem gibt es während Betriebsferien in bestimmten Bereichen oft eine Notbesetzung. Wenn nach dem Direktionsrecht möglich, könnten die betroffenen Arbeitnehmer angewiesen werden, die entsprechenden Tätigkeiten während der Betriebsferien auszuführen.
- Gleiches gilt, wenn Arbeitnehmer ihren Jahresurlaub vor Anordnung der Betriebsferien vollständig beantragt haben und dieser auch genehmigt wurde. Eine einseitige Änderung des Urlaubs durch den Arbeitgeber ist nicht möglich, jedoch eine einvernehmliche abweichende Vereinbarung oder, sofern vom Direktionsrecht gedeckt, die Anweisung, während der Betriebsferien Aufgaben einer Notbesetzung auszuführen. Im Übrigen ist auch eine „Rückgabe" des Urlaubs durch den Arbeitnehmer nur mit Zustimmung des Arbeitgebers möglich.
- Auch bei Betriebsferien gilt § 9 BUrlG. Danach werden die durch ein ärztliches Attest nachgewiesenen Tage einer Arbeitsunfähigkeit nicht auf den Jahresurlaub angerechnet.

V. Fazit

59 Die Instrumente der Arbeitszeitgestaltung können dazu beitragen, die Herausforderungen der Pandemie für Arbeitgeber und Arbeitnehmer leichter zu bewerkstelligen. Welche Lösungen dazu am besten geeignet sind, richtet sich nach Branche, Größe des Unternehmens, Aufgabenbereich der Arbeitnehmer und Einsatzort. Die bestehenden Regelungen in Betriebsvereinbarungen, Tarifverträgen und Arbeitsverträgen sollten geprüft und, wenn erforderlich, die geltenden Regelungen zur Arbeitszeit ggf. im Rahmen der Vorgaben des Arbeitszeitgesetzes und unter Beachtung der Mitbestimmungsrechte angepasst werden. Wie aufgezeigt sind dabei kreative Gestaltungsmöglichkeiten denkbar, um den Interessen von Arbeitgebern und Arbeitnehmern im Hinblick auf die Arbeitszeit Rechnung zu tragen.

---

49 BAG, 28.7.1981 – 1 ABR 79/79, NJW 1982, 959ff.

50 BAG, 30.6.1976 – 5 AZR 246/75, AP BUrlG § 7 Betriebsferien Nr. 3.

Kapitel 5

Quarantäne und Entgeltfortzahlung

Im Falle einer Pandemie kann es viele Gründe geben, die zu einem Ausfall der Arbeitsleistung führen. Eine Störung des Arbeitsverhältnisses kann nicht nur aufgrund freiwilliger oder angeordneter Quarantäne, sondern auch wegen eines beruflichen Tätigkeitsverbots, einer vorübergehenden Betriebsschließung, Ausgangssperren oder dem Nachkommen von Betreuungspflichten eintreten. Denkbar sind außerdem Sachverhalte, in denen es dem Arbeitnehmer unmöglich ist, von einem Auslandsaufenthalt an seinen Arbeitsplatz zurückzukehren. Gemeinsam haben alle Konstellationen, dass sich letztlich die Frage nach der Vergütung des Arbeitnehmers stellt. **1**

I. Einleitung

Es gibt zwei Prinzipien, die die Deutschen in Bezug auf Krankheit und Lohnfortzahlung verinnerlicht haben: **2**

1. Ich erhalte bis zu sechs Wochen meinen vollen Lohn, auch wenn ich aufgrund unverschuldeter Krankheit nicht arbeiten kann (§ 3 EFZG); und
2. ich bekomme auch dann meinen vollen Lohn, wenn ich unverschuldet aus persönlichen Gründen vorübergehend nicht arbeiten kann (§ 616 BGB).

Mit diesen beiden Prinzipien kamen Arbeitgeber wie Arbeitnehmer wunderbar zurecht, bis der weltweite Ausbruch einer Pandemie plötzlich neue Fragen aufwarf: Erhalte ich auch dann Lohn, wenn ich aus Angst vor Ansteckung nicht zur Arbeit komme? Was ist, wenn ich unter „Quarantäne“ stehe oder mir diese selbst verordne? Werde ich weiterbezahlt, wenn die Schulen und Kitas für fünf Wochen schließen und ich meine Kinder betreuen muss? Wer trägt am Ende eigentlich das Risiko, wenn keiner mehr das Haus verlassen darf? **3**

Diese und weitere Fragen sortiert und beantwortet der folgende Beitrag. Die arbeitsrechtlichen Grundlagen werden kurz abstrakt sowie anhand von praxisrelevanten, „pandemietypischen“ Fallbeispielen erläutert. **4**

II. Entgeltfortzahlung bei krankheitsbedingtem Arbeitsausfall

Aus rechtlicher Sicht am einfachsten zu beurteilen ist der Fall, dass der Arbeitnehmer selbst an dem pandemischen Virus erkrankt. Dann hat er unter den Vo- **5** raussetzungen des § 3 Abs. 1 EGFZG bis zu sechs Wochen lang einen Anspruch auf **Entgeltfortzahlung im Krankheitsfall**. Hier gelten im Falle einer Pandemie die allgemeinen Tatbestandsvoraussetzungen und Rechtsfolgen wie bei jeder sonstigen Arbeitsunfähigkeit.

1. Angst vor Ansteckung genügt nicht, aber …

6 Aus bloßer Angst vor einer Ansteckung können Arbeitnehmer grundsätzlich nicht die Arbeit oder die Teilnahme an Meetings verweigern. Bleibt ein Arbeitnehmer der Arbeit dennoch fern, so verliert er seinen Vergütungsanspruch. Eine drohende Pandemie gibt dem Arbeitnehmer also kein grundsätzliches Leistungsverweigerungsrecht.

a) Leistungsverweigerungsrecht bei objektiver Gefährdung

7 Etwas anderes gilt nur dann, wenn eine erhebliche objektive Gefahr oder zumindest ein ernsthafter, objektiv begründeter Verdacht der Gefährdung für Leib oder Gesundheit besteht und der Arbeitnehmer deshalb die Arbeitsleistung verweigern darf.[1] Dies trifft beispielsweise auf Geschäftsreisen in Gebiete zu, die von einer Behörde als „Risikogebiet" eingestuft wurden, wie beispielsweise die Region Wuhan zu Beginn des Jahres 2020. Verlangt der Chef eine **Dienstreise** in diese Region, kann der Arbeitnehmer die Reise verweigern, ohne seinen Entgeltanspruch zu verlieren. Kein Lohnanspruch dürfte allerdings bestehen, wenn der Arbeitnehmer schon arbeitsvertraglich verpflichtet ist, bestimmte Risiken hinzunehmen, beispielsweise als Arzthelferin oder Polizist.

8 **Fallbeispiel 1**:

Der Arbeitnehmer A fühlt sich unwohl und hat Symptome, die auf eine Ansteckung mit dem Virus hindeuten. Kollege K erfährt von den Symptomen seines Büronachbarn A. Darf er die Arbeit verweigern?

Nein, die bloße Erkrankung von Kollegen führt nicht zwangsläufig zur Pflicht einer Betriebsschließung und spiegelbildlich zu einem Recht der Arbeitsverweigerung. Es kommt vielmehr auf die jeweilige konkrete Risikolage, insbesondere Kontaktketten, Verdachtsumstände etc. wie auch die persönliche Risikolage des Arbeitnehmers an. Wenn K die Arbeit ohne Vorliegen dieser erhöhenden Risiken und gar ohne Rücksprache mit seinem Arbeitgeber schlicht verweigert, erhält er auch keinen Lohn.

---

1 *Schahandeh*, in: Feichtinger/Malkmus, Entgeltfortzahlungsrecht, § 618 BGB Rn. 20ff.; *Falter*, Die Arbeitsleistung in der Pandemie, BB 2009, 1974, 1979.

b) *Umgang mit Risikogruppen*

Fallbeispiel 2: 9

Ein Arbeitnehmer legt seinem Arbeitgeber ein ärztliches Attest vor, welches lediglich seine Zugehörigkeit zu einer Risikogruppe (z. B. Personen mit Vorerkrankungen oder hohen Alters) bescheinigt. Eine echte Arbeitsunfähigkeitsbescheinigung legt er nicht vor.

Situation A: Der Arbeitnehmer bleibt der Arbeit fern, um sich vor Ansteckung zu schützen. Kann er vom Arbeitgeber Lohnfortzahlung verlangen?

Situation B: Der Arbeitnehmer erscheint weiterhin zur Arbeit. Kann der Arbeitgeber den Arbeitnehmer aus Gründen der Fürsorge nach Hause schicken, ohne zur Lohnfortzahlung verpflichtet zu sein?

In Zeiten einer Pandemie werden zügig sog. „Risikogruppen" identifiziert, bei 10 denen eine erhöhte Gefahr schwerer oder gar tödlicher Verläufe der Krankheit besteht. Ärzte empfehlen diesen Personen, sich besonders vor Ansteckung zu schützen, soziale Kontakte auf das Nötigste zu beschränken oder sich gar vollständig zu isolieren.

Dennoch stellt allein die Zugehörigkeit zu einer Risikogruppe keine Krankheit 11 dar; der Beschäftigte ist trotz etwaiger Vorbelastungen oder hohen Alters grundsätzlich arbeitsfähig. Erscheint der Arbeitnehmer also nicht zur Arbeit (Situation A), so verliert er seinen Vergütungsanspruch. Da er gerade nicht arbeitsunfähig erkrankt ist, hat er auch keinen Anspruch auf Entgeltfortzahlung nach § 3 EFZG.

In Situation B kann der Arbeitgeber den Beschäftigten einseitig freistellen, 12 wenn sein Freistellungsinteresse das Beschäftigungsinteresse des Arbeitnehmers überwiegt.[2] Dann muss der **Beschäftigungsanspruch** des Arbeitnehmers der Freistellung weichen. Ein Freistellungsinteresse des Arbeitgebers kann im vorliegenden Sachverhalt daraus resultieren, dass der Arbeitgeber seine Fürsorgepflicht nach § 618 BGB gegenüber dem betroffenen Arbeitnehmer erfüllen will. Die Erfüllung einer Fürsorgepflicht gegenüber den übrigen Beschäftigten kommt hier nicht in Betracht, da der Betroffene gerade nicht infiziert ist und von ihm daher keine Ansteckungsgefahr für andere ausgeht. Den Arbeitgeber müsste also gegenüber dem betroffenen Arbeitnehmer eine Fürsorgepflicht treffen, um damit sein Freistellungsinteresse begründen zu können. Dies ist angesichts einer bloßen Zugehörigkeit zur Risikogruppe ohne tatsächliche Infektion fraglich. In Bezug auf den Gesundheitszustand des einzelnen Arbeitnehmers kann es die Fürsorgepflicht aber gebieten, einen tatsächlich erkrankten Arbeitnehmer nach Hause zu schicken. Die Zugehörigkeit zu einer Risikogruppe dürfte dies aber jedenfalls dann erfordern, wenn im Betrieb eine konkrete Ansteckungsgefahr von anderen Infizierten ausgeht oder generell ein höheres Ansteckungsrisiko aufgrund notwendigerweise engen Kontakts zu Mitarbeitern oder Kunden besteht.

---

2 *Bonanni*, Die Folgen von Corona für Arbeitnehmer und Arbeitgeber, ArbRB 2020, S1.

13 In jedem Falle gilt: Der Lohn ist bei einer **Freistellung** fortzuzahlen, da der Arbeitgeber dadurch mit der Annahme der Leistung in Verzug gerät.

2. Freistellung bei Verdacht der Ansteckung

14 Ist der Arbeitnehmer nicht an dem pandemischen Virus erkrankt, sondern liegt aufgrund entsprechender Symptome und einer Kontaktkette zu infizierten Personen oder einem Aufenthalt im Risikogebiet lediglich ein konkreter Verdacht der Infizierung vor, so ist er nicht arbeitsunfähig erkrankt. Es besteht also kein Anspruch auf Entgeltfortzahlung nach § 3 EFZG.

15 Der Arbeitgeber kann jedoch zum Schutz der Belegschaft und vor allem der unmittelbaren Kollegen den Arbeitnehmer für einen gewissen Zeitraum von der Verpflichtung zur Arbeit freistellen, auch ohne vertragliche Vereinbarung. Dieses Recht folgt aus der **Fürsorgepflicht des Arbeitgebers** gemäß § 618 BGB. Konkret stellt die Gefahr weiterer Ansteckung eine gesundheitliche Gefährdung der Belegschaft sowie auch ein Risiko für den Erhalt der Funktionstüchtigkeit des Betriebs dar. Ein Freistellungsinteresse des Arbeitgebers ergibt sich damit auch aus der Fürsorgepflicht, die ihn nach § 618 BGB ebenso gegenüber der verbleibenden Belegschaft trifft.[3] Der betroffene Arbeitnehmer, der als „Ansteckungsrisiko" nach Hause geschickt wird, muss sein ebenfalls geschütztes Interesse an einer Weiterbeschäftigung hinter diesen Interessen zurückstellen. Wenn möglich, wird er weiterhin aus dem Homeoffice arbeiten (siehe Kap. 3), ansonsten vollständig von seinen arbeitsvertraglichen Verpflichtungen entbunden. Er behält in jedem Fall seinen Vergütungsanspruch,[4] da sich der Arbeitgeber durch die Freistellung gem. § 615 BGB im Annahmeverzug befindet.

16 **Praxistipp:**

Unternehmen sollten versuchen, mit dem Arbeitnehmer einvernehmlich eine Freistellungsvereinbarung zu treffen, die eine Fortzahlung der Vergütung unter Anrechnung von Urlaub und Überstunden vorsieht,[5] falls eine Arbeit aus dem Homeoffice nicht möglich ist.

3. Kein Ausschluss wegen „fahrlässiger Ansteckung"

17 Im Falle einer Pandemie gelten häufig weitreichende Einschränkungen des öffentlichen Lebens bis hin zu Kontaktverboten und Ausgangssperren. Wer sich trotz-

---

3 *Bonanni*, Die Folgen von Corona für Arbeitnehmer und Arbeitgeber, ArbRB 2020, S1.

4 *Von Steinau-Steinrück/Mosch*, Arbeitsrechtliche Maßnahmen bei ausgebrochener Pandemie, NJW-Spezial 2009, 578, 579.

5 *Stück/Wein*, Arbeitsrechtliche Fragen – Gerüstet für die Vogelgrippe, AuA 2007, 282, 285.

dem ansteckt, ist jedoch nicht zwingend „selbst schuld“ – da sich in nicht zweifelsfrei nachweisen lässt, wie sich der Erkrankte angesteckt hat. Der Arbeitgeber darf in aller Regel die Entgeltfortzahlung nicht streichen oder kürzen.

Etwas anderes könnte möglicherweise dann gelten, wenn sich der Erkrankte mit **18**
Wissen und Wollen dem Erreger ausgesetzt und eine Ansteckung provoziert hat. Mit einem solchen Verhalten würde der Arbeitnehmer grob gegen das eigene Interesse eines verständigen Menschen verstoßen, was ein sog. „**Verschulden gegen sich selbst**“ darstellt.[6] Leichtsinniges Verhalten erfüllt diesen Tatbestand noch nicht; erforderlich ist vielmehr ein besonders leichtfertiges oder vorsätzliches Verhalten.[7] Entsprechend ist der Tatbestand nicht erfüllt, wenn der Arbeitnehmer bloße allgemeine Risiken in Kauf genommen hat, ohne die Infizierung und Erkrankung bewusst billigend in Kauf zu nehmen. So zählt sicherlich auch das Aufsuchen einer Karnevalsveranstaltung oder anderer Großveranstaltungen nicht zu den dem Arbeitnehmer vorzuhaltenden Umständen. Etwas anderes gilt dann, wenn der Arbeitnehmer eine erkrankte Person im Wissen um die Erkrankung ohne Pflegenotwendigkeiten aufsucht, in derzeitige Krisengebiete ohne ausreichenden Schutz und ohne entsprechende Notwendigkeiten reist oder in ähnlicher Weise eine Infizierung provoziert, wie beispielsweise bei den im Frühjahr 2020 erlebten „Corona-Partys“.[8]

Fallbeispiel 3: **19**

A kümmert sich um eine pflegebedürftige Angehörige und muss dafür auch während einer Pandemie häufiger das Haus verlassen.

Wenn sich A nun selbst ansteckt und arbeitsunfähig erkrankt, erhält er weiterhin Entgeltfortzahlung. Der Anspruch ist nicht wegen „groben Verschuldens“ ausgeschlossen, da die erforderliche Pflege eines Angehörigen als rechtliche (§ 1627 BGB) und sittliche Pflicht anzusehen ist.[9]

4. Mitteilungspflichten und ärztliches Attest

Im Normalfall ist der Arbeitnehmer nach § 5 Abs. 1 Satz 1 EFZG verpflichtet, **20**
dem Arbeitgeber die Arbeitsunfähigkeit und deren voraussichtliche Dauer unverzüglich mitzuteilen. Für die ersten drei Krankheitstage genügt dafür eine einfache Mitteilung an den Arbeitgeber. Der „gelbe Schein“, d.h. das ärztliche Attest, ist gem. § 5 Abs. 1 Satz 2 EFZG erst ab dem vierten Krankheitstag vorzulegen. Nur

---

6 ErfK/*Reinhard*, § 3 EFZG Rn. 23.

7 BAG, 26.10.2016 – 5 AZR 167/16, NZA 2017, 240.

8 FAZ.net v. 19.3.2020, Corona-Partys – Feiern bis der Arzt kommt, https://www.faz.net/aktuell/gesellschaft/gesundheit/coronavirus/virologe-warnt-vor-corona-partys-feiern-trotz-pandemie-16685265.html (zuletzt abgerufen: 30.3.2020).

9 *Stück/Wein*, Influenza-Pandemie: Arbeitsort, Arbeitszeit und Mitbestimmung – Maßnahmen zeitig treffen, AuA 2007, 345, 345.

wenn der Arbeitgeber es ausdrücklich verlangt, muss das Attest gem. § 5 Abs. 1 Satz 3 EFZG schon am ersten Tag der Krankheit vorgelegt werden.

21 Demgegenüber kann es anlässlich einer Pandemie zur Auflockerung dieser Regelungen kommen. So geschah dies auch im Zuge der Corona-Krise: Im März 2020 einigte sich die Kassenärztliche Bundesvereinigung (KBV) mit dem Spitzenverband der gesetzlichen Krankenkassen (GKV-Spitzenverband) über die einfachere Ausgestaltung der Ausstellung von Attesten.[10] Ermöglicht wurde dabei neben einer telefonischen **Krankschreibung** auch eine verlängerte Krankschreibung von bis zu sieben Tagen auch bei nur leichten Atemwegserkrankungen. In Betracht kommt daneben – und das wurde im Frühjahr 2020 zumindest diskutiert[11] – eine Lockerung der dreitägigen Frist zur Vorlage einer ärztlichen Bescheinigung.

5. Zeitliche Höchstdauer

22 Der Anspruch auf Entgeltfortzahlung im Krankheitsfall besteht nach § 3 Abs. 1 Satz 1 EFZG für die Dauer von sechs Wochen bei einem einheitlichen Versicherungsfall ohne anschließende Fortsetzungserkrankungen.[12] Diese Frist kann arbeits- oder tarifvertraglich variieren.

III. Quarantäne und behördliche Anordnungen

23 Anders als die Arbeitsunfähigkeit aufgrund Erkrankung sind solche Fälle zu beurteilen, in denen der Arbeitnehmer seine Arbeitsleistung nicht erbringen kann, weil er behördlich unter Quarantäne gestellt wird oder ihm als sog. Ausscheider, Ansteckungsverdächtiger, Krankheitsverdächtiger oder als sonstiger Träger von Krankheitserregern im Sinne von § 31 Satz 2 Infektionsschutzgesetz (IfSG) verboten ist, seiner bisherigen Erwerbstätigkeit nachzugehen. Außerdem können Behörden auf Grundlage des IfSG Betriebe vorübergehend stilllegen und dadurch einen Arbeitsausfall verursachen. Denkbar sind darüber hinaus auch Maßnahmen wie die Einstellung des öffentlichen Personennahverkehrs sowie die Verhängung von Ausgangssperren. In diesen Fällen richtet sich der Lohnfortzahlungsanspruch des Arbeitnehmers zunächst nach den allgemeinen Regelungen.

---

10 GKV-Spitzenverband v. 9.3.2020, COVID-19: Krankschreibung bis zu sieben Tage nach telefonischer Rücksprache bei leichten Atemwegserkrankungen, https://www.gkv-spitzenverband.de/gkv_spitzenverband/presse/pressemitteilungen_und_statements/pressemitteilung_995776.jsp (zuletzt abgerufen: 30.3.2020).

11 Eine Lockerung der 3-Tages-Regel wurde bis Redaktionsschluss am 27.3.2020 nicht eingeführt.

12 Eine Gesetzesänderung war bei Redaktionsschluss (also am Beginn der Corona-Pandemie) noch nicht zu erwarten.

Als Auffangregelung kommt daneben ein **Entschädigungsanspruch** mit korrespondierendem Erstattungsanspruch des Arbeitgebers nach den Vorgaben des IfSG in Betracht.

1. Berufliches Tätigkeitsverbot (§ 31 IfSG)

An Orten, an denen sich für gewöhnlich viele Menschen gleichzeitig aufhalten, **24** kann es im Verlauf einer Pandemie zu regelrechten Ausbreitungsschüben kommen, wenn sich dort sog. „Superspreading-Ereignisse"[13] zutragen, wie im Winter 2020 im österreichischen Skiort Ischgl.[14] Gegenüber Kranken, Krankheitsverdächtigen, Ansteckungsverdächtigen und Ausscheidern sowie sonstigen Trägern von Krankheitserregern kann die zuständige Behörde in diesen Situationen nach § 31 IfSG ein berufliches Tätigkeitsverbot aussprechen. Die betroffenen Berufsträger müssen ihr Gewerbe dann für einen festgelegten Zeitraum schließen bzw. ihre Tätigkeiten niederlegen. Zu Beginn der Corona-Krise kam es so im Frühjahr 2020 zu behördlich angeordneten Tätigkeitsverboten. Dies betraf vorrangig (aber nicht ausschließlich) den Bereich der Gastronomie; daneben mussten auch Dienstleister mit notwendigerweise engem Kundenkontakt, wie z. B. Friseure, Kosmetikstudios u. Ä. sowie zahlreiche weitere Einrichtungen ihre Türen schließen.[15]

Arbeitnehmer, die in diesen Fällen nicht mehr arbeiten können, haben grund- **25** sätzlich auch einen Entgeltfortzahlungsanspruch gegen den Arbeitgeber, der das Risiko für den Betrieb seines Unternehmens trägt und die zur Verfügung stehende Arbeitskraft abrufen muss. Das IfSG hält für den Arbeitsausfall in Folge eines Tätigkeitsverbotes jedoch in § 56 Abs. 1 IfSG einen speziellen **Entschädigungsanspruch** des Arbeitnehmers gegen den Staat bereit, der (wegen seiner öffentlich-rechtlichen Zwangswirkung)[16] sogar dem Entgeltfortzahlungsanspruch vorgeht. Nach § 56 Abs. 2 und Abs. 3 IfSG entschädigt der Staat den Arbeitnehmer für die Dauer von sechs Wochen in Höhe seines Verdienstausfalls, d. h. in Höhe des normalen Arbeitsentgelts. Ab Beginn der siebten Woche bemisst sich die Entschädigung nach der Höhe des Krankengeldes gem. § 47 Abs. 1 SGB V.

---

13 Spiegel Online v. 26.3.2020, Ausbreitung des Coronavirus – Die Gefahr der Superspreader, https://www.spiegel.de/wissenschaft/medizin/coronavirus-die-gefahr-der-superspreader-a-ed6e694e-8691-4d14-a299-6062b94dd2f4 (zuletzt abgerufen: 30.3.2020).

14 Spiegel Online v. 17.3.2020, Corona-Ausbruch in Ischgl – Die Brutstätte, https://www.spiegel.de/politik/ausland/coronavirus-ausbruch-in-ischgl-die-brutstaette-a-8f56e5a2-635f-473a-96e9-300b6cbf4180 (zuletzt abgerufen: 30.3.2020).

15 Land Baden-Württemberg v. 22.3.2020, Rechtsverordnung – Maßnahmen gegen die Ausbreitung des Coronavirus, https://www.baden-wuerttemberg.de/de/service/aktuelle-infos-zu-corona/aktuelle-corona-verordnung-des-landes-baden-wuerttemberg/ (zuletzt abgerufen: 30.3.2020).

16 *Greiner*, in: Moll, MHdB ArbR, § 80 Rn. 45.

26 Der Entschädigungsanspruch besteht auch dann, wenn das Tätigkeitsverbot in Folge eines bloßen Verdachts verhängt wurde.

27 Steht dem Arbeitnehmer ein Entschädigungsanspruch nach § 56 Abs. 1 IfSG gegen den Staat zu, so muss dafür zunächst der Arbeitgeber eintreten und zugunsten des Arbeitnehmers in Vorleistung gehen, § 56 Abs. 5 Satz 1 IfSG. Der vorgestreckte Betrag wird dem Arbeitgeber nach § 56 Abs. 5 Satz 2 IfSG auf Antrag, der innerhalb von drei Monaten nach Einstellung der verbotenen Tätigkeit bei der zuständigen Behörde zu stellen ist, erstattet. Für Kleinunternehmen kann der Antrag nach § 56 Abs. 12 IfSG auf Auszahlung eines Vorschusses für die Entgeltzahlung interessant sein.

28 Kommt der Arbeitgeber seiner gesetzlichen Pflicht zur Vorleistung nicht nach, kann der Arbeitnehmer selbst einen Antrag auf Auszahlung der Entschädigung bei der zuständigen Behörde stellen, § 56 Abs. 5 Satz 3 IfSG.

2. Quarantäne

29 Erbringt ein Arbeitnehmer die geschuldete Arbeitsleistung nicht, weil er sich in Quarantäne befindet, ist danach zu differenzieren, ob dieser Zustand auf freiwilligem Verhalten oder auf behördlicher Anordnung beruht. Unter Quarantäne versteht man nach der Definition des Robert Koch-Instituts die „zeitlich befristete Absonderung von ansteckungsverdächtigen Personen oder von Personen, die möglicherweise das Virus ausscheiden“.[17] Sie dient der Vermeidung weiterer Ansteckungen und damit der Eindämmung des pandemischen Virus.

a) Behördlich angeordnete Quarantäne (§ 30 IfSG)

30 Ordnet die Behörde gegenüber Krankheitsverdächtigen, Ansteckungsverdächtigen oder Ausscheidern nach § 30 IfSG die Quarantäne an, so wird in Ergänzung dazu regelmäßig auch ein Beschäftigungsverbot gem. § 31 IfSG ausgesprochen werden. In diesem Fall besteht der unter Rn. 25 ff. erläuterte Entschädigungsanspruch nach § 56 Abs. 1 Satz 1 IfSG. Derselbe Entschädigungsanspruch steht nach § 56 Abs. 1 Satz 2 IfSG Betroffenen zu, die als Ausscheider oder Ansteckungsverdächtige ohne einhergehendes berufliches Tätigkeitsverbot behördlich unter Quarantäne gestellt wurden.

31 Wird die Quarantäne gegenüber einem an dem Virus Erkrankten verhängt und ein Beschäftigungsverbot aufgrund der ohnehin bestehenden Arbeitsunfähigkeit nicht angeordnet, so bleibt es bei dem üblichen Entgeltfortzahlungsanspruch aus § 3 EFZG.

---

17 Robert Koch-Institut v. 10.3.2020, Coronavirus-Infektion und häusliche Quarantäne – Merkblatt für Betroffene (Kontaktpersonen), https://www.rki.de/DE/Content/InfAZ/N/Neuartiges_Coronavirus/Quarantaene/Flyer.pdf?__blob=publicationFile (zuletzt abgerufen: 30.3.2020).

b) Freiwillige Quarantäne

32 Eine freiwillige Quarantäne ist im Gegensatz zur behördlich angeordneten Absonderung gesetzlich nicht vorgesehen. Will sich der Arbeitnehmer in Quarantäne begeben, weil er sich krank fühlt und dadurch tatsächlich arbeitsunfähig i.S.d. § 3 EFZG ist, besteht der übliche Anspruch auf Entgeltfortzahlung (siehe Rn. 5).

33 Um sich freiwillig in Quarantäne zu begeben, kann der Arbeitnehmer Homeoffice oder eine unbezahlte **Freistellung** mit dem Arbeitgeber vereinbaren. Alternativ zur unbezahlten Freistellung kann der Arbeitnehmer auch bezahlten Erholungsurlaub nehmen. Andernfalls ist das Selbstauflegen einer Quarantäne mit dem Verlust des Vergütungsanspruchs verbunden und kann zudem eine Abmahnung und im Wiederholungsfall die Kündigung zur Folge haben.[18]

3. Vorübergehende Betriebsschließung

34 Im Falle einer zeitweisen Betriebsstilllegung muss danach differenziert werden, ob diese vom Arbeitgeber selbst oder aufgrund einer behördlichen Anordnung vorgenommen wird. In beiden Konstellationen impliziert die Maßnahme eine Schließung der Arbeitsstätte, sodass Arbeitnehmer ihre vertraglich geschuldete Arbeitsleistung nicht mehr erbringen können.

a) Stilllegung und Umorganisation durch den Arbeitgeber

35 Lieferengpässe oder mangelnde Auftragseingänge können während einer Pandemie zu Arbeitsausfällen führen. Zu unterscheiden ist dabei zwischen den folgenden beiden Situationen:

36 **Fallbeispiel 4**:

A: Der Betrieb kann technisch nicht weitergeführt werden, weil z.B. die benötigten Arbeitsmittel/-materialien nicht geliefert werden können.

B: Der Betrieb könnte technisch weitergeführt werden; dies ist jedoch unwirtschaftlich. Die Ursachen hierfür können vielfältig sein. Denkbar ist z.B. die fehlende Nachfrage des hergestellten Produkts.

37 In beiden Situationen ist der Arbeitgeber weiterhin zur Lohnzahlung verpflichtet. Das Risiko des Arbeitsausfalls wird ihm nach der **Betriebsrisikolehre** mit folgender Begründung auferlegt: In Fallkonstellation A trägt der Arbeitgeber das Betriebsrisiko, das heute gesetzlich in § 615 BGB geregelt ist. Schließt der Arbeitgeber seinen Betrieb oder schränkt er diesen ein, z.B. durch die Reduzierung von Schichten, durch Teileinschränkungen oder vorübergehende Teilstillle-

---

18 *Bonanni*, Die Folgen von Corona für Arbeitnehmer und Arbeitgeber, ArbRB 2020, S1.

gungen, trägt er die Last der weiteren Lohnfortzahlung. Die Rechtsfolge ist gemäß § 615 Satz 3 i.V.m. § 615 Satz 1, 2 BGB, dass der Arbeitnehmer einen Anspruch auf Zahlung der vereinbarten Vergütung hat, ohne zur Nachleistung verpflichtet zu sein. Dabei muss sich der Arbeitnehmer anrechnen lassen, was er infolge des Arbeitsausfalls erspart oder durch die zwischenzeitliche Aufnahme einer anderen Arbeit erwirbt. Der Anspruch setzt nicht voraus, dass der Arbeitnehmer seine Arbeitsleistung anbietet.

38 In Fallkonstellation B trägt der Arbeitgeber das **Wirtschaftsrisiko**. Das bedeutet, dass er den Lohn nach § 615 Satz 1 BGB weiter zu bezahlen hat, wenn er für die vom Arbeitnehmer angebotene Leistung schlicht keine Verwendung hat; rechtlich spricht man hier von Annahmeverzug.

39 **Fallbeispiel 5**:

Der Arbeitgeber teilt die Arbeitnehmer seines Betriebs in zwei Schichten (A und B) ein, um die Ansteckungsgefahr und damit die Ausbreitung des Virus zu verringern. Mitarbeiter, die der Schicht A zugeteilt wurden, arbeiten nunmehr von 6.00 bis 13.30 Uhr, Mitarbeiter der Schicht B von 14.30 bis 22.00 Uhr, d.h. jeweils siebeneinhalb Stunden. Einigen Arbeitnehmern ist es innerhalb des festgelegten Korridors nicht möglich, ihre vertraglich vereinbarte Arbeitszeit von acht oder mehr Stunden am Tag zu erbringen. Können diese Arbeitnehmer vom Arbeitgeber dennoch die volle Vergütung verlangen oder muss nur die tatsächlich erbrachte Arbeitszeit entlohnt werden?

40 Hier liegt ein Fall des nach § 615 BGB zu behandelnden Betriebsrisikos vor, da der Normalbetrieb aufgrund erhöhter Ansteckungsgefahr nicht stattfinden kann. Der Arbeitgeber muss den Arbeitnehmern den vollen Lohn zahlen, auch wenn sie nicht die volle Arbeitsleistung erbringen. Um die vorübergehenden Einbußen zu reduzieren, stehen dem Arbeitgeber Instrumente wie Kurzarbeit (siehe Kap. 2) zur Verfügung.

b) Betriebsstilllegung durch behördliche Anordnung (§ 28 IfSG)

41 Nicht abschließend geklärt ist die Frage, ob Arbeitgeber ihre Beschäftigten im Falle einer behördlichen Betriebsschließung trotz nicht erbrachter Arbeitsleistung weiter zu vergüten haben. Bislang gilt nach der Rechtsprechung:[19] Es handelt sich dann um einen Fall des vom Arbeitgeber zu tragenden **Betriebsrisikos**, wenn das Risiko der behördlichen Maßnahme (hier der Betriebsstilllegung) in der besonderen Eigenart des Betriebs angelegt war. In Bezug auf die pandemische Ausbreitung eines Virus dürfte dies in Unternehmen und Einrichtungen der Fall sein, die nicht ohne engen Personenkontakt zu einer großen Zahl an Kontaktpersonen

19 BAG, 21.10.2015 – 5 AZR 843/14, NZA 2016, 688; LSG Hessen, 20.8.2010 – L 7 AL 165/06, ZIP 2010, 2019.

betrieben werden können, wie etwa bei Messeveranstaltern oder Betreuungseinrichtungen. Hier besteht grundsätzlich die Gefahr, dass Beschäftigte im Rahmen ihrer Tätigkeit mit infizierten Personen in Kontakt kommen, sich dadurch selbst infizieren und die Infektion bei Ausübung ihrer Tätigkeit wiederum an eine breite Masse von Menschen übertragen. Dann gilt, dass der Arbeitgeber seinen Beschäftigten den Lohn für die Dauer der Schließung fortzuzahlen hat.

Praxistipp: 42

Der Arbeitgeber sollte im Falle einer Betriebsschließung versuchen, **Entschädigungsansprüche** nach § 56 IfSG geltend zu machen. Zwar kommen dem Wortlaut des § 56 IfSG zufolge nur Ausscheider, Ansteckungsverdächtige, Krankheitsverdächtige oder sonstige Träger von Krankheitserregern als Entschädigungsberechtigte in Betracht. Die Betriebsschließung ist im Gegensatz zum beruflichen Tätigkeitsverbot also nicht von der Anspruchsgrundlage umfasst. Vor dem Hintergrund der aktuellen Rechtslage ist eine Entschädigung für Betriebsschließungen daher eher unwahrscheinlich. Dennoch ist ein Erfolg des Antrags auf Entschädigung angesichts der Ähnlichkeit beider Konstellationen nicht ausgeschlossen – auch könnte es angesichts der derzeitigen Entwicklung der Corona-Pandemie zu einer weiteren Lockerung der Gesetzeslage kommen.

4. Wegerisiko bei Einstellung des öffentlichen Personennah- und Fernverkehrs

Im Rahmen der Eindämmung einer Pandemie kann es zu Einschränkungen oder 43
gar zur Einstellung des gesamten öffentlichen Personennah- und Fernverkehrs kommen. Gelingt es dem Arbeitnehmer daher nicht, zur Arbeit zu erscheinen, muss der Arbeitgeber die Vergütung während des Arbeitsausfalls nicht entrichten. Der Grund dafür ist, dass allein der Arbeitnehmer das sog. **Wegerisiko** trägt.[20] D.h. er hat dafür Sorge zu tragen, rechtzeitig zur Arbeit zu erscheinen und muss daher ggf. auf ein anderes Transportmittel ausweichen. Erscheint der Beschäftigte also aufgrund des Wegfalls der Transportmöglichkeit nicht zur Arbeit, so gerät der Arbeitgeber dadurch nicht in Annahmeverzug. Es bleibt also beim arbeitsrechtlichen Grundsatz „**Kein Lohn ohne Arbeit**“. Für den Arbeitnehmer besteht in solchen Fällen nur die Möglichkeit, Zeitguthaben abzubauen oder Urlaub zu nehmen.[21]

20 ErfK/*Preis*, § 615 BGB Rn. 133.
21 *Stück*, Pandemie – Praktische und arbeitsrechtliche Maßnahmen zur Vorbeugung und Bekämpfung, MDR 2009, 1209, 1212.

5. Ausgangssperre ohne Ausnahme für den Arbeitsweg

44 Eine der während der Corona-Krise unter anderem in Bayern staatlich angeordneten Maßnahmen war die sog. Ausgangsbeschränkung, unter der es Arbeitnehmern ausdrücklich erlaubt war, zur Arbeit zu gehen.[22] Denkbar ist jedoch in fortgeschrittenen Stufen der Pandemieentwicklung auch eine umfassende Ausgangssperre, die auch den Arbeitsweg nicht von der Beschränkung ausnimmt. Solche Maßnahmen betreffen das vom Arbeitnehmer zu tragende **Wegerisiko**, was nach aktueller Rechtslage bedeuten würde, dass der Arbeitnehmer keine Lohnfortzahlung erhält. Das IfSG sieht für solche Fälle derzeit keine ersatzweisen Ansprüche vor, weder für Arbeitgeber noch für Arbeitnehmer. Diesbezüglich ist allerdings eine Klarstellung durch die weitere Entwicklung in der Gesetzgebung vor allem mit Blick auf Entschädigungsansprüche nach dem IfSG zu erwarten. Während der Corona-Pandemie hat sich gezeigt, dass derartige Ansprüche im Bedarfsfall zeitnah angepasst und ergänzt werden können.[23]

IV. Kollision mit Betreuungspflichten

45 Wenn Kindergärten, Schulen und andere Betreuungseinrichtungen pandemiebedingt vorübergehend schließen, müssen Eltern die Betreuung ihrer Kinder ggf. selbst übernehmen. Auch dies kann zeitweise zu Arbeitsausfällen führen. Für solche Fälle sah das Infektionsschutzgesetz für den Arbeitnehmer bislang keinen **Entschädigungsanspruch** vor, auch wenn die betreffenden Einrichtungen aufgrund behördlicher Anordnung geschlossen wurden.

46 Allerdings ist der Arbeitgeber dem Arbeitnehmer nach § 616 BGB zur Lohnfortzahlung verpflichtet, wenn die **Verhinderung des Arbeitnehmers** aufgrund der Kinderbetreuung nur eine „verhältnismäßig nicht erhebliche Zeit“ betrifft. Aus § 2 Abs. 1 PflegeZG (= Pflegezeitgesetz) lässt sich entnehmen, dass ein Zeitraum von bis zu zehn Tagen als ein in diesem Sinne verhältnismäßig nicht erheblicher Zeitraum anzusehen ist. Der Beschäftigte muss allerdings möglichst versuchen, die Verhinderung zu vermeiden, d.h. einen Ersatz für die Kinderbetreuung organisieren.[24] Ein Anspruch auf Lohnfortzahlung besteht aber von Anfang an nur dann, wenn nicht zu Beginn des Arbeitsausfalls schon feststeht, dass dieser einen Zeitraum von mehr als zehn Tagen umfassen wird. Sollte die Schließung von vornherein länger als zehn Tage dauern, kann der Arbeitnehmer seinen Lohnausfall z.B. durch die Anrechnung von Resturlaub, den Abbau von Überstunden oder andere kooperative Lösungen in Zusammenwirken mit dem Arbeitgeber ausgleichen.

---

22 BayMBl. 2020 Nr. 130 v. 24.3.2020.

23 BT-Drs. 19/18111 v. 24.3.2020 – Entwurf eines Gesetzes zum Schutz der Bevölkerung bei einer epidemischen Lage von nationaler Tragweite.

24 *Stück/Wein*, Arbeitsrechtliche Fragen – Gerüstet für die Vogelgrippe, AuA 2007, 282, 286; BAG, 21.5.1992 – 2 AZR 10/92, BB 1992, 2146.

Solche einvernehmlichen Lösungen sollten sich vor allem in einem bislang ungestörten Arbeitsverhältnis übergangsweise finden lassen.

Die Anwendung von § 616 BGB kann arbeits- oder tarifvertraglich aber auch gänzlich ausgeschlossen sein.[25] In einem solchen Fall besteht auch dann kein Anspruch auf Lohnfortzahlung, wenn der Arbeitsausfall nur einen verhältnismäßig nicht erheblichen Zeitraum betrifft. **47**

Das bereits im Zuge der Corona-Krise aufgrund von Kita- und Schulschließungen[26] aufkommende Betreuungsproblem vieler Eltern verursachte eine Reihe von Verdienstausfällen, da die Schließung der Schulen in allen Bundesländern von Anfang an für einen mehrwöchigen Zeitraum angesetzt wurde. Dies veranlasste den Gesetzgeber dazu, eine Erweiterung der in § 56 IfSG vorhandenen Entschädigungsregelung vorzunehmen,[27] um das Verdienstausfallrisiko betreuungsberechtigter Eltern zu kompensieren.[28] Der neue § 56 Abs. 1a IfSG sieht einen **Entschädigungsanspruch** für erwerbstätige, sorgeberechtigte Eltern vor. Voraussetzung ist, dass keine mögliche und zumutbare Betreuungsalternative zur Verfügung steht.[29] Ein Anspruch besteht außerdem nur solange das zu betreuende Kind nicht älter als elf Jahre oder – bei älteren Kindern – aufgrund einer Behinderung auf Betreuung angewiesen ist.[30] Betroffene Eltern erhalten dann bis zu sechs Wochen lang eine Entschädigung in Höhe von 67 % ihres ausgefallenen Verdienstes, monatlich jedoch höchstens 2.016 EUR.[31] **48**

Praxistipp: **49**

Da der Verdienstausfall betreuungsberechtigter Eltern nach der besagten Gesetzesänderung durch den Staat ausgeglichen wird, empfiehlt es sich für Arbeitgeber, die Anwendung des § 616 BGB durch kollektivrechtliche Vereinbarung abzubedingen; denkbar wäre die Aufnahme eines abschließenden Katalogs von Freistellungstatbeständen und Freistellungsdauer in den Tarifvertrag.[32]

---

25 BAG, 8.12.1982 – 4 AZR 134/80, BB 1983, 314; *Stück/Wein*, Arbeitsrechtliche Fragen – Gerüstet für die Vogelgrippe, AuA 2007, 282, 286.

26 FOCUS Online v. 25.3.2020, Wegen Corona geschlossen – Schulausfall in Deutschland: Wo jetzt lange der Unterricht ausfällt, https://www.focus.de/familie/eltern/schulausfall-schleswig-holstein-sagt-abitur-2020-ab_id_11704839.html (zuletzt abgerufen: 30.3.2020).

27 BT-Drs. 19/18111 v. 24.3.2020; zum Zeitpunkt des Redaktionsschlusses lag lediglich der Entwurf einer Gesetzesänderung vor.

28 BT-Drs. 19/18111 v. 24.3.2020.

29 BT-Drs. 19/18111 v. 24.3.2020.

30 BT-Drs. 19/18111 v. 24.3.2020.

31 BT-Drs. 19/18111 v. 24.3.2020.

32 *Stück/Wein*, Arbeitsrechtliche Fragen – Gerüstet für die Vogelgrippe, AuA 2007, 282, 286.

V. Sachverhalte mit Auslandsbezug

50 Gerade in international tätigen Unternehmen müssen Arbeitgeber auch mit Arbeitsausfällen rechnen, die entstehen, weil einzelne Arbeitnehmer aufgrund von Maßnahmen zur Eindämmung der Pandemie im Ausland „festsitzen“.

51 **Fallbeispiel 6**:

Der Arbeitnehmer hielt sich zum Zeitpunkt des Pandemieausbruchs anlässlich einer Urlaubsreise im Ausland auf, wo er durch staatliche Maßnahmen unter Quarantäne gestellt wurde. Ist der Arbeitgeber weiterhin zur Lohnzahlung verpflichtet, wenn es dem Arbeitnehmer infolgedessen unmöglich ist, an seinen Arbeitsplatz zurückzukehren?

Abwandlung 1: Was gilt, wenn Anlass des Auslandsaufenthalts eine Dienstreise war?

Abwandlung 2: Der Arbeitnehmer befindet sich zwar nicht in Quarantäne, es fehlt allerdings aufgrund gestrichener Flugverbindungen an einer Rückreisemöglichkeit.

Abwandlung 3: Der Urlaub fand auf einem Kreuzfahrtschiff statt, welches – wie im Frühjahr 2020 in den USA und Japan geschehen[33] – vor der Küste eines fremden Landes unter staatliche Quarantäne gestellt wurde.

52 Im Ausgangsfall verliert der Arbeitnehmer grundsätzlich seinen Vergütungsanspruch, da er das **Wegerisiko** trägt und aufgrund der vom Arbeitgeber nicht verschuldeten Quarantänemaßnahme nicht am Arbeitsplatz erscheinen kann.

53 Sofern von Beginn der Maßnahme an feststeht, dass diese nur für eine verhältnismäßig nicht erhebliche Zeit andauern wird und es dem Arbeitnehmer somit möglich ist, innerhalb dieses kurzen Zeitraums an seinen Arbeitsplatz zurückzukehren, so kommt ein Lohnfortzahlungsanspruch wegen **vorübergehender Verhinderung** des Arbeitnehmers nach § 616 BGB in Betracht. Voraussetzung für einen solchen Anspruch ist die Verhinderung aufgrund eines in der Person des Arbeitnehmers liegenden Grundes. Auch ein persönlicher Unglücksfall stellt einen geeigneten Grund dar.[34] Dabei dürfte die im Ausland angeordnete Quarantäne als persönlicher Unglücksfall einzuordnen sein, da der Arbeitnehmer hier-

33 Spiegel Online v. 5.3.2020, Coronavirus-Verdacht – Kreuzfahrtschiff darf San Francisco nicht anlaufen, https://www.spiegel.de/panorama/gesellschaft/coronavirus-kreuzfahrtschiff-darf-nicht-nach-kalifornien-einlaufen-a-e9d8d9bd-db65-4dec-be8f-8309546bf9a2 (zuletzt abgerufen: 30.3.2020); Spiegel Online v. 29.2.2020, Studie zur „Diamond Princess“ – Quarantäne auf Kreuzfahrtschiff führte zu mehr Infektionen, https://www.spiegel.de/wissenschaft/medizin/diamond-princess-quarantaene-fuehrte-laut-studie-zu-mehr-infektionen-a-61500bf4-956e-46b8-a546-0cb678489259 (zuletzt abgerufen: 30.3.2020).

34 ErfK/*Preis*, § 616 BGB Rn. 4.

durch sowohl unfreiwillig als auch unverschuldet an einem fremden Ort festgehalten und an seiner Rückkehr gehindert wird.

Ein **Entschädigungsanspruch** nach § 56 IfSG gegen den deutschen Staat ist allerdings nicht gegeben, da dieser dem eindeutigen Wortlaut nach nur bei behördlichen Maßnahmen „auf Grund dieses Gesetzes" gilt. D.h. eine Entschädigung steht Arbeitnehmern nur dann zu, wenn deutsche Behörden Maßnahmen nach dem Infektionsschutzgesetz treffen, wie z.B. die Anordnung von Quarantäne nach § 30 IfSG oder eines beruflichen Tätigkeitsverbots gem. § 31 IfSG. Auch eine analoge Anwendung des § 56 IfSG dürfte bei Quarantäne im Ausland nicht in Betracht kommen, da es schon an einer planwidrigen Regelungslücke fehlen müsste. Es ist davon auszugehen, dass der Gesetzgeber den Entschädigungsanspruch bewusst auf diejenigen Schäden begrenzt hat, die durch die von deutschen Behörden auf dem Gebiet der BRD getroffenen Maßnahmen entstehen. Anderenfalls sähe sich der deutsche Fiskus einer unüberschaubaren Anzahl an Entschädigungsansprüchen ausgesetzt. Derartige Ansprüche könnten im Pandemiefall – der Behörden sämtlicher Staaten zum Handeln veranlasst – aufgrund weltweit getroffener Maßnahmen entstehen. Zudem können Behörden ausländischer Staaten entsprechende Maßnahmen aufgrund eigener Gesetze möglicherweise unter geringeren Voraussetzungen verhängen. Dies würde dazu führen, dass Entschädigungsansprüche deutlich schneller entstehen könnten, als vom deutschen Gesetzgeber vorgesehen. 54

Dem Arbeitnehmer steht somit weder ein Lohnfortzahlungsanspruch gegen den Arbeitgeber, noch ein Entschädigungsanspruch gegen den deutschen Staat zu. In Betracht kommen könnte aber möglicherweise eine Entschädigung nach dem Recht des Staates, dessen Behörden die Quarantäne angeordnet haben. 55

Besteht der Anlass des Auslandsaufenthalts in einer vom Arbeitgeber angeordneten Dienstreise, so behält der Arbeitnehmer seinen Vergütungsanspruch. Zwar trägt er mit dem Wegerisiko grundsätzlich die Verantwortung dafür, rechtzeitig am Arbeitsplatz zu erscheinen. Ein Fall des Wegerisikos liegt dennoch nicht vor, weil der Arbeitgeber die Situation verursacht hat. 56

In Abwandlung 2 verliert der Arbeitnehmer grundsätzlich seinen Vergütungsanspruch, da er das **Wegerisiko** trägt. In Betracht zu ziehen ist jedoch wie im Ausgangsfall ein Lohnfortzahlungsanspruch wegen vorübergehender Verhinderung, wenn sich die fehlende Rückreisemöglichkeit im Einzelfall als persönlicher Unglücksfall darstellt und den Arbeitnehmer für einen verhältnismäßig nur unerheblichen Zeitraum an der Arbeit hindert. Entschädigungsansprüche nach dem IfSG sind hierfür nicht vorgesehen. 57

Für Abwandlung 3 gilt das zum Ausgangsfall Gesagte. Auch hier ist eine analoge Anwendung des § 56 IfSG ausgeschlossen. 58

VI. Überblick

59 Quarantäne und Entgeltfortzahlung

Anspruchs-grundlage	**§ 611a BGB**	**§ 3 EFZG**	**§ 616 I BGB**
Leistung	Arbeitsentgelt	Entgeltfortzahlung im Krankheitsfall	Lohnfortzahlung bei vorübergehender Verhinderung
Voraussetzung	Vertragsgemäße Erbringung der vereinbarten Arbeitsleistung	Arbeitsunfähigkeit des Arbeitnehmers	Vorübergehende Verhinderung (bei Kinderbetreuung max. zehn Tage); Verhinderung wegen Erfüllung von Betreuungspflichten oder anderer persönlicher Unglücksfall (z. B. Quarantäne im Ausland oder fehlende Rückreisemöglichkeit)
Dauer (und Höhe)	Unbefristet, bzw. bei befristeten Arbeitsverträgen der Befristung entsprechend	Max. sechs Wochen Entgeltfortzahlung durch den Arbeitgeber, danach Krankengeld von der Krankenkasse nach § 47 SGB V	Dauer des Arbeitsausfalls; Höhe des üblichen Arbeitsentgelts
Schuldner	Arbeitgeber	Arbeitgeber in den ersten sechs Wochen, danach Krankenkasse	Arbeitgeber
Bemerkungen	–/–	Unverzügliche Mitteilung der AU und der voraussichtlichen Dauer, § 5 EFZG; ab dem 4. Krankheitstag Attest, davor nur wenn vom AG verlangt Pandemie: telefonische Krankschreibung von bis zu sieben Tagen möglich	Arbeits- und tarifvertraglich abdingbar

Anspruchs-grundlage	**§ 56 IfSG**	**§ 56 Abs. 1a, 2 IfSG**	**§ 326 I BGB**
Leistung	Staatliche Entschädigung	Staatliche Entschädigung bei kollidierender Betreuungspflicht	Vergütungsanspruch entfällt mangels erbrachter Arbeitsleistung
Voraussetzung	Behördliche Anordnung von Quarantäne (§ 30 IfSG) oder beruflichen Tätigkeits-verboten (§ 31 IfSG) – evtl. auch bei behördlicher Betriebsstilllegung (§ 28 IfSG)	Betreuung eines Kindes (max. elf Jahre alt oder hilfebedürftig aufgrund einer Behinderung) außerhalb der Ferien wegen Kita- und Schulschließung ohne mögliche und zumutbare Betreu-ungsalternative	Ausbleiben der vom Arbeitnehmer vertraglich geschuldeten Leistung
Dauer (und Höhe)	Sechs Wochen in Höhe des Verdienstausfalls, danach in Höhe des Krankengeldes nach § 47 SGB V	Max. sechs Wochen in Höhe des Verdienst-ausfalls, monatlich max. 2.016 EUR	Dauer des Arbeitsausfalls
Schuldner	Staat (vertreten durch die zuständige Behörde), alternativ der Arbeitgeber, der vom Staat einen Vorschuss und die Erstattung verlangen kann	Staat (vertreten durch die zuständige Behörde), alternativ der Arbeitgeber, der vom Staat einen Vorschuss und die Erstattung verlangen kann	–/–
Bemerkungen	–/–	Vorgesehen in aktuellem Gesetzesentwurf: BT-Drs. 19/18111 v. 24.3.2020 – Entwurf eines Gesetzes zum Schutz der Bevölkerung bei einer epidemischen Lage von nationaler Tragweite	Arbeitsrechtlicher Grundsatz: „Kein Lohn ohne Arbeit“ (wenn kein anderweitiger Anspruch auf Entgeltfortzahlung besteht)

Kapitel 6

Sonderbelastung systemrelevanter Berufe

I. Einleitung

In Zeiten der Pandemie sind tiefe Einschnitte in der Wirtschaft zu verzeichnen, da einerseits viele der nicht lebensnotwendigen Aktivitäten der Bürger zurückgefahren werden müssen. Die Fokussierung auf unbedingt notwendige Bedürfnisse und Aktivitäten führt auf der anderen Seite dazu, dass die entsprechenden Wirtschaftsbereiche vor besonderen Herausforderungen stehen. In dieser krisenhaften Situation muss in diesen systemrelevanten Wirtschaftsbereichen die eigene wirtschaftliche Aktivität aufrechterhalten und zum Teil erheblich gesteigert werden, da die Nachfrage zunimmt. Dies gilt in allererster Linie für die medizinische Versorgung beispielsweise in Krankenhäusern, Arztpraxen, aber auch für Labore, Hersteller von Schutzkleidung etc. Darüber hinaus ist aber auch die Versorgung der Bevölkerung mit lebensnotwendigen Produkten, wie beispielsweise mit Lebensmitteln, erforderlich. Ebenso muss die grundlegende Infrastruktur aufrecht erhalten bleiben (Wasser- und Stromversorgung, Telekommunikationsdienstleistungen etc.). All diese genannten Bereiche unterliegen in Zeiten der Pandemie besonderen Herausforderungen, da sie sich nicht nur selbst zu schützen haben, sondern auch zusätzlicher Arbeitsbedarf zu bewältigen ist. Die arbeitsrechtlichen Rahmenbedingungen werden im Folgenden dargestellt. 1

II. Verhältnis zwischen Arbeitgeber und Arbeitnehmer

Im Verhältnis zwischen Arbeitgeber und Arbeitnehmer ist insbesondere im Arbeitsvertrag der „arbeitsrechtliche Alltag", der Normalfall geregelt. Individualrechtlich sind regelmäßig keine Ausnahmeregelungen zu Umweltkatastrophen, Wirtschaftskrisen oder Pandemien vorgesehen. Allenfalls finden sich in Arbeitsverträgen vereinzelt Klauseln zur Einführung von **Kurzarbeit**. Diese abstrakten Regelungen für eine mögliche zukünftige Kurzarbeit sind jedoch häufig zu ungenau oder zu unbestimmt hinsichtlich Ankündigungsfrist oder Umfang der Kurzarbeit und damit unwirksam.[1] Wie die Corona-Krise zeigt, sind solche Ausnahmesituation nicht vorhersehbar und es wären solche Hypothesen auch arbeitsvertraglich im Voraus nicht abbildbar. Dennoch müssen Pandemien und deren Auswirkungen, insbesondere die erheblich Mehrarbeit in systemrelevanten Bereichen, wie die des Gesundheitswesens und der Versorgung der Bevölkerung 2

1 LAG Berlin-Brandenburg, 7.10.2010 – 2 Sa 1230/10, NZA-RR 2011, 65 ff.

mit Nahrungsmitteln, Trinkwasser, Energie und Informationen, bei gleichzeitiger eingeschränkter Verfügbarkeit der Arbeitskräfte durch krankheitsbedingte Arbeitsunfähigkeit und Quarantänemaßnahmen individualrechtlich in den gesetzlichen Grenzen begegnet werden können. Der Arbeitgeber ist „Betroffener“,[2] da er mit seinen Arbeitnehmern einen großen Beitrag für die Aufrechterhaltung des öffentlichen Lebens leistet.

1. Arbeitsvertrag

3 Nach dem **Arbeitsvertrag** im Sinne des § 611a Abs. 1 BGB ist der Arbeitnehmer zu „weisungsgebundener, fremdbestimmter Arbeit in persönlicher Abhängigkeit“ verpflichtet. In einem schriftlichen Arbeitsvertrag sollen gemäß § 2 Abs. 1 NachwG die wesentlichen Arbeitsbedingungen aufgenommen werden, unter anderem „eine kurze Charakterisierung oder Beschreibung der vom Arbeitnehmer zu leistenden Tätigkeit“ oder „die vereinbarte Arbeitszeit“. In der Praxis wird das (sanktionslose) Nachweisgesetz nicht immer eingehalten. Wie können Auswirkungen einer Pandemie für systemrelevante Berufe in Arbeitsverträgen berücksichtigt werden?

a) Tätigkeitsbereich

4 Zur Konkretisierung der Tätigkeit wird in Arbeitsverträgen häufig die Position oder der Tätigkeitsbereich wie folgt vereinbart:

> „Der Mitarbeiter wird bei der Gesellschaft als … in … tätig. Zu seinen Aufgaben und Pflichten zählen insbesondere …“[3]

5 Mit der reinen Positions- oder Tätigkeitsbeschreibung wäre der Arbeitgeber an die Tätigkeit und den Arbeitsort gebunden. Änderungen wären nur einvernehmlich oder durch Änderungskündigung möglich. Je enger die Tätigkeit des Arbeitnehmers im Arbeitsvertrag beschrieben ist, umso geringer ist der Spielraum des Arbeitgebers, den Arbeitnehmer mit einer anderen Tätigkeit einzusetzen.[4] Konkrete Tätigkeitsbeschreibungen werden eng ausgelegt.[5] Es ist deshalb – auch mit Blick auf eine Pandemie – zweckmäßig, die Tätigkeitsbeschreibung nicht zu eng zu fassen.

b) Versetzungsklausel

6 Der Spielraum des Arbeitgebers bei konkreten Tätigkeitsbeschreibungen im Arbeitsvertrag wird durch übliche **Versetzungsklauseln** erweitert. Der Arbeitgeber

2 *Falter*, Die Arbeitsleistung in der Pandmie, BB 2009, 1974.
3 *Schröder*, in: BeckFormBArbR, Form. A. II. 1.
4 ErfK/*Preis*, § 106 GewO Rn. 8.
5 BAG, 23.2.2010 – 9 AZR 3/09, AP GewO § 106 Nr. 9.

behält einseitig das Recht, dem Arbeitnehmer eine andere Tätigkeit oder einen anderen Arbeitsort zuzuweisen, beispielsweise:

> „Die Gesellschaft ist berechtigt, dem Mitarbeiter jederzeit ein anderes, seinen Fähigkeiten und Qualifikationen entsprechendes, zumindest gleichwertiges Aufgaben- und Verantwortungsgebiet zu übertragen, soweit dies bei Abwägung der Interessen der Gesellschaft und des Mitarbeiters zumutbar ist.
> Die Gesellschaft behält sich vor, den Mitarbeiter an einen anderen Ort zu versetzen, soweit dies bei Abwägung der Interessen der Gesellschaft und des Mitarbeiters zumutbar ist."[6]

Der Arbeitgeber ist damit berechtigt, seine Arbeitnehmer bundesweit einzuset- **7**
zen.[7] Bei Pandemien ermöglicht dies beispielsweise Krankenhausträgern mit mehreren Kliniken den flexiblen Arbeitnehmereinsatz der Ärzte und des Pflegepersonals.[8]

Hinsichtlich der tätigkeitsbezogenen Versetzungsklausel können dem Mitarbei- **8**
ter auch andere als die zunächst vereinbarte Position bzw. Tätigkeit übertragen werden. Dies gilt sowohl dauerhaft als auch vorübergehend für Notfälle, wie bei einer Pandemie. Diese Zuweisung einer anderen Tätigkeit ist regelmäßig dann rechtmäßig, wenn die neue Tätigkeit einer gleichwertigen Position entspricht und mit keiner Reduzierung der Vergütung verbunden ist.

c) Überstunden

In Arbeitsverträgen ist die regelmäßige wöchentliche Arbeitszeit zu vereinbaren. **9**
Darüber hinaus sind im Arbeitsvertrag regelmäßig auch Regelungen zur Leistung von **Überstunden** enthalten, die beispielsweise wie folgt formuliert werden können:

> „Der Mitarbeiter ist im Rahmen der gesetzlichen und betrieblichen Regelungen verpflichtet, auf Anordnung der Gesellschaft Überstunden zu leisten."[9]

Ohne ausdrückliche Regelung ist der Arbeitnehmer grundsätzlich nicht ver- **10**
pflichtet, Überstunden zu leisten. Arbeitnehmer sind ohne ausdrückliche Regelung zu Überstunden und ohne Vergütung von Überstunden auch in Not- und Katastrophenfällen, z.B. zur Beseitigung von Schäden nach dem Jahrhunderthochwasser, nicht verpflichtet.[10] Auch mit Blick auf eine Pandemie sind Überstundenregelungen im Arbeitsvertrag unverzichtbar.

---

6 *Schröder*, in: BeckFormBArbR, Form. A. II. 1.
7 BAG, 13.3.2007 – 9 AZR 433/06, NJW 2006, 3303.
8 *Besgen*, in: Besgen, Krankenhausarbeitsrecht, Kap. 1, Rn. 85.
9 *Schröder*, in: BeckFormBArbR, Form. A. II. 1.
10 ArbG Leipzig, 4.2.2003 – 7 Ca 6866/02, NZA-RR 2003, 365.

11 Regelmäßig ist in Arbeitsverträgen keine Höchstgrenze von Überstunden vereinbart. Vereinbarte Höchstgrenzen gelten vielmehr für die automatische Abgeltung von Überstunden. Es gibt keine feste Grenze, in welchem Umfang zu leistende Überstunden noch angemessen sind.

d) Sonn- und Feiertagsarbeit

12 Arbeitnehmer dürfen gemäß § 9 Abs. 1 ArbZG an **Sonntagen** und gesetzlichen **Feiertagen** von 0:00 Uhr bis 24:00 Uhr nicht beschäftigt werden. In Arbeitsverträgen ist deshalb regelmäßig keine Regelung zu Sonn- und Feiertagsarbeit enthalten. Es gibt Ausnahmen vom Verbot der Sonn- und Feiertagsarbeit gemäß § 10 ArbZG. Beispielsweise für Not- und Rettungsdienste, bei der Feuerwehr, in Krankenhäusern, in Gaststätten, in Verkehrsbetrieben etc. Beispielsweise wird in Krankenhäusern vom Arbeitszeitgesetz abgewichen. Patienten müssen 24 Stunden am Tag und 7 Tage in der Woche versorgt werden und deshalb ist eine Rund-um-die-Uhr-Betriebszeit (Vollkonti-Betrieb[11]) zulässig. Ohne gesetzliche Ausnahme gemäß § 10 ArbZG sind abweichende Regelungen im Arbeitsvertrag unwirksam.

13 Der Samstag ist jedoch ein Werktag, an dem Arbeitnehmer grundsätzlich auch eingesetzt werden können. Auch wenn in vielen Betrieben die Fünf-Tage-Woche üblich ist, könnte im Arbeitsvertrag die Verteilung der vereinbarten Wochenarbeitszeit von Montag bis Samstag erweitert werden und im Notfall von der Samstagsarbeit Gebrauch gemacht werden.

e) Ad hoc-Änderung des Arbeitsvertrags im Fall einer Pandemie

14 Katastrophenfälle, Pandemien oder sonstige außergewöhnliche Situationen sind nicht (vollständig) im Voraus arbeitsvertraglich abbildbar. Im Falle einer Pandemie müsste deshalb kurzfristig reagiert und die Arbeitsbedingungen – jedenfalls vorübergehend – geändert werden. Die Haupt- und Nebenpflichten im Arbeitsvertrag können vom Arbeitgeber nicht einseitig und damit nur einvernehmlich zwischen Arbeitgeber und Arbeitnehmer oder durch Änderungskündigung geändert werden.

15 Für die Arbeitsvertragsparteien besteht Vertragsfreiheit. Unter Berücksichtigung der gesetzlichen, betriebsverfassungsrechtlichen und tarifvertraglichen Grenzen können Änderungen dauerhaft oder auch nur vorübergehend für die Dauer einer Pandemie einvernehmlich vereinbart werden. Dies kann frist- und formlos erfolgen. Das Nachweisgesetz verlangt eine schriftliche Vereinbarung, spätestens einen Monat nach der Änderung (§ 3 NachwG).

---

11 *Reichold*, in: Weth/Thomae/Reichold, Arbeitsrecht im Krankenhaus, Teil 10 A Rn. 3.

Ob die **Änderungskündigung** das richtige Mittel ist, also im Fall einer Pandemie kurzfristig und vorübergehend Inhalt, Ort und Zeit der Arbeitsbedingungen zu ändern, ist stark zu bezweifeln. Bei der Änderungskündigung gemäß § 2 KSchG für die vorübergehende Änderung des Tätigkeitsbereichs oder des Arbeitsortes während der Pandemie müssen wie bei der Beendigungskündigung Kündigungsgründe im Sinne des § 1 KSchG vorliegen. Eine Vielzahl von Änderungskündigungen ist bereits mangels ausreichenden Kündigungsgründen unwirksam. Eine bei Pandemien erforderliche kurzfristige Änderung der Arbeitsbedingungen kann mit der Änderungskündigung nicht erreicht werden. Es ist zunächst der Betriebsrat anzuhören (§ 102 BetrVG), im Fall eines Änderungsbedarfs bei einer Vielzahl von Arbeitnehmern bedarf es des Konsultationsverfahrens und einer Massenentlassungsanzeige (§ 17 KSchG) und es ist die Kündigungsfrist abzuwarten. Lediglich ein Anspruch auf Weiterbeschäftigung zu den alten Arbeitsbedingungen nach Ablauf der Kündigungsfrist besteht nicht.[12] Die Änderungskündigung ist damit zu unflexibel, um kurzfristig und vorübergehend auf eine Pandemie arbeitsvertraglich zu reagieren. **16**

2. Das Direktionsrecht des Arbeitgebers

Aufgrund des **Direktionsrechts** gemäß § 106 GewO kann der Arbeitgeber die Leistungspflicht nach Zeit, Ort und Art bestimmen, soweit diese Arbeitsbedingungen nicht durch den Arbeitsvertrag, Bestimmungen einer Betriebsvereinbarung, eines anwendbaren Tarifvertrags oder gesetzlichen Vorschriften festgelegt sind. **17**

a) Billiges Ermessen als Grenze

Die Ausübung des Direktionsrechts muss nach billigem Ermessen erfolgen. Billiges Ermessen als gesetzliche Schranke erfordert eine Abwägung der Interessen des Arbeitnehmers einerseits und der betrieblichen Interessen andererseits. Beim Arbeitnehmer sind beispielsweise der Gesundheitsschutz, die familiäre Situation oder eine soziale Auswahl zu berücksichtigen. Beim Arbeitgeber sind die Aufrechterhaltung des Betriebsablaufs sowie die Existenz milderer Mittel zu berücksichtigen. **18**

b) Erweitertes Direktionsrecht während einer Pandemie

Wie wirkt sich der Ausnahmefall einer Pandemie auf das Direktionsrecht des Arbeitgebers gemäß § 106 GewO aus? Notfälle, Katastrophen oder Pandemien können den Maßstab des billigen Ermessens zugunsten des Arbeitgebers ver- **19**

12 BAG, 28.5.2009 – 2 AZR 844/07, NZA 2009, 954.

schieben, da der Betriebsablauf in der außergewöhnlichen Situation bei der Abwägung stärker zu berücksichtigen ist.

20 Einerseits kann der Arbeitgeber im Rahmen seines Weisungsrechts bei einer Pandemie eine vorübergehende Änderung der Arbeitsorganisation anordnen und den Betriebsablauf „einschränken". Wenn die Maßnahmen der Arbeitssicherheit dienen, kann er sich auf das erweiterte Weisungsrecht nach § 4 Nr. 7 i.V.m. § 15 Abs. 1 ArbSchG berufen und die Arbeitsorganisation der Notsituation anpassen.[13] Hierzu können z. B. ein Verbot von Dienstreisen, ein Kontaktverbot mit Kollegen oder die Pflicht zur Nutzung von Telefon- und Videokonferenzen zählen.

21 Andererseits müssen Arbeitgeber systemrelevanter Bereiche bei einer Pandemie mit den zur Verfügung stehenden Arbeitnehmern den Betriebsablauf sicherstellen und die Mehrbelastung stemmen. Eine Pandemie kann als Notfall gesehen werden.[14] Ein Notfall oder Eilfall liegt vor, wenn ein Schaden für Güter des Arbeitgebers unmittelbar bevorsteht oder droht, die Folgen ohne den Willen der Betroffenen eingetreten sind und nicht auf andere Weise beseitigt werden können. In solchen Eil- und Notfällen muss der Arbeitnehmer deshalb auch Tätigkeiten erbringen, die vom allgemeinen Weisungsrecht im Rahmen des billigen Ermessens hinsichtlich Art, Ort und Zeit der Arbeit an sich nicht mehr gedeckt wären. Insbesondere ist der Arbeitgeber berechtigt, den Arbeitnehmer in Ausnahme- und Notsituationen auch ohne dessen Einverständnis vorübergehend eine vertraglich nicht geschuldete, insbesondere eine geringwertigere Tätigkeit zuzuweisen.[15] Der Arbeitnehmer ist auch aufgrund seiner Treuepflicht zur Abwendung eines Schadens verpflichtet, kurzfristig und jedenfalls vorübergehend andere Arbeiten zu erbringen.[16]

c) Limitierung der Ermessensausübung

22 Das Direktionsrecht des Arbeitgebers hat aber auch bei Notfällen Grenzen. Bei einer Pandemie, d.h. in einem Eil- oder Notfall müssen die Interessen von Arbeitgeber an der Aufrechterhaltung des Betriebsablaufs und damit z.B. an der Versorgung der Bevölkerung mit Nahrungsmittel oder Elektrizität und die Interessen des Arbeitnehmers im Rahmen eines billigen Ermessens gegeneinander abgewogen werden. Für ein Leistungsverweigerungsrecht des Arbeitnehmers müssen aber in Zeiten einer Pandemie deutlich gewichtigere Interessen vorliegen, wie zu „normalen" Zeiten. Deshalb ist zutreffend von einer „Limitierung der Ermessenausübung"[17] auszugehen.

13 *Schmidt/Novara*, Arbeitsrechtliche Aspekte der Pandemievorsorge und -bekämpfung, DB 2009, 1817.

14 *Falter*, Die Arbeitsleistung in der Pandemie, BB 2009, 1974.

15 BAG, 3.12.1980 – 5 AZR 477/78, ZIP 1981, 418.

16 *Bauer/Opolony*, Arbeitsrechtliche Fragen bei Katastrophen, NJW 2002, 3506.

17 *Falter*, Die Arbeitsleistung in der Pandemie, BB 2009, 1979.

23 Für ein weitreichendes Direktionsrecht hat der Arbeitgeber auch während einer Pandemie eine funktionierende Organisation sicherzustellen. Andernfalls verlieren die Interessen des Arbeitgebers an Bedeutung, wie das folgende Beispiel zeigt: Ein kommunaler Arbeitgeber hat die Rufbereitschaft für Notfälle im Gesundheitsamt für die Dauer der Nachtzeit (19:01 Uhr bis 5.59 Uhr) aus Kostengründen abgeschafft. Im Notfall, bei katastrophenähnlichen Szenarien wie hoch infektiösen Krankheiten und ähnlichen Epidemien oder Pandemien sollen Mitarbeiter nach dem Zufallsprinzip ggf. über das Mobiltelefon aus der Freizeit zur Arbeitslistung herangezogen werden. Verweigert ein Arbeitnehmer die datenschutzrechtlich unzulässige Erfassung seiner Mobiltelefonnummer und verweigert damit die Teilnahme an diesem „Notfallsystem", handelt er nicht pflichtwidrig. Der Arbeitgeber hat das Direktionsrecht nicht ordnungsgemäß ausgeübt, damit kann der Arbeitnehmer für seine „Verweigerung" nicht arbeitsrechtlich sanktioniert werden.[18]

3. Arbeitszeitrecht

24 Das Arbeitszeitgesetz de lege lata ist schon zu Zeiten außerhalb einer Pandemie kaum einzuhalten. Die Regelungen sind für die heutigen flexiblen Arbeitszeitmodelle zu starr:

- werktägliche Arbeitszeit darf durchschnittlich acht Stunden nicht überschreiten und ist auf maximal zehn Stunden verlängerbar (§ 3 ArbZG);
- elfstündige **Ruhezeit** nach Beendigung der täglichen Arbeitszeit (§ 5 ArbZG);
- Sonn- und Feiertagsruhe (§ 9 ArbZG).

Während einer Pandemie fällt ein Teil der Arbeitnehmer krankheitsbedingt aus, während der verbleibende Teil der Arbeitnehmer der systemrelevanten Berufe ein Vielfaches der üblichen Arbeitsmenge unter Zeitdruck erbringen muss. Die engen Vorgaben des Arbeitszeitgesetzes werden nicht eingehalten werden können.[19] Neben den Öffnungsklauseln für Tarifverträge hält das Arbeitszeitgesetz mit den „Außergewöhnlichen Fällen" und der „Ausnahmegenehmigung im Öffentlichen Interesse" zwei notstandsähnliche Hebel vor.

a) Außergewöhnliche Fälle

25 Ohne behördliches Einverständnis[20] kann der Arbeitgeber unter den Voraussetzungen eines Notfalls oder eines außergewöhnlichen Falls im Sinne des § 14

---

18 LAG Thüringen, 16.5.2018 – 6 Sa 442/17, MDR 2018, 1194.
19 *Stück/Wein*, Influenza-Pandemie: Arbeitsort, Arbeitszeit und Mitbestimmung, AuA 2007, 345.
20 *Fuhlrott/Fischer*, Corona: Virale Anpassung des Arbeitsrechts, NZA 2020, 345.

Abs. 1 ArbZG selbstständig Arbeitnehmer insbesondere ohne Einhaltung der werktäglichen Arbeitszeit, der Ruhepausen, der Ruhezeit oder des Sonn- und Feiertagsverbots beschäftigen.

26 Eine Pandemie kann ein solcher außergewöhnliche Fall[21] sein und diese Vorschrift mit Ausnahmecharakter[22] eröffnen. Notfälle und außergewöhnliche Fälle liegen bei höherer Gewalt, ungewöhnlichen Todesfällen oder häufigen Erkrankungen vor, die unabhängig vom Willen der Beteiligten eintreten, wie es bei einer Pandemie üblich ist. Weitere Voraussetzung ist jedoch, dass die Ausnahmen vom Arbeitszeitgesetz aufgrund des außergewöhnlichen Falls nur vorübergehend (wenige Stunden bis mehrere Tage) sind. Wie die Corona-Krise zeigt, dauert die Sonderbelastung systemrelevanter Berufe jedoch mehrere Wochen und Monate an.

27 Die Ausnahmeregelung des § 14 Abs. 1 ArbZG ist sinnvoll für eine kurze Übergangszeit von Beginn der Pandemie bis zur Ausnahmebewilligung nach § 15 Abs. 2 ArbZG.

b) Ausnahmebewilligung im öffentlichen Interesse

28 Im Gegensatz zum „außergewöhnlichen Fall“, der ein Abweichen von den Regelungen des Arbeitszeitgesetzes von bis zu wenigen Tagen erlaubt, kann die Behörde nach § 15 Abs. 2 ArbZG **Ausnahmebewilligungen** bis zu einem Jahr[23] erteilen. Voraussetzung ist ein dringendes öffentliches Interesse. Solche Interessen der Allgemeinheit sind dringende Bedürfnisse der Bevölkerung hinsichtlich der Versorgung mit Nahrungsmitteln, Elektrizität, Gas, Wasser, Rundfunk, Telekommunikation oder öffentlichem Verkehr.[24] Dieses öffentliche Interesse ist bei einer Pandemie am Beispiel des Corona-Virus gegeben. Ebenfalls hat das öffentliche Interesse ein gewisses Gewicht, da die Maßnahmen einem ganz erheblichen Teil, wenn nicht der ganzen Bevölkerung dienen. Die Ausnahmebewilligung passt damit fast maßgeschneidert auf das Erfordernis flexiblerer Arbeitszeiten bei einer Pandemie.

29 Folge der Ausnahmebewilligung ist ein Abweichen von der werktäglichen Arbeitszeit, der Ruhepausen, der Ruhezeit oder des Sonn- und Feiertagsverbots, wenn andere Ausnahmen und Abweichungen nicht ausreichen. Als Grenze ist nach § 15 Abs. 4 ArbZG dennoch die wöchentliche Arbeitszeit von 48 Stunden im Durschnitt von 6 Kalendermonaten oder 24 Wochen einzuhalten.

---

21 *Stück*, Pandemie – Praktische und arbeitsrechtliche Maßnahmen zur Vorbeugung und Bekämpfung, MDR 2009, 1209, 1212.

22 *Baeck/Deutsch/Winzer*, ArbZG, § 14 Rn. 4.

23 *Fuhlrott/Fischer*, Corona: Virale Anpassung des Arbeitsrechts, NZA 2020, 345.

24 *Baeck/Deutsch/Winzer*, ArbZG, § 15 Rn. 33.

4. Mehr Arbeitskapazität durch Befristungen und Arbeitnehmerüberlassung

Als weiteres arbeitsrechtliches Instrument zur Bewältigung der Sonderbelastung systemrelevanter Berufe durch Schaffung weiterer Arbeitskapazität ist der temporäre Einsatz von Arbeitnehmern und **Leiharbeitnehmern**. **30**

Dem Arbeitsmarkt steht während der Pandemie aufgrund eines rasanten Rückgangs am Bedarf von Arbeitskräften ein hohes Angebot von Arbeitnehmern zur Verfügung. Dabei handelt es sich nicht um ganz typische systemrelevante Berufe wie Ärzte und Pflegepersonal im Krankenhaus. Beispielsweise können aber Lager- und Logistikmitarbeiter einer zum Stillstand gekommenen Bekleidungsindustrie den erhöhten Lager- und Logistikbedarf in Krankenhäusern, der Pharma- oder Lebensmittelindustrie abdecken. **31**

Bei Vorliegen einer Arbeitnehmerüberlassungserlaubnis nach § 1 AÜG können Leiharbeitnehmer kurzfristig eingesetzt werden. **32**

Ebenfalls können unter den Voraussetzungen des § 14 Abs. 2 TzBfG Arbeitnehmer sachgrundlos befristet für die Dauer der Pandemie, maximal für zwei Jahre beschäftigt werden. Wenn eine **sachgrundlose Befristung** rechtlich nicht möglich oder nicht gewollt ist, wird eine **Befristung mit Sachgrund** gemäß § 14 Abs. 1 Satz 2 Nr. 1 TzBfG in Betracht kommen, da der Bedarf an der Arbeitsleistung nur vorübergehend während der Pandemie besteht. **33**

Mehr Arbeitskapazität kann auch durch die befristete Erhöhung der Arbeitszeit bereits beschäftigter Arbeitnehmer erreicht werden. Diese befristeten Änderungen der Arbeitsbedingungen unterliegen einer Angemessenheitskontrolle gem. § 305 ff. BGB. Der geforderte sachliche Grund der befristeten Änderung der Arbeitsvertragsbedingungen ist bei einer Pandemie wohl gegeben.[25] **34**

5. Freistellungspflicht für ehrenamtliche Helfer

Katastrophen sind Ereignisse, die eine Beeinträchtigung oder unmittelbare Gefährdung von Leben oder Gesundheit einer Vielzahl von Menschen, erheblicher Sachwerte, lebensnotwendiger Unterkünfte oder Versorgung der Bevölkerung bedeuten und durch Kräfte der Rettungsdienste und Feuerwehr nicht in angemessener Zeit beseitigt werden können.[26] Eine Pandemie – wie Corona – kann das Ausmaß einer Katastrophe annehmen.[27] **35**

---

25 *Fuhlrott*, Arbeitsrechtliche Fragestellung im Zusammenhang der Coronavirus-Epidemie, GWR 2020, 107, 109.

26 *Bauer/Opolony*, Arbeitsrechtliche Fragen bei Katastrophen, NJW 2002, 3503.

27 *Deter/Köhlert*, Das Problem der Freistellung ehrenamtlicher Helfer in internationalen Hilfseinsätzen, MedR 2015, 332, 333.

36 Als arbeitsrechtliche Folge einer Katastrophe werden ehrenamtliche Helfer (z.B. THW, Freiwillige Feuerwehr), freiwillige Helfer (nicht organisierter Helfer, der für diese Katastrophe freiwillig eingesetzt wird) oder Verpflichtete (unfreiwilliger Katastropheneinsatz) im Katastrophenfall eingesetzt. Es besteht ein Freistellungsanspruch gegenüber dem Arbeitgeber. Nur bei zeitlich kurzem Einsatz behält der Arbeitnehmer seinen Vergütungsanspruch gemäß § 616 BGB.[28] Bei einem Einsatz im Katastrophenfall über einen längeren Zeitraum besteht kein Vergütungsanspruch, da es sich um ein Ehrenamt handelt.

III. Verhältnis zwischen Arbeitgeber und Betriebsrat

1. Bedeutung der Mitbestimmung auch in Krisenzeiten

37 Der Arbeitgeber hat neben den arbeitsvertraglichen Regelungen auch die betriebsverfassungsrechtlichen Vorgaben zu beachten. Dies gilt insbesondere für die erzwingbaren Mitbestimmungsrechte des Betriebsrats, vor allem in sozialen und personellen Angelegenheiten. Die kollektivrechtliche Betrachtung ausschließlich aus Arbeitgebersicht wird aber der tatsächlichen Herausforderungen nicht gerecht. Vielmehr wird auch von Betriebsratsseite ein konstruktives und pragmatisches Mitwirken notwendig sein, worauf Bundesarbeitsminister *Hubertus Heil* zutreffend hinweist.[29] Gerade in schwierigen Zeiten haben sich die Betriebsparteien das **Gebot der vertrauensvollen Zusammenarbeit** gemäß § 2 Abs. 1 BetrVG ins Bewusstsein zu rufen und ihr Handeln danach auszurichten. Nach dieser Regelung arbeiten Arbeitgeber und Betriebsrat unter Beachtung der geltenden Tarifverträge vertrauensvoll und im Zusammenwirken mit den im Betrieb vertretenen Gewerkschaften und Arbeitgebervereinigungen zum Wohl der Arbeitnehmer und des Betriebs zusammen. Umso mehr gilt in diesen Zeiten, dass ein Gegeneinander einem konstruktiven und vertrauensvollen Miteinander weichen muss.

2. Mitbestimmung bei der Arbeitszeit (§ 87 Abs. 1 Nr. 2 und 3 BetrVG)

38 Während sich andere Branchen in Zeiten der Pandemie mit der Aufgabe zu beschäftigen haben, Arbeitsausfälle zu kompensieren (z.B. durch Kurzarbeit), ist es in systemrelevanten Wirtschaftsbereichen umgekehrt, d.h. die Mitbestimmungsrechte in Arbeitszeitfragen gewinnen durch die hohe Arbeitsbelastung an

28 *Deter/Köhlert*, Das Problem der Freistellung ehrenamtlicher Helfer in internationalen Hilfseinsätzen, MedR 2015, 332, 334.

29 Bundesminister für Arbeit und Soziales *Hubertus Heil*, Ministererklärung vom 20.3.2020.

Bedeutung. Dies gilt sowohl hinsichtlich der **Dienstplangestaltung** (§ 87 Abs. 1 Nr. 2 BetrVG) wie auch bei der Anordnung von **Überstunden**, d.h. der vorübergehenden Verlängerung der betriebsüblichen Arbeitszeit gem. § 87 Abs. 1 Nr. 3 BetrVG.

Das Mitbestimmungsrecht bei der Verteilung der Arbeitszeit und insbesondere der Dienstplangestaltung gemäß § 87 Abs. 1 Nr. 2 BetrVG hat den Zweck, die Interessen der Arbeitnehmer an der Lage ihrer Arbeitszeit und damit zugleich der Freizeit für die Gestaltung ihres Privatlebens zur Geltung zu bringen.[30] Da die Bevölkerung in der Krise Einbußen bei ihrer Freizeit und entsprechenden Aktivitäten hinnehmen muss, wird dies auch bei Arbeitnehmern eines systemrelevanten Unternehmens der Fall sein. Insbesondere wiegt der individuelle Freizeitanspruch geringer, um übergeordnete Interessen zu verfolgen. Konkret findet dieser Gedanke seinen Niederschlag, wenn beispielsweise Vorschriften im Arbeitszeitgesetz Ausnahmen von den normalerweise bestehenden Vorgaben im Hinblick auf die maximale tägliche Arbeitszeit oder Ruhezeiten zulassen. Es ist beispielsweise § 14 Arbeitszeitgesetz (ArbZG) zu nennen, der in außergewöhnlichen Fällen Abweichungen zulasten der Arbeitnehmer von den normalen Regelungen vorsieht. Erweitert eine derartige Ausnahmevorschrift des Arbeitszeitgesetzes den zulässigen Arbeitszeitrahmen, wirkt sich dies unmittelbar auf eine mögliche Dienstplangestaltung und damit auch auf die Gespräche und Verhandlungen zwischen den Betriebsparteien im Zusammenhang mit dem Mitbestimmungsrecht gem. § 87 Abs. 1 Nr. 2 BetrVG aus. **39**

Dieser erweitere Rahmen ist auch bei der vorübergehenden Verlängerung der Arbeitszeit zu berücksichtigen und positiv von den Betriebsparteien auszugestalten. Dies wird in Zeiten hoher Arbeitsbelastung, aber auch bei einer erhöhten Wahrscheinlichkeit, dass einzelne Arbeitnehmer aufgrund einer Erkrankung ausfallen, besonders bedeutsam sein. Um kurzfristig notwendige Überstunden zur Abarbeitung von dringenden Aufträgen möglich zu machen, könnten die Betriebsparteien für einen befristeten Zeitraum eine Betriebsvereinbarung abschließen, die den Arbeitgeber ermächtigt, Überstunden in gewissem Umfang und in gewissen Abteilungen anzuordnen. Damit eine derartige Betriebsvereinbarung wirksam ist, müssten die tatbestandlichen Vorgaben vorgezeichnet werden, innerhalb derer dem Arbeitgeber dann ein gewisser Freiraum für die Einzelfallregelung zustehen kann.[31] Beispielsweise könnte in einer derartigen Betriebsvereinbarung festgelegt werden, für welche Mitarbeitergruppen, in welchen Abteilungen und in welchem Umfang Überstunden im nächsten Monat, im nächsten Quartal etc. zulässig sein sollen. Dies wäre ein geeignetes Instrument, um kurzfristig zusätzliche Arbeitskraft unter Einhaltung der betrieblichen Mitbestimmung zu schaffen. **40**

---

30 BAG, 15.12.1992 – 1 ABR 38/92, BB 1993, 648.
31 BAG, 1.7.2003 – 1 ABR 22/02, BAGE 107, 9.

3. Mitbestimmung bei freiwilligen Leistungen (§ 87 Abs. 1 Nr. 10 BetrVG)

41 Bedeutsam für die Unternehmen wird es ebenfalls sein, die eigenen Arbeitnehmerinnen/Arbeitnehmer zu motivieren, gegebenenfalls überobligatorische Leistungen zu erbringen. Zu diesem Zweck wird es praktikabel sein, beispielsweise zusätzliche **freiwillige Entgeltzahlungen** zu leisten, d.h. die weder tariflich noch sonst wie geschuldet sind. Dabei kommt dem Betriebsrat ein erzwingbares Mitbestimmungsrecht gemäß § 87 Abs. 1 Nr. 10 BetrVG nicht im Hinblick auf das Ob, jedoch hinsichtlich der Ausgestaltung („Wie?“) zu. Wenn beispielsweise im Einzelhandel jede Verkäuferin/jeder Verkäufer einen zusätzlichen Pauschalbetrag für einen gearbeiteten Tag erhält, könnte dies mit dem Betriebsrat besprochen werden. Wenn der Betriebsrat hiermit einverstanden wäre, wäre auch insoweit das Mitbestimmungsrecht ausgeübt. Dann könnte beispielsweise im Wege einer Gesamtzusage für einen bestimmten Zeitraum eine derartige Prämie ausgelobt werden. Alternativ käme auch der Abschluss einer Betriebsvereinbarung in Betracht. Für den Arbeitgeber hätte dies den Vorteil, dass der Rechtsgrund eindeutig definiert wäre und sich die Details nach Maßgabe der Betriebsvereinbarung bestimmen würden. Zudem würde der Vorteil bei einer Betriebsvereinbarung darin liegen, dass von vornherein Ansprüche von Arbeitnehmern in der Zukunft auf der Grundlage einer betrieblichen Übung ausgeschlossen wären.

4. Mitbestimmung bei Ordnungsverhalten (§ 87 Abs. 1 Nr. 1 BetrVG)

42 Es kann in Zeiten einer Pandemie notwendig sein, dass Unternehmen verschärfte Vorgaben machen wollen, was etwa bestimmte (zusätzliche) Arbeitskleidung oder Kontrollen beim Zugang zum Betriebsgelände anbetrifft. Insoweit kommt ein Mitbestimmungsrecht des Betriebsrats gemäß § 87 Abs. 1 Nr. 1 BetrVG in Betracht, falls derartige Maßnahmen nicht von Behördenseite oder aufgrund gesetzlicher Vorschriften angeordnet sind. Das mitbestimmungspflichtige **Ordnungsverhalten** wäre beispielsweise dann betroffen, wenn der Arbeitgeber das Tragen entsprechender Schutzmasken anordnen würde, um die Verbreitung des Virus im Betrieb zu unterbinden. Vor diesem mitbestimmungsrechtlichen Hintergrund sollten sich die Betriebsparteien abstimmen und möglichst pragmatisch eine Lösung finden. Insofern wäre es ausreichend, wenn der Betriebsrat (formlos) derartigen Maßnahmen zustimmt.

5. Mitbestimmung in personellen Angelegenheiten gem. §§ 99ff. BetrVG

Der Betriebsrat hat in Unternehmen mit in der Regel mehr als 20 wahlberechtigten Arbeitnehmern mitzubestimmen vor jeder Einstellung, Eingruppierung, Umgruppierung und Versetzung. In Zeiten der Pandemie dürfte vor allem das Mitbestimmungsrecht im Hinblick auf die Tatbestände Einstellung und Versetzung von Bedeutung sein. Dies gilt insbesondere für die Fälle, in denen das Unternehmen neue Arbeitnehmer einstellen will, um dem gesteigerten Bedarf an Arbeitsleistung gerecht zu werden. Gleiches gilt für den Fall, dass das Unternehmen die Arbeitszeit von einzelnen Teilzeitkräften erhöhen möchte, falls sich die Arbeitszeit nicht nur geringfügig ändert,[32] da dies von der Rechtsprechung ebenfalls als Einstellung angesehen wird. Nicht geringfügig ist die Arbeitszeiterhöhung, falls diese mindestens 10 Stunden pro Woche beträgt.[33] **43**

Sollte der Betriebsrat seine Zustimmung verweigern, wird dem Arbeitgeber regelmäßig zu empfehlen sein, die personelle Einzelmaßnahme vorläufig durchzuführen. Dies ist möglich, wenn diese personelle Einzelmaßnahme (z.B. Einstellung) aus sachlichen Gründen gemäß § 100 BetrVG **dringend erforderlich** ist. Die Regelung des § 100 BetrVG soll die Verzögerung von Einstellungen verhindern, wenn anderenfalls etwa der ordnungsgemäße betriebliche Ablauf gestört werden würde.[34] Um die Maßnahme vorläufig durchführen zu können, hat der Arbeitgeber die sachlichen Gründe, die die dringende Erforderlichkeit der vorläufigen Durchführung bedingen, dem Betriebsrat vor der Tätigkeitsaufnahme mitzuteilen. In Zeiten der Pandemie wird dabei insbesondere auf den erhöhten Arbeitsanfall und die Aufrechterhaltung der Betriebsabläufe abzustellen sein. Bestreitet der Betriebsrat, dass die Maßnahme aus sachlichen Gründen dringend erforderlich ist, so hat er dies dem Arbeitgeber unverzüglich mitzuteilen (§ 100 Abs. 2 Satz 2 BetrVG). In diesem Fall darf der Arbeitgeber die vorläufige personelle Maßnahme nur aufrechterhalten, wenn er innerhalb von drei Tagen beim Arbeitsgericht die Ersetzung der Zustimmung des Betriebsrats und die Feststellung beantragt, dass die Maßnahme aus sachlichen Gründen dringend erforderlich war (§ 100 Abs. 2 Satz 3 BetrVG). **44**

In der betrieblichen Praxis ist die Einhaltung der kurzen Drei-Tages-Frist zur Einleitung dieses Gerichtsverfahrens herausfordernd, jedoch zwingend zu beachten, um die vorläufige Maßnahme weiter aufrecht zu erhalten. Im Ergebnis wird deutlich, dass der Arbeitgeber bei entsprechenden sachlichen Gründen zur Begründung der dringenden Erforderlichkeit in der Lage ist, die von ihm geplan- **45**

---

32 BAG, 25.1.2005 – 1 ABR 59/03, BAGE 2009, 206; bestätigt durch BAG, 15.5.2007 – 1 ABR 32/06, BAGE 2009, 122, 280.

33 BAG, 9.12.2018, BAGE 128, 351.

34 BAG, 6.10.1978 – 1 ABR 51/77, AP BetrVG 1972 § 99 Nr. 10.

ten personellen Einzelmaßnahmen zu realisieren und hierdurch sicherzustellen, dass der Arbeitsanfall tatsächlich bewältigt werden kann.

6. Ausübung der Mitbestimmung in Zeiten der Pandemie

46 In Zeiten der Pandemie ist die Ausübung der Mitbestimmung erschwert. Die betriebsverfassungsrechtlichen Vorschriften decken diese Ausnahmesituation nicht ab. Dies gilt beispielsweise schon für die Beschlussfassung des Betriebsrats gemäß § 33 BetrVG. Danach sind Beschlüsse mit der Mehrheit der Stimmen der anwesenden Mitglieder zu fassen, d.h. die an der Abstimmung teilnehmenden Mitglieder müssen anwesend sein. In diesem Zusammenhang hat das Bundesarbeitsgericht bereits entschieden, dass eine Beschlussfassung im Umlaufverfahren unzulässig ist und nicht die Vorgaben des § 33 BetrVG erfüllt.[35] Dies wird damit begründet, dass keinerlei Meinungsaustausch möglich ist.

47 Diesem Argument folgend, könnte eine Telefon- oder Videokonferenz anders zu beurteilen sein, auch wenn die bislang herrschende Meinung eine derartige Möglichkeit ablehnt.[36] Gerade in Zeiten der Pandemie sprechen gute Argumente dafür, dass eine Videokonferenz insoweit möglich ist, da in § 33 BetrVG die körperliche Anwesenheit nicht ausdrücklich gefordert wird und auch bei einer Videokonferenz der Austausch von Informationen, Meinungen und Argumenten möglich ist, falls alle Betriebsratsmitglieder gleichzeitig zugeschaltet sind.[37]

48 In diesem Sinne ist auch die Ministererklärung vom Bundesminister für Arbeit und Soziales, Herrn *Hubertus Heil* zu verstehen, der in der Ausnahmesituation einer Pandemie ausnahmsweise eine Betriebsratssitzung mit entsprechender Beschlussfassung mittels Video- oder Telefonkonferenz (z.B. WebEx oder Skype) für zulässig erachtet.[38] Dies wird damit begründet, dass nur so die Gefahren für Leib und Leben und die Gesundheit der Betriebsratsmitglieder minimiert werden können, die mit einer persönlichen Teilnahme an einer Betriebsratssitzung einhergehen würden. Gerade bei einer Video- oder Telefonkonferenz ist darauf zu achten, dass der Grundsatz der Nichtöffentlichkeit der Betriebsratssitzung gewahrt wird. Es ist also sicherzustellen, dass unberechtigte Dritte an der Sitzung nicht teilnehmen.

---

35 BAG, 16.1.2003 – 2 AZR 707/01, NZA 2003, 927, 929.

36 *Thüsing*, in: Richardi, BetrVG, § 33 Rn. 3 m.w.N.; vgl. hierzu *Krois*, Maßnahmen zur Sicherung der Funktionsfähigkeit der Betriebsverfassung während der Covid-19-Pandemie, DB 2020, 673, 675.

37 So ErfK/*Koch*, § 33 BetrVG Rn. 3.

38 Bundesminister für Arbeit und Soziales *Hubertus Heil*, Ministererklärung vom 20.3.2020.

IV. Mitarbeiter im Staatsdienst

Bei einer Pandemie verschieben sich nicht nur in der Privatwirtschaft, sondern auch bei den Behörden schlagartig die Aufgabenschwerpunkte. Ein Teil der Aufgaben reduziert sich erheblich oder fällt ganz weg, ein anderer Teil der Aufgaben vervielfacht sich. Wie privatwirtschaftliche Unternehmen hat auch der Staat die Aufgabe seine Mitarbeiter dort einzusetzen, wo Verstärkung erforderlich ist und hat Arbeitszeiten auszudehnen. **49**

Beamte können abgeordnet werden. Aufgrund der Corona-Pandemie liegen dienstliche Gründe für die Abordnung eines Beamten vor, auch über Ländergrenzen hinweg. Damit kann das Personal bei einer anderen Behörde verstärkt werden. Voraussetzung der Abordnung ist, dass die Beamten die Laufbahnbefähigung besitzen. Eine Abordnung ist ganz oder teilweise aus dienstlichen Gründen auch zu einer nicht dem bisherigen Amt entsprechenden Tätigkeit möglich, wenn die Wahrnehmung der neuen Tätigkeit aufgrund der Vorbildung oder Berufsausbildung zumutbar ist. Dabei ist auch die Abordnung zu einer Tätigkeit zulässig, die nicht einem Amt mit demselben Endgrundgehalt entspricht. Mit Zustimmung des Beamten kann der Dienstherr auch zu anderen Tätigkeiten abordnen. **50**

Soweit Mehrarbeit aus zwingenden dienstlichen Verhältnissen erforderlich ist, sind Beamte (z.B. § 88 BBG) verpflichtet, über die regelmäßige wöchentliche Arbeitszeit hinaus Dienst zu tun. Davon kann bei der Corona-Pandemie ausgegangen werden. **51**

V. Fazit

Auf der Grundlage der dargestellten arbeitsrechtlichen Regelungen ist in Zeiten der Pandemie, auch wenn es sich um herausfordernde Zeiten handelt, gewährleistet, dass die systemrelevanten Wirtschaftsbereiche ihren Beitrag leisten, um die Krisensituation zu überwinden. Sowohl für das Verhältnis zwischen Arbeitgeber und Arbeitgeber wie auch zwischen den Betriebsparteien gilt gleichermaßen, dass es mehr denn je auf ein Miteinander ankommt. **52**

Kapitel 7

Arbeits- und Gesundheitsschutz in der Pandemie

I. Pandemien – ein Pflichtthema des betrieblichen Arbeits- und Gesundheitsschutzes

Eine Pandemie, also die **länder- und kontinentübergreifende Ausbreitung einer (Infektions)krankheit**, führt weltweit parallel oder in enger Abfolge zu Gesundheitsproblemen einer großen Zahl von Menschen. Die neue, durch das Corona-Virus SARS-CoV-2 ausgelöste, pandemische Krankheit Covid-19 führt vor Augen, wie einschneidend Pandemie das private, gesellschaftliche und wirtschaftliche Leben beeinflussen und weltweite Krisen herbeiführen können. Pandemien sind kein neuartiges Phänomen; sie brechen unregelmäßig in unterschiedlicher Ausprägung und Intensität immer wieder aus. Die rasant schnelle Verbreitung von SARS-CoV-2 rund um den Globus zeigt, dass wir es hier auch mit einer **Facette der Globalisierung** zu tun haben. 1

Mit Blick auf die Belange der Allgemeinheit sind Pandemien eine **Gefahr für die öffentliche Sicherheit**, der nach nationalem deutschen Recht mit den Instrumenten des Polizei- und Ordnungsrechts begegnet wird. Das Infektionsschutzgesetz (IfSG) als einschlägiges Fachgesetz erlaubt **intensive Eingriffe in Grundrechte**, um die Öffentlichkeit vor massenhafter Infektion zu schützen. Quarantäneanordnungen, Schulschließungen oder Ausgangsbeschränkungen und die Untersagung sozialer Kontakte zeigen, dass in krisenhaften Zeiten tief in das Privatleben eingreifende Maßnahmen geräuschlos beschlossen werden können, selbst dann, wenn fraglich ist, ob diese von der aktuell geltenden Rechtslage überhaupt gedeckt sind.[1] 2

Infektionsgefährdungen machen vor der **Arbeitswelt** nicht halt. Beschäftigte, für die in „normalen Zeiten" kein besonders hohes Risiko besteht, durch eine Infektionskrankheit schweren gesundheitlichen Schaden zu nehmen, können im Falle einer Pandemie plötzlich erheblich gefährdet sein. Das aktuelle Beispiel des Corona-Virus SARS-CoV-2 zeigt, dass z.B. Kassiertätigkeiten, Arbeiten in 3

---

1 Die Frage der (verfassungs)rechtlichen Grundlagen für eine außerordentlich eingriffsintensive Maßnahme wie eine allgemeine Ausgangssperre oder -beschränkung kann in diesem Rahmen nicht vertieft werden. Vgl. dazu speziell mit Blick auf die Corona-Pandemie *Klafki*, Corona-Pandemie: Ausgangssperre bald auch in Deutschland?, JuWiss-Blog Nr. 27/2020 v. 18.3.2020, https://www.juwiss.de/27-2020/ (zuletzt abgerufen: 31.3.2020).

der Gastronomie, Tätigkeiten in Kultur- und Bildungseinrichtungen, kurzum alle Arbeiten mit sozialen Kontakten, relevante Übertragungswege für Infektionen der eigenen Person oder auch Dritter darstellen können. Bei Arbeiten, die ohnehin mit erheblichen Infektionsrisiken verbunden sind, z.B. in Arztpraxen, Krankenhäusern und Pflegeeinrichtungen, zeigen gegenwärtig die täglichen Nachrichten, dass das bestehende Infektionsrisiko weiter steigt (z.B. wegen unzureichender Schutzausrüstungen) und gleichzeitig die quantitative und psychische Belastung durch die Arbeit buchstäblich explodiert.

4 Arbeitsschutzrechtlich ist es nach § 3 Abs. 1 ArbSchG eine **Grundpflicht des Arbeitgebers**, alles Erforderliche zu tun, damit die unter seiner Leitung tätig werdenden Beschäftigten durch die Arbeit keinen Schaden nehmen. Er hat daher nach § 3 Abs. 1 ArbSchG i.V.m. § 4 Nr. 1 ArbSchG zu gewährleisten, dass **Gefährdungen möglichst vermieden bzw. minimiert** werden.[2] Der Begriff der Gefährdung markiert arbeitsschutzrechtlich die Interventionsschwelle, bei deren Erreichen Pflichten des Arbeitgebers zum Schutz von Sicherheit und Gesundheit der Beschäftigten begründet werden.

5 Unter einer **Gefährdung** wird im Arbeitsschutzrecht die **Möglichkeit eines Schadens oder einer gesundheitlichen Beeinträchtigung** verstanden. Im Gegensatz und in Abgrenzung vom klassischen ordnungsrechtlichen Gefahrbegriff reicht die bloße Möglichkeit einer Beeinträchtigung aus, ohne dass Anforderungen an das Schadensausmaß und die Eintrittswahrscheinlichkeit zu stellen sind.[3] Vor diesem Hintergrund sind direkte persönliche Kontakte von Beschäftigten mit Kollegen, Kunden und sonstigen Personen in der gegenwärtigen Situation mit Blick auf das Corona-Virus SARS-CoV-2 als Gefährdung zu qualifizieren. Der Ausschuss für Biologische Arbeitsstoffe (ABAS) hat **SARS-CoV-2** am 19.2.2020 vorläufig in die **Risikogruppe 3 i.S.d. § 3 Abs. 1 BioStoffV** eingestuft.[4] Das bedeutet, dass SARS-CoV-2 ein Biostoff ist, der eine schwere Krankheit beim Menschen hervorrufen und eine ernste Gefahr für Beschäftigte darstellen kann. Ohne belastbare Tests bzw. ohne wirksame Impfung ist daher nach gegenwärtigem Erkenntnisstand bei jeder Form des direkten persönlichen Kontaktes eine Infektion und damit die Möglichkeit einer gesundheitlichen Schädigung in Gestalt von Covid-19 nicht ausgeschlossen.

---

2 Kritisch zur Umsetzung dieser aus dem Unionsrecht (Art. 5 Richtlinie 89/391/EWG „Rahmenrichtlinie-Arbeitsschutz“) folgenden umfassenden Gewährleistungspflicht in das deutsche Recht *Blume/Faber*, in: HK-ArbSchR, § 3 ArbSchG Rn. 6.

3 Vgl. insoweit die Gesetzesbegründung des ArbSchG, BT-Drs. 13/3540, S. 16; BAG, 12.8.2008 – 9 AZR 1117/06, NZA 2009, 102, 103f.; NK-ArbR/*Otto*, § 4 ArbSchG, Rn. 3 m.w.N.

4 Beschl. 1/2020 des ABAS vom 19.2.2020, Begründung zur vorläufigen Einstufung des Virus SARS-CoV-2 in Risikogruppe 3 und Empfehlungen zu nicht gezielten Tätigkeiten (Labordiagnostik) und gezielten Tätigkeiten mit SARS-CoV-2, www.baua.de.

Es ist in diesem Zusammenhang arbeitsschutzrechtlich unerheblich, ob die arbeitsbedingten Gefährdungen unmittelbar auf Entscheidungen des Arbeitgebers zurückzuführen sind (z.B. Bereitstellung von Arbeitsstoffen oder Arbeitsmitteln) oder, wie im Falle des Corona-Virus SARS-CoV-2, auf Umwelteinflüsse, die für den Arbeitgeber nicht unmittelbar beeinflussbar sind. § 3 Abs. 1 ArbSchG verlangt explizit die Berücksichtigung der Umstände, die „die Sicherheit und Gesundheit bei der Arbeit beeinflussen". Die aktuelle **Pandemie** ist damit auch ein Thema des **gesetzlichen Arbeits- und Gesundheitsschutzes**. Als Adressat der Grundpflichten des § 3 ArbSchG steht der **Arbeitgeber** daher in der Pflicht, **Maßnahmen** zu **ergreifen** (§ 3 Abs. 1 ArbSchG) und die hierzu **erforderlichen Mittel** (wie z.B. Schutzausrüstungen) **bereitzustellen** (§ 3 Abs. 2 ArbSchG). **6**

Der für den Betrieb relevante **Handlungsrahmen** wird in der Pandemie nicht nur durch Vorschriften des **Arbeitsschutzrecht**s abgesteckt. Zu beachten sind insbes. auch die oben angesprochenen gesetzlichen Vorgaben des **öffentlichen Gesundheitsrechts** (insbes. IFSG, Rechtsverordnungen zum IfSG). So sind die Betriebe des Lebensmitteleinzelhandels an die landesrechtlichen Vorgaben zum Schutz vor Neuinfizierungen mit dem Corona-Virus SARS-CoV-2 gebunden. In den Geschäften müssen deshalb Vorkehrungen zur Hygiene, zur Steuerung des Zutritts und zur Vermeidung von Warteschlangen sowie zur Gewährleistung eines Mindestabstands von 1,5 m zwischen Personen getroffen werden.[5] Hinzuweisen ist darauf, dass es zur Umsetzung der infektionsschutzrechtlichen Vorgaben weiterer **betrieblicher Regelungen** bedarf. Es ist insoweit z.B. vor Ort im Betrieb zu klären, mit welchen konkreten Maßnahmen der Zutritt gesteuert werden kann oder welche konkreten Maßnahmen zur Hygiene ergriffen werden müssen (z.B. Orte der Bereitstellung, regelmäßige Desinfektion von Arbeitsbereichen, Festlegung einer Hygieneetikette, Unterweisung). Um zu schnellen und reibungslosen Regelungen zu kommen, ist es ratsam, den **Betriebsrat** frühzeitig einzubeziehen und mit Blick auf § 87 Abs. 1 Nr. 7 BetrVG von vornherein **gemeinsame Lösungen** zu suchen. **7**

II. Arbeitsschutzrecht und neuartige Gefährdungen

Die Corona-Pandemie ist eine Bewährungsprobe für das geltende Arbeitsschutzrecht. In „normalen Zeiten" ist etwas in Vergessenheit geraten, dass der Gesetzgeber mit dem **ArbSchG** u.a. auch einen **flexiblen betrieblichen Handlungsrahmen** schaffen wollte, um gesunde und sichere Arbeitsbedingungen auch beim Auftreten bislang **nicht bekannter Gefährdungen** sicherzustellen. Dies **8**

5 Vgl. z.B. § 5 der Verordnung zum Schutz vor Neuinfizierungen mit dem Coronavirus SARS-CoV-2 (CoronaSchVO) des Landes Nordrhein-Westfalen vom 22.3.2020, GV.NRW 2020, S. 177a ff.

ist ein typischer Aspekt einer Pandemie. Der konzeptionelle Ansatz des Gesetzes bezog sich zum Zeitpunkt des Erlasses des ArbSchG vor allem auf die Folgen neuer technologischer Entwicklungen.[6] Er kann aber ohne Weiteres für die Herausforderungen an den Arbeitsschutz in Krisenzeiten, wie der Corona-Pandemie, nutzbar gemacht werden.

9 Der Ansatz des ArbSchG ergibt sich prägnant aus den Grundpflichten des § 3 Abs. 1 ArbSchG. Danach erschöpfen sich die Pflichten des Arbeitgebers nicht darin, erforderliche Maßnahmen des Arbeitsschutzes zu treffen. Er hat diese vielmehr auch auf ihre Wirksamkeit zu überprüfen und sie ggf. aufgrund sich ändernder Gegebenheiten anzupassen und zu optimieren (§ 3 Abs. 1 Satz 2, 3 ArbSchG). Zu den Anlässen zur Anpassung bzw. Optimierung der Maßnahmen zählen z. B. neue arbeitsmedizinische oder arbeitswissenschaftliche Erkenntnisse sowie Änderungen der einschlägigen Rechtsvorschriften.[7] In einer Krisensituation wie der Corona-Pandemie entwickelt sich die wissenschaftliche Erkenntnislage sowie das Wissen über Schutzmaßnahmen (z. B. Plexiglasschutz an Kassen) permanent.[8] Zudem kann sich die Rechtslage kurzfristig ändern, indem z. B., wie in der Pandemie mit SARS-CoV-2, direkte soziale Kontakte unterbunden werden (vgl. z. B. CoronaSchV NW[9]). Dieser dynamischen Entwicklung trägt § 3 Abs. 1 ArbSchG mit der Vorgabe Rechnung, dass **Maßnahmen kontinuierlich zu überprüfen und ggf. anzupassen** sind.

10 Das Gesetz fordert, den **Arbeits- und Gesundheitsschutz als kontinuierlichen Prozess** in die betrieblichen Abläufe einzubinden.[10] Dies gilt, wie gesehen, in besonderem Maße in krisenhaften Situationen, wie z. B. einer Pandemie. Die zentralen arbeitsschutzrechtlichen Instrumente zur dauerhaften Gestaltung dieses Prozesses sind die **Pflicht zur Gefährdungsbeurteilung** (§ 5 ArbSchG, dazu nachstehend Rn. 31 ff.) und die **Grundpflicht zur Organisation**, die insbes. verlangt, die Zusammenarbeit und die Arbeitsteilung im Betrieb effektiv und transparent zu regeln (§ 3 Abs. 2 ArbSchG, dazu nachstehend Rn. 11 ff.). Die Erfahrungen der Verfasser sprechen dafür, dass es sich hierbei um wesentliche Erfolgsfaktoren für einen effektiven und reaktionsfähigen Arbeits- und Gesundheitsschutz handelt.

---

6 BT-Drs. 13/3540, S. 13.

7 BT-Drs. 13/3540, S. 16; *Kohte*, in: Kollmer/Klindt/Schucht, ArbSchG, § 3 Rn. 35.

8 Dazu auch das Interview mit dem Chef des Robert Koch-Instituts *Lothar Wieler*, in: Frankfurter Allgemeine Sonntageszeitung vom 29.3.2020, S. 20 f.

9 GV.NRW 2020, S. 177a ff.

10 *Pieper*, ArbSchR, § 5 ArbSchG Rn. 7 ff.

III. Schlüsselrolle der (Arbeitsschutz-)Organisation

Grundvoraussetzung einer jeden effektiven betrieblichen Gesundheitsprävention ist eine gut funktionierende **Organisation**. Dies gilt umso mehr in einer krisenhaften Situation wie einer Pandemie in der oftmals unter Zeitdruck eine Vielzahl komplexer Entscheidungen von erheblicher Tragweite fachkundig zu treffen und operativ umzusetzen ist. Der Arbeits- und Gesundheitsschutz ist da nur eine Facette von vielen. Der Gesetzgeber hat die von der Unfallforschung empirisch nachgewiesene Schlüsselrolle der Arbeitsschutzorganisation[11] im Jahre 1996 aufgegriffen und in § 3 Abs. 2 ArbSchG eine spezielle arbeitsschutzrechtliche Grundpflicht zur Organisation normiert. Sie soll insbes. sicherstellen, dass die erforderlichen **Entscheidungsprozesse** und Maßnahmen gerade in Notsituationen tatsächlich **schnell und fachkompetent** durchgeführt werden. Mindestanforderungen und Standards einer guten Arbeitsschutzorganisation sind mit Blick auf den aufsichtsbehördlichen Vollzug des ArbSchG in der Leitlinie der Gemeinsamen Arbeitsschutzstrategie (GDA) „Organisation des betrieblichen Arbeitsschutzes" festgehalten.[12] **11**

1. Allgemeine Arbeitsschutzorganisation

Adressat der Grundpflicht zur Organisation ist der **Arbeitgeber** als höchste Leitungsinstanz des Betriebes. **Verantwortlich** für die Organisation des Arbeitsschutzes sind daneben, nach Maßgabe des **§ 13 Abs. 1 ArbSchG**, stets die vertretungsberechtigten Organe bzw. vertretungsberechtigten Gesellschafter des Arbeitgebers. Sofern diese, was schon bei den meisten kleinen Betrieben der Fall sein dürfte, nicht in der Lage sind, alle wegen einer Pandemie erforderlichen Maßnahmen zum Schutz der Gesundheit der Beschäftigten selbst zu ergreifen, besteht deren erste Aufgabe darin, die **betriebliche Arbeitsteilung** zu **regeln** und festzulegen, wer im Betrieb für welche Aufgaben zuständig ist. Es geht dabei darum, unter den Bedingungen der betrieblichen Arbeitsteilung Handlungsfähigkeit zu gewinnen. In den Fokus rücken im Falle einer Pandemie handfeste Fragen, wie z. B., wer im Supermarkt für die regelmäßige hygienische Reinigung von Arbeitsbereichen sorgt oder wer die Beschäftigten kontinuierlich informiert (insbes. im Rahmen von Unterweisungen, dazu auch Rn. 70 ff.). **12**

Die Aufgaben- und Verantwortungsverteilung ist vergleichsweise einfach in Betrieben, die über ein eingespieltes Arbeitsschutz- und Gesundheitsmanagement verfügen. Diese haben in aller Regel bereits die grundsätzlichen Zuständigkeiten für den Arbeits- und Gesundheitsschutz in einem Organisationsplan zumindest **13**

11 Dazu etwa *Kohte*, in: Kollmer/Klindt/Schucht, ArbSchG, § 3 Rn. 46 ff. m. w. N.
12 GDA-Leitlinie „Organisation des betrieblichen Arbeitsschutzes", Stand 22.5.2017, www.gda-portal.de.

für den „Normalbetrieb" geregelt. Zumeist sind danach die **Führungskräfte** für Sicherheit und Gesundheit in dem ihnen unterstellten Bereich verantwortlich. Dies entspricht dem Leitbild des ArbSchG, das den Arbeitsschutz als originäre Führungsaufgabe versteht (vgl. § 3 Abs. 2 Nr. 2 ArbSchG). In diesem Falle geht es dann vor allem darum, die Änderungen im bereits definierten Zuständigkeitsbereich abzuklären und ggf. Befugnisse, Ressourcen Aufsichtspflichten etc. anzupassen (z.B. Beschaffung und Bereitstellung von Schutzmasken und Schutzkleidung, Einhalten von Mindestabständen bei Sozialkontakten, Belegung von Arbeitsräumen wie Großraumbüros, zusätzliche Unterweisungen). Es ist also transparent und möglichst trennscharf zu klären, wer für welche der kurzfristig anfallenden Tätigkeiten zuständig ist und welche Ressourcen dafür bereitgestellt werden.

14 Obgleich das ArbSchG seit dem Jahr 1996 mit § 3 Abs. 2 ArbSchG die Grundpflicht zur Organisation des betrieblichen Arbeitsschutzes normiert, zeigt die Praxis, dass die **Arbeitsschutzorganisation vielfach immer noch eher fragmentarisch** ist oder es ganz an einer expliziten und transparenten Arbeitsschutzorganisation fehlt. Eine Pandemie, die die betroffenen Betriebe ohnehin nicht nur mit Blick auf den Arbeitsschutz vor größte Herausforderungen stellt, dürfte kaum der richtige Zeitpunkt sein, derartige Versäumnisse umfassend nachzuholen. Ungeachtet dessen sollte aber in einem ersten Schritt wenigstens schnellstmöglich die Arbeitsteilung für die spezifischen Aufgaben und Maßnahmen geregelt werden, die mit Blick auf den Schutz der Beschäftigten vor pandemiebedingten Gefährdungen unerlässlich sind.

15 Die praktische Umsetzung der im Organisationsplan geregelten betrieblichen Arbeitsteilung erfolgt regelmäßig durch **Pflichtenübertragung**. Das ArbSchG macht in § 13 insoweit grundlegende Vorgaben, die auch und gerade in krisenhaften Situationen, in denen schnelles und flexibles Handeln gefragt ist, wichtig sind.

a) Pflichtenübertragung: Aufgaben und Befugnisse festlegen

16 Aufgaben und Befugnisse sind, in Umsetzung der Regelungen des Organisationsplans, in der Pflichtenübertragung zu benennen.[13] Hierzu gehört eine möglichst **genaue Beschreibung des Zuständigkeitsbereichs** und der **wahrzunehmenden Aufgaben** sowie die Klärung der **Weisungsbefugnisse**. Dies ist eine notwendige Voraussetzung für eine funktionierende (Arbeitsschutz-)Organisation. So wird „Kompetenzgerangel" vermieden, was in einer Pandemiesituation,

13 Dies gilt auch für Betriebsleitungen (vgl. § 13 Abs. 2 Nr. 4 ArbSchG). Auch diese müssen Klarheit darüber haben, wie weit ihre „Handlungsvollmachten" reichen und wann ggf. der Arbeitgeber selbst bzw. seine vertretungsberechtigten Organe/Gesellschafter (§ 13 Abs. 1 ArbSchG) eingeschaltet werden müssen.

in der viele Entscheidungen binnen kurzer Frist zu treffen und umzusetzen sind, von erheblicher Bedeutung ist.[14]

Die Pflichtenübertragung wird zudem nur dann in gewünschter Weise funktionieren, wenn mit der Pflichtenübertragung zugleich die zur Verfügung stehenden **Ressourcen**, insbes. finanzielle Mittel, Sachmittel und die zur Verfügung stehende Zeit, eindeutig geklärt werden. **17**

b) Pflichtenübertragung: Fachkunde sicherstellen

Pflichten dürfen nach § 13 Abs. 2 ArbSchG nur an **zuverlässige und fachkundige Personen** übertragen werden. Dies ist in Zeiten einer Pandemie, wie z.B. mit dem Corona-Virus SARS-CoV-2, in denen das Wissen über das Virus tagtäglich fortschreitet und die Strategien zum Umgang mit den Infektionsgefahren in schneller Folge angepasst werden, von erheblicher Bedeutung. Zu beachten ist, dass für viele Führungskräfte der Arbeits- und Gesundheitsschutz nur eine unter vielen Aufgaben ist. Sie sind daher meistens schon keine Arbeitsschutzexperten für den Normalbetrieb, geschweige denn Experten für eine Ausnahmesituation wie eine Pandemie. **18**

Fachkunde bedeutet bei der skizzierten, oft wohl typischen Ausgangslage vor allem, die **eigenen Grenzen und die Notwendigkeit, fachliche Unterstützung Dritter hinzuzuziehen**, zu **erkennen**. In der Pflichtenübertragung sollte vor diesem Hintergrund die Befugnis, auf fachkundige Beratung zurückzugreifen, ausdrücklich hervorgehoben werden. Zumindest die für den Betrieb bestellten Experten nach dem Arbeitssicherheitsgesetz (ASiG), d.h. der Betriebsarzt und die Fachkraft für Arbeitssicherheit (FASI), sollten jederzeit direkt hinzugezogen werden können. Sie haben nach dem ASiG die gesetzliche Aufgabe, die verantwortlichen Personen unabhängig und weisungsfrei fachkundig zu beraten, damit diese ihrer Verantwortung gerecht werden können, entsprechend dem aktuellen Stand von Technik, Arbeitsmedizin und Hygiene sowie den gesicherten arbeitswissenschaftlichen Erkenntnissen (§ 4 Nr. 3 ArbSchG) zu handeln.[15] **19**

c) Pflichtenübertragung: Interne Meldepflichten

Lassen sich mit den übertragenen Weisungsbefugnissen und den zur Verfügung stehenden finanziellen, sächlichen und zeitlichen Ressourcen die gebotenen Maßnahmen nicht umsetzen, ist in der Pflichtenübertragung festzuhalten, dass dies dem **Arbeitgeber** unmittelbar zu melden ist. Die Aufgabe wird dann gewis- **20**

---

14 Element 1 der GDA-Leitlinie „Organisation des betrieblichen Arbeitsschutzes", Stand: 22.5.2017, S. 19, www.gda-portal.de.

15 Zur organisatorischen Stellung der FASI vgl. BAG, 15.12.2009 – 9 AZR 769/08, NZA 2010, 506ff.; *Diederich/Faber*, Arbeitsschutz: Mit Fachkunde und Teamwork, Gute Arbeit 2018/9, 8, 9f.

sermaßen an den Arbeitgeber zurückgereicht, der stets die „**Oberaufsicht**" zu führen und die „**Gesamtverantwortung**" zu tragen hat.[16]

2. Informations- und Wissensmanagement

21 In dynamischen Situationen wie einer Pandemie, in der sich die Kenntnisse über (Infektions-)Risiken rasant entwickeln, ist es wichtig, die neuesten Erkenntnisse stets zeitnah präsent zu haben, um wirksame Maßnahmen entwickeln zu können. § 4 Nr. 3 ArbSchG verlangt folgerichtig, dass bei den Maßnahmen des Arbeitsschutzes der „**Stand von Technik, Arbeitsmedizin und Hygiene sowie sonstige gesicherte arbeitswissenschaftliche Erkenntnisse** zu berücksichtigen" sind. Diese „**Technikklausel**" zielt darauf ab, alle Maßnahmen an fortschrittlichen und aktuellen Erkenntnissen zu orientieren und diese zeitnah im Betrieb aufzugreifen.[17]

22 Die regelmäßige, aktive Auswertung der in § 4 Nr. 3 ArbSchG genannten Erkenntnisse neben den sonstigen Aufgaben ist schon in „normalen Zeiten" eine schwer zu bewältigende Herausforderung für den Arbeitgeber und die Führungskräfte als Verantwortliche für Sicherheit und Gesundheit bei der Arbeit. In der Drucksituation einer Pandemie, mit ständig neuen, tagesaktuellen Erkenntnissen und Deutungen, gilt dies umso mehr. Vor diesem Hintergrund ist die **Pandemie** gewissermaßen die „**Stunde der Betriebsärzte und Fachkräfte für Arbeitssicherheit (FASI)**".

23 Betriebsärzte und FASI sind nach §§ 2, 5 ASiG in allen Betrieben vom Arbeitgeber zu bestellen. Es handelt sich bei ihnen um ausgewiesene Experten der Arbeitsmedizin und Sicherheitstechnik, die ihre besondere Expertise nach §§ 4, 7 ASiG nachgewiesen haben. Ihre Aufgabe besteht nach § 1 ASiG insbes. darin, die im Einzelfall relevanten **arbeitsmedizinischen, sicherheitstechnischen und arbeitswissenschaftlichen Erkenntnisse in den Betrieb** zu „**transportieren**". Sie unterstützen dabei den Arbeitgeber und die verantwortlichen Personen als **fachkundige Berater** (§ 3 Abs. 1 ASiG, § 6 ASiG). Es gehört zu ihren zentralen **gesetzlichen Aufgaben**, mit dem **Betriebsrat zusammenzuarbeiten** (§ 9 Abs. 1 ASiG). Sie sind in diesem Rahmen verpflichtet, den Betriebsrat unaufgefordert zu unterrichten (§ 9 Abs. 2 Satz 1 Hs. 1 ASiG) und ihn auf sein Verlangen, z. B. im Rahmen einer Betriebsratssitzung, zu beraten (§ 9 Abs. 2 Hs. 2 ASiG).

24 Betriebsärzte und FASI sollten aufgrund ihrer **besonderen Qualifikation** zumindest grundsätzlich damit vertraut sein, mit **Krisenlagen** wie einer Pandemie umzugehen. Sofern sie sich nicht selbst aktiv einschalten, sollte dies aktiv von den Betriebsparteien eingefordert werden. Betriebsarzt und Fachkraft sind in der Ausübung ihrer Fachkunde unabhängig und weisungsfrei (§ 8 Abs. 1 ASiG).

16 *Kohte*, in: Kollmer/Klindt/Schucht, ArbSchG, § 3 Rn. 49 ff.

17 BT-Drs. 13/3540, S. 13.

Hiervon nicht berührt ist aber die **Möglichkeit der Betriebsparteien**, die **Aufgaben** des Betriebsarztes und der FASI zu **erweitern oder einzuschränken** (§ 9 Abs. 3 ASiG). Dies dürfte relativ problemlos in Betrieben möglich sein, die eine Vereinbarung über die regelmäßige Arbeitsplanung der Betriebsärzte und FASI haben.[18] In diesen ist zumeist eine **unterjährige Anpassung** der häufig auf ein Jahr festgelegten Vorausplanung vorgesehen. Der immense zusätzliche Arbeitsanfall in einer Pandemie kann dann im Rahmen der sog. betriebsspezifischen Betreuung[19] angepasst werden.

Vor allem in kleinen und mittleren Betrieben können Probleme bei der Anpassung, d.h. zumeist der Ausweitung der Aufgaben dadurch entstehen, dass Betriebsärzte und FASIS, häufig als **externe, freie Dienstleister** „eingekauft" worden sind bzw. ein **überbetrieblicher Dienst i.S.v. § 19 ASiG** verpflichtet worden ist. Sperren sich diese (z.B. weil sie selbst überlastet sind aus Kapazitätsgründen) gegen zusätzliche Beratungs- und Unterstützungsleistungen, sollte dies nicht einfach hingenommen werden. Sofern unter Bezug auf das ASiG eine Bestellung als Betriebsarzt oder FASI erfolgt ist, gehört auch die **konkret benötigte betriebsspezifische Betreuung** zu den **gesetzlichen Aufgaben**. Das ASiG begrenzt den Umfang der Beratung und Unterstützung nicht durch im Voraus festgelegte Stundendeputate, sondern durch den unbestimmten Rechtsbegriff „erforderlich" in §§ 2, 5 Abs. 1 ASiG.[20] Es spricht insoweit Einiges dafür, dass entsprechende Ressourcen durch Betriebsarzt und FASI aufzubringen sind, wollen sie ihren gesetzlichen Aufgaben aus dem ASiG gerecht werden. Unabhängig von der Frage, ob sich hieraus nach Ende der Pandemie Ansprüche ergeben könnten, sollte mit Blick auf vergleichbare Krisensituationen in Zukunft die zurückliegende Zusammenarbeit reflektiert werden. Verträge mit dem externen Betriebsarzt und der externen FASI sind oftmals befristet und ansonsten kündbar. 25

3. Organisation der betrieblichen Kooperation

Eine wichtige Organisationsleistung ist die Regelung der Zusammenarbeit der betrieblichen Akteure. Es geht darum, den Aktivitäten eine **stabile Struktur** und einen **Anlaufpunkt** zu geben. Da gerade in Notsituationen wie einer Pandemie typischerweise schnelles und kurzfristiges Handeln geboten ist, macht es Sinn, die Dinge in einem gemeinsamen Termin mit allen beteiligten Akteuren zu 26

18 Wichtigster normativer Anker dieser Vereinbarungen ist die DGU-Vorschrift 2, die die Kooperation zwischen Betriebsarzt und FASI ausformt und insbes. die Arbeitsplanung, bestehend aus der Grundbetreuung und der betriebsspezifischen Betreuung regelt. Dazu genauer *Diederich/Faber*, Arbeitsschutz: Mit Fachkunde und Teamwork, Gute Arbeit 2018/9, 8 ff. mit Hinweisen auf die einschlägige Rechtsprechung.

19 *Diederich/Faber*, Arbeitsschutz: Mit Fachkunde und Teamwork, Gute Arbeit 2018/9, 8, 12.

20 *Diederich/Faber*, Arbeitsschutz: Mit Fachkunde und Teamwork, Gute Arbeit 2018/9, 8, 12.

beraten. Es wird vor diesem Hintergrund u. E. mit guten Gründen empfohlen, ein **Gremium** (z. B. „Krisenstab“) einzurichten, in dem die relevanten Fragen mit allen Beteiligten übergreifend beraten werden können.[21]

27 Speziell mit Blick auf die gesundheitlichen Risiken der Beschäftigten im Falle einer Pandemie steht in Betrieben mit mehr als 20 Beschäftigten mit dem **Arbeitsschutzausschuss** nach § 11 ASiG im Prinzip ein Beratungsgremium zur Verfügung. An diesem können alle für den Arbeitsschutz wesentlichen Akteure beteiligt werden.[22] Die **Bedeutung** und die Wertschätzung des „ASA“ ist allerdings **in den Betrieben** sehr **unterschiedlich**. Funktioniert er gut und ist er eine im Betrieb Wert geschätzte Austauschs- und Diskussionsplattform, spricht vieles dafür, den ASA für die Steuerung und Koordination des Arbeits- und Gesundheitsschutzes in der Pandemie zu nutzen. Wichtig und notwendig ist es dabei in Zeiten einer Pandemie allerdings, den **Sitzungsrhythmus** zu **flexibilisieren**. Dies ist rechtlich unproblematisch, da § 11 ASiG lediglich einen vierteljährlichen Mindesttagungsrhythmus vorgibt. Je nach Phase der Pandemie kann es aber sinnvoll und notwendig sein, sich täglich mindestens einmal, z. B. zu Beginn des Arbeitstages, zu treffen. Zur Koordination der täglichen Arbeiten kann es sich zudem empfehlen, einen **Koordinator** aus den Reihen des ASA zu bestellen.

28 Der ASA kann eine gute Plattform sein, auf der die betrieblichen Experten, d. h. Betriebsarzt und FASI, kontinuierlich neue Erkenntnisse, Strategien und Vorschriften breit streuen können. Nach § 11 ASiG ist der **ASA** aber entgegen einem weit verbreiteten Irrtum **kein Entscheidungsgremium**.[23] Er ist aber ein gutes Forum, um z. B. mitbestimmte Entscheidungen zum Arbeits- und Gesundheitsschutz (§ 87 Abs. 1 Nr. 7 BetrVG) unter Beteiligung des gebündelten Sachverstandes des Betriebs fachlich vorzuklären, damit die Betriebsparteien schnell entscheiden können und unnötige Konflikte vermieden werden.

29 Organisatorisch zu regeln ist weiter die **Kommunikation mit den Beschäftigten**, die gerade im Falle von „unsichtbaren“ Infektionsgefahren wichtig ist. So bedarf es mit Blick auf die Umsetzung der individuellen Schutzmaßnahmen, wie Hygieneregeln, gezielter **Unterweisungen**, die das geforderte **Verhalten trainieren** und die **Beschäftigten „mitnehmen“**, indem sie die Sinnhaftigkeit der Maßnahmen vermitteln. Festzulegen sind weiter die Unterweisenden und nicht zuletzt die Anlässe und der Rhythmus der Unterweisung. Unterweisungen sind jedenfalls immer dann vor Arbeitsaufnahme geboten, wenn Schutzmaßnahmen und/oder die Einschätzung der Gefährdungssituation sich geändert haben.

---

21 Bundesamt für Bevölkerungsschutz und Katastrophenhilfe/Regierungspräsidium Stuttgart – Landesgesundheitsamt, Handbuch Betriebliche Pandemieplanung, S. 35.

22 Die gesetzliche Mindestbesetzung besteht nach § 11 ASiG aus dem Arbeitgeber, 2 Betriebsräten, Betriebsarzt, FASI, Sicherheitsbeauftragten gem. § 22 SGB VII und außerdem wegen § 178 Abs. 4 SGB IX der Schwerbehindertenvertretung.

23 Vgl. § 11 Satz 3 ASiG: „Der Arbeitsschutzausschuß hat die Aufgabe, Anliegen des Arbeitsschutzes und der Unfallverhütung zu beraten.“

Zu organisieren ist nicht nur der Informationsfluss zu den Beschäftigten, sondern auch der **Informationsfluss der Beschäftigten zum Arbeitgeber** und zu den mit Pandemieschutz befassten **Funktionsträgern und Stellen** im Betrieb. So sollten Unterweisungen immer auch genutzt werden für ein „Feedback" der durchgeführten Maßnahmen und zu möglichen Verbesserungspotenzialen. In diesem Rahmen sollten deshalb Meldewege eingerichtet und bekannt gemacht werden, über die Mängel angezeigt oder ggf. auch Vorschläge gemacht werden können. Aus § 3 Abs. 2 Nr. 2 ArbSchG folgt, dass der Arbeitgeber insoweit durch organisatorische Maßnahmen sicherstellen muss, dass die Beschäftigten ihren Mitwirkungspflichten nachkommen können. **30**

IV. Prozessgestaltung durch Gefährdungsbeurteilung

Eine Pandemie, wie aktuell die mit dem Corona-Virus SARS-CoV-2, führt die betriebliche Praxis in eine **Situation voller Ungewissheiten**. So fehlen mit Blick auf die Sicherheit und Gesundheit bei der Arbeit typischerweise valide Daten über das Schädigungspotenzial, mögliche Infektionswege und die Wirksamkeit von Schutzmaßnahmen und Schutzstrategien. Dabei ist die **Situation hochdynamisch**, da sich der Kenntnisstand und die Arbeitshypothesen über erforderliche betriebliche Maßnahmen gegen SARS-CoV-2 praktisch täglich entwickeln. Diese Dynamik wird noch dadurch verschärft, dass auch der Staat mit kurzfristig verabschiedeten Gesetzen, Verordnungen und Verfügungen den Handlungsrahmen ändert, z.B. durch Zugangsregelungen zu Pflegeeinrichtungen, Anforderungen an die Hygiene oder die Forderung von Sicherheitsabständen zur Unterbindung von sozialen Kontakten zur Vermeidung von Infektionen.[24] **31**

1. Schlüsselrolle und Logik der Gefährdungsbeurteilung

Die Gefährdungsbeurteilung (§ 5 ArbSchG) ist nicht nur in „normalen Zeiten", sondern gerade in Krisen wie einer Pandemie das arbeitsschutzrechtliche **Instrument**, um die erforderlichen **Maßnahmen des Arbeitsschutzes** systematisch zu entwickeln, umzusetzen und bei Bedarf anzupassen bzw. zu optimieren. Wird die Gefährdungsbeurteilung nicht nur rein schematisch, sondern ihrem Sinn und Zweck gemäß durchgeführt, bietet sie neben Rechtssicherheit vor allem eine praktische **Handlungsstrategie**, um **flexibel, zeitnah und punktgenau neue Erkenntnisse** über die mit der Pandemie verbundenen Gefährdungen und Schutzmöglichkeiten **aufzugreifen und betrieblich umzusetzen**. **32**

---

24 Z.B. für das Land NRW, Verordnung zum Schutz vor Neuinfizierungen mit dem Coronavirus SARS-CoV-2 (CoronaSchVO) des Landes Nordrhein-Westfalen vom 22.3.2020, GV.NRW 2020, S. 177a ff.

33 Die Logik der Gefährdungsbeurteilung erschließt sich im Kern aus der bekannten Redewendung „Gefahr erkannt, Gefahr gebannt". Nimmt man Pandemien als Beispiel, stehen Gefährdungsbeurteilungen für einen betrieblichen Prozess, der eine **doppelte Zielstellung** verfolgt: Es geht *erstens* um die Ermittlung der Möglichkeiten gesundheitlicher Schädigung durch Infektionen bei der Arbeit („**Ist-Zustand**") und, *zweitens*, soweit dies der Fall ist, um die Ermittlung der erforderlichen Schutzmaßnahmen („**Soll-Zustand**"). Die Besonderheit der Gefährdungsbeurteilung in einem krisenhaften Zustand wie einer Pandemie besteht, wie bereits ausgeführt, darin, dass das Wissen um die bestehenden Gefährdungen und über mögliche Schutzmaßnahmen mehr oder weniger lückenhaft und ungesichert ist.

34 Die plakativ skizzierte grundsätzliche Logik liegt im Grundsatz dem heute in der betrieblichen Praxis gängigen Vorgehen bei der Gefährdungsbeurteilung zugrunde. Der Prozess des Erkennens der Gefährdung bis hin zum Bannen der Gefährdung durch wirksame Maßnahmen des Arbeitsschutzes wird in der Praxis durch weitere Prozessschritte ergänzt, die die plakativ dargelegte Logik nicht infrage stellen, sondern ergänzen und verfeinern. Breite Akzeptanz finden dabei die **Prozessstrukturierungen** durch die **Leitlinien der Gemeinsamen Deutschen Arbeitsschutzstrategie** (GDA, §§ 20a f. ArbSchG[25]). Diese sind zwar keine Rechtsnormen. Die Orientierung an den GDA-Leitlinien ist aber mit Blick auf die Rechtssicherheit empfehlenswert, denn die staatlichen Arbeitsschutzbehörden sowie die Berufsgenossenschaften und Unfallkassen richten ihre Aufsichtstätigkeit an diesen aus (zum Problem rechtsfehlerhafter Ausführungen vgl. Kap. 14 Rn. 11 ff.). Nach der GDA-Leitlinie zur Gefährdungsbeurteilung[26] besteht der Prozess der Gefährdungsbeurteilung aus den folgenden sieben Schritten:

1. „Festlegen von Arbeitsbereichen und Tätigkeiten
2. Ermitteln der Gefährdungen
3. Beurteilen der Gefährdungen
4. Festlegen konkreter Arbeitsschutzmaßnahmen nach dem Stand der Technik (bei diesem Schritt ist die Rangfolge der Schutzmaßnahmen nach § 4 ArbSchG zu beachten)
5. Durchführen der Maßnahmen
6. Überprüfen der Wirksamkeit der Maßnahmen
7. Fortschreiben der Gefährdungsbeurteilung (insbesondere Anpassung im Falle geänderter betrieblicher Gegebenheiten nach § 3 ArbSchG)"

---

25 Zur rechtlichen Einordnung und zum Stellenwert der GDA-Leitlinien vgl. *Kohte/Faber*, in: HK-ArbSchR, Vor §§ 20a, 20b ArbSchG Rn. 10 ff.

26 Gemeinsame Deutsche Arbeitsschutzstrategie (Hrsg.), Leitlinie Gefährdungsbeurteilung und Dokumentation, Stand 22.5.2017, http://gda-portal.de.

Nachdem der ABAS das Corona-Virus in die Risikogruppe 3 nach § 3 BioStoffV eingestuft hat,[27] ist davon auszugehen, dass es schwere Krankheiten beim Menschen hervorrufen kann und bei sozialem Kontakt eine Mensch-zu-Mensch-Infektion zu besorgen ist. Hiermit steht fest, dass sich die **betrieblichen Gegebenheiten** bei Arbeiten mit Sozialkontakten **seit dem Auftreten des Corona-Virus signifikant geändert** haben. Dies macht eine Neubewertung der Situation in praktisch allen Betrieben erforderlich.[28] Das bedeutet konkret, dass die Möglichkeiten einer Infektion mit SARS-CoV-2 bei der Arbeit beurteilt werden müssen. Dementsprechend sind vorhandene **Gefährdungsbeurteilungen** zu überprüfen und **anzupassen** bzw., sofern noch nicht vorhanden, **durchzuführen**. **35**

In den Blick zu nehmen sind dabei zunächst die bei den Arbeitstätigkeiten bestehenden möglichen Übertragungswege. Es dürfte außer Frage stehen, dass insoweit in unterschiedlichen Branchen unterschiedliche Bedingungen mit unterschiedlichen Übertragungswegen bestehen. So sind z.B. im Bereich der Pflege andere Vorgehensweisen angezeigt als in einem Supermarkt oder in einem Logistikbetrieb. Zweck der Gefährdungsbeurteilung ist es, mit Blick auf virale Gefährdungen im Rahmen einer Pandemie, für jeden Betrieb zu einer **realistischen Situationsanalyse** und zu einem **problemadäquaten Schutzkonzept** zu gelangen. Der Arbeitgeber hat dabei sicherzustellen, dass diese Situationsanalyse nebst Maßnahmenableitung fachkundig erfolgt (vgl. z.B. §§ 4 Abs. 1 BioStoffV; 6 Abs. 11 GefStoffV; 3 Abs. 2 ArbStättV, dazu auch unten Rn. 48 ff.). **36**

2. Spezielle Aspekte der Gefährdungsbeurteilung bei Pandemie

Grundlegende Rechtsgrundlage für Gefährdungsbeurteilungen ist § 5 ArbSchG. Die Bestimmung regelt rahmenrechtlich die Ziele, die Gegenstände und die arbeitsschutzrechtlich relevanten Gefährdungsfaktoren. **37**

a) Ganzheitliche Gefährdungsbeurteilung

Die **rahmenrechtlichen Vorgaben** für die **Gefährdungsbeurteilung** werden ergänzt durch **spezielle Bestimmungen** in verschiedenen Fachgesetzen (§§ 10 MuSchG, 28a JArbSchG) und verschiedenen Rechtsverordnungen (z.B. §§ 3 ArbStättV, 6 GefStoffV, 3 BetrSichV). Die genannten speziellen Regelungen formulieren mehr oder weniger detaillierte Vorgaben, die sich auf bestimmte Gefährdungsquellen bzw. bestimmte besonders schützenswerte Personengruppen beziehen. Auch wenn es damit eine beachtliche Anzahl normativer Vorgaben in **38**

---

27 Beschluss 1/2020 des ABAS vom 19.2.2020, Begründung zur vorläufigen Einstufung des Virus SARS-CoV-2 in Risikogruppe 3 und Empfehlungen zu nicht gezielten Tätigkeiten (Labordiagnostik) und gezielten Tätigkeiten mit SARS-CoV-2, www.baua.de.

28 Dazu auch *Kreizberg*, in: Kollmer/Klindt/Schucht, ArbSchG, § 5 Rn. 67 f.; *Pieper*, ArbSchR, § 5 ArbSchG Rn. 8.

diversen Rechtsquellen gibt, muss der Arbeitgeber nicht eine Fülle isolierter Gefährdungsbeurteilungen durchführen, sondern **eine „ganzheitliche“**, die die Beurteilung aller Gefährdungen gewissermaßen zusammenführt.[29]

39 Mit Blick auf die Gefährdungen durch eine Pandemie ist der **Blick** primär **auf die BioStoffV** zu richten, denn das Corona-Virus SARS-CoV-2 ist ein Biostoff i.S.v. § 2 Abs. 1 BioStoffV. Die BioStoffV findet nach Maßgabe von § 2 Abs. 7 BioStoffV nicht nur bei Tätigkeiten Anwendung, bei denen Biostoffe unmittelbarer Gegenstand der Arbeit sind, sondern auch dann, wenn Beschäftigte **bei der Arbeit Biostoffen ausgesetzt** sein können. Damit sind auch Arbeiten von der BioStoffV erfasst, die man auf den ersten Blick nicht unbedingt mit Biostoffen in Verbindung bringt (z.B. Arbeiten im Einzelhandel, Kulturbetrieb, Bildungswesen, Dienstleistungssektor). Selbst wenn man nicht bei jedwedem berufsbedingten Ausgesetztsein die BioStoffV für unmittelbar anwendbar hält,[30] ändert dies die Anforderungen an die Beurteilung der Gefährdungen und die abzuleitenden Maßnahmen nicht wesentlich. Es ist anerkannt, dass die Bestimmungen des ArbSchG und der Arbeitsschutzverordnungen (insbes. BioStoffV) in einem Verhältnis wechselseitiger Ergänzung stehen. Dies hat zur Folge, dass zur Konkretisierung der nach § 4 ArbSchG zu beachtenden Grundsätze des Arbeitsschutzes auch Anforderungen aus den Verordnungen heranzuziehen sind, sofern diese auf die jeweils zu beurteilenden Tätigkeiten passen.[31]

b) Anforderungen aus der BioStoffV

40 Im Falle einer Pandemie geht es vor allem um die Ergänzung der bestehenden Gefährdungsbeurteilung im Hinblick auf die Möglichkeit einer berufsbedingten Infektion (aktuell mit dem Corona-Virus SARS-CoV-2). Für viele Betriebe geht es damit nicht darum, „das Rad neu zu erfinden“, sondern vorhandene Beurteilungen an die neue Gefährdungslage anzupassen und auf dieser Basis die erforderlichen Schutzmaßnahmen zu entwickeln.

41 Der **Arbeitgeber bzw. die verantwortlichen Personen** nach § 13 Abs. 2 ArbSchG müssen ungeachtet dessen aber in jedem Falle **unverzüglich tätig werden**, denn nach §§ 4 Abs. 1, 8 Abs. 3 BioStoffV ist die Gefährdungsbeurteilung **vor Aufnahme (weiterer) Tätigkeiten** durchzuführen, d.h. für Arbeitgeber und sonstige Verantwortliche konkret: Es muss sofort der oben beschriebene Prozess der Gefährdungsbeurteilung initiiert werden und es ist über die Erforderlichkeit von Schutzmaßnahmen zu befinden. Klar ist dabei, dass schon wegen des lückenhaften Wissens über SARS-CoV-2 **viele Beurteilungen und Ableitungen zumindest zunächst vorläufig** bleiben werden. Dies ist aber eine

---

29 Dazu *Blume/Faber*, in: HK-ArbSchR, § 5 ArbSchG Rn. 17 f.
30 So wohl *Kossens*, in: Kollmer/Klindt/Schucht, ArbSchG, § 2 BioStoffV Rn. 9.
31 *Pieper*, ArbSchR, § 1 ArbSchG Rn. 22 m.w.N.

typische Situation für eine Pandemie. Vereinfacht lautet die Botschaft insoweit: Vor Beginn der Arbeit ist zu prüfen, ob und ggf. was zur Minimierung der Gefährdung (§ 4 Nr. 1 ArbSchG) getan werden kann.

Aus der BioStoffV ergeben sich dabei dezidierte Anforderungen, die bei der Ermittlung und Beurteilung der Gefährdungen speziell durch Biostoffe und bei der Ausgestaltung von Schutzmaßnahmen zu beachten sind. Mit Blick auf die **Gefährdungsbeurteilung** bedeutsam sind die **§§ 4–7 BioStoffV**, die spezifische Aspekte der Gefährdungsbeurteilung von Tätigkeiten i. S. d. BioStoffV regeln (z. B. Risikogruppeneinstufung, Übertragungswege, Art der Exposition, Aktualisierung der Gefährdungsbeurteilung, Dokumentation). Sie werden ergänzt durch die **Technischen Regeln für biologische Arbeitsstoffe (TRBA)**, die jederzeit über die Homepage der Bundesanstalt für Arbeitsschutz und Arbeitsmedizin verfügbar sind.[32] TRBA sind zwar keine gesetzlichen Vorschriften und es kann von ihnen abgewichen werden, wenn auf andere Weise die normativen Schutzziele der BioStoffV erreicht werden. Der Arbeitgeber bzw. die sonstigen Verantwortlichen müssen sie aber berücksichtigen, d. h. zur Kenntnis nehmen (§ 8 Abs. 5 BioStoffV). Die Umsetzung der TRBA im Betrieb hat dabei den Vorteil, dass bei ihrer akkuraten Anwendung vermutet wird, dass die gesetzlichen Mindestanforderungen eingehalten sind.[33] **42**

Wichtig für das generelle Vorgehen bei der Gefährdungsbeurteilung zu Biostoffen ist z. B. die **TRBA 400 „Handlungsanleitung zur Gefährdungsbeurteilung und für die Unterrichtung der Beschäftigten bei Tätigkeiten mit biologischen Arbeitsstoffen“**. Mit Blick auf die von der Pandemie besonders betroffenen Gesundheits- und Pflegebereiche sei an dieser Stelle auf die **TRBA 250 „Biologische Arbeitsstoffe im Gesundheitswesen und in der Wohlfahrtspflege“** verwiesen. **43**

c) Weitere Aspekte der Gefährdungsbeurteilung in der Pandemie

Wie ausgeführt, bedarf es einer ganzheitlichen Gefährdungsbeurteilung, die das gesamte Gefährdungspanorama (vgl. auch § 5 Abs. 3 ArbSchG) erfasst. So sind nach § 4 Nr. 6 ArbSchG spezielle Gefahren für **besonders schutzbedürftige Personengruppen** zu berücksichtigen. Besondere Regelungen zur Gefährdungsbeurteilung bestehen für den **Mutterschutz** durch § 10 MuSchG und für den **Jugendarbeitsschutz** durch § 28a JArbSchG. Es ist insoweit zu prüfen, ob und ggf. welche besonderen Risiken für werdende und stillende Mütter bzw. Jugendliche bestehen. Hierzu ist der aktuelle medizinische und arbeitswissenschaftliche Erkenntnisstand festzustellen und zu berücksichtigen. Mit Blick auf **44**

32 Vgl. www.baua.de.
33 Ausführlich zur Vermutungswirkung *Faber*, in: Kohte/Faber/Feldhoff, §§ 18, 19 ArbschG Rn. 35.

Gefährdungen von **(Schwer-)Behinderten** und von Behinderung bedrohten Beschäftigten ist im Einzelfall zu prüfen, ob durch die Behinderung eine besondere Gefährdung besteht. Zu den besonderen Risikogruppen zählen zudem **chronisch Erkrankte**, die nach dem aktuellen Erkenntnistand im besonderen Maße befürchten müssen, schwere Schädigungen durch die vom Corona-Virus ausgelöste Erkrankung Covid-19 zu erleiden.

45 Darüber hinaus ist im Blick zu behalten, dass sich **durch die Pandemie viele Arbeitsplätze verändert** haben. Dies gilt z.B. für eine „systemrelevante Branche" wie den Lebensmitteleinzelhandel (z.B. Kassiertätigkeiten, erhöhte Arbeitsmenge wg. „Hamsterkäufen", Ausplanung von Beschäftigten wg. Kinderbetreuung, Zusatzaufwand durch persönliche Hygienemaßnahmen, Desinfektion von Arbeitsplätzen und Arbeitsmitteln). All diese Faktoren sind bekanntermaßen Auslöser gesundheitskritischer physischer und auch psychischer Belastungen, die bei der Gefährdungsbeurteilung nebst Maßnahmenplanung zu berücksichtigen sind.

d) Prozessbegleitung durch Gefährdungsbeurteilung

46 Die **Gefährdungsbeurteilung** ist eine Daueraufgabe.[34] Sie steht für einen kontinuierlichen Prozess, dessen rechtlicher Rahmen durch die §§ 3–6 ArbSchG abgesteckt wird. Jeder der oben genannten sieben Prozessschritte gemäß der GDA-Leitlinie Gefährdungsbeurteilung und Dokumentation[35] lässt sich auf die genannten Bestimmungen zurückführen. Sie fügen sich zu einem einheitlichen **Prozess zur Entwicklung, Umsetzung und Überprüfung problemangemessener Arbeitsschutzmaßnahmen** mit dem Ziel einer fortlaufenden Verbesserung des Schutzes. Diese Prozesshaftigkeit macht die Gefährdungsbeurteilung gerade in einem dynamischen Umfeld wie einer Pandemie, mit einem zum Zeitpunkt des Ausbruchs bestenfalls bruchstückhaften Wissen über Voraussetzungen, Übertragungswege und Schutzmaßnahmen, zu einem effektiven Instrument für einen systematischen Gesundheitsschutz.

47 Insbes. die im Prozess vorzunehmenden **Wirksamkeitskontrollen und die Pflicht zur Optimierung** (§ 3 Abs. Satz 2, 3 ArbSchG) schaffen einen Rahmen für die **kontinuierliche Berücksichtigung der stetig wachsenden Erkenntnisse** über mögliche Schutzmaßnahmen und deren Wirksamkeit. Gerade angesichts dieser Dynamik sind die „Taktzeiten" der Wirksamkeitskontrollen in Zeiten einer Pandemie kurz anzusetzen und Anstrengungen, sich kontinuierlich ein Bild von den Schutzmöglichkeiten zu machen, unerlässlich. § 4 Nr. 3 ArbSchG verlangt dementsprechend die aktive Beobachtung des Standes von Technik, Arbeitsmedizin und Hygiene. Da in der Regel, anders als bei anderen, bekannten

---

34 *Pieper*, ArbSchR, § 5 ArbSchG 7 ff.

35 GDA (Hrsg.), Leitlinie Gefährdungsbeurteilung und Dokumentation, Stand 22.5.2017, S. 10 f., http://gda-portal.de.

Gefährdungen, keine technischen Regelwerke zur Verfügung stehen, sind insoweit entsprechende (Internet-)Recherchen bei den betroffenen Institutionen (z.B. Robert Koch-Institut, Deutschen Gesetzlichen Unfallversicherung, Berufsgenossenschaften, Bundesanstalt für Arbeitsschutz und Arbeitsmedizin) durchzuführen.

3. Fachkunde sicherstellen!

Die skizzierten besonderen Aspekte einer „Gefährdungsbeurteilung in der Pandemie" zeigen zweierlei: Es gibt Instrumente und Verfahren, um Gefährdungen des Lebens und der Gesundheit der Beschäftigten auch in einer Pandemie zu ermitteln, zu vermeiden bzw. ggf. wirksam zu minimieren. Ihr Einsatz ist schon mit Blick auf Art. 2 GG unverzichtbar. Für den Arbeitgeber bzw. die verantwortlichen Personen nach § 13 ArbSchG, die Sicherheit und Gesundheit bei der Arbeit zu gewährleisten haben, ist dies eine Herausforderung. Sie können sie realistisch eigentlich nur dann höchstpersönlich erfüllen, wenn sie bereits über spezialisiertes Vorwissen und über ausreichend Zeit verfügen, um den Stand von Technik, Arbeitsmedizin und Hygiene zu verfolgen und zu reflektieren. Dies ist wenig wahrscheinlich. **48**

Es kommt hinzu, dass selbst bei vollständiger Durchdringung der zuvor skizzierten Vorschriften, technischen Regeln und Erkenntnisse noch keine **operativ im Betrieb nutzbaren Instrumente** vorliegen. Hilfestellungen finden sich zwar durchaus auf den Seiten von Unfallversicherungsträgern, Aufsichtsbehörden, der BAuA oder von Verbänden. Aber auch diese zu erschließen ist mit **Zeit und Ressourcen** verbunden, die gerade in einer **krisenhaften Situation** wie einer Pandemie **knapp** sind. **49**

Es ist vor diesem Hintergrund realitätsnah und zielführend, wenn der Gesetzgeber in neueren Vorschriften zur Gefährdungsbeurteilung die Notwendigkeit hervorhebt, dass Gefährdungsbeurteilungen fachkundig erfolgen müssen und zugleich eine **fachkundige Beratung** für den Fall gefordert wird, dass der Arbeitgeber nicht über entsprechende Kenntnisse verfügt (insbes. §§ 5 Abs. 1 BioStoffV; 3 Abs. 2 ArbStättV; 3 Abs. 3 BetrSichV; 6 Abs. 11 GefStoffV). Die Pflicht, sich fachkundig beraten zu lassen, verdeutlicht die aus der Arbeitsschutzverantwortung folgende Rolle des Arbeitgebers bzw. der Verantwortlichen nach § 13 ArbSchG. Die **Verantwortung** besteht vor allem darin, die **fachkundige Umsetzung der Pflicht zur Gefährdungsbeurteilung zu gewährleisten** und die hierfür erforderlichen Arbeitsschritte zu koordinieren. **50**

In einer Pandemie heißt dies, dass die **Fachkunde** Dritter[36] **gezielt genutzt** werden muss, um z.B. Prüflisten zu den Übertragungswegen und sonstigen Aspek- **51**

36 Nach dem Ansatz des ASiG also vorrangig die Expertise der Betriebsärzte und FASIs.

ten des betrieblichen Infektionsschutzes zu recherchieren oder zu entwickeln. Eine gut strukturierte Arbeitsschutzorganisation (dazu oben Rn. 22 ff.), die es ermöglicht, die im Betrieb verfügbaren Wissenspotenziale auszuschöpfen ist, kann insoweit einen wichtigen Beitrag dazu leisten, dass die Gefährdungsbeurteilung fachkundig und realistisch erfolgen kann.

V. Auf die Arbeitsschutzorganisation kommt es an

52 Betriebe (vermutlich die meisten), die keine Struktur für solche Krisen haben, sollten knapp 25 Jahre nach Inkrafttreten des ArbSchG Fragen der Gefährdungsbeurteilung und Arbeitsschutzorganisation endlich anpacken. Das ist vermutlich der **effektivste Weg**, Beschäftigte vor heute noch nicht bekannten Gesundheitsrisiken zu schützen.

53 Durchzuführenden Maßnahmen des Arbeits- und Gesundheitsschutzes kommt in der Pandemie eine Schlüsselfunktion zu.[37] **Betriebsräte sind gefordert und zu beteiligen**, §§ 89 Abs. 2, 87 Abs. 1 Nr. 7 BetrVG. Die Mitbestimmung ruht nicht. Betriebsratsbeschlüsse können gefasst und Einigungsstellenverfahren durchgeführt werden.

VI. Was bedeutet die Mitbestimmung im Arbeits- und Gesundheitsschutz?

54 Das BetrVG stattet den Betriebsrat im Arbeits- und Gesundheitsschutz mit weitreichenden Informations-, Mitwirkungs- und Mitbestimmungsrechten aus. **Im Mittelpunkt steht § 87 Abs. 1 Nr. 7 BetrVG**, der dem Betriebsrat ein breit gefächertes Mitbestimmungsrecht bei der Umsetzung der gesetzlichen Mindestanforderungen des Arbeitsschutzrechts einräumt. Der Gesetzgeber geht davon aus, dass über **Fragen, die Leben und Gesundheit bei der Arbeit betreffen**, nicht einseitig durch den Arbeitgeber, sondern kooperativ und im Konsens mit dem Betriebsrat zu entscheiden ist. Die Mitbestimmung im Arbeits- und Gesundheitsschutz nach § 87 Abs. 1 Nr. 7 BetrVG bezieht sich auf die Aufstellung von Regelungen über den Arbeits- und Gesundheitsschutz im Rahmen gesetzlicher Vorschriften. Es ist Element eines „guten Arbeitsschutzes", dass das betriebliche Erfahrungswissen der Beschäftigten in einem geordneten Verfahren in die zu treffenden Entscheidungen einfließt.

---

37 Bundesamt für Bevölkerungsschutz und Katastrophenhilfe/Regierungspräsidium Stuttgart – Landesgesundheitsamt, Handbuch Betriebliche Pandemieplanung, S. 27 ff.

1. Konkretisieren von Rahmenvorschriften

Überall dort, wo eine mittelbar oder unmittelbar dem Arbeits- und Gesundheitsschutz dienende Vorschrift der betrieblichen Ebene einen auszufüllenden Rahmen zuweist, ist dieser mitbestimmt auszufüllen. § 3 Abs. 1 Satz 1 ArbSchG ist nach Bundesarbeitsgericht ein Prototyp[38] einer solchen Rahmenvorschrift: **55**

> „Der Arbeitgeber ist verpflichtet, die erforderlichen Maßnahmen des Arbeitsschutzes (…) zu treffen, die Sicherheit und Gesundheit der Beschäftigten bei der Arbeit beeinflussen."

Die Norm enthält einen nicht abschließend konkretisierten Befehl. Arbeitgeber müssen Maßnahmen ergreifen („verpflichtet"). Welche dies sind, bestimmt der Normgeber nicht („die erforderlichen Maßnahmen"). Dagegen gibt der Normgeber wiederum zwingend die **Wirkrichtung der zu ergreifenden Maßnahmen** vor. Sie müssen auf eine Verbesserung des Arbeitsschutzes ausgerichtet sein („die die Sicherheit und Gesundheit der Beschäftigten bei der Arbeit beeinflussen"). Mit dem Betriebsrat ist festzulegen, wie der gesetzgeberische Rahmen ausgefüllt und konkretisiert wird. **56**

Auf der betrieblichen Ebene wird entschieden, wie bspw. die empfohlenen Sars-CoV-2-Distanz- und Hygieneempfehlungen konkret umgesetzt werden („Verbetrieblichung des Arbeitsschutzes"). Zwingend gemeinsam von Arbeitgeber und Betriebsrat zu treffen sind Regelungen, die im vorgegebenen Rahmen einer Norm liegen. § 3 Abs. 1 Satz 1 BetrVG definiert die Maßnahmen als „erforderlich", die der Sicherheit und dem Gesundheitsschutz der Beschäftigten dienen. Ein Geldausgleich für ein Risiko wird diesem Maßstab in der Regel nicht gerecht werden. Der Schutz von Beschäftigten vor einem leicht übertragbaren Virus verlangt präventive **Maßnahmen zur Verringerung des Ansteckungsrisikos** und keine finanzielle Kompensation. Der Volksmund bezeichnet Rahmenvorschriften, die Voraussetzung des Mitbestimmungsrechts sind, auch als Gummiparagrafen. Das Gummi ist zu härten. **57**

2. Feststehende Gesundheitsgefährdung

Nach der nicht unproblematischen Rechtsprechung des Bundesarbeitsgerichts soll ein Mitbestimmungsrecht des Betriebsrats bei Maßnahmen i. S. v. § 3 Abs. 1 ArbSchG nur bestehen, **wenn eine Gefährdung feststeht** oder im Rahmen einer Gefährdungsbeurteilung festzustellen ist.[39] Erst wenn diese Frage geklärt ist, könne die Ermittlung der erforderlichen Maßnahmen des Arbeitsschutzes erfol- **58**

38 BAG, 18.3.2014 – 1 ABR 73/12, Rn. 24.
39 BAG, 19.11.2019 – 1 ABR 22/18, Rn. 28; BAG, 28.3.2017 – 1 ABR25/15, NZA 2017, Rn. 20.

gen.[40] Es kann hier dahingestellt bleiben, ob die Mitbestimmung an Maßnahmen des Arbeitsschutzes tatsächlich ausgeschlossen sein kann, weil der Arbeitgeber unter evidenter Verletzung von § 5 ArbSchG keine Gefährdungsbeurteilung durchgeführt hat. Es liegt mit dem Corona-Virus SARS-CoV-2 eine feststehende Gefährdung vor, sodass die Grundlage für mitbestimmte Regelungen über Maßnahmen nach § 3 Abs. 1 ArbSchG gegeben ist.

a) Die Gefährlichkeit des Corona-Virus wurde durch den ABAS – wie eingangs erläutert – als **Biostoff der Risikogruppe 3 nach § 3 Abs. 1 BioStoffV** eingestuft.[41] Der Risikogruppe 3 gehören Biostoffe an, die „eine schwere Krankheit beim Menschen hervorrufen und eine ernste Gefahr für Beschäftigte darstellen können." Die amtliche Feststellung[42] zur Gefährlichkeit der Corona-Pandemie und dem Ansteckungsrisiko haben ergänzend auch Landesgesetzgeber getroffen. **Das Gesundheitsrisiko ist damit öffentlich festgestellt**. Da die Infektionsgefahr bei jeglichem sozialen Kontakt besteht, ist somit eine feststehende Gefährdung und Handlungsbedarf für Maßnahmen gegeben. Die erforderlichen Maßnahmen sind von Betriebsrat und Arbeitgeber im Konsens zu regeln, § 87 Abs. 1 Nr. 7 BetrVG.
b) Bei feststehendem Gesundheitsrisiko macht es Sinn, gleichzeitig und schnellstmöglich den **pandemiebezogenen Prozess der Gefährdungsbeurteilung** nach Maßgabe von § 87 Abs. 1 Nr. 7 BetrVG einzuleiten. Dieser kann zunächst schlicht und flexibel aussehen. Zentraler Punkt in der Pandemie ist es, den Stand der Entwicklungen außerhalb und innerhalb des Betriebes zu reflektieren. Dies ist im Prozess der Gefährdungsbeurteilung für die Phase der Gefährdungsermittlung und der Wirksamkeitskontrolle und Maßnahmenentwicklung interessant. Mitbestimmt regelbar wären z.B. Turnus, Zeitpunkt und Gegenstand regelmäßiger Besprechungen (z.B. im ASA oder „Krisenstab"). Wann finden welche Termine statt und wie werden diese strukturiert (Bericht aus den Abteilungen über den Stand der Umsetzung von Maßnahmen, Erfahrungen, Notwendigkeit des Nachsteuerns, was passiert bis zur nächsten Besprechung)? Im Ergebnis ist dies eine **atmende Gefährdungsbeurteilung**, die, anders als viele hoch entwickelte Verfahren des Normalbetriebs, leicht eingängig ist und schnell implementiert werden kann. Als organisatorische Regelung[43] und als Regelung zum Verfahren der Gefährdungsbeurteilung[44] sind diese Weichenstellungen von den Betriebsparteien gemeinsam vorzunehmen.

40 BAG, 19.11.2019 – 1 ABR 22/18, Rn. 28; BAG, 13.8.2019 – 1 ABR 6/18, Rn. 30.
41 Beschluss 1/2020 des ABAS vom 19.2.2020, www.baua.de.
42 Z.B. für Bayern nach Art. 4 Abs. 1 Satz 1 BayKSG (BayMBl. 2020. Nr. 115).
43 BAG, 18.3.2014 – 1 ABR 73/12, Rn. 24, 26.
44 BAG, 13.8.2019 – 1 ABR 6/18.

Beispiel: 59

Anlass für fortlaufende Wirksamkeitskontrollen und die Anpassung von Maßnahmen sind die seit Beginn der SARS-CoV-2-Pandemie diskutierten Engpässe bei geeigneten persönlichen Schutzausrüstungen (insbes. Schutzmasken). Bspw. im Krankenhaus- und Pflegebereich stellt sich die Frage, wie mit diesem **Mangel in Intensivstationen und Pflegestationen** umzugehen ist. Aus arbeitsschutzrechtlicher Perspektive besteht das Problem, ob und ggf. unter welchen Voraussetzungen Schutzmasken und Schutzanzüge auch bei mehrmaliger Verwendung noch vertretbaren Schutz bieten. Hierzu veröffentlicht der ABAS regelmäßig aktualisierte Empfehlungen.[45] In dem beschriebenen atmenden Prozess der Gefährdungsbeurteilung sind diese elementaren Fragen regelmäßig zu prüfen und Maßnahmen sind, sobald neue Erkenntnisse gewonnen worden sind, ggf. nachzujustieren.

VII. Maßnahmen des Arbeitsschutzes in der Pandemie

Der Maßstab für Maßnahmen nach § 3 Abs. 1 Satz 1 ArbSchG leitet sich – wie oben dargelegt – aus § 4 ArbSchG und der BioStoffV ab. Denn **ein Virus ist ein Biostoff** i. S. v. § 2 Abs. 1 BioStoffV und Beschäftigte können mit diesem bei der Arbeit in Kontakt kommen. Das Risiko besteht zum Beispiel für **Einzelhandelsbeschäftigte durch Kundenkontakt**. Die zu ergreifenden Maßnahmen hängen von der konkreten Arbeit ab. Sie müssen dem Maßstab des § 4 ArbSchG und den weiteren ArbSchVOen, insbes. der BioStoffV, gerecht werden. § 4 Nr. 4 ArbSchG verlangt u. a., dass Maßnahmen dem aktuellen Stand der wissenschaftlichen Erkenntnisse entsprechen. Wissenschaftliche Institute, wie das Robert Koch-Institut, beschreiben, was zur Minimierung von Gesundheitsrisiken getan werden kann. Dazu gehören Hygienekonzepte, das Abstands-Gebot und die Entdichtung sozialer Kontakte. Wie dargestellt, ist dies eine Frage des betrieblichen Wissensmanagements (s. o. III.2.). Die erforderlichen Regelungen (z. B. Beratung der FASI nach Recherche) sind nach § 87 Abs. 1 Nr. 7, Abs. 2 BetrVG von den Betriebsparteien festzulegen 60

Ein zu beachtendes Prinzip bei der Maßnahmenfestlegung ist das **(S)TOP-Prinzip**. Vorrangig ist ein Risiko zu vermeiden (**S**ubstitution). Geht dies nicht, haben **t**echnische Vorrang vor **o**rganisatorischen und diese wiederum Vorrang vor **p**ersönlichen Maßnahmen. Ist bspw. der Kundenkontakt im Verkauf ein Risiko, ist zunächst zu ermitteln, inwieweit dieser notwendig ist, dann ist zu prüfen, ob die 61

45 ABAS (Hrsg.), Empfehlung organisatorischer Maßnahmen zum Arbeitsschutz im Zusammenhang mit dem Auftreten von SARS-CoV-2 sowie zum ressourcenschonenden Einsatz von Schutzausrüstung, Stand 27.3.2020, www.baua.de.

empfohlene Distanz mit physikalischen oder organisatorischen Mitteln sichergestellt werden kann, bevor persönliche Verhaltensregeln aufgestellt werden.

1. Hygienemaßnahmen

62 Mitbestimmt sind ein betriebliches **Infektionsschutz- und Hygienekonzept** zu erstellen und transparente, pandemieangepasste Reinigungszyklen zu vereinbaren. Das umfasst bezahlte längere Ankleide- und Vorbereitungszeiten zur Sicherstellung erforderlicher Hygiene (die Kosten des Arbeitsschutzes trägt der Arbeitgeber). Den Beschäftigten sollten auch **Desinfektionsmittel** zum persönlichen Gebrauch unmittelbar ausgehändigt werden. Die Bereitstellung in Sanitär- oder Umkleideräumen kann unzureichend sein. Denn die Bereitstellung ist laufend sicherzustellen. Vorübergehende Lücken, z.B. wegen Aufbrauchens oder Verunreinigung, können vermeidbare Hygienedefizite verursachen.

2. Einzelmaßnahmen

63 Nach dem (S)TOP-Prinzip werden Einzelmaßnahmen bestimmt. Dabei muss ggf. abgestuft vorgegangen werden. Bis technische Maßnahmen installiert sind, können in der Zwischenzeit vorübergehende Maßnahmen ergriffen werden. Lassen sich bspw. berührungslose Sensoren nicht sofort installieren, kann für die Zwischenzeit auf andere Maßnahmen zurückgegriffen werden. **Umkleidebereiche** sind räumlich zu strukturieren (Entdichtung), ggf. zu vergrößern oder umzubauen. Solche flexiblen Regelungen sind arbeitsschutzrechtlich mit Blick auf § 3 Abs. 2 ArbSchG möglich und nötig, da die Maßnahmen zu planen sind. Dies ermöglicht, die Zeitachse bei der Maßnahmenableitung einzubeziehen. Über die entsprechenden **Prioritätensetzungen** haben sich die Betriebsparteien nach § 87 Abs. 1 Nr. 7 BetrVG zu verständigen.

3. Arbeitszeit und Organisation

64 Die Regierung von Oberbayern betont in ihrer Allgemeinverfügung zu Ausnahmen vom Arbeitszeitgesetz die Notwendigkeit, den Gesundheitsschutz sicherzustellen.[46] Die Gestaltung der Arbeitszeit ist dann, wenn der **physische und psychische Druck** zunimmt, immer mitzudenken. Arbeitszeitvereinbarungen und Arbeitszeitkonten wurden nicht für den Pandemie-Fall geschlossen.

---

46 Hinweis 1, Ausnahmebewilligung für Ausnahmen von der täglichen Höchstarbeitszeit, den Ruhepausen und Ruhezeiten sowie der Sonn- und Feiertagsruhe; Bekanntm. Reg. Obbay, 17.3.2020, Az. M 1A/BS 4960/2020-M bi.

65 Die befristete Aussetzung flexibler Arbeitszeitvereinbarungen kann anzuraten sein. In einer pandemiespezifische Arbeitszeitregelung und Arbeitszeiterfassung dürfte sich die besondere Belastungssituation besser abbilden lassen. Die **belastungsreduzierende Arbeitszeitgestaltung** ist aufgrund multikausaler Belastungen in einer Pandemie geboten, um Mehrarbeit zu vermeiden. Arbeitsschichten können entzerrt und der Schichtwechsel durch eine Unterbrechung mit weniger Kontakten ausgestaltet werden. Wenn sich Beschäftigte beim Schichtwechsel nicht drängen, reduziert das das Ansteckungsrisiko.

66 In **Besprechungsräumen** kann das Abstandsgebot ggf. durch Raumtechnik oder Umbaumaßnahmen sichergestellt werden. Arbeits- und Aufenthaltsbereiche können entdichtet werden. Ein **Mindestabstand von Kunden zu Kassenkräften** verbunden mit großflächigeren Kundenverkehrsflächen und großzügigeren Verkehrswegen wäre eine Maßnahme zur Reduzierung des Infektionsrisikos durch unmittelbare Kontakte.

67 Verkehrswege zum Betreten und Verlassen von Betrieben ließen sich z. B. durch ein **Einbahnstraßenmodell** gestalten.

68 Großraumbüros könnten entdichtet werden. Der höhere Abstand hätte eine risikoärmere Arbeitsweise zur Folge. Kurzfristig könnte der Arbeitgeber wechselweise für jeweils die Hälfte der Beschäftigten auf sein Direktionsrecht zur Bestimmung des Arbeitsortes verzichten. Denn wenn der Arbeitgeber durch Vereinbarung mit dem Betriebsrat befristet für die Zeit der Pandemie **auf die Bestimmung des Arbeitsortes einseitig verzichtet**, ist dies keine Anordnung, sondern ein Verzicht auf ein Bestimmungsrecht. Das lässt sich mit dem Betriebsrat vereinbaren. Hierdurch würde nicht in den Arbeitsvertrag eingegriffen. Die Beschäftigten könnten frei entscheiden, ob sie dem folgen oder nicht. **Desk Sharing** könnte unterbunden und Laptops für **mobiles Arbeiten** könnten bereitgestellt werden.

4. Belastungsarme Luft

69 Die Belastung kann sich auch aus der Art der Arbeit ergeben. Der Corona-Virus gilt als Risiko für vorbelastete Lungen. Bei dieser Pandemie ist daher eine **(Lungen-)belastungsarme Arbeitsumgebung** sicherzustellen. Die Luftqualität bei der Arbeit sollte bei der Maßnahmenermittlung besondere Aufmerksamkeit erfahren. Dazu gehört die Sicherstellung einer hochwertigen Raumbelüftung. Bei die Lunge belastenden Arbeiten, zum Beispiel mit Zitronensäure in der Lebensmittelherstellung oder besonderer Belastung durch Staub, sind **Luftabsauganlagen** geeignete Schutzmaßnahmen. Bis diese geliefert werden, kann z. B. vereinbart werden, dass Atemschutzmasken bereitgestellt und ergänzend Arbeitsunterbrechungen zur Entlastung vorgesehen werden, um die Belastung der Atemwege zu verringern.

5. Unterweisungen

70 Ein zentrales Instrument in einer dynamischen Gefährdungslage, wie einer Pandemie sind Unterweisungen. Durch diese sind die Beschäftigten über die Gefährdungssituation und die festgelegten Schutzmaßnahmen sowie die für sie geltenden Verhaltensanforderungen zu informieren. Die mit Unterweisungen verbundene Kommunikation ist in einer krisenhaften Situation wie einer Pandemie von zentraler Bedeutung. Die Unterweisungen können bei wenig vertrauten Arbeitsweisen Sicherheit geben (z. B. Arbeiten mit Schutzmasken) und Akzeptanz vermitteln, indem sie den Sinn von Regeln erklären. Sie sind ein hervorragendes Instrument zur Wirksamkeitskontrolle von Maßnahmen, wenn sie nicht als Belehrung, sondern **als Dialog gestaltet** werden.

71 Die Inhalte der Unterweisung ergeben sich vor allem aus der Gefährdungsbeurteilung. Für Biostoffe ergeben sich viele Hinweise zur Gliederung der Unterweisung aus § 14 BioStoffV. Danach dient die Unterweisung dazu, ein **Sicherheitsbewusstsein** zu schaffen. Sie hat in einer für die jeweiligen Beschäftigten verständlichen Sprache zu erfolgen und ggf. ist der Betriebsarzt/die Betriebsärztin zu beteiligen. Typische Themen sind z. B.:

- die mit den Tätigkeiten verbundenen **Gefahren**,
- Informationen über **Schutzmaßnahmen** und Verhaltensregeln (insbes. Hygieneregeln, Informationen zum Tragen, Verwenden und Ablegen **persönlicher Schutzausrüstungen**),
- Anweisungen zum Verhalten bei betrieblichen Notsituationen (z. B. **Meldekette** bei Unfällen),
- Anweisungen zum **Umgang mit kontaminierten Gegenständen** (insbes. Entsorgung).

72 Von den Betriebsparteien sind die Methoden (z. B. Medieneinsatz, praktische Übungen), der Ablauf und die Art der **Wirksamkeitskontrolle und der Zyklus weiterer Unterweisungen** (in dynamischen Zeiten tendenziell häufiger) gemeinsam zu regeln, § 87 Abs. 1 Nr. 7 BetrVG. Bei der Vereinbarung von Regelungen zur Unterweisung sollten sich die Betriebsparteien die Zielrichtung der Unterweisung vergegenwärtigen, die in Deutschland nach Wahrnehmung der Verfasser tendenziell als „Belehrung" verstanden wird. Das ist nicht der Ansatz modernen Arbeitsschutzes. In der englischen Fassung von Art. 12 RL 89/391/EWG (Arbeitsschutzrahmenrichtlinie), die mit § 12 ArbSchG in deutsches Recht transformiert worden ist, wird dies als „**Training of workers**" bezeichnet.

VIII. Nach der Pandemie ist vor der Pandemie

73 Am 17.3.2020 erläuterte eine Vors. Richterin am Arbeitsgericht München in einer Fortbildungsveranstaltung, dass wegen der Corona-Pandemie viele Verfahren vertagt werden. Dies gelte aber nicht für Eilverfahren, wie einstweilige Verfügungen und **Verfahren auf Einsetzung der Einigungsstelle**. Im nach § 87 BetrVG mitbestimmten Bereich lassen sich Mitbestimmungsverletzungen im Wege der einstweiligen Verfügung unterbinden. Das Bundesarbeitsgericht erkennt einen Unterlassungs- und Beseitigungsanspruch des Betriebsrats für einseitig aufgestellte Regelungen im Bereich des Arbeits- und Gesundheitsschutzes an.

Das Gericht führt aus: **74**

> „Festzuhalten bleibt (…), dass § 3 ArbSchG (…) Regelungsspielräume eröffnet. (…) **Die betriebsverfassungswidrige Anweisung ist** (…) **unwirksam** (…). Die den (…) Unterlassungsanspruch tragenden Überlegungen erfordern (…) einen entsprechenden Beseitigungsanspruch, falls das mitbestimmungswidrige Verhalten bereits vollzogen ist. (…) Da die Arbeitgeberin die umstrittenen Arbeitsanweisungen bereits in das Handbuch aufgenommen hat und den Anschein einer verbindlichen Arbeitgeberweisung aufrechterhält, war sie zu verpflichten, den **mitbestimmungswidrigen Zustand zu beseitigen**."[47]

Häufiger wird es nicht um eine Unterlassung, sondern um das Durchsetzen von Arbeitsschutzmaßnahmen gegen untätige Arbeitgeber gehen. Da bedarf es der Einigungsstelle, um Maßnahmen durchzusetzen. Die hierzu erforderlichen Einsetzungsverfahren werden auch in Pandemiezeiten terminiert. **75**

47 BAG, 16.6.1998 – 1 ABR 68/97, Rn. 22, 33 u. 34.

Kapitel 8

Beschäftigtendatenschutz nach DSGVO und BDSG in der Covid-19-Pandemie: Seuchenschutz und Datenschutz

Der Ausbruch des Covid-19-Virus wirft auch die Frage auf, welche Befugnisse und Pflichten Arbeitgeber bei der Verarbeitung personenbezogener Daten der Arbeitnehmer und Dritter, die in Kontakt mit dem Unternehmen stehen, haben. Von den Datenschutzaufsichtsbehörden ist anerkannt, dass der Datenschutz in einer derartigen notstandsähnlichen Ausnahmesituation notwendigen Maßnahmen der Gesundheitsvorsorge sowie des Arbeits-/Gesundheitsschutzes nicht entgegenstehen darf. Er ist jedoch auch nicht außer Kraft gesetzt. Vielmehr gelten die allgemeinen Regeln der Datenschutzgrundverordnung (DSGVO) und des Bundesdatenschutzgesetzes (BDSG) in Verbindung mit dem Infektionsschutz- oder dem Arbeitsrecht. Diese Regeln stellen einen ausreichenden Interessenausgleich auch in einer derartigen Ausnahmesituation sicher. 1

I. Datenschutzrechtliche Grundlagen

1. Begriffe und Datenkategorien

Personenbezogene Daten sind nach Art. 4 Nr. 1 DSGVO alle Informationen, die sich auf eine identifizierte oder identifizierbare Person beziehen. Welche Vorgänge Datenverarbeitung sind, bestimmt Art. 4 Nr. 2 DSGVO. 2

Bei den Daten, ob ein Arbeitnehmer Covid-19-Symptome verspürt oder bei ihm bereits eine Covid-19-Erkrankung diagnostiziert wurde, handelt sich um **besondere personenbezogene (Gesundheits-)Daten** i. S. d. Art. 4 Nr. 15, Art. 9 DSGVO, § 26 Abs. 3 BDSG. 3

2. Datenschutzrechtliche Grundlagen und Anforderungen

Nach der DSGVO bestehen besondere Dokumentationspflichten. Art. 5 Abs. 2 DSGVO normiert eine Rechenschaftspflicht, nach der Unternehmen im Rahmen einer Beweislastumkehr bei Vorwurf eines Verstoßes nachweisen müssen, dass sie die Grundsätze der Verarbeitung personenbezogener Daten bei jeder Datenverarbeitung zu jeder Zeit eingehalten haben. Die wesentlichen datenschutzrechtlichen Grundsätze sind dabei: 4

- **Keine Datenverarbeitung ohne Erlaubnisgrundlage** (Art. 6, Art. 88 DSGVO; § 26 BDSG), wobei im Beschäftigungskontext § 26 Abs. 1 BDSG die Erlaubnisnorm ist und gegenüber Dritten (z. B. Kunden) Art. 6 DSGVO greift.[1]
- Der **Zweck** der Datenverarbeitung muss schon vor Datenerhebung feststehen (Art. 5 Abs. 1 lit. b, Art. 13 Abs. 3, Art. 14 Abs. 4 DSGVO).
- Das „**Need to know"-Prinzip** (Art. 5 Abs. 1 lit. f DSGVO) erfordert, dass nur diejenigen Mitarbeiter eingeweiht werden, die diese Informationen zwingend benötigen, und auch – z. B. mittels besonderer Vertraulichkeitsverpflichtungserklärung (NDA) – vergattert werden oder berufsrechtliche Schweigepflichten haben (z. B. § 203 StGB; zu Betriebsräten unten).
- Bezüglich jeder Datenverarbeitung muss eine **schriftliche Dokumentation** über die Einhaltung der Vorschriften sowie der dafür eingesetzten technischen und organisatorischen Maßnahmen erfolgen (Art. 5 Abs. 2, Art. 24 Abs. 1 DSGVO).
- Umfassende **Informations- und Mitteilungspflichten** bei der Datenverarbeitung sind einzuhalten (Art. 13 f. DSGVO).
- Ebenso muss über das bestehende **Auskunfts**- und **Berichtigungsrecht** und das **Recht auf Löschung** informiert werden (Art. 15 ff. DSGVO).
- Eine Verpflichtung zur Einbindung des betrieblichen Datenschutzbeauftragten besteht nicht, empfiehlt sich aber.

II. Datenschutzrechtliche Erlaubnistatbestände

5 Als datenschutzrechtliche Erlaubnistatbestände kommen im Falle der Covid-19-Pandemie in Betracht:

1. **§ 26 Abs. 1 Satz 1, Abs. 8 BDSG; Art. 6 Abs. 1 lit. f DSGVO**: Der Arbeitgeber hat ein berechtigtes, erforderliches Auskunftsinteresse zur Begründung bzw. Durchführung des Arbeitsverhältnisses und der Beschäftigte bzw. der Bewerber ist zur wahrheitsgemäßen Auskunft auf eine Frage nach einer gefährlichen, hochansteckenden Krankheit, die Kollegen und Kunden gefährden kann, oder dem Aufenthalt in einem Risikogebiet verpflichtet bzw. sogar dazu, dies selbst zu offenbaren.[2]

---

1 *Thüsing/Rombey*, Die „schriftlich oder elektronisch" erteilte Einwilligung des Beschäftigten nach dem neuen Formerfordernis in § 26 II 3 BDSG, NZA 2019, 1106; *Gola*, Der „neue" Beschäftigtendatenschutz nach § 26 BDSG n. F., BB 2017, 1472.

2 ErfK/*Preis*, § 611a BGB Rn. 288 f., 351; BAG, 7.6.1984 – 2 AZR 270/83, NZA 1985, 57; BAG, 1.8.1985 – 2 AZR 101/83, NZA 1986, 635; *Gola*, in: Gola/Heckmann, BDSG, § 26 Rn. 22; *Maschmann*, in: Kühling/Buchner, DS-GVO BDSG, § 26 BDSG Rn. 30; für Pandemie: *Stück/Wein*, Die ärztliche Untersuchung des Arbeitnehmers – Voraussetzungen, Inhalt und Rechtsfolgen, NZA-RR 2005, 507; *Schmidt/Novara*, Arbeitsrechtliche Aspekte der Pandemievorsorge und -bekämpfung, DB 2009, 1819.

2. **§ 26 Abs. 1 Satz 1 BDSG; Art. 6 Abs. 1 lit. f DSGVO**: Private Arbeitgeber dürfen als Verantwortliche auf dieser Grundlage, ggf. in Verbindung mit ihrer allgemeinen Fürsorge-/Schutzpflicht aus dem Arbeitsrecht (§ 241 Abs. 2, § 618 BGB), in dieser Situation auch private personenbezogene Daten von Beschäftigten erheben. Dies betrifft zum Beispiel private Kontaktdaten, die für die weitergehende Information des Arbeitnehmers und die betriebliche Organisation unerlässlich sind, wie z. B. die private Handynummer. Diese muss sonst grundsätzlich nicht mitgeteilt werden bzw. darf bei Weigerung nicht abgemahnt werden.[3] Diese Kontaktdaten dürfen auch nach Ansicht des Landesbeauftragten für Datenschutz und die Informationsfreiheit Baden-Württemberg, allerdings ausschließlich soweit erforderlich, zur Information in Notfällen verwendet werden,[4] wozu die Covid-19-Pandemie aber unstreitig zählt.
3. **§ 26 Abs. 1 Satz 2 BDSG**: Im Rahmen von § 26 Abs. 1 BDSG ist dessen Satz 2 bei Fällen des **Strafverdachts** lex specialis zu Satz 1, verdrängt diesen aber in anderen Fällen nicht.[5] Bei der Ansteckung eines anderen Menschen mit dem Corona-Virus handelt es sich um eine Körperverletzung mit einem gesundheitsschädlichen Stoff, also um eine gefährliche Körperverletzung gem. **§ 224 Abs. 1 Nr. 1 StGB**. Der Täter muss seine eigene Infizierung als möglich erkennen und muss die Ansteckung des anderen zumindest billigend in Kauf nehmen (bedingter Vorsatz).[6] Die Strafandrohung beträgt bis zu zehn Jahren Freiheitsstrafe. Darunter fällt Covid-19 als Virus genauso wie etwa der AIDS-Erreger.[7] Selbst wenn die Ansteckung bei der anderen Person nur zu einer Infizierung, nicht aber zu körperlichen Beschwerden führt, wie etwa Fieber, Kopf- oder Halsschmerzen oder Lungenentzündung, handelt es sich um eine Körperverletzung in der Variante der Gesundheitsschädigung. Verursacht eine infizierte Person tatsächlich die Erkrankung eines anderen, steht eine gefährliche Körperverletzung im Raum. Führt die Erkrankung in der weiteren Folge – meist durch respiratorisches Versagen infolge Lungenentzündung – zum Tod, kann mit einer Anklage wegen (versuchter) Körperverletzung mit Todesfolge (§ 227 StGB) gerechnet werden.

---

3 LAG Thüringen, 16.5.2018 – 6 Sa 442/17, 6 Sa 444/17, MDR 2018, 1194 = K&R 2018, 532.

4 Vgl. https://www.baden-wuerttemberg.datenschutz.de/wp-content/uploads/2020/03/FAQ-Corona.pdf (zuletzt abgerufen: 30.3.2020).

5 BAG, 29.6.2017 – 2 AZR 597/16, NZA 2017, 1179; *Thüsing/Rombey*, Die „schriftlich oder elektronisch" erteilte Einwilligung des Beschäftigten nach dem neuen Formerfordernis in § 26 II 3 BDSG, NZA 2019, 1107; *Kort*, Neuer Beschäftigtendatenschutz und Industrie 4.0, RDA 2018, 24.

6 *Fischer*, § 224 StGB Rn. 32; *Sternberg-Lieben*, in: Schönke/Schröder, § 224 StGB Rn. 13.

7 BGH, 4.11.1988 – 1 StR 262/88, NJW 1989, 781; BayObLG, 15.9.1989 – RReg. 1 St 126/89, NJW 1990, 131 = NStZ 1990, 81; *Lackner/Kühl*, § 224 StGB Rn. 1a; *Sternberg-Lieben*, in: Schönke/Schröder, § 224 StGB Rn. 12b; *Fischer*, § 224 StGB Rn. 5.

4. **Art. 9 Abs. 2 lit. b DSGVO; § 26 Abs. 1 Satz 1, Abs. 3 BDSG** zur Durchführung des Arbeitsverhältnisses zur Erfüllung einer gesetzlichen Pflicht, z.B. Pflichten aus dem Gesundheits-/Arbeitsschutz (§ 618 BGB; §§ 3, 5 ArbSchG; § 87 Abs. 1 Nr. 1, 7 BetrVG) ggf. auch Pflichten aus dem InfektionschutzG. So muss der Arbeitgeber auf behördliche Anfragen (§ 16 IfSchG) erhobene Daten an Behörden übermitteln.
Um eine Ansteckungsgefahr einzudämmen oder einen Test bzw. eine Behandlung einzuleiten, wird es regelmäßig erforderlich sein, Gesundheitsdaten zu erheben, deren Verarbeitung eigentlich nach der DSGVO untersagt ist. Dass dies zulässig ist, wurde in aktuellen Stellungnahmen sowohl von den deutschen Datenschutzbehörden des Bundes und der Länder[8] als auch von dem europäischen Datenschutzausschuss[9] bestätigt. Bei der Covid-19-Pandemie ist diese Verarbeitung für Zwecke der Gesundheitsvorsorge möglich, z.B. um einen konkreten Infektionsverdacht festzustellen. Möglich ist es demnach, Urlaubsrückkehrer nach einem Aufenthalt in einem Risikogebiet oder nach einem Kontakt mit nachweislich Infizierten zu befragen.[10] Eine detaillierte Befragung aller Beschäftigten mithilfe eines Fragebogens ist allerdings nicht erforderlich.
Nach Ansicht der Aufsichtsbehörde in Rheinland-Pfalz soll es nicht zulässig sein, die Messung der Körpertemperatur der Arbeitnehmer als Voraussetzung für das Betreten der Räumlichkeiten des Unternehmens zu verlangen.[11] Dies ist indes abzulehnen, weil dies eine zur Pandemie-Bekämpfung empfohlene, nicht ungeeignete und weit verbreitete Präventivmaßnahme ist, die mit keinem körperlichen Eingriff verbunden und schonend ist. Bei Feststellung einer erhöhten Temperatur ist der Zutritt in den Betrieb nicht zu gestatten, was die Schutz-/Fürsorgepflicht gebietet (§§ 241 Abs. 2, 618 BGB).[12] Der Arbeitnehmer ist zur Duldung verpflichtet.[13] Die Daten (Name, PersNr., gemessene Temperatur)

---

8 Vgl. https://www.bfdi.bund.de/DE/Datenschutz/Themen/Gesundheit_Soziales/GesundheitSozialesArtikel/Datenschutz-in-Corona-Pandemie.html (zuletzt abgerufen: 30.3.2020).

9 Vgl. https://edpb.europa.eu/sites/edpb/files/files/news/edpb_statement_2020_processingpersonaldataandcovid-19_en.pdf (zuletzt abgerufen: 30.3.2020).

10 *Fuhlrott*, Corona und die Auswirkungen auf das Arbeitsrecht, MDR Heft 9/2020 (im Erscheinen); *Stück*, Pandemie – praktische und arbeitsrechtliche Maßnahmen zur Vorbeugung und Bekämpfung, MDR 2009, 1210; *Stück/Wein*, Arbeitsrechtliche Fragen: Gerüstet für die Vogelgrippe, AuA 2007, 284.

11 Vgl. https://www.datenschutz.rlp.de/de/aktuelles/detail/news/detail/News/hinweise-zu-datenschutz-in-zeiten-des-corona-virus/ (zuletzt abgerufen: 30.3.2020).

12 *Stück/Wein*, Arbeitsrechtliche Fragen – Gerüstet für die Vogelgrippe, AuA 2007, 284; *Schmidt/Novara*, Arbeitsrechtliche Aspekte der Pandemievorsorge und -bekämpfung, DB 2009, 1819; *Stück*, Pandemie – praktische und arbeitsrechtliche Maßnahmen zur Vorbeugung und Bekämpfung, MDR 2009, 1210.

13 Vgl. BAG, 20.6.2013 – 2 AZR 546/12, NZA 2014, 143, Rn. 28; ErfK/*Schmidt*, Art. 2 GG Rn. 100; *Fuhlrott*, Arbeitsrechtliche Fragestellungen im Zusammenhang mit der Coronavirus-Epidemie, GWR 2020, 107.

müssen zudem nicht gespeichert und aufbewahrt werden – es findet am Werkstor bzw. der Flughafenkontrolle eine binäre Entscheidung statt: Normaltemperatur = Zutritt/Einreise; Fieber = Zurückweisung/Rückflug.

5. **Art. 9 Abs. 2 lit. h DSGVO; § 26 Abs. 3 BDSG** für Zwecke der Arbeitsmedizin, für die Beurteilung der Arbeitsfähigkeit des Betroffenen.
6. **Art. 6 Abs. 1 lit. c und f DSGVO**: Zur Eindämmung einer Pandemie kann es zudem im Einzelfall notwendig sein, Gesundheitsdaten eines Arbeitnehmers gegenüber seinen Kollegen offenzulegen, z. B. um Kontakte/Verbreitungswege zu klären und entsprechende Schutzmaßnahmen treffen zu können. Dies sollte jedoch soweit möglich anonymisiert erfolgen. Arbeitgeber dürfen deshalb Informationen darüber erheben, zu welchen Personen ein infizierter Arbeitnehmer Kontakt hatte, um diese Personen gezielt zu informieren, damit sie sich auf Anweisung (§ 106 GewO) unverzüglich aus dem Betrieb entfernen und für die Dauer der zweiwöchigen Inkubationszeit in **häusliche Quarantäne/Homeoffice** begeben. Das Homeoffice kann der Arbeitgeber grundsätzlich nicht einseitig im Rahmen des Direktionsrechts gegenüber dem Arbeitnehmer anordnen[14] und die Zuweisung bzw. der Entzug stellen auch grundsätzlich eine Versetzung i. S. d. §§ 99, 95 Abs. 3 BetrVG dar.[15] Im Rahmen einer vorübergehenden Covid-19-Pandemie wird man aber ein überwiegendes betriebliches und öffentliches Interesse für eine solche Anordnung bzw. eine Duldung des Arbeitnehmers annehmen müssen sowie keine eigene, freie Versetzungsentscheidung der Arbeitgebers, die einer Zustimmung des Betriebsrats bedarf.[16]
7. **Art. 9 Abs. 2 lit. i, Abs. 4 DSGVO; § 22 Abs. 1 Nr. 1 lit. c, d BDSG** zur initiativen Mitteilung einer Infektionskrankheit durch den Arbeitgeber an das zuständige Gesundheitsamt.
8. **Art. 6 Abs. 1 lit. a, Art. 4 Nr. 11, Art. 7 DSGVO; § 26 Abs. 2 BDSG**: informierte, konkrete Einwilligung des Betroffenen.[17]

Praxistipp: 6

Da eine informierte Einwilligung jederzeit mit Wirkung für die Zukunft widerruflich ist und nach Ansicht der Datenschutzbehörden bei unwirksamer Einwilligung kein Rückgriff auf andere Erlaubnistatbestände möglich sein soll (DSK Kurzpapier Nr. 20 v. 22.2.2019: Einwilligung nach DSGVO), sollte die Einwilligung möglichst vermieden werden, auch wenn Arbeitnehmer wirksam einwilligen können.[18]

---

14 LAG Berlin-Brandenburg, 10.10.2018 – 17 Sa 562/18, NZA-RR 2019, 287.
15 LAG Düsseldorf, 10.9.2014 – 12 Sa 505/14, BB 2014, 2995.
16 *Fuhlrott/Fischer*, Corona: Virale Anpassungen des Arbeitsrechts, NZA 2020, 345.
17 Zu Anforderungen: VG Lüneburg, 19.3.2019 – 4 A 12/19, ZD 2019, 331 = AuA 2019, 556 mit Anm. *Stück*.
18 BAG, 11.12.2014 – 8 AZR 1010/13, NZA 2015, 604, Rn. 32.

III. Datenschutzrechtliches Verhältnismäßigkeitspinzip

7 Liegt ein Erlaubnistatbestand (oben Rn. 5ff.) vor, ist im Datenschutzrecht stets die **Verhältnismäßigkeit** im **konkreten Einzelfall** besonders wichtig, d.h. die „Erforderlichkeit“. Nach der Rechtsprechung des BAG[19] des BVerwG[20] und des EGMR[21] ist eine Maßnahme der Datenverarbeitung verhältnismäßig, wenn sie kumulativ:

- **geeignet** ist zur Zweckerreichung, d.h. im Falle der Covid-19-Pandemie, wenn sie der Vermeidung der Ausbreitung des Covid-19-Virus dient, also dem Gesundheitsschutz und der Gesundheitsvorsorge.
- **erforderlich** ist, d.h. das mildeste aller gleich effektiven Mittel darstellt. Da die Gesundheitsämter angesichts der steigenden Fallzahlen völlig überlastet sind und es zzt. keine anderen Mittel (wie z.B. wirksame Medikamente, Impfstoffe) zur Eindämmung gibt als die Rückverfolgung der Ansteckungswege/Kontakte und anschließend Quarantäne/Isolation (§§ 30f. IfSchG), scheiden auch mildere, gleich geeignete Mittel regelmäßig aus.
- die Persönlichkeitsrechte der betroffenen Personen **angemessen** berücksichtigt (Interessenabwägung). Hier sind die Interessen des betroffenen Arbeitnehmers an informationeller Selbstbestimmung (Art. 1, 2 Abs. 1 GG) abzuwägen gegen die Interessen des Arbeitgebers an der Datenverarbeitung. Da die Vermeidung der Ausbreitung des Covid-19-Virus, das WHO und RKI als hoch gefährlich eingestuft haben, dem Schutz von Leib und Leben der Belegschaft, Kunden, Lieferanten sowie der Bevölkerung dient, fällt die Interessenabwägung regelmäßig zugunsten des Arbeitgebers bzw. des Kollektivs aus – jedenfalls wenn die Daten innerbetrieblich geschützt und sicher verarbeitet werden.[22]

---

19 BAG, 23.8.2018 – 2 AZR 133/18, NZA 2018, 1329: Offene Videoüberwachung; BAG, 27.7.2017 – 2 AZR 681/16, NZA 2017, 1327: angekündigter Keylogger; *Thüsing/Rombey*, Die „schriftlich oder elektronisch“ erteilte Einwilligung des Beschäftigten nach dem neuen Formerfordernis in § 26 II 3 BDSG, NZA 2019, 1108: Verdeckter Detektiveinsatz; vgl. *Fuhlrott/Ottmanns*, Arbeitnehmerüberwachung und interne Ermittlungen im Lichte der DSGVO, NZA 2019, 1105; *Stück*, Überwachung und Kontrolle von Arbeitnehmern nach neuer Rechtsprechung – Empfehlungen für Arbeitgeber im Brennpunkt von Compliance, Datenschutz und Arbeitsrecht, CCZ 2018, 90f.

20 BVerwG, 27.3.2019 – 6 C 2.18, NVwZ 2019, 1126 = NJW 2019, 2556 (Videoüberwachung Eingang Zahnarztpraxis).

21 EGMR, 5.9.2017 – 61496/08, NZA 2017, 1443 – Barbulescu.

22 Vgl. Eilverfahren: OVG Hamburg, 26.3.2020 – 5 Bs 48/20 (Schließung eines Einzelhandelsgeschäfts – Tabakwaren wirksam); BayVerfGH, 26.3.2020 – Vf. 6-VII-20 (Ausgangsbeschränkungen wirksam); OVG Berlin-Brandenburg, 23.3.2020 – 11 S 12.20 (Versammlungsverbot wirksam).

IV. Betriebsvereinbarung als selbstständiger Erlaubnistatbestand

Das BDSG a.F. war als Verbotsgesetz mit Erlaubnisvorbehalt ausgestaltet: Betriebsvereinbarungen waren dabei grundsätzlich als datenschutzrechtlicher Erlaubnistatbestand i.S.d. § 4 Abs. 1 BDSG a.F. anerkannt.[23] Als „andere Rechtsvorschrift" konnten Betriebsvereinbarungen die Verarbeitung personenbezogener Daten nur dann rechtfertigen, wenn sie den Anforderungen des Volkszählungsurteils des Bundesverfassungsgerichts genügen, also u.a. normenklar formuliert sind.[24] Dies setzt zumindest voraus, dass die zu verarbeitenden Datenarten und der Zweck der Verarbeitung benannt sind. **8**

Dies gilt nach Art. 88 DSGVO und Erwägungsgrund 155 auch seit dem 25.5.2018 unter Geltung der DSGVO sowie des neuen § 26 Abs. 4 BDSG, sodass Betriebsvereinbarungen nach wie vor eine verlässliche und rechtssichere Grundlage zur Datenverarbeitung im Beschäftigungskontext i.S.d. Art. 6 DSGVO sind, wenn sie dem Bestimmtheits- und Transparenzgebot (Art. 5 DSGVO) entsprechen und den Schutz der Persönlichkeitsrechte der Arbeitnehmer gewährleisten (§ 75 Abs. 2 Satz 1 BetrVG).[25] Bereits vor der DSGVO und § 26 Abs. 4 BDSG n.F. abgeschlossene Betriebsvereinbarungen bleiben weiter gültig und können nach wie vor als Ermächtigungsgrundlage für eine Datenverarbeitung dienen, solange sie die Anforderungen von Art 88 Abs. 2 DSGVO erfüllen.[26] **9**

Betriebsvereinbarungen bieten auch im Kontext des Datenschutzes viele Vorteile: **10**

– Betriebsvereinbarungen gelten wie ein Gesetz unmittelbar und zwingend (§ 77 Abs. 4 BetrVG) und sind wie Gesetze oder Tarifverträge nach den Regeln der juristischen Methodenlehre[27] auslegungsfähig.[28]

---

23 BAG, 15.4.2014 – 1 ABR 2/13, NZA 2014, 551; BAG, 9.7.2013 – 1 ABR 2/13, NZA 2013, 1433; BAG, 30.8.1995 – 1 ABR 4/95, NZA 1996, 218; BAG, 27.5.1986 – 1 ABR 48/84, NZA 1986, 634; *Stamer/Kuhnke*, in: Plath, DSGVO/BDSG, Art. 88 DSGVO Rn. 8 sowie § 26 BDSG Rn. 11c; *Forst*, in: Auernhammer, DSGVO/BDSG, § 26 BDSG Rn. 88; *Stück*, Betriebsrat oder Geheimrat? Beschäftigtendatenschutz beim Betriebsrat, ZD 2019, 256.

24 BVerfG, 15.12.1983 – 1 BvR 209/83, NJW 1984, 419 (Volkszählung).

25 Vgl. BT-Drs. 18/11325, S. 98; *Stamer/Kuhnke*, in: Plath, DSGVO/BDSG, Art. 88 DSGVO Rn. 9 sowie § 26 BDSG Rn. 11d; *Maschmann*, in: Kühling/Buchner, DSGVO/BDSG, § 26 BDSG Rn. 66ff.

26 *Stamer/Kuhnke*, in: Plath, DSGVO/BDSG, Art. 88 DSGVO Rn. 10a sowie § 26 BDSG Rn. 11f.; *Maschmann*, in: Kühling/Buchner, DSGVO/BDSG, § 26 BDSG Rn. 66.

27 Dazu: *Zippelius*, Juristische Methodenlehre, 11. Aufl. 2012; *Bydlinski*, Grundzüge der juristischen Methodenlehre, 3. Aufl. 2018.

28 BAG, 18.10.2011 – 1 AZR 376/10, NZA-RR 2012, 642 = DB 2012, 356; BAG, 27.7.2010 – 1 AZR 67/09, NZA 2011, 712.

- Mit Betriebsvereinbarungen erübrigen sich häufig auch komplexe und differenzierte Betrachtungen bzw. Regelungen zwischen mitbestimmungsfreien bzw. freiwilligen (§ 88 BetrVG) und zwingend mitbestimmten Regelungen (insbes. § 87 Abs. 1 Nr. 1, 6 BetrVG).[29]
- Eine spätere kollektive Änderung oder Ergänzung ist einfach möglich durch Neufassung/Ablösung der Betriebsvereinbarung statt einer Vielzahl von Änderungsverträgen bzw. schwer zu rechtfertigenden Änderungskündigungen (§§ 2, 1 Abs. 2 KSchG).
- Solche kollektiven Regelungen, die sich aber im Rahmen der Regelungskompetenz der Betriebsparteien halten und die Persönlichkeitsrechte berücksichtigen müssen, sind zudem einer AGB-Kontrolle entzogen (§ 310 Abs. 4 BGB).[30]
- Faktisch haben Betriebsvereinbarungen meist auch eine höhere Akzeptanz bei den Beschäftigten.

11 Musterklausel Datenverarbeitung für eine Betriebsvereinbarung Pandemie:[31]

> „Diese Betriebsvereinbarung Pandemie ist ein selbstständiger datenschutzrechtlicher Erlaubnistatbestand (i. S. v. Art. 6 Abs. 1 lit. c, Art. 88 Abs. 1 DSGVO; § 26 Abs. 3, 4 BDSG) zur erforderlichen Verarbeitung personenbezogener Daten im Zusammenhang mit der betrieblichen Bekämpfung einer Pandemie nach dieser Betriebsvereinbarung. Anderweitige Erlaubnistatbestände nach DSGVO und bzw. oder BDSG bleiben davon unberührt."

V. Rolle des Betriebsrats beim Beschäftigtendatenschutz

1. Geltung von DSGVO und BDSG für Betriebsrat

12 Die DSGVO und § 26 BDSG gelten selbstverständlich auch für die Datenverarbeitung durch Betriebsräte.[32] Denn Datenschutz dient dem Schutz der Persönlichkeit der Arbeitnehmer des Betriebes (Art. 1, Art. 2 Abs. 1 GG; § 75 Abs. 2

29 Z.B. bei Ethik-/Compliance-Richtlinien: BAG, 22.7.2008 – 1 ABR 40/07, NJW 2008, 3731, dazu *Kort*, Ethik-Richtlinien im Spannungsfeld zwischen US-amerikanischer Compliance und deutschem Konzernbetriebsverfassungsrecht (BAG, NJW 2008, 3731), NJW 2009, 129; *Dzida*, Die Mitbestimmung des Konzernbetriebsrats bei Ethik-Richtlinien, NZA 2008, 1265.

30 BAG, 1.2.2006 – 5 AZR 187/05, NZA 2006, 563 (BV Widerruf einer Zusatzaufgabe); BAG, 7.7.2011 – 6 AZR 151/10, NZA 2012, 232 (TV Widerruf einer Leistungszulage).

31 Muster einer Pandemie-Betriebsvereinbarung bei *Pulte/Bigos*, Betriebsvereinbarungen in der Praxis, M 17.

32 *Stamer/Kuhnke*, in: Plath, DSGVO/BDSG, § 26 BDSG Rn. 157; *Seifert*, in: Simitis/Hornung/Spiecker, Datenschutzrecht, Art. 88 DSGVO Rn. 209 f.; *Raif*, in: Kramer, IT-

BetrVG).[33] Der Betriebsrat hat unter Beachtung seiner Unabhängigkeit eigenständig über Maßnahmen zu beschließen, um einem Missbrauch der Daten innerhalb seines Verantwortungsbereichs zu begegnen und dort Datensicherheit zu gewährleisten (Art. 5 Abs. 1 lit. f, Art. 32 DSGVO).[34] Außerdem muss der Betriebsrat die jeweils geltenden betrieblichen Datenschutzbestimmungen einhalten und diese soweit wie möglich ergänzen.[35]

2. Bindung an das Datengeheimnis

Das Datengeheimnis bindet auch den Betriebsrat und wird nicht etwa durch die **13**
besonderen gesetzlichen Verschwiegenheitspflichten des Betriebsverfassungsgesetzes (§§ 79, 82 Abs. 2 Satz 3, 83 Abs. 1 Satz 3, 99 Abs. 1 Satz 3, 102 Abs. 2 Satz 5 BetrVG) verdrängt. Es gilt auch für den Betriebsrat und seine Mitglieder.[36] Dies führt nicht zu einer Einschränkung oder Erschwerung der Betriebsratsarbeit (§ 78 BetrVG), denn die Nutzung erforderlicher Daten zur Erfüllung und im Rahmen der gesetzlichen Betriebsratsaufgaben ist nicht unbefugt (Art. 6 Abs. 1 lit. c DSGVO; § 26 Abs. 1 Satz 1 BDSG i.V.m. BetrVG).

3. Kein eigener Verantwortlicher und Kontrolle

Nach der Rechtsprechung[37] sowie der h. M.[38] zum BDSG a. F. war der Betriebsrat **14**
nicht selbst verantwortliche Stelle i. S. d. § 3 Abs. 7 BDSG a. F., sondern Teil der verantwortlichen Stelle „Arbeitgeber" und hatte die betrieblichen und gesetzlichen Datenschutzbestimmungen einzuhalten. Die Weitergabe von Daten seitens des Arbeitgebers an den Betriebsrat war deshalb keine Weitergabe an einen Dritten i. S. d. § 3 Abs. 8 BDSG a. F.

Arbeitsrecht, C Rn. 64, 66; *Fitting*, BetrVG, § 79 Rn. 32 a. E.; BAG, 9.4.2019 – 1 ABR 51/17, NZA 2019, 1055; *Stück*, Betriebsrat oder Geheimrat?, ZD 2019, 258.

33 BAG, 11.11.1997 – 1 ABR 21/97, NZA 1998, 385; BAG, 3.6.2003 – 1 ABR 19/02, DB 2003, 2496; BAG, 12.8.2009 – 7 ABR 15/08, NZA 2009, 1218; *Fitting*, BetrVG, § 83 Rn. 19.

34 *Maschmann*, in: Kühling/Buchner, DSGVO/BDSG, § 26 BDSG Rn. 16; *Gola*, Der „neue" Beschäftigtendatenschutz nach § 26 BDSG n. F., BB 2017, 1466; *Kort*, Der Beschäftigtendatenschutz gem. § 26 BDSG-neu, ZD 2017, 323; BAG, 9.4.2019 – 1 ABR 51/17, BB 2019, 2810 = NZA 2019, 1055 (Schwangerschaftsmeldung).

35 BAG, 12.8.2009 – 7 ABR 15/08, NZA 2009, 1218; *Stück*, Betriebsrat oder Geheimrat?, ZD 2019, 258.

36 BAG, 3.6.2003 – 1 ABR 19/02, DB 2003, 2496; *Fitting*, BetrVG, § 79 Rn. 36; *Thüsing*, in: Richardi, BetrVG, § 79 Rn. 35; *Stück*, Betriebsrat oder Geheimrat?, ZD 2019, 258.

37 BAG, 7.2.2012 – 1 ABR 46/10, NZA 2012, 744: BEM; BAG, 14.1.2014 – 1 ABR 54/12, NZA 2014, 738: Entgeltlisteneinsicht; LAG Hessen, 4.5.2015 – 16 TaBV 175/14, RDV 2016, 162: Auskunftsanspruch Zulagen und Einmalzahlungen.

38 *Stamer/Kuhnke*, in: Plath, DSGVO/BDSG, § 26 BDSG Rn. 154; *Kort*, Die Stellung des Betriebsrats im System des Beschäftigtendatenschutzes, RDV 2012, 8.

15 Unter Geltung der DSGVO wird der Betriebsrat weiter von der h. M. als Teil des „Verantwortlichen" Arbeitgebers angesehen und nicht als eigener Verantwortlicher i. S. v. Art. 4 Nr. 7 DSGVO oder gar Dritter i. S. v. Art. 4 Nr. 10 DSGVO.[39] Hierfür sprechen die Systematik der DSGVO und dass der Betriebsrat nur (datenschutzrechtlich) eingeschränkte Entscheidungsbefugnisse hat: Der Betriebsrat kann weder in eigener Verantwortung über die Mittel der Verarbeitung personenbezogener Daten bestimmen (vgl. § 40 Abs. 2 BetrVG), noch kann er die Zweckrichtung selbst frei bestimmen, die gesetzlich (BetrVG) vorgegeben ist. Die Datenverarbeitung durch den Betriebsrat ist deshalb keine Auftragsdatenverarbeitung i. S. d. Art. 28 DSGVO (bzw. § 11 BDSG a. F.) und den Betriebsrat treffen nicht selbst Pflichten, wie Erfüllen der Rechenschaftspflicht (Art. 5 Abs. 2 DSGV), der Informationspflichten (Art. 13, 14 DSGVO), der Betroffenenrechte (Art. 15 DSGVO[40]), Abschluss von Auftragsverarbeitungen (Art. 28 DSGVO), Führen eines Verarbeitungsverzeichnisses (Art. 30 DSGVO), Durchführen der Datenschutz-Folgeabschätzung (Art. 35 DSGVO) oder Bestellung eines eigenen Datenschutzbeauftragten bei mehr als zehn Betriebsräten (Art. 37 Abs. 1 DSGVO) sowie eigener Haftung bei Vermögenslosigkeit des BR-Gremiums. Eine mögliche persönliche Haftung des handelnden Betriebsratsmitglieds[41] birgt die ernsthafte Gefahr, dass die freie, unabhängige Amtsführung durch das erhebliche Haftungsrisiko nachteilig beeinträchtigt wird.

16 Der Betriebsrat hat jedoch eine innerorganisatorische Eigenverantwortung – und Pflicht – für ein datenschutzkonformes Handeln[42] und unterliegt der Kontrolle

---

39 *Eßer*, in: Auernhammer, DSGVO/BDSG, Art. 4 DSGVO Rn. 80; *Stamer/Kuhnke*, in: Plath, DSGVO/BDSG, § 26 BDSG Rn. 154, 156; HWK/*Lembke*, Vorb. DSGVO Rn. 27; *Drewes*, in: Simitis/Hornung/Spiecker, Datenschutzrecht, Art. 39 DSGVO Rn. 27; *Seifert*, in: Simitis/Hornung/Spiecker, Datenschutzrecht, Art. 88 DSGVO Rn. 209; *Maschmann*, in: Kühling/Buchner, DSGVO/BDSG, § 26 BDSG Rn. 16; *Hartung*, in: Kühling/Buchner, DSGVO/BDSG, Art. 4 Nr. 7 DSGVO Rn. 11; *Nicolai*, in: Hess/Worzalla/Glock/Nicolai/Rose/Huke, BetrVG, § 80 Rn. 5; *Stück*, Betriebsrat oder Geheimrat?, ZD 2019, 258; *Jung/Hansch*, Die Verantwortlichkeit in der DS-GVO und ihre praktischen Auswirkungen, ZD 2019, 147; *Schmidl/Wolff*, „Verantwortlicher" i. S. d. DSGVO?, AuA 2018, 699; *Althoff/Gänsel*, ArbRAktuell 2018, 417; LAG Niedersachsen, 22.10.2018 – 12 TaBV 23/18, NZA-RR 2019, 92; *Raif*, in: Kramer, IT-Arbeitsrecht, C. I. Rn. 63; *Fitting*, BetrVG, § 83 Rn. 19; a. A.: *Kleinebrink*, Arbeitgeber und Betriebsrat als „Verantwortliche" im neuen Datenschutzrecht?, DB 2018, 2571; LfDI Baden-Württemberg, 34. Tätigkeitsbericht 2018, S. 37.

40 Vgl. LAG Baden-Württemberg, 20.12.2018 – 17 Sa 11/18, NZA-RR 2019, 242 mit sehr weitem Verständnis des Art. 15 Abs. 1, 3 DSGVO auch betr. Unterlagen aus unternehmensinternen Untersuchungen.

41 Vgl. BGH, 25.10.2012 – III ZR 266/11, NZA 2012, 1382 = NJW 2013, 464; *Lunk/Rodenbusch*, Die Haftung des Betriebsrats und seiner Mitglieder, NJW 2014, 1989; *Fitting*, BetrVG, § 1 Rn. 211 m. w. N.

42 *Eßer*, in: Auernhammer, DSGVO/BDSG, Art. 4 DSGVO Rn. 80; vgl. *Kurzböck/Weinbeck*, Die datenschutzrechtliche Verantwortlichkeit des Betriebsrats, BB 2020, 500.

des Datenschutzbeauftragten.[43] Dies folgt daraus, dass die Datenverarbeitung des Betriebsrats Teil der Datenverarbeitung durch den Verantwortlichen (Arbeitgeber) ist und der Datenschutzbeauftragte weisungsunabhängiges Organ, das keine unternehmerische oder behördliche Tätigkeit wahrnimmt sowie zur Geheimhaltung/Verschwiegenheit verpflichtet ist (Art. 38 Abs. 5, Art. 6 Abs. 6 DSGVO; § 38 Abs. 2 BDSG n. F.). Deshalb gibt es keine kontrollfreie Datenverarbeitung mehr, was auch für Syndikusanwälte und Betriebsärzte gilt.

4. Daten an Betriebsrat und Datenverarbeitung durch Betriebsrat

Da der Betriebsrat Teil der verantwortlichen Stelle i. S. d. § 3 Abs. 7 BDSG a. F./ Art. 4 Nr. 7 DSGVO und nicht etwa „Dritter" i. S. d. § 3 Abs. 8 BDSG a. F./ Art. 4 Nr. 10 DSGVO war und ist, ist die Bereitstellung personenbezogener Daten durch den Arbeitgeber als Verarbeitung i. S. d. Art. 4 Nr. 2 DSGVO anzusehen. Die Bereitstellung an den Betriebsrat und die Datenverarbeitung durch den Betriebsrat ist dabei an § 32 Abs. 1 Satz 1 BDSG a. F./ § 26 Abs. 1 Satz 1 BDSG n. F. i. V. m. der Aufgabennormen nach dem BetrVG zu messen.[44] Sie ist zulässig, wenn ein Bezug zu den gesetzlichen Aufgaben des Betriebsrats (Art. 6 Abs. 1 lit. c DSGVO i. V. m. insbes. §§ 87 Abs. 1 Nr. 1, 6, 7, 94, 80 Abs. 2, 99 Abs. 1, 102 BetrVG) besteht.[45] Besteht kein solcher Bezug, ist die Datennutzung durch den Arbeitgeber und in der Folge die Datennutzung durch den Betriebsrat unzulässig. 17

Der Aufbau eines eigenen parallelen Personalinformationssystems bzw. eigener Personalakten des Betriebsrats ist unzulässig.[46] Der Betriebsrat ist nur für die 18

43 *Drewes*, in: Simitis/Hornung/Spiecker, Datenschutzrecht, 2019, Art. 39 DSGVO Rn. 27 f.; *Stamer/Kuhnke*, in: Plath, DSGVO/BDSG, § 26 BDSG Rn. 154; *von dem Busche*, in: Plath, DSGVO/BDSG, Art. 38 DSGVO Rn. 31; *Bergt*, in: Kühling/Buchner, DSGVO/BDSG, Art. 38 DSGVO Rn. 18; *Raum*, in: Auernhammer, DSGVO/BDSG, Art. 38 DSGVO Rn. 14 a. E.; *Stück*, Betriebsrat oder Geheimrat?, ZD 2019, 258 f.; a. A. *Raif*, in: Kramer, IT-Arbeitsrecht, C. I. Rn. 68; *Fitting*, BetrVG, § 83 Rn. 23; *Baumgartner/Hansch*, Der betriebliche Datenschutzbeauftragte, ZD 2019, 102.

44 *Stamer/Kuhnke*, in: Plath, DSGVO/BDSG, § 26 BDSG Rn. 156; *Seifert*, in: Simitis/ Hornung/Spiecker, Datenschutzrecht, Art. 88 DSGVO Rn. 210 f.; LAG Niedersachsen, 22.10.2018 – 12 TaBV 23/18, NZA-RR 2019, 92.

45 Vgl. LAG Köln, 19.7.2019 – 9 TaBV 125/18 (Rev. BAG – 1 ABR 31/19), AuR 2020, 44; LAG Niedersachsen, 22.10.2018 – 12 TaBV 23/18, NZA-RR 2019, 92; LAG Sachsen-Anhalt, 18.12.2018 – 4 TaBV 19/17; *Forst*, in: Auernhammer, DSGVO/BDSG, § 26 BDSG Rn. 104 f.; *Seifert*, in: Simitis/Hornung/Spiecker, Datenschutzrecht, Art. 88 DSGVO Rn. 212; *Stück*, Betriebsrat oder Geheimrat?, ZD 2019, 259.

46 Vgl. LAG Hamburg, 26.11.2009 – 7 TaBV 2/09; BVerwG, 4.9.1990 – 6 P 28.87, NJW 1991, 375; *Seifert*, in: Simitis/Hornung/Spiecker, Datenschutzrecht, Art. 88 DSGVO Rn. 214; *Joussen*, Kollektivrechtliche Aspekte des Arbeitnehmerdatenschutzes, ZfA 2012, 251; *Jordan/Bissels/Löw*, Ist der Betriebsrat zur Speicherung von Arbeitnehmerdaten berechtigt? Arbeitnehmerdaten, Beschäftigtendatenschutz, Betriebsrat, Erhe-

Dauer der konkreten Ausübung des Beteiligungsrechts berechtigt, personenbezogene Daten der Arbeitnehmer einzusehen und zu speichern – eine „Vorratsdatenspeicherung" durch ihn ist unzulässig.[47] Gewährt das BetrVG dem Betriebsrat lediglich ein Recht auf Einsichtnahme, ist es ihm grundsätzlich verwehrt, die Daten zu speichern oder selbst weiterzuverarbeiten.[48]

19 Die Weitergabe von Arbeitnehmerdaten durch den Betriebsrat an Dritte (einschließlich Gewerkschaften[49]) ist nur zulässig, wenn keine gesetzlichen Verschwiegenheitspflichten bestehen (§§ 79, 82 Abs. 2 Satz 3, 83 Abs. 1 Satz 3, 99 Abs. 1 Satz 3, 102 Abs. 2 Satz 5 BetrVG) und dies nach dem BetrVG zur Wahrnehmung gesetzlicher Aufgaben des Betriebsrats erforderlich ist.[50] Eine Datenerhebung/-nutzung über die gesetzlichen Aufgaben des Betriebsrats hinaus wäre nur mit vorheriger Einwilligung des Betroffenen (§ 4a BDSG a.F.; Art. 7 DSGVO; § 26 Abs. 2 BDSG n.F.) möglich.[51]

VI. Schutzpflichten bei besonderen (Gesundheits-)Daten

20 Diese besonderen Daten i.S.d. Art. 9 DSGVO, § 26 Abs. 3 BDSG verlangen einen besonderen Datenschutz und zwar in zweierlei Hinsicht:

– aufseiten des **Arbeitgebers**: Der Arbeitgeber muss ausreichende **Maßnahmen** zum **Schutz** sensibler Persönlichkeitsdaten des Arbeitnehmers (dazu gehören etwa Testergebnisse und Gesundheitsdaten)[52] vor unbefugter Einsichtnahme treffen.
  Beispiel: In der elektronischen Personalakte wird ein besonders geschützter Folder zur Ablage geschaffen, auf den nur definierte Personalentwickler Zugriff haben.

---

bung, Nutzung, Personenbezogene Daten, Verarbeitung, BB 2010, 2889; *Kort*, Schranken des Anspruchs des Betriebsrats auf Information gem. § 80 BetrVG über Personaldaten der Arbeitnehmer, NZA 2010, 1269.

47 LAG Köln, 28.6.2011 – 12 TaBV 1/11; BVerwG, 4.9.1990 – 6 P 28.87, NJW 1991, 375; *Stück*, Betriebsrat oder Geheimrat?, ZD 2019, 259.

48 *Seifert*, in: Simitis/Hornung/Spiecker, Datenschutzrecht, Art. 88 DSGVO Rn. 212; *Däubler*, Gläserne Belegschaften 2017, Rn. 636 b.

49 *Seifert*, in: Simitis/Hornung/Spiecker, Datenschutzrecht, Art. 88 DSGVO Rn. 213; *Stamer/Kuhnke*, in: Plath, DSGVO/BDSG, § 26 BDSG Rn. 158; *Stück*, Betriebsrat oder Geheimrat, ZD 2019, 260; BAG, 22.5.1959 – 1 ABR 2/59, BB 1959, 848 = AP Nr. 3 zu § 23 BetrVG; *Fitting*, BetrVG, § 23 Rn. 19.

50 *Seifert*, in: Simitis/Hornung/Spiecker, Datenschutzrecht, Art. 88 DSGVO Rn. 213; *Stück*, Betriebsrat oder Geheimrat?, ZD 2019, 259.

51 *Seifert*, in: Simitis/Hornung/Spiecker, Datenschutzrecht, Art. 88 DSGVO Rn. 214; *Stück*, Betriebsrat oder Geheimrat?, ZD 2019, 259.

52 BAG, 12.9.2006 – 9 AZR 271/06, NZA 2007, 269 = NJW 2007, 794 (Gesundheitsdaten Alkoholsucht).

– aufseiten des **Betriebsrats**, soweit dieser im Rahmen seiner gesetzlichen Mitbestimmungsrechte (§ 87 Abs. 1 Nr. 1, 7 BetrVG) davon Kenntnis erlangt: Nach der Entscheidung des BAG v. 9.4.2019 – 1 ABR 51/17[53] – gilt insoweit entsprechend: Erlaubnis-/Rechtsgrundlage ist Art. 9 Abs. 2 lit. b DSGVO i.V.m. § 26 Abs. 3 BDSG. Der Betriebsrat muss einen konkreten Auskunftsanspruch geltend machen (z.B. Kontrolle, Verbot Nachtarbeit/Mehrarbeit/Ruhezeit Mütter – § 80 Abs. 1 Nr. 1 BetrVG; §§ 4, 5 MuSchG). Er muss im Einzelnen darlegen, für welche speziellen Aufgaben er welche Daten benötigt. Bei der Weitergabe sensibler Daten an den Betriebsrat hat der Arbeitgeber die Beachtung des Gebots angemessener und spezifischer Schutzmaßnahmen (TOM) nicht selbst in der Hand. Aufgrund der Unabhängigkeit des Betriebsrats kann und darf er dem Betriebsrat hierzu auch keine Vorgaben machen. Bei der Geltendmachung eines auf sensible Daten gerichteten Auskunftsbegehrens obliegt es dem Betriebsrat, das Vorhalten von solchen internen Maßnahmen im Einzelnen dem Arbeitgeber darzulegen (Auskunftspflicht). Solche Maßnahmen sind z.B. das zuverlässige Sicherstellen des Verschlusses der Daten, Beschränkung der Zugriffsmöglichkeit auf einzelne Betriebsratsmitglieder (z.B. des Arbeitsschutzausschusses) etc. Solange der Betriebsrat solche Maßnahmen nicht darlegen kann, besteht kein Auskunftsanspruch (Leistungsverweigerungsrecht) und darf ihm der Arbeitgeber die sensiblen Daten nicht übermitteln. Das BAG stellte klar, dass unabhängig von der Frage, ob der Betriebsrat Teil der verantwortlichen Stelle ist oder nicht (Art. 4 Nr. 7 DSGVO – das BAG ließ das offen), den Betriebsrat eine eigene Schutzpflicht trifft. Dem mutmaßlich oder bestätigt mit Covid-19 infizierten Arbeitnehmer (bzw. der Schwangeren) steht kein Widerspruchsrecht zu, denn die Erfüllung der dem Betriebsrat gesetzlich zugewiesenen Aufgaben ist nicht von einer vorherigen Einwilligung des Arbeitnehmers abhängig

VII. Aufbewahrungs- und Löschfristen der Daten

Wichtig ist, dass auch eine rechtmäßig erfolgte Datenerhebung und -verarbeitung nicht unbegrenzt gespeichert und aufbewahrt werden darf, sondern strenge inhaltliche und vor allem **zeitliche Grenzen** gelten. Die Datenspeicherung ist nach dem **Grundsatz** der **Speicherbegrenzung** und **Datenminimierung** gemäß Art. 5 DSGVO nur so lange zulässig, wie es für den vorher festgelegten, eindeutigen sowie legitimen Zweck erforderlich und angemessen ist. **21**

53 BAG, 9.4.2019 – 1 ABR 51/17, NZA 2019, 1055 (betr. Gesundheitsdatum Schwangerschaft).

22 Wird eine wirksame **Einwilligung widerrufen** und steht auch fest, dass keine andere (gesetzliche) Grundlage für die fortgesetzte Verarbeitung der personenbezogenen Daten vorliegt, muss der Verantwortliche die Daten löschen.[54]

23 Entfällt der Zweck, besteht nach Art. 17 DSGVO die Verpflichtung des datenschutzrechtlich Verantwortlichen, d.h. des Arbeitgebers, zur Löschung des Datensatzes. Auch das **Löschen** ist eine **Verarbeitung** i. S. d. Art. 4 Nr. 2 DSGVO, die vom grundsätzlichen Verbot mit Erlaubnisvorbehalt (Art. 6 Abs. 1 DSGVO) erfasst ist. **Art. 17 Abs. 1 DSGVO** stellt insofern den **Erlaubnistatbestand** dar, der eine **Löschung** von Daten erlaubt. Das „**Recht auf Vergessen**" bzw. Löschung setzt jedoch eine **Abwägung** der beiderseitigen **Interessen** voraus, wonach das Löschungs-/Unterlassungsinteresse das „Recht auf Erinnern" überwiegen muss.[55]

24 Eine wichtige **Ausnahme** von der Löschpflicht besteht, wenn:

– die weitere Verarbeitung und Speicherung der Daten zur Erfüllung einer **rechtlichen Verpflichtung** erforderlich ist (Art. 17 Abs. 3 lit. b, Art. 6 Abs. 1 lit. c DSGVO) oder bei einer vertraglichen bzw. satzungsmäßigen Aufbewahrungsfrist (Art. 35 Abs. 3 DSGVO). Für Beschäftigungsverhältnisse von praktischer Bedeutung sind hierbei die **Aufbewahrungs- und Dokumentationspflichten** nach den Vorschriften des **deutschen Arbeits-, Handels-, Sozialversicherungs- und Steuerrechts**, die eine Löschung „verbieten".[56]

Praxistipp:

Soweit der Arbeitgeber eine gesetzliche Aufzeichnungs-/Übermittlungspflicht erfüllt, trifft er keine eigene, freie Entscheidung, sodass auch für ein Mitbestimmungsrecht des Betriebsrats nach § 87 Abs. 1 Satz 1 BetrVG kein Anknüpfungspunkt besteht.[57]

Abgesehen von diesen Einzelvorschriften gibt es für das Arbeitsverhältnis – anders als im öffentlichen Dienst – keine generelle gesetzliche Vorschrift über die Aufbewahrung bzw. die Vernichtung von Personalakten nach beendetem Arbeitsverhältnis. Beschäftigtendaten dürfen aber auch dann verarbeitet werden, soweit dies im Zusammenhang mit der Beendigung des Arbeitsverhältnisses erforderlich ist. Eine solche Notwendigkeit kann zur Erfüllung mit der Beendigung entstandener nachträglicher Vertragspflichten bestehen,

54 *Nolte/Werkmeister*, in: *Gola*, DSGVO, Art. 17 Rn. 15; *Kamlah*, in: Plath, DSGVO/BDSG, Art. 17 DSGVO Rn. 10.

55 Vgl. OLG Frankfurt/M., 6.9.2018 – 16 U 193/17, CCZ 2019, 98 mit Anm. *Stück*; OLG Dresden, 7.1.2019 – 4 W 1149/18, NJW-RR 2019, 676: beide Google; *Maschmann*, in: Kühling/Bucher, DSGVO/BDSG, § 26 BDSG Rn. 56.

56 Vgl. *Gola*, in: Gola/Heckmann, BDSG, § 26 Rn. 104; *Brink/Schwab*, RDV 2017, 182; *Plath*, in: Plath, DSGVO/BDSG, Art. 6 DSGVO Rn. 38.

57 BAG, 9.7.1991 – 1 ABR 57/90, NZA 1992 126; BAG v. 12.1.1988 – 1 ABR 352/86, RDV 1988, 197.

z. B. der Erstellung eines Zeugnisses, Durchführung betrieblicher Altersversorgung oder eines Nachrufs für einen verstorbenen Betriebsrentner;[58]
- gemäß Art. 17 Abs. 3 lit. e DSGVO ein eigenes, berechtigtes Interesse (sog. **Beweissicherungsinteresse**) des Verantwortlichen an einer längeren Aufbewahrung besteht, z. B. für eine laufende oder vorzubereitende Rechtsstreitigkeit,[59] z. B. über Entgeltzahlung, Abmahnung oder Kündigung.

Auch in diesen Fällen entfällt die Erforderlichkeit der Datenverarbeitung mit endgültiger Zweckerreichung- bzw. Zweckentfall, sodass auch diese Daten zu löschen sind.[60] Sollten für einen Gegenstand **mehrere Aufbewahrungsfristen** in Betracht kommen, so ist die längste Frist maßgeblich.[61] Sind **mehrere personenbezogene Daten** betroffen, hat für jedes Datum eine gesonderte Beurteilung der datenschutzrechtlichen Zulässigkeit und Verhältnismäßigkeit zu erfolgen.[62] **25**

Im Falle eines Covid-19-Virus-Verdachts (Symptome wie z. B. Fieber) oder einer bestätigten Infektion (positiver Test) ist nach derzeitigem Stand der **Zweck der Datenverarbeitung erreicht**, wenn: **26**

- der Arbeitnehmer im Falle eines Verdachts binnen 14 Tagen (Inkubationszeit) nicht erkrankt ist;
- der Arbeitnehmer im Falle einer Erkrankung genesen und wieder arbeitsfähig und „ansteckungsfrei" ist. Er wird dann auch Immun-Abwehrkräfte gebildet haben, sodass erhobene Daten betreffend seiner Covid-19-Infektion zu löschen sind. Für die Daten seiner Arbeitsunfähigkeit – ohne Anlass/Diagnose einer Covid-19-Erkrankung – gilt:

Gegenstand	**Rechtsgrundlage**	**Aufbewahrungs-/ Löschungsfrist**
Arbeitsunfähigkeits-bescheinigung (gelber Schein) künftig digital nach Bürokratie-entlastungsG III, zzt. auch telefonisch ohne ärztl. Untersuchung möglich;[63] bis zu 14 Tage zeitbefristet; bis zum 23.6.2020	§ 5 EfzG § 167 Abs. 2 SGB IX § 1 Abs. 2 KSchG § 147 AO, § 257 HGB	> 1–1,5 Jahr für BEM > 3–3,5 Jahre Vorbereitung krankh. Kündigung, sog. Referenzzeitraum (BAG, 25.4.2018 – 2 AZR 6/18, Rn. 23, NZA 2018, 1056) 10 Jahre Lohnbuchhaltung (Belege)

58 *Gola*, in: Gola/Heckmann, BDSG, § 26 Rn. 105 f.

59 Vgl. BAG, 23.8.2018 – 2 AZR 133/18, NZA 2018, 1329; *Stück*, Präventive und repressive Compliance, AuA 2019, 523.

60 DSK Kurzpapier, Nr. 11 Löschung S. 2.

61 *Faas/Henseler*, Speicherdauer und Aufbewahrungsfristen unter der DSGVO, BB 2018, 2295; *Haußmann/Karwatzki/Ernst*, Datenschutzrechtliche Löschfristen in der Personalverwaltung, DB 2018, 2697.

62 BAG, 23.8.2018 – 2 AZR 133/18, Rn. 24, NZA 2018, 1329.

63 Vgl. Kassenärztliche Bundesvereinigung v. 9.3.2020, https://www.kbv.de/html/1150_44759.php (zuletzt abgerufen: 30.3.2020); vgl. *Fuhlrott/Fischer*, Corona: Virale

VIII. Datenschutz und berufsrechtliche Schweigepflicht (Betriebsarzt) im Pandemiefall

27 Der Betriebsarzt ist nicht berechtigt, seine Diagnose dem Arbeitgeber ohne Einwilligung bzw. Schweigepflichtentbindungserklärung des Mitarbeiters mitzuteilen (§ 8 Abs. 1 Satz 3 ASiG; § 203 StGB). Die Weitergabe von Einzelheiten der Behandlung, Untersuchung oder Beratung eines Arbeitnehmers gegenüber dem Arbeitgeber ist nur zulässig, wenn es eine Rechtfertigung hierfür gibt. Diese kann aus sich ergeben aus:

- einem Einverständnis des Arbeitnehmers (Schweigepflichtentbindungserklärung). Entbindungen von der Schweigepflicht erfordern eine ausdrückliche Erklärung der Beschäftigten, die sachlich und personell einzuschränken und zu konkretisieren ist. Formulareinwilligungen in Arbeitsverträgen oder andere Formen pauschaler Einwilligungserklärungen sind unwirksam;[64]
- einer gesetzlichen Offenbarungspflicht (z.B. § 202 SGB VII; §§ 6–15 IfSG). Das Infektionsschutzgesetz weist – als Ausnahme – dem Arzt die Aufgabe zu, bei schwerwiegenden infektiösen Krankheiten, die andere Arbeitnehmer gefährden können, auf ein Beschäftigungsverbot hinzuwirken und insoweit nach §§ 6ff. IfSG das Gesundheitsamt zu unterrichten. Eine Unterrichtung des Arbeitgebers ergibt sich aus dem IfSG nicht;[65] nach § 43 Abs. 2 IfSG obliegt dies dem betroffenen Arbeitnehmer.[66] Dieser ist im Pandemiefall auch über § 241 Abs. 2 BGB als unverzüglich mitteilungspflichtig ansehen zwecks betrieblicher Gefahrenprävention;
- einem Notstand (§ 34 StGB).[67] Bei der derzeitigen Ausbreitung und Gefährdungslage sowie den zahlreichen Notfallgesetzen/Verordnungen von Legislative und Exekutive sowie der Überlastung der Gesundheitsämter in der Covid-19-Pandemie ist ein solcher Notstand anzunehmen, der es rechtfertigt, dass ein Betriebsarzt als Ultima Ratio eine positive Covid-19-Indikation dem Arbeitgeber (dort der für Arbeits-/Gesundheitsschutz zuständigen Fachfunktion) mitteilt, um die Belegschaft und Bevölkerung zu schützen.

Anpassungen des Arbeitsrechts, NZA 2020, 345; zur Wettbewerbswidrigkeit der Arbeitsunfähigkeitsbescheinigung per WhatsApp: LG Hamburg, 3.9.2019 – 406 HKO 56/19, MMR 2020, 201.

64 *Kohte/Faber/Feldhoff*, Gesamtes Arbeitsschutzrecht, § 8 ASiG Rn. 13.

65 *Hinrichs*, Rechtliche Aspekte der Schweigepflicht der Betriebsärzte und des betriebsärztlichen Personals, DB 1980, 2288.

66 *Kohte/Faber/Feldhoff*, Gesamtes Arbeitsschutzrecht, § 8 ASiG Rn. 12.

67 *Hülsemann*, Die Schweigepflicht des Betriebsartzes, ArbRAktuell 2015, 192; *Vogelsang*, in: Schaub, ArbR-HdB, § 154 Rn. 51.

IX. Homeoffice und Datenschutz

Viele Arbeitnehmer arbeiten in der Pandemie im Homeoffice, um „social distancing“ bis zum Vorhandensein eines wirksamen Medikaments, einer Impfung oder dem Abebben der Pandemie zu gewährleisten. Auch im Homeoffice bestehen aber die Pflichten des Arbeitgebers und damit der jeweiligen Arbeitnehmer zur Einhaltung des Datenschutzes, was nochmals von dem Landesbeauftragten für Datenschutz Schleswig-Holstein bestätigt wurde.[68] Dokumente sollten nicht unbeaufsichtigt und offen zugänglich sein, sondern in einem verschlossenen Raum oder Behälter aufbewahrt werden.[69] Zudem sollten die eingesetzten Laptops oder andere Computer mit einem sicheren Passwort geschützt und die Festplatte sowie externe Speichermedien verschlüsselt sein. Selbst bei kurzzeitigem Verlassen des Arbeitsplatzes sollte der Mitarbeiter den Computer sperren, sodass niemand unberechtigt auf dienstliche Daten zugreifen kann. Arbeitgeber sollten zudem ein schriftliches Konzept für den Umgang mit Daten im Homeoffice erstellen und den Arbeitnehmern bekannt machen.[70] **28**

X. Rechtsfolgen von Datenschutzverstößen und Rechtsschutz

Verstöße gegen den Datenschutz können folgende Rechtsfolgen haben: **29**

- **Auflagen** und **Bußgeldbescheid** (Art. 83 DSGVO) durch die zuständige **Datenschutzaufsichtsbehörde**. Für die Bemessung des Bußgelds hat die Deutsche Datenschutzkonferenz am 14.10.2019 Grundsätze verabschiedet, die sich u.a. am Unternehmensumsatz und dem Verschuldensgrad orientieren.[71] Die Bußgelder sind unter Geltung der DSGVO deutlich angestiegen, wie eine Übersicht der in der EU verhängten Bußgelder verdeutlicht.[72] So wurde z.B. die Deutsche Wohnung wegen unzulässiger Vorratsdatenspeicherung von Mieterdaten mit einem Bußgeld i.H.v. 14,5 Mio. EUR belegt.
  Im Falle der Covid-19-Pandemie ist zu berücksichtigen, dass sowohl seitens des Gesetz-/Verordnungsgebers als auch der Betriebsparteien eine **not-**

---

68 Vgl. https://www.datenschutzzentrum.de/uploads/it/uld-ploetzlich-homeoffice.pdf (zuletzt abgerufen: 30.3.2020); *Röller*, in: Küttner, Personalbuch 2019, Homeoffice Rn. 17; *Kramer*, IT-Arbeitsrecht, B Rn. 642; *Vogelsang*, in: Schaub, ArbR-HdB, § 164 Rn. 39; *Bonnani/Kamps*, Daten- und arbeitsschutzrechtliche Anforderungen an Home-Office-Vereinbarungen, ArbRB 2014, 83.

69 *Hoppe*, in: Kramer, IT-Arbeitsrecht, B Rn. 642 ff.

70 Muster Homeoffice-Vereinbarung bei *Hoppe*, in: Kramer, IT-Arbeitsrecht, B Rn. 676; Muster Betriebsvereinbarung Telearbeit bei *Pulte/Bigos*, Betriebsvereinbarungen in der Praxis, O 21, S. 745 ff.

71 Vgl. https://www.datenschutzkonferenz-online.de/media/ah/20191016_bu%C3 %9F-geldkonzept.pdf (zuletzt abgerufen: 30.3.2020).

72 Vgl. https://www.enforcementtracker.com/ (zuletzt abgerufen: 30.3.2020).

standsähnliche Sondersituation besteht, die unverzügliches Handeln zur effektiven Bekämpfung zum Schutz von Belegschaft, Kunden Lieferanten und Bevölkerung erforderlich macht, sodass bei evtl. Datenschutz- bzw. Rechtsverstößen ein milderer Maßstab geboten ist. Andernfalls würde zudem die Gefahr bestehen, dass Unternehmen, die der Gesetzgeber mit seinem schnell verabschiedeten „Gesetzentwurf zur Abmilderung der Folgen der Covid-19-Pandemie im Zivil-, Insolvenz- und Strafverfahrensrecht" vor der Insolvenz bewahren wollte,[73] just in diese getrieben werden durch ein exorbitantes Bußgeld. Hiergegen ist **verwaltungsgerichtlicher Rechtsschutz** möglich, d.h. Widerspruch gegen den Behördenbescheid und Anfechtungsklage gegen den Widerspruchsbescheid (§ 68 VwGO).[74] In dem Verfahren gilt das Amtsermittlungsprinzip (§ 86 VwGO).

- **Schadensersatz- bzw. Entschädigungsansprüche** des **Arbeitnehmers**, dessen Recht auf informationelle Selbstbestimmung, Datenschutz verletzt wurde, sind nach Art. 82 DSGVO, § 823 Abs. 1 BGB i.V.m. Art. 1, 2 Abs. 1 GG möglich.[75] Diese muss der Arbeitnehmer im **arbeitsgerichtlichen Urteilsverfahren** geltend machen (§ 2 ArbGG), für welches das Parteiprinzip bzw. der Beibringungsgrundsatz gilt (§ 46 Abs. 2 ArbGG; § 282 ZPO). Im Arbeitsrecht liegen die zugesprochenen Entschädigungen bisher i.d.R. zwischen 1.000 EUR (unerlaubte Fotonutzung[76]), 4.000 EUR (rechtswidrige Videoüberwachung[77]) und 7.000 EUR (längere, rechtswidrige Videoaufzeichnung[78]).
- Möglich sind auch **Auskunfts-/Kopienansprüche** des **Arbeitnehmers** nach Art. 15 DSGVO[79] und **Beseitigungs-/Löschungsansprüche** nach Art. 17

---

73 Vgl. BR-Drs. 153/20 v. 27.3.2020; https://www.bmjv.de/SharedDocs/Artikel/DE/2020/032320_Corona_FH.html;jsessionid=46ADD397019887ECF0CC7C06AF22A96.1_cid297 (zuletzt abgerufen: 30.3.2020).

74 Zur Vermeidung bzw. Verteidigung: *Wenzel/Wybitul*, Vermeidung hoher DS-GVO-Bußgelder und Kooperation mit Datenschutzbehörden, ZD 2019, 290; *Wybitul/Grützner*, Compliance nach 50 Millionen Euro DSGVO-Bußgeld, CB 2019, Heft 04, Umschlagteil, I.

75 Vgl. *Wybitul*, Immaterieller Schadensersatz wegen Datenschutzverstößen – Erste Rechtsprechung der Instanzgerichte, NJW 2019, 3265; *Kohn*, Der Schadensersatzanspruch nach Art. 82 DS-GVO, ZD 2019, 498; *Wybitul/Neu/Strauch*, ZD 2018, 202; zur Abwehr: *Wybitul/Haß/Albrecht*, Abwehr von Schadensersatzansprüchen nach der Datenschutz-Grundverordnung, NJW 2018, 113.

76 ArbG Lübeck, 20.6.2019 – 1 Ca 538/19, BeckRS 2019, 36456.

77 LAG Hamm, 30.10.2012 – 9 Sa 158/12; zur Entschädigung wegen heimlicher Video-Observation: *Seel*, Mitarbeiterobservation – Anspruch auf Geldentschädigung wegen heimlicher Videoaufnahmen, MDR 2015, 1213.

78 LAG Hessen, 25.10.2010 – 7 Sa 1586/09, MMR 2011, 346 (2 Wochen Videoüberwachung Arbeitsplatz).

79 LAG Baden-Württemberg, 20.12.2018 – 17 Sa 11/18, NZA-RR 2019, 242 = NZA 2019, 711; OLG Köln, 26.7.2019 – 20 U 75/18, ZD 2019, 462; *Engeler/Quiel*, Recht

DSGVO.[80] Diese muss der Arbeitnehmer im **arbeitsgerichtlichen Urteilsverfahren** geltend machen (§ 2 ArbGG), für welches das Parteiprinzip bzw. der Beibringungsgrundsatz gilt (§ 46 Abs. 2 ArbGG; § 282 ZPO).

- Der **Betriebsrat** kann bei Verletzung seiner Mitbestimmungsrechte (§ 87 Abs. 1 Nr. 1, 6 BetrVG) und Datenschutzverstößen vom Arbeitgeber **Unterlassung** verlangen und Ansprüche auf **Herausgabe/Löschung** gegenüber Dritten (hier mit interner Untersuchung beauftragte Rechtsanwälte, Wirtschaftsprüfer) geltend machen.[81] Diese muss der Betriebsrat im **arbeitsgerichtlichen Beschlussverfahren** geltend machen (§ 2a ArbGG), für das der Amtsermittlungsgrundsatz gilt (§ 83 Abs. 1 Satz 1 ArbGG).
- Ein Verstoß gegen den Datenschutz kann auch **prozessuale Sachvortrags-/Beweisverwertungsverbote** zur Folge haben, sodass der Arbeitgeber z.B. einen Abmahnungs-, Kündigungsschutz-[82] oder Schadenersatzprozess nicht gewinnen kann, da er darlegungs-/beweispflichtig ist für die Vertragspflichtverletzung, diesen Nachweis aber nicht führen kann mit unverhältnismäßig erlangten bzw. datenschutzwidrigen Ergebnissen vor Gericht, da dieses eine Persönlichkeitsrechts-/Datenschutzpflichtverletzung nicht perpetuieren darf.[83]

---

auf Kopie und Auskunftsanspruch im Datenschutzrecht, NJW 2019, 2201; *Dausend*, Der Auskunftsanspruch in der Unternehmenspraxis, ZD 2019, 103; *Brink/Joos*, Reichweite und Grenzen des Auskunftsanspruchs und des Rechts auf Kopie, ZD 2019, 483; *Fuhlrott*, Umfang und Grenzen des arbeitnehmerseitigen Auskunftsanspruchs nach Art. 15 DS-GVO, GWR 2019, 157.

80 LAG Sachsen-Anhalt, 23.11.2018 – 5 Sa 7/17, NZA-RR 2019, 355 (Abmahnungsentfernung nach Ende des Arbeitsverhältnisses).

81 LAG Köln, 19.7.2019 – 9 TaBV 125/18 (Rev. BAG – 1 ABR 31/19), AuR 2020, 44.

82 Bsp.: BAG, 20.6.2013 – 2 AZR 546/12, NZA 2014, 143 (datenschutzwidrige Spindkontrolle); BAG, 27.7.2017 – 2 AZR 681/16, NZA 2017, 1327 (datenschutzwidrige Keyloggerkontrolle).

83 BAG, 22.10.2016 – 2 AZR 395/95, Rn. 18f., NZA 2017, 443; BAG, 22.9.2016 – 2 AZR 848/15, Rn. 25, NZA 2017, 112; BAG, 23.8.2018 – 2 AZR 133/18, BB 2018, 2483 = NZA 2018, 1329.

Kapitel 9

Restrukturierung trotz Pandemie

I. Einleitung

Bedeutet die Pandemie den Stillstand aller (laufenden) Restrukturierungen? Gerade in den kritischen Fällen, die in den vergangenen Monaten unter den Gesichtspunkten von **Transformation**, **Digitalisierung**, Diesel & Co. zwischen den Tarif- und Betriebsparteien intensiv und bundesweit diskutiert wurden, gibt es häufig gar keine Alternative dazu, die bereits laufende Restrukturierung – wenn auch unter erschwerten Bedingungen – fortzuführen. 1

Dennoch ändern sich die Spielregeln. Der nachfolgende Beitrag macht deutlich, dass vor allem **Liquiditätsthemen** laufende Restrukturierungen teilweise konkret gefährden können. Dennoch müssen die Tarif- und Betriebsparteien weiterhin und zeitnah an Lösungen zur Rettung der Unternehmenssubstanzen arbeiten. Denn unabhängig von der Dauer der Pandemie haben sich die zugrunde liegenden volks- und betriebswirtschaftlichen Probleme der betroffenen Unternehmen, die Anlass zu notwendigen Restrukturierungsmaßnahmen geben, zunächst allenfalls verschärft, aber nicht grundsätzlich verändert. Sie gilt es weiterhin im Blick zu behalten und zu lösen. 2

II. Herausforderungen und Liquiditätsüberlegungen

Was sind die **fünf wichtigsten Herausforderungen** für **Restrukturierungen**? 3

1. Validierung von Business-Plänen

Die wirklich schwierigen Restrukturierungsfälle beruhen derzeit allesamt auf **Refinanzierungssituationen**, häufig aufgrund auslaufender oder nicht länger erfüllbarer anleihegestützter Finanzierungssituationen. Neben den ohnehin schwierigen Rahmenbedingungen einer Refinanzierung (v.a. Schwäche der Geschäftsbanken, neue und teilweise aggressive Teilnehmer im Refinanzierungsumfeld) treten jetzt nachhaltige Verwerfungen in den der Refinanzierung bislang zugrunde gelegten **Business-Plänen** in den Vordergrund. Die **Validierung** dieser Business-Pläne ist vor dem Hintergrund völlig unsicherer Marktbedingungen die erste große Herausforderung. Dies hat auch unmittelbare Auswirkungen auf 4 die **Beratungsprozesse** in **Aufsichtsrat** und **Wirtschaftsausschuss**, aber auch bei der Anwendung von **Anpassungsklauseln** in bereits vereinbarten (und oft phasenbezogen geregelten) **Interessenausgleichen**.

2. Herausforderungen aus IDW-S6-Gutachten

5 In den geschilderten Situationen wurden und werden regelmäßig Gutachten zur Sanierungsfähigkeit des Unternehmens nach dem IDW-S6-Standard („Anforderungen an Sanierungskonzepte“) verlangt, die nun entweder überprüft oder derzeit erstellt werden müssen. Im Zusammenhang mit diesen Gutachten sind aufgrund der Neufassung des IDW-S6-Standards mit der Frage nach einer „ziel- und punktgenauen“ Restrukturierung gerade auch „arbeitsrechtliche Themen“ ein zentraler Baustein der Sanierungsfähigkeitsprüfung geworden.

6 Diese Entwicklung wird sich weiter verschärfen, wobei zusätzlich die Fragestellung an Bedeutung gewinnt, inwieweit die in einem Sanierungsgutachten enthaltenen Aussagen vor dem Hintergrund der Pandemie weiterhin Bestand haben können oder verändert und den sich (fortlaufend) ändernden Rahmenbedingungen angepasst werden müssen. Damit steht die Frage der **Sanierungsfähigkeitsprüfung** als Grundlage jeder Refinanzierung plötzlich – zumindest auch, aber vielfach entscheidend – vor der Herausforderung einer ziel- und punktgenauen Restrukturierung vor allem der **personalwirtschaftlichen Seite** der Sanierung. Das ist vielen der am arbeitsrechtlichen Sanierungsprozess Beteiligten oft gar nicht oder nur sehr unzureichend bewusst.

3. Insolvenzrisiken

7 Nach dem Überwinden der Krise an den Finanzmärkten in den Jahren 2008 und 2009 mussten die Teilnehmer der **personalwirtschaftlichen Sanierung** schon seit Langem keine **insolvenzrechtlichen Überlegungen** mehr in ihren **Beratungs- und Verhandlungsprozess** integrieren. Die in Zeiten der Pandemie nun wieder aufkommende Thematik betrifft nicht nur die Frage nach der **Haftung** der einzelnen Beteiligten – insbesondere auf Ebene der Geschäftsleitung –, sondern vor allem und gerade auch die finanzielle **Absicherung** von derzeit zu verhandelnden oder bereits vereinbarten Maßnahmen selbst, da **Transfergesellschaften**, **Abfindungszahlungen** oder andere im Zusammenhang mit der personalwirtschaftlichen Sanierung stehende Leistungen entgegen bislang üblicher Praxis häufig nicht mehr über **Bürgschafts- oder Treuhandlösungen** abgesichert werden können.

8 Es darf nicht übersehen werden, dass **Mittelabflüsse** aus der personalwirtschaftlichen Sanierung angesichts – demographisch bedingter – langer Kündigungsfristen in den zugrunde liegenden Refinanzierungsplänen häufig erst zu einem

recht späten Zeitpunkt angenommen werden, wodurch dann aber eine **Insolvenzsicherung** der gefundenen Verhandlungslösung oft an der Liquiditätsplanung zu scheitern droht. Daher muss bereits im Zusammenhang mit der Erstellung von **Sanierungsfähigkeitsgutachten**, spätestens jedoch bei der Erstellung der **Refinanzierungsdokumentation** berücksichtigt werden, dass durch eine personalwirtschaftliche Sanierung bedingte Mittelabflüsse regelmäßig bereits unmittelbar nach Beendigung der arbeitsrechtlichen Verhandlungen anstehen und in kritischen Verhandlungssituationen bei nicht verlässlich prognostizierbarer Liquidität des Unternehmens zum zentralen Thema werden können. Diese Entwicklung wird sich durch die Pandemie noch weiter verschärfen. Ausgangsfrage einer jeden arbeitsrechtlichen **Sanierungsprüfung** ist daher heutzutage, ob die zugrunde gelegte Liquiditätsplanung auf Kündigungsfrist-bezogenen Mittelabflüssen beruht oder ob eine **Insolvenzsicherung** der Mittelabflüsse noch möglich ist. In diesem Zusammenhang mag die vom Bundestag am 25.3.2020 einstimmig beschlossene vorübergehende „Entschärfung" der Pflicht zur Insolvenzantragstellung des jeweiligen Vertretungsorgans[1] zur Sanierung beitragen, das sich regelmäßig stellende Liquiditätsproblem lösen diese gesetzgeberischen Ansätze aber nicht.

Hinzu kommt, dass die sich in der Praxis nunmehr stellende Frage: „Was gilt 9
denn jetzt?" aufgrund der alles andere als Klarheit schaffenden Gegenausnahme („Dies gilt nicht, wenn die Insolvenzreife nicht auf den Folgen der Ausbreitung des SARS-CoV-2-Virus (Covid-19-Pandemie) beruht oder wenn keine Aussichten darauf bestehen, eine bestehende Zahlungsunfähigkeit zu beseitigen.") regelmäßig dahingehend zu beantworten sein wird, dass zumindest bei unklaren „Gemengelagen" (vorsorglich) doch die Pflicht zur Insolvenzantragstellung unterstellt werden muss.

4. Herausforderung „Beratung und Verhandlung"

Bereits an anderer Stelle wurden die Herausforderungen an eine **„digitale Bera- 10
tungs- und Verhandlungsführung"** ausführlich behandelt.[2] Das gilt auch und besonders im Zusammenhang mit der Beratung und Beschlussfassung in der **Einigungsstelle** (vgl. § 76 Abs. 3 Satz 2 BetrVG).[3] Im Zusammenhang mit (laufenden) Restrukturierungen können sich daraus durchaus nur schwer kalkulierbare zeitliche **Verzögerungen** ergeben, die zumindest derzeit noch im Bereich weniger Wochen zu veranschlagen sind.

---

1 Gesetzentwurf der Fraktionen der CDU/CSU und SPD zur Abmilderung der Folgen der Covid-19-Pandemie im Zivil-, Insolvenz- und Strafverfahrensrecht (BT-Drs. 19/18110).

2 Vgl. Kap. 12 Rn. 30.

3 Vgl. dazu auch *Tischer/Hahn*, in: Spengler/Hahn/Pfeiffer, Betriebliche Einigungsstelle, § 5 Rn. 11 m. w. N.

11 Allerdings zeigen auch erste Erfahrungen aus der Praxis, dass – nachdem zuvor ein für beide Betriebsparteien belastbarer Modus Operandi gefunden wurde – gerade „digitalisierte“ Verhandlungen derart emotionslos, konzentriert und präzise geführt werden können, dass teilweise sogar eine erhebliche Verbesserung der Verhandlungssituation und damit auch des gefundenen Ergebnisses erzielt werden konnte. Hierzu bedarf es aber neben einer sehr genauen **Verhandlungsplanung** im Konsens mit allen Beteiligten vor allem auch der ständigen Abstimmung in den „**Steering-Committees**“ der Refinanzierung.

III. Der arbeitsrechtliche „Baukasten“

12 Die extreme Unsicherheit durch die jetzige Pandemiesituation macht es unumgänglich, Zwischenergebnisse verlässlich festzuhalten, sie dabei aber mit der notwendigen Flexibilität und Planungsoffenheit auszustatten. Das Arbeitsrecht stellt hierfür eine ganze Reihe von sinnvollen und in der Praxis bereits etablierter Hilfsmittel zur Verfügung, auf die weiterhin zurückgegriffen werden kann. Unternehmen steht ein arbeitsrechtlicher „Baukasten“ mit einer Vielzahl von Möglichkeiten und Handlungsoptionen zur Verfügung, den es gezielt zu nutzen und einzusetzen gilt.

1. Vorgezogener Teil-Interessenausgleich und -Sozialplan, „Anpassungs- und Besserungsklauseln“, Finanzierungsvorbehalte und Nachverhandlungspflicht

13 Restrukturierungen, die sich über einen längeren Zeitraum erstrecken oder eine Vielzahl an Maßnahmen erfordern (z.B. Personalabbau, Stilllegung, Rationalisierungsmaßnahmen, Qualifizierungsmaßnahmen), erfordern zur Umsetzung des Transformationskonzepts regelmäßig ein schritt- und etappenweises Vorgehen. Hier kommen in Betracht:

– Vereinbarung vorgezogener **Teil-Interessenausgleiche** und -Sozialpläne, die sich zunächst auf den Modus Operandi und bestimmte Einzelmaßnahmen (ob überhaupt, unter welchen Voraussetzungen, wann und in welcher Weise beabsichtigte Betriebsänderungen durchgeführt werden sollen, vorgezogene Ansprache- und Freiwilligenprogramme und Qualifizierungsmaßnahmen) beschränken, deren Notwendigkeit durch die Betriebsparteien anerkannt wird und deren Folgen bereits absehbar und regelbar sind (vgl. zum „modularen Ansatz“ sogleich);[4]

4 BAG, 20.4.1994 – 10 AZR 186/93, NZA 1995, 89ff. – Interessenausgleich und Sozialplan.

- Vereinbarung von **Anpassungs- und Besserungsklauseln** (v.a. in freiwilligen Rahmen- oder Dauersozialplänen für künftige, noch nicht konkret geplante Betriebsänderungen) oder **Finanzierungsvorbehalten**, um Maßnahmen erforderlichenfalls auch während ihrer Dauer an eine sich weiter verschlechternde wirtschaftliche Lage des Unternehmens anpassen zu können;
- Regelung von – in den Grenzen von Verhältnismäßigkeit und Vertrauensschutz auch rückwirkend zulässigen – **Nachverhandlungspflichten** (insbesondere bei Wegfall der einem Sozialplan zugrunde gelegten Finanzierung).[5]

2. Moderationsansatz

Die „Navigation" von Beratungen und Verhandlungen beim „Steuern im Nebel" bedarf eines „guten Kapitäns". Während sowohl die zielführende Beratung und Verhandlung als auch die zeitlich nachgelagerte Umsetzung erforderlicher Restrukturierungsmaßnahmen in der Vergangenheit häufig ohne Weiteres durch die – teilweise sehr starken – Persönlichkeiten in den Verhandlungsgremien (CFO, **Arbeitsdirektor**, Personalleiter, führende Mitglieder der Betriebsratsgremien, erfahrene Gewerkschafter und Vertreter der Arbeitgeberverbände) erreicht werden konnte und in Krisensituationen zusätzlich durch einen **Chief Restructuring Officer** flankiert und ergänzt wurden, hat es sich in jüngerer Zeit zunehmend bewährt, sowohl die Beratung und Verhandlung, als auch die spätere Durchführung von Interessenausgleich und Sozialplan unter die Moderation eines erfahrenen Juristen zu stellen. Hier können vor allem erfahrene Richter der zweiten Instanz, professionelle Mediatoren mit juristischem Hintergrund, aber auch erfahrene Arbeitsdirektoren einen wesentlichen Beitrag zur Stabilisierung komplizierter Verhandlungsprozesse leisten, auch und gerade wenn diese „digital" geführt werden müssen. **14**

In der **Moderation** dieser Prozesse, und möglicherweise sogar in einem nachgelagerten **Monitoring** ihrer Umsetzung in unsicheren Zeiten, kann eine Art „Gütesiegel" der gefundenen und vereinbarten Lösung liegen, die es umso leichter macht, die teilweise erheblichen Einschnitte – die häufig zu Enttäuschungen bei der Belegschaft führen – vertreten und erfolgreich umzusetzen zu können. **15**

3. Kurzarbeit und Restrukturierung

Der zur Verfügung stehende arbeitsrechtliche „Baukasten" umfasst unter anderem auch die Möglichkeit zur Einführung von **Kurzarbeit** und der – derzeit un- **16**

5 BAG, 2.10.2007 – 1 AZR 815/06, NZA-RR 2008, 242 ff. – rückwirkende Änderung von Sozialplanregelungen über Abfindungsleistungen; BAG, 10.8.1994 – 10 ABR 61/93, NZA 1995, 314 – Wegfall der einem Sozialplan zugrunde gelegten Finanzierung.

ter erleichterten Voraussetzungen möglichen[6] – Beantragung und Auszahlung von **Kurzarbeitergeld**. Insbesondere während der Krise an den Finanzmärkten in den Jahren 2008 und 2009 haben sich das verantwortungsvolle Verhalten der Tarif- und Betriebsparteien sowie unternehmensinterne Anpassungen der Arbeitszeit zusammen mit den Regelungen zur Kurzarbeit (§§ 95 ff., 111 ff. SGB III) als arbeitsmarktpolitisch wirkungsvolle Instrumente erwiesen, um die deutsche Wirtschaft vor dramatischen Verwerfungen zu bewahren.

a) Tarifvertrag und betriebliche Regelungen zur Kurzarbeit

17 Da Tarifverträge und Betriebsvereinbarungen in der Praxis jedoch oft erhebliche Aufzahlungen zum Kurzarbeitergeld vorsehen, die es bei der Liquiditätsplanung zu berücksichtigen gilt, sind auf tariflicher bzw. betrieblicher Ebene weitere Maßnahmen erforderlich, um die mit der Einführung von Kurzarbeit erhoffte „Atempause" nicht zu konterkarieren. Dies zeigt etwa das kürzlich mit der IG Metall Nordrhein-Westfalen für die Metall- und Elektroindustrie als Reaktion auf die zunehmende Verbreitung des Corona-Virus SARS-CoV-2 erzielte Tarifergebnis vom 20.3.2020; danach soll anstatt einer prozentualen Aufzahlung durch die – künftige – Aufteilung von Urlaubs- und Weihnachtsgeld auf das monatliche Einkommen ein möglichst hohes Kurzarbeitergeld erreicht und durch einen zur Vermeidung sozialer Härten zu verteilenden Solidartopf in Höhe von 350 EUR je im Betrieb Beschäftigtem ergänzt werden.[7]

b) Wechselwirkungen zwischen Restrukturierung und Kurzarbeit

18 Da Kurzarbeit durch die zeitlich begrenzte Absenkung von Personalkosten der Überbrückung eines auf wirtschaftlichen Gründen oder einem „unabwendbaren Ereignis" (z. B. einer Epidemie)[8] beruhenden erheblichen – aber lediglich „vorübergehenden" (§ 96 Abs. 1 Satz 1 Nr. 2 SGB III) – Arbeitsausfalls und damit

---

6 Vgl. Art. 1 des Gesetzes zur befristeten krisenbedingten Verbesserung der Regelungen für das Kurzarbeitergeld vom 13.3.2020 (BGBl. I, S. 493); Gesetzentwurf der Bundesregierung über ein Gesetz zur Förderung der beruflichen Weiterbildung im Strukturwandel und zur Weiterentwicklung der Ausbildungsförderung vom 20.3.2020 (BT-Drs. 19/18076); Referentenentwurf über eine Verordnung über Erleichterungen der Kurzarbeit (Kurzarbeitergeldverordnung – KugV) vom 23.3.2020, https://www.bmas.de/SiteGlobals/Forms/Suche/Servicesuche_Formular.html?nn=865262&resourceId=67406&input_=865262&pageLocale=de&templateQueryString=KugV&sortOrder=score+desc&submit.x=0&submit.y=0&showNoGesetzesstatus=true (zuletzt abgerufen: 30.3.2020).

7 Vgl. IG Metall, Sicherheiten für die Beschäftigten in der Metall- und Elektroindustrie, https://www.igmetall.de/tarif/tarifrunden/metall-und-elektro/sicherheiten-fuer-beschaeftigte-in-metall-elektroindustrie (zuletzt abgerufen: 30.3.2020).

8 Vgl. *Bieback*, in: Gagel, SGB III, 76. EL (Stand: März 2020), § 96 Rn. 58; Merkblatt der Bundesagentur für Arbeit, Kurzarbeitergeld (KUG) Corona-Virus: Informationen für Unternehmen, https://www.arbeitsagentur.de/news/corona-virus-informationen-fuer-unternehmen-zum-kurzarbeitergeld (zuletzt abgerufen: 30.3.2020).

letztlich immer dem Erhalt von Arbeitsplätzen dienen muss,[9] stellt sich die Frage nach dem Verhältnis von Restrukturierung und Kurzarbeit. Dabei wird häufig übersehen, dass die Wechselwirkungen beider Maßnahmenkomplexe keinesfalls im Sinne eines „entweder oder“ zu verstehen sind und sich Restrukturierung und Kurzarbeit gerade nicht wechselseitig ausschließen, sondern im jeweiligen Einzelfall durchaus wirkungsvoll miteinander verknüpft werden können. Bei der Einführung von Kurzarbeit und der Beantragung von Kurzarbeitergeld während einer (laufenden) Restrukturierung ist wie folgt zu differenzieren:

aa) Unternehmerische Entscheidung steht fest oder hat sich bereits konkretisiert

Hat der Arbeitgeber etwa die unternehmerische Entscheidung zur Durchführung eines die Schwellenwerte nach § 17 KSchG übersteigenden Personalabbaus oder zur Stilllegung eines Betriebs bzw. bestimmter Betriebsteile bereits getroffen oder ist diese mit hoher Wahrscheinlichkeit absehbar, entfällt – ab diesem Zeitpunkt – mit dem dann nicht mehr nur „vorübergehenden“ Arbeitsausfall selbst bei vorübergehender Fortführung des Betriebs bis zur Schließung die Grundlage für die Gewährung von (allgemeinem) Kurzarbeitergeld.[10] In Betracht kommt dann aber die Kombination mit zeitlich nachgelagerten Transferlösungen unter Bezug von Transferkurzarbeitergeld (§§ 111 ff. SGB III).[11] Zudem entfallen mit dem Ausspruch von betriebsbedingten Kündigungen bzw. dem Abschluss von Aufhebungsverträgen die persönlichen Voraussetzungen für den Bezug von Kurzarbeit (§ 98 Abs. 1 Nr. 2 SGB III) und ist die Entscheidung über die Gewährung von Kurzarbeitergeld von diesem Zeitpunkt an aufzuheben (§ 48 SGB X); dies gilt auch für den Fall der Einführung von Kurzarbeit im Zusammenhang mit der Erstattung einer Massenentlassungsanzeige nach der – praktisch ohnehin wenig bedeutsamen – Regelung des § 19 KSchG.[12] **19**

Haben die Betriebsparteien anlässlich einer konkreten Betriebsänderung bereits einen Interessenausgleich abgeschlossen, ist für die vorstehenden Überlegungen nur dort Raum, wo der Arbeitgeber in Extremfällen an der einmal getroffenen unternehmerischen Planung infolge der sich durch eine Pandemie grundlegend verändernden (wirtschaftlichen) Rahmenbedingungen nicht länger festhalten kann, sondern eine vollständige Neubewertung der zur Verfügung stehenden Op- **20**

9 Vgl. Gesetzentwurf der Fraktionen CDU/CSU und F.D.P. über ein Gesetz zur Reform der Arbeitsförderung (Arbeitsförderungs-Reformgesetz – AFRG) vom 18.6.1996 (BT-Drs. 13/4941, S. 183).

10 BSG SozR3-4100 § 63 Nr. 2 Satz 15; BSG SozR3-4100 § 63 Nr. 2 Satz 5, 6; BSG, 25.4.1991 – 11 RAr 21/89, NZA 1991, 952 ff. – Stilllegungsbeschluss; Fachliche Weisungen der Bundesagentur für Arbeit zum Kurzarbeitergeld KUG i. d. F. vom 20.12.2018, Rn. 96.21, 96.22 – Abschluss von Interessenausgleichsverhandlungen.

11 *Bieback*, in: Gagel, SGB III, 76. EL (Stand: März 2020), § 96 Rn. 91.

12 Fachliche Weisungen der Bundesagentur für Arbeit zum Kündigungsschutzgesetz – KSchG i. d. F. vom 20.10.2017, Rn. 19.2.

tionen – unter gleichzeitiger Aufgabe der bislang konkret festgelegten Maßnahmen – vornehmen muss.

bb) Unternehmerische Entscheidung steht noch aus

21 Befinden sich Restrukturierungen hingegen noch in einem vorgelagerten Stadium, in dem sich unternehmerische Entscheidungen noch nicht in Bezug auf konkrete einzelne Maßnahmen hinreichend konkretisiert haben, sondern diese weiterhin („ergebnisoffenen") erst vorbereitet werden, kann die zeitweise Einführung von Kurzarbeit – jedenfalls für einen überschaubaren Zeitraum – in Betracht gezogen werden. Dabei darf jedoch nicht außer Acht gelassen werden, dass die durch Kurzarbeit erzielbaren Effekte – vor allem bei zeitkritischen Restrukturierungen – bei einer Vielzahl von Unternehmen nur für einen sehr begrenzten Zeitraum (etwa drei Monate) sinnvoll sein werden. Es bietet sich regelmäßig auch hier ein stufenweises Vorgehen wie folgt an:

(1) Betriebliche Mitbestimmung bei der Einführung von Kurzarbeit

22 Da die Einführung von Kurzarbeit in Betrieben mit Betriebsrat – vorbehaltlich abweichender tariflicher Regelungen – der Mitbestimmung nach § 87 Abs. 1 Nr. 3 BetrVG unterliegt, sind in der Praxis überwiegend Betriebsvereinbarungen Grundlage für die Einführung von Kurzarbeit. Daher bedarf es der Verhandlung entsprechender Vereinbarungen mit dem zuständigen Betriebsratsgremium (beispielsweise in einer speziellen Betriebsvereinbarung „zur Kurzarbeit wegen ‚Corona-Virus Covid19'" oder als Teil eines weiter gefassten Maßnahmenpakets im Sinne einer Betriebsvereinbarung „Pandemie-Management"). Die Dauer der Kurzarbeit sollte dabei regelmäßig einen Zeitraum von drei Monaten nicht überschreiten und – zumindest vorsorglich[13] – die Möglichkeit zur einseitigen vorzeitigen Beendigung der Kurzarbeit durch den Arbeitgeber vorgesehen werden.

(2) Beachtung vor allem der betrieblichen Mitbestimmung nach §§ 111 ff. BetrVG

23 Da die betriebliche Mitbestimmung selbst in Zeiten einer Pandemie grundsätzlich nicht suspendiert ist und die Einführung von Kurzarbeit nur ein partieller und temporärer Bestandteil der Gesamtmaßnahmen sein kann, müssen die Verhandlungen im Sinne der §§ 111 ff. BetrVG – wenn infolge der bislang (noch) nicht erfolgten Konkretisierung der unternehmerischen Entscheidung „ergebnisoffen" – weiter fortgesetzt werden. Um einen möglichst nahtlosen Übergang in

---

13 Bei vorzeitiger Beendigung der Kurzarbeit infolge veränderter Auftragslage und Rückkehr zur betriebsüblichen Arbeitszeit lehnt das BAG ein Mitbestimmungsrecht des Betriebsrats ab, vgl. BSG, 21.11.1978 – 1 ABR 67/76, AP BetrVG 1972 § 87 Arbeitszeit Nr. 2.

die zwischen den Betriebsparteien noch zu beratenden und zu verhandelnden Folgemaßnahmen zu ermöglichen, bietet es sich an, bereits im Zusammenhang mit der Einführung von Kurzarbeit ein konkretes Beratungsfenster (ca. 2 Wochen) dahingehend zu vereinbaren, dass die Betriebsparteien alle in Betracht kommenden Optionen gegen Ende des festgelegten Kurzarbeitszeitraums noch einmal abschließend beraten und der Arbeitgeber – soweit erforderlich – vor allem eine nach § 17 Abs. 2 KSchG erforderliche Konsultation über beabsichtigte Entlassungen einleitet.

(3) Kombination mit der Überleitung in Transferlösungen

Für den Fall, dass sich der Arbeitgeber dann zur Stilllegung eines Betriebs bzw. **24**
einzelner Betriebsabteilungen oder einem Personalabbau entschließen sollte, kommt deren Kombination mit zeitlich nachgelagerten Transferlösungen unter Bezug von Transferkurzarbeitergeld (§ 111 SGB III) in Betracht. Dabei ist bereits aus zeitlichen Gründen dringend anzuraten, die entsprechende Durchführung und genaue Festlegung der Modalitäten eines etwaig erforderlich werdenden Einigungsstellenverfahrens (v.a. Beratungsgegenstand, zeitlicher Rahmen, Person des – zeitlich verfügbaren – Vorsitzenden der Einigungsstelle, Anzahl der Beisitzer) ebenso vorab verbindlich zu vereinbaren, um etwa die nach § 111 Abs. 1 Nr. 4 SGB III für den Bezug von Transferkurzarbeitergeld erforderliche Beratung mit der Agentur für Arbeit und das nach § 111 Abs. 4 Satz 1 Nr. 4b SGB III vor Eintritt in die Transfergesellschaft durchzuführende „Profiling“ der Arbeitnehmer noch rechtzeitig vor Beginn der zeitlich nachgelagerten Transferlösung durchführen zu können.

4. Qualifizierungs-Sozialplan trotz Pandemie?

Sozialpläne, deren Inhalt nicht (nur) die klassischen Sozialplanregelungen in **25**
Bezug auf ein Ausscheiden von Mitarbeitern – insbesondere die Zahlung von Abfindungsleistungen – erfasst, sondern zumindest auch die Qualifizierung von Mitarbeitern, für die Arbeitsplätze in modifizierter Form erhalten bleiben können, vorsieht, werden in der Praxis zunehmend als „Qualifizierungs-Sozialpläne“ bezeichnet.[14]

14 Vgl. ausf. dazu etwa *Göpfert/Wenzler*, Erzwingbarer „Qualifizierungs“-Sozialplan?, NZA 2020, 15 ff.; *Göpfert/Seier*, Die „Transformations-Einigungsstelle“: Inhalt und Grenzen eines „Qualifizierungs-Sozialplans“, NZA 2019, 588 ff.; *Göpfert/Brune*, Moderne Führungsinstrumente auf dem arbeitsrechtlichen Prüfstand, NZA-Beilage 2018, 87 ff.

26 Unabhängig von der Frage, ob und inwieweit Qualifizierungsmaßnahmen (beispielsweise „Re-Skilling“, „De-Skilling“ oder „Up-Skilling“)[15] jenseits der Grenzen nach § 97 BetrVG Gegenstand erzwingbarer Mitbestimmung – etwa eines Sozialplans (§ 112 Abs. 1 Satz 2, Abs. 4 BetrVG) – sein können, sind sie in der betrieblichen Wirklichkeit angekommen und immer häufiger Bestandteil von Restrukturierungen. Denn in Zeiten „dynamischer Berufsbilder“ und der „Arbeitswelt 4.0“ sehen sich Unternehmen auch zunehmend mit einer Umverteilung von Tätigkeiten und sich verändernden Aufgaben der Belegschaft konfrontiert. Fakt bleibt daher auch mit Blick auf die „Zeit danach“: Wer mit der technologischen Entwicklung und künftigen Veränderungen der (digitalen) Arbeitswelt nicht Schritt hält, hat wenig Chancen, in Zukunft zu bestehen.

27 Die Entscheidung, während einer Pandemie für die überwiegende Vielzahl der Arbeitnehmer vorübergehend Kurzarbeit einzuführen oder Mitarbeiter – bei reduziertem Arbeitsaufkommen – im Homeoffice „zu parken“, sollte daher sorgfältig abgewogen werden. Denn die durch einen vorübergehenden Arbeitsausfall frei werdenden Kapazitäten können – wie gezeigt – nicht nur dazu genutzt werden, den „heimischen Schreibtisch“ aufzuräumen, sondern auch Arbeitnehmer für die digitalisierte Arbeitswelt „fit zu machen“. Denn dass der Arbeitgeber einen Arbeitnehmer im Rahmen seines Direktionsrechts (§ 106 GewO bzw. § 611a BGB) zur Teilnahme an Fortbildungs- und Qualifizierungsmaßnahmen verpflichten kann, ist zwar – soweit ersichtlich – bislang in Rechtsprechung und Literatur nicht abschließend geklärt, jedoch weitestgehend anerkannt.[16]

---

15 Vgl. dazu *Göpfert/Wenzler*, Erzwingbarer „Qualifizierungs“-Sozialplan?, NZA 2020, 15 ff.; *Göpfert/Lausberg*, Brauchen wir ein Transformations-Kurzarbeitergeld? – 10 Thesen zur Förderung von Re-Qualifizierung, ZIP 2019, 1270 ff.

16 Vgl. ArbG Bonn, 4.7.1990 – 4 Ca 751/90, NZA 1991, 512 ff.; LAG Berlin, 4.3.2003 – 3 Sa 2286/02, BeckRS 2003, 41085; LAG Hessen, 11.4.2007 – 8 Sa 1279/06, BeckRS 2007, 47240; LAG Rheinland-Pfalz, 23.1.2013 – 8 Sa 355/12, BeckRS 2013, 69196; LAG Rheinland-Pfalz, 27.6.2017 – 8 Sa 4/17, BeckRS 2017, 123929; *Wisskirchen/Bissels/Schmidt*, „Der unzeitgemäße Arbeitnehmer“: Die Änderung von Anforderungen an Mitarbeiter als Kündigungsgrund, NZA 2008, 1386, 1388; *Kocher*, Diskontinuität von Erwerbsbiografien und das Normalarbeitsrecht – Der Umgang mit Unsicherheiten, NZA 2010, 841, 844; *Ganz/Thomas*, Die Ankündigung von Personalentwicklungsmaßnahmen – arbeitsrechtliche Erwägungen (Teil 1), ArbRAktuell 2013, 119, 120; *Klinkhammer/Peters*, Fortbildungsvereinbarungen – eine nützliche Investition mit Risiken, ArbRAktuell 2015, 369, 370; *Groß/Gressel*, Kündigungen als Folge von Digitalisierung und Automatisierung, DB 2016, 2355, 2356; *Röder/Gebert*, Technologischer Wandel und Betriebsänderung – Bringen Industrie 4.0 und E-Mobilität den „Qualifizierungssozialplan“?, NZA 2017, 1289, 1290; *Göpfert/Brune*, Moderne Führungsinstrumente auf dem arbeitsrechtlichen Prüfstand, NZA-Beilage 2018, 87 ff.; *Brune*, Weiterbildung im digitalen Wandel, SPA 2018, 161 ff.

IV. Phasen-Modelle für Interessenausgleich und Sozialplan („Modularer Ansatz“)

In der Praxis werden insbesondere besonders komplexe oder umfangreiche Restrukturierungen und Transformationen regelmäßig „modular“ aufgebaut und in einzelne „Etappen“/„Phasen“ und zeitlich nachgelagerte, aber aufeinander abgestimmte Maßnahmenpakete unterteilt, die Bestandteil einer notwendigen Gesamtplanung sind und schrittweise in den notwendigen Verhandlungsprozess eingeführt werden. **28**

Das Phasen-Modell für Interessenausgleich und Sozialplan mit „SARS-CoV-2-Impact“ lässt sich am besten in einem Schaubild darstellen: **29**

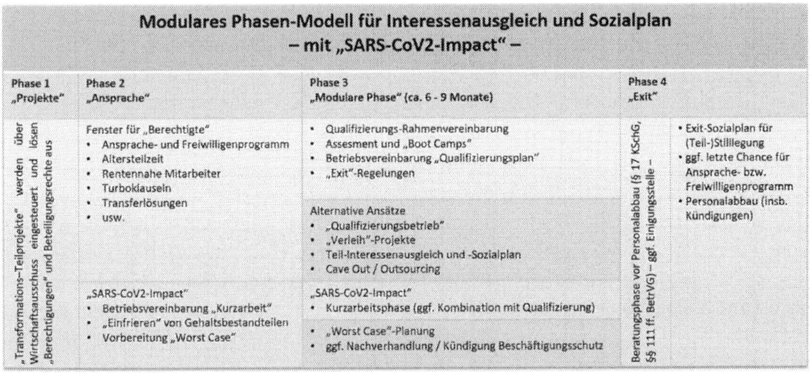

Da Transformationsprozesse zunehmend dadurch geprägt sind, dass sie in Unternehmen stattfinden, in denen betriebsbedingte Kündigungen durch tariflichen Alterskündigungsschutz weitgehend ausgeschlossen sind und neben einem Personalabbau vor allem ein erheblicher Personalaufbau erforderlich wird, der mangels am Arbeitsmarkt verfügbarer Ressourcen zunehmend mit Qualifizierungsmaßnahmen für die eigene Stammbelegschaft begleitet werden muss,[17] werden regelmäßig die vier Phasen: „Projekte“, „Ansprache“, „Modulare Phase“ (v.a. Qualifizierung, Kurzarbeit, Carve Out / Outsourcing) und „Exit“ zu durchlaufen sein, die auch in Zeiten der Pandemie weiterhin – wenn auch teilweise modifiziert – Bestand haben. **30**

---

17 Vgl. *Göpfert/Lausberg*, Brauchen wir ein Transformations-Kurzarbeitergeld? – 10 Thesen zur Förderung von Re-Qualifizierung, ZIP 2019, 1270ff.; *Göpfert/Brune*, Moderne Führungsinstrumente auf dem arbeitsrechtlichen Prüfstand, NZA-Beilage 2018, 87ff.

1. „Projekte“ (Phase 1):

31 Zunächst werden einzelne, abgrenzbare „Transformations-Teilprojekte“ identifiziert, deren Folgen für das Unternehmen bereits hinreichend absehbar und daher regelbar sind (z.B. lediglich einzelne Abteilungen betreffende Maßnahmen), und schrittweise über Wirtschaftsausschuss (§ 106 Abs. 2 Satz 1 BetrVG) und zuständiges Betriebsratsgremium (§§ 92ff., 111ff. BetrVG) in den Beratungs- und Verhandlungsprozess eingesteuert.

2. „Ansprache“ (Phase 2):

32 Regelmäßig bietet es sich sodann an, bei einem erforderlichen Personalabbau zunächst ein vorgelagertes Ansprache- und Freiwilligenprogramm (z.B. mittels vorgezogenem Teil-Interessenausgleich) aufzulegen und „berechtigten“ Arbeitnehmern den Abschluss von Aufhebungsverträgen, sog. „dreiseitigen Verträgen“, unter Einbeziehung von Transferlösungen oder Altersteilzeitverträgen anzubieten. Da solche Programme aber regelmäßig nur dann sinnvoll sein können, wenn sie innerhalb ihrer jeweiligen „Zielgruppe“ auf eine möglichst hohe Akzeptanz treffen, stoßen sie in Pandemiezeiten aufgrund der unsicheren Arbeitsmarktlage regelmäßig an ihre Grenzen. Denn nur wenige Arbeitnehmer werden bereit sein, ihren sozialen Besitzstand (langjährige Betriebszugehörigkeit, Kündigungsschutz, Einkommensniveau etc.) selbst bei Aussicht auf eine konkrete Anschlussbeschäftigung aufzugeben, deren weiteres Schicksal für den Arbeitnehmer aufgrund der unklaren Weiterentwicklung und Dauer einer Pandemie sowie der hierdurch bedingten sich ständig ändernden Arbeitsmarktbedingungen nur schwer einzuschätzen sein wird.

33 Zumindest in Fällen, in denen sich die unternehmerischen Entscheidungsprozesse noch nicht hinreichend auf einzelne Betriebsabteilungen oder Mitarbeitergruppen konkretisiert haben, kann es sich daher – in den zuvor aufgezeigten Grenzen – anbieten, zunächst ein für eine Vielzahl von Mitarbeitern offenstehendes „Freiwilligenprogramm“ durch die vorübergehende Einführung von Kurzarbeit (ca. 2 Monate) zu flankieren. Dem liegt die Überlegung zugrunde, dass die an eine unbestimmte Vielzahl von Arbeitnehmern gerichtete bloße „Einladung zur Interessensbekundung“ zum Abschluss eines Aufhebungsvertrags – zumindest in Einzelfällen – nicht immer gleichbedeutend mit dem Entfallen der Voraussetzung eines „vorübergehenden“ Arbeitsausfalls im Sinne von § 96 Abs. 1 Satz 1 Nr. 2 SGB III sein muss.[18] Zudem kann die Einführung von

---

18 Ähnlich *Bieback*, in: Gagel, SGB III, 76. EL (Stand: März 2020), § 96 Rn. 94, der annimmt, dass soweit zwar ein Personalabbau zum Erhalt des Restbetriebs absehbar ist, er sich aber noch nicht auf bestimmte Arbeitsverhältnisse konkretisiert hat, keine Ausschlussgründe für die Zahlung von KUG vorliegen und es oft dem Gesetzeszweck und den gesetzlichen Voraussetzungen entsprechen könne, KUG zu gewähren.

Kurzarbeit gezielt auf Betriebe bzw. Betriebsabteilungen beschränkt werden, die letztlich nicht von einem Personalabbau betroffen sein werden.

3. „Modulare Phase" (Phase 3):

34 Mittels Nutzung des bereits verfügbaren arbeitsrechtlichen „Baukastens" gilt es auch, die in der Belegschaft vorhandenen Ressourcen zu aktivieren und Mitarbeiter durch Qualifizierungsmaßnahmen den sich verändernden Aufgaben anzupassen. Hierzu wird erneut im Sinne eines Phasen-Modells (Evaluierung – Qualifizierung – Entscheidung),[19] teilweise unter Einschaltung eines externen Dienstleisters und vorübergehender Freistellung einzelner Arbeitnehmer, zunächst der vorhandene Qualifikationsstand der Arbeitnehmer ermittelt. Anschließend werden Arbeitnehmern in Bezug auf zuvor für einzelne Mitarbeiter oder Mitarbeitergruppen definierte und ermittelte potenzielle Anschlussbeschäftigungen – etwa nach Maßgabe einer hierzu abgeschlossenen Betriebsvereinbarung „Qualifizierungsplan" – intensive Fortbildungs- und Qualifizierungsmaßnahmen angeboten, die zeitlich begrenzt sogar den Schwerpunkt bzw. Inhalt der arbeitsvertraglich geschuldeten Tätigkeit bilden können.[20] Zusätzlich kann auch die Bildung von sog. „Qualifizierungsbetrieben", in denen Arbeitnehmer qualifiziert und sowohl unternehmensintern wie -extern eingesetzt werden können, als weiteres „Modul" und Alternative zum Personalabbau sinnvoll sein.[21]

35 Hinzu kommt, dass auch die beiden Module „Qualifizierung" und „Kurzarbeit" gerade in Krisenzeiten geschickt genutzt und miteinander kombiniert werden können. Denn zusätzlich zu den bislang nach dem sog. Qualifizierungschancengesetz[22] selbst in kritischen Fällen außerhalb konkreter Maßnahmen nur begrenzt verfügbaren Fördermöglichkeiten[23] stehen Arbeitgebern im Anwendungsbereich der §§ 95 ff., 110 ff. SGB III – zuletzt akut beschleunigt[24] durch die

---

19 Vgl. dazu im Einzelnen: *Göpfert/Seier*, „Qualifizierungsbetriebe" als Alternative zum Personalabbau?,NZA 2018, 1439, 1445.

20 *Göpfert/Seier*, „Qualifizierungsbetriebe" als Alternative zum Personalabbau?, NZA 2018, 1439, 1445; *Göpfert/Brune*, Moderne Führungsinstrumente auf dem arbeitsrechtlichen Prüfstand, NZA-Beilage 2018, 87, 91 f.

21 Vgl. ausf. dazu *Göpfert/Seier*, „Qualifizierungsbetriebe" als Alternative zum Personalabbau?, NZA 2018, 1439 ff.

22 Gesetz zur Stärkung der Chancen für Qualifizierung und für mehr Schutz in der Arbeitslosenversicherung – Qualifizierungschancengesetz vom 18.12.2018 (BGBl. I, S. 2651).

23 § 82 Abs. 3 SGB III, dazu *Göpfert/Wenzler*, Erzwingbarer „Qualifizierungs"-Sozialplan?, NZA 2020, 15, 18.

24 Vgl. Gesetz zur befristeten krisenbedingten Verbesserung der Regelungen für das Kurzarbeitergeld (BGBl. I, S. 493 f.); Gesetzentwurf der Bundesregierung über ein Gesetz zur Förderung der beruflichen Weiterbildung im Strukturwandel und zur Weiterentwicklung der Ausbildungsförderung vom 20.3.2020 (BT-Drs. 19/18076; BT-Drs.

aktuellen Entwicklungen um die zunehmende Verbreitung des Corona-Virus SARS-CoV-2 – weitere „Fördertöpfe“ offen, die dem Grunde nach sogar eine „Qualifizierungskurzarbeit“ ermöglichen.

36 Der Gesetzentwurf der Bundesregierung für ein Gesetz zur Förderung der beruflichen Weiterbildung im Strukturwandel und zur Weiterentwicklung der Ausbildungsförderung vom 20.3.2020 hebt etwa deutlich hervor, dass durch Transformation und konjunkturelle Risiken in den nächsten Jahren zu erwartende Arbeitsausfälle von Unternehmen „*insbesondere bei längerer Kurzarbeit verstärkt für die Weiterbildung ihrer Beschäftigten*“ genutzt werden sollten.[25] Da der nach § 96 Abs. 1 Satz 1 Nr. 2 SGB III für die Gewährung von Kurzarbeitergeld erforderliche lediglich „vorübergehende“ Arbeitsausfall nach vorzugswürdiger Ansicht dahingehend zu verstehen sein wird, dass nicht auf den Erhalt des konkreten Arbeitsplatzes in seiner bisherigen Form, sondern vielmehr auf den Erhalt des Beschäftigungsverhältnisses – im Betrieb – als solchem abzustellen ist,[26] erscheinen dann auch weitere Gesetzesanpassungen entbehrlich. Mit dem Modul einer „zwischengeschalteten“ Kurzarbeit können daher nicht nur vorübergehend Personalkosten gesenkt, sondern zugleich Qualifizierungsmaßnahmen eingesteuert werden. Da es häufig entscheidend sein wird, Transformationsprozesse möglichst rasch umzusetzen, sollte das Modul „Kurzarbeit“ jedoch gezielt und dosiert eingesetzt werden; denn lange Kurzarbeitsphasen werden auch in Zeiten einer Pandemie nicht dazu führen, die für die „Zeit danach“ notwendigen Schlüsselmitarbeiter halten zu können.

37 In Bezug auf Arbeitnehmer, die auch nach Abschluss der Fortbildungs- und Qualifizierungsmaßnahmen nicht die erforderlichen Qualifikationen aufweisen, kommt im Rahmen der sich anschließenden Entscheidungsphase auch der Ausspruch von Kündigungen in Betracht; hier werden bislang jedoch vor allem die fehlende fachliche Eignung (etwa nach einem erfolglosen Qualifikationsversuch) oder das Verhalten (etwa bei Weigerung zur Teilnahme an Fortbildungs-

---

19/17740); Referentenentwurf einer Verordnung über Erleichterungen der Kurzarbeit (Kurzarbeitergeldverordnung – KugV) vom 23.3.2020, https://www.bmas.de/SiteGlobals/Forms/Suche/Servicesuche_Formular.html?nn=865262&resourceId=67406&input_=865262&pageLocale=de&templateQueryString=KugV&sortOrder=score+desc&submit.x=0&submit.y=0&showNoGesetzesstatus=true (zuletzt abgerufen: 30.3.2020).

25 Vgl. Gesetz zur befristeten krisenbedingten Verbesserung der Regelungen für das Kurzarbeitergeld (BGBl. I, S. 493 f.); Gesetzentwurf der Bundesregierung über ein Gesetz zur Förderung der beruflichen Weiterbildung im Strukturwandel und zur Weiterentwicklung der Ausbildungsförderung vom 20.3.2020 (BT-Drs. 19/18076; BT-Drs. 19/17740, S. 22, 24).

26 *Bieback*, in: Gagel, SGB III, 76. EL (Stand: März 2020), § 96 Rn. 92 ff.; *ders.*, in: Beck-OK SozR, § 96 SGB III Rn. 18; in diese Richtung auch BSG SozR 3-4100 § 63 Nr. 2, wonach es jedoch nicht ausreichend sein soll, dass Arbeitsplätze in einem anderen Betrieb desselben Unternehmens erhalten werden.

maßnahmen) des Arbeitnehmers als Hauptursache für die Kündigung angesehen.[27] Stellt der Arbeitgeber aber fest, dass auch die Module „Qualifizierung" bzw. „Kurzarbeit" nicht die notwendigen Effekte haben, kommen im Rahmen der „Exit-Phase" auch betriebsbedingte Kündigungen in Betracht.

4. „Exit" (Phase 4):

In der letzten – oft entscheidenden – Phase gilt es für das Unternehmen sodann, alle in Betracht kommenden Optionen noch einmal sorgfältig zu prüfen, gegeneinander abzuwägen und die abschließenden Unterrichtungen, Beratungen und Konsultationen zwischen den Betriebsparteien (v.a. §§ 111 ff. BetrVG; § 17 Abs. 2 KSchG) einzuleiten und zum Abschluss zu bringen. **38**

Da auch bislang „gesunde" Unternehmen durch länger anhaltende Pandemien – im Zusammenhang mit der derzeit weiter andauernden Verbreitung des Corona-Virus SARS-CoV-2 voraussichtlich bereits ab Mitte Mai 2020 – zunehmend unter massiven Druck geraten werden, wird die betriebliche Wirklichkeit in der 2. Jahreshälfte 2020 auch durch einen entweder nach wie vor erforderlichen oder zwischenzeitlich erforderlich gewordenen Personalabbau bis hin zur Stilllegung ganzer Betriebszweige geprägt sein. Im Rahmen der – gegebenenfalls in der Einigungsstelle – zu führenden Verhandlungen über einen Interessenausgleich und erzwingbaren (§ 112 Abs. 4 BetrVG) Sozialplan, wird dann in einer Vielzahl von Fällen das Problem zu Tage treten, dass die zu Beginn der Pandemie, insbesondere durch die – in Betrieben mit Betriebsrat zwingend den Abschluss einer Betriebsvereinbarung voraussetzende – Einführung von Kurzarbeit, zwingend notwendige „Atempause" oft nur um den Preis des Ausschlusses von betriebsbedingten Kündigungen „erkauft" werden konnte. Hier wird sich bereits in naher Zukunft die Frage stellen und der Ruf danach laut werden, ob derartige unter außergewöhnlichen Umständen und teilweise erheblichem Zeitdruck vereinbarte Regelungen zum Beschäftigungsschutz vorzeitig (außerordentlich) kündbar oder zumindest einem Anspruch auf Nachverhandlung zugänglich sind. **39**

V. Fazit

Unternehmen steht für Restrukturierungen auch während der Pandemie ein arbeitsrechtlicher „Baukasten" mit einer Vielzahl sinnvoller und bereits etablierter Hilfsmittel zur Verfügung, auf die weiterhin zurückgegriffen werden kann und **40**

---

27 Vgl. *Wisskirchen/Bissels/Schmidt*, „Der unzeitgemäße Arbeitnehmer": Die Änderung von Anforderungen an Mitarbeiter als Kündigungsgrund, NZA 2008, 1388, 1390 ff.; *Groß/Gressel*, Kündigungen als Folge von Digitalisierung und Automatisierung, DB 2016, 2357 ff.; *Göpfert/Brune*, Moderne Führungsinstrumente auf dem arbeitsrechtlichen Prüfstand, NZA-Beilage 2018, 87, 92.

die es gezielt zu nutzen und einzusetzen gilt. Insbesondere „Restrukturierung“ und „Kurzarbeit“ schließen sich nicht gegenseitig aus, sondern können durchaus wirkungsvoll miteinander verknüpft werden. Die weiter voranschreitende Digitalisierung und Transformation von Wirtschaft und Gesellschaft im Zuge der sog. „Vierten Industriellen Revolution“ haben Unternehmen aber bereits vor der Verbreitung des Corona-Virus SARS-CoV-2 vor teilweise erhebliche volks- und betriebswirtschaftliche Probleme gestellt, die sich während der Pandemie allenfalls verschärfen, mit Blick auf die „Zeit danach“ aber nicht grundsätzlich verändern. Selbst Unternehmen, die sich bislang nicht mit derartigen Problemen konfrontiert sahen, werden infolge der Pandemie vor massive Probleme gestellt werden, die sich nicht „über Nacht“ werden lösen lassen. Daher gilt es bereits jetzt, Restrukturierungsansätze konsequent weiter zu verfolgen; denn der „gefühlte Aufschub“ wird sich vor allem bei zeitkritischen Restrukturierungen schon sehr zeitnah in sein Gegenteil verwandeln. Dann wird auch die Frage zu beantworten sein, ob insbesondere die während der Pandemie oft kurzfristig vereinbarten oder bereits bestehenden Regelungen zum Beschäftigungsschutz vorzeitig kündbar oder zumindest einem Anspruch auf Nachverhandlung zugänglich sind.

Kapitel 10

Die Zeitarbeit in Zeiten der Pandemie

I. Einleitung

Die Pandemie trifft die Zeitarbeit in einem Moment, in dem sie bereits geschwächt ist. Die bekannte Eigenschaft der Branche als konjunktureller **Frühindikator**[1] hat bereits vor der Pandemie zu spürbaren Rückgängen geführt. Ausgehend von dem Einsatzbereich der Automobil- und Zulieferbranche erstreckte sich dies immer weiter in die gesamte Industrie.[2] Einige große Zeitarbeitsunternehmen hatten bereits 2019 für die internen Mitarbeiter Kurzarbeit angeordnet. Der Tarifabschluss der beiden Arbeitgeberverbände iGZ und BAP mit den Gewerkschaften der DGB-Tarifgemeinschaft Zeitarbeit spiegelte mit einer Erhöhung von 1,9 % bei drei Nullmonaten für das Jahr 2020 die schwierige Situation der Branche, der sich auch die Gewerkschaften nicht verschließen konnten.[3] **1**

Wenn man in kurzen Strichen die Entwicklung der Zeitarbeit in den letzten Jahren nachzeichnet, so sieht man eine Branche in ständiger Bewegung. Die **AÜG-Novelle** 2017[4] führte zu einschneidenden Änderungen in den Geschäftsprozessen. Wie einschneidend sie waren und sind, wurde in den Jahren 2017 und 2018 von einer Hochkonjunktur überdeckt, in der Zeitarbeit und Einsatzbranchen die Einschränkungen noch am besten haben kompensieren können.[5] Die konjunkturelle Abkühlung setzte für die Zeitarbeit bereits in der 2. Hälfte 2018 ein,[6] zu einem Zeitpunkt, als die Änderungen durch die AÜG-Novelle gerade abge- **2**

---

1 Statistik der Bundesagentur für Arbeit, Aktuelle Entwicklungen der Zeitarbeit, Stand: Januar 2020, https://statistik.arbeitsagentur.de/Statischer-Content/Arbeitsmarktberichte/Branchen/generische-Publikationen/Arbeitsmarkt-Deutschland-Zeitarbeit-Aktuelle-Entwicklung.pdf (zuletzt abgerufen: 29.3.2020), S. 18

2 *Lünendonk*, Blitzumfrage 2019, S. 11.

3 *Lünendonk*, Blitzumfrage 2019, S. 5: 57 % der Befragten prognostizierten für das 1. Halbjahr 2020 einen Marktrückgang von 4,2 %.

4 Gesetz zur Änderung des Arbeitnehmerüberlassungsgesetzes und anderer Gesetze, BGBl. I 2017, S. 258.

5 Statistik der Bundesagentur für Arbeit, Aktuelle Entwicklungen der Zeitarbeit, Stand: Januar 2020, https://statistik.arbeitsagentur.de/Statischer-Content/Arbeitsmarktberichte/Branchen/generische-Publikationen/Arbeitsmarkt-Deutschland-Zeitarbeit-Aktuelle-Entwicklung.pdf (zuletzt abgerufen: 29.3.2020), S. 18

6 *Lünendonk*, Studie 2019, S. 52.

schlossen, aber aufgrund weiterhin bestehender Rechtsunsicherheiten keineswegs „verdaut“ waren.[7]

3 Die Hinweise der Zeitarbeit auf ihre nachhaltig geschwächte Situation bereits vor dem Ausbruch der Pandemie stieß auf eine reflexartige Abwehrhaltung der Politik gegenüber der Forderung der Branche, die Kurzarbeit auch auf die Zeitarbeitskräfte zu erstrecken. Erst die eruptive Schockwirkung der Pandemie löste diese Blockade, wenn auch, wie zu vermuten ist, nur temporär.

II. Berichte und Eindrücke aus der Praxis

1. Die wirtschaftlichen Folgen

4 Die Situation in der Branche ist dramatisch. Viele Unternehmen melden Einbrüche bei den Überlassungen. Es ist denkbar, dass die Zeitarbeit auch ein „Pandemie-Frühindikator“ ist. Noch vor der jüngsten Eskalation des Pandamiegeschehens schilderte der Geschäftsführer eines Zeitarbeitsunternehmens, wie seine Zeitarbeitskräfte im „Entleiherbetrieb“ (im Folgenden: Einsatzbetrieb) danach gefragt worden seien, ob sie in letzter Zeit gehustet hätten. Als ein Zeitarbeitnehmer erklärte, er habe in der letzten Woche gehustet, sei dieser sofort abgemeldet worden.

5 Das zeigt, dass die Beeinträchtigungen in vielen Fällen sicher unmittelbarer sind als in anderen Wirtschaftsbereichen. Von vielen Zeitarbeitsunternehmern wird in diesen Tagen die Situation geschildert, dass sie auf einen Schlag 30, 40 oder noch wesentlich mehr Arbeitnehmer abgemeldet bekommen. „Abmelden“ ist in diesem Fall gleichzusetzen mit einem Ende des Überlassungsverhältnisses. Die Kündigung eines Arbeitnehmerüberlassungsvertrages ist an keine Form gebunden.[8] Ob und wenn ja, an welche Fristen sie gebunden ist, hängt von den Vereinbarungen im Vertrag ab. Ist er befristet, kann er gegebenenfalls auch überhaupt nicht fristgemäß kündbar sein, sondern endet mit Fristablauf. Ob die Folgen des Corona-Virus zu einer fristlosen Loslösung vom Arbeitnehmerüberlassungsvertrag berechtigen, ist von den vertraglichen Vereinbarungen abhängig und kann hier nicht beleuchtet werden. Zumindest dann, wenn eine behördliche Schließungsanordnung gegen den Einsatzbetrieb ergeht, wird man eine fristlose Loslösung vom Vertrag bejahen können. Probleme in der Lieferkette liegen dagegen wohl eher im Risikobereich des Kunden, mögen sie auch Folgen des Virus sein.

---

7 So auch die Analyse der Bundesagentur für Arbeit, Aktuelle Entwicklungen in der Zeitarbeit, Stand: Januar 2020, https://statistik.arbeitsagentur.de/Statischer-Content/Arbeitsmarktberichte/Branchen/generische-Publikationen/Arbeitsmarkt-Deutschland-Zeitarbeit-Aktuelle-Entwicklung.pdf (zuletzt abgerufen: 29.3.2020), S. 5.

8 BeckOK ArbR/*Motz*, 54. Edition, Stand: 1.12.2019, § 12 AÜG Rn. 49.

Unternehmen mit einer monostrukturellen Ausrichtung (Überlassung nur in eine Branche) sind besonders betroffen. Dienstleister, die Personal z. B. nur für den Bereich Gastronomie/Event zur Verfügung stellen, haben zurzeit häufig einen Umsatz null, aber Kosten, die sich nicht so schnell herunterbringen lassen. Da die Zeitarbeitsbranche eine vergleichsweise junge Branche ist mit einem hohen Anteil junger Unternehmen, ist zu befürchten, dass häufig nicht die Fähigkeit besteht, längere Durststrecken durchzuhalten. Zwar bieten Sozialversicherungsträger vereinfachte Möglichkeiten von Stundung und Ratenzahlung an. Die Personaldienstleister benötigen aber zugleich Unbedenklichkeitsbescheinigungen. Denn ohne diese sind viele Überlassungen vor allem an große Unternehmen und Konzerne nicht möglich. Es stellt sich die Frage, ob diese Krise zu einer drastischen Verringerung der Marktbegleiter führen wird und insbesondere kleinere und mittlere Unternehmen vom Markt verschwinden. Das ist durchaus ein denkbares Szenario, wobei gesagt werden muss, dass schon in der Vergangenheit immer wieder dem Zeitarbeitsmarkt ein Konzentrationsprozess vorausgesagt wurde, z. B. nach Einführung der Branchenzuschläge.[9] Doch die regionalen mittelständischen Anbieter haben sich gerade in Krisen als zäh und kreativ erwiesen. Es darf die Bedeutung der regionalen Verwurzelung der Mittelständler nicht unterschätzt werden. Das kann sowohl bei der Rekrutierung von Personal als auch bei der Akquise von Kunden eine Rolle spielen. Die Frage ist nur, ob die Mittelständler diese Stärke noch ausspielen können, wenn die Krise und die Abschaltung großer Teile der Wirtschaft noch länger andauern. **6**

Die Probleme der Einsatzbetriebe spiegeln sich bei den Personaldienstleistern. **7** Vereinfacht gesagt, kann die Produktion in Zeiten der Pandemie aus zwei Richtungen eingeschränkt sein. Entweder gibt es Probleme in der Lieferkette: Der Produktionsbetrieb bekommt Zulieferteile nicht und kann deshalb nicht produzieren, oder er selbst kann zwar noch produzieren, kann seine Produkte aber nicht mehr an seine Kunden liefern, weil sie nicht mehr abgenommen werden. Ein weiterer Grund für Unterbrechungen ist natürlich auch darauf zurückzuführen, dass die Arbeitnehmer zum Schutz vor Ansteckung nicht zur Arbeit erscheinen sollen.

Die Zeitarbeit ist überdurchschnittlich oft in Produktionsbereichen eingesetzt, **8** die sich nicht durch Homeoffice ersetzen lassen.[10] Deswegen dürften diese Beeinträchtigungen tendenziell stärker sein als im Durchschnitt der Gesamtwirt-

---

9 Es existieren derzeit elf Branchenzuschlagstarifverträge, die bei der Überlassung in bestimmte Branchen einen Branchenzuschlag vorsehen, der in Abhängigkeit von der Überlassungsdauer ansteigt.

10 Statistik der Bundesagentur für Arbeit, Aktuelle Entwicklungen der Zeitarbeit, Stand: Januar 2020, https://statistik.arbeitsagentur.de/Statischer-Content/Arbeitsmarktberichte/Branchen/generische-Publikationen/Arbeitsmarkt-Deutschland-Zeitarbeit-Aktuelle-Entwicklung.pdf (zuletzt abgerufen: 29.3.2020), S. 11: 48 % der Zeitarbeitskräfte üben Produktionsberufe aus.

schaft, die z.B. in weiten Teilen des Dienstleistungssektors weitgehend auf die Arbeit von zu Hause umstellen kann.

9 Während auf der einen Seite die Situation plötzlicher Abmeldungen besteht, kann die Zeitarbeit in systemrelevanten Bereichen eine wichtige Rolle dafür spielen, dass die größtmögliche Zahl von Arbeitnehmern in diesen Bereichen auch zum Einsatz kommt. Zu denken ist in erster Linie an den Krankenhausbereich. Hier kann die mit der AÜG-Novelle eingeführte Höchstüberlassungsdauer (§ 1 Abs. 1b AÜG) zu der Situation führen, dass eine Pflegekraft wegen Erreichens der Höchstüberlassungsdauer abgezogen werden muss, obwohl in diesem Krankenhaus jede einzelne Arbeitskraft dringend gebraucht würde. Der Gesetzgeber sollte in dieser Notsituation wenigstens einer befristeten Befreiung von der Höchstüberlassungsdauer bei der Überlassung in systemrelevante Bereiche zustimmen.

2. Fürsorgepflicht von Einsatzbetrieb und Zeitarbeitsunternehmen

10 Da die Zeitarbeitskraft in den Einsatzbetrieb eingegliedert ist, weist der Gesetzgeber diesem die praktische Durchführung des **Arbeits- und Gesundheitsschutzes** zu (§ 11 Abs. 6 AÜG).[11] Das Zeitarbeitsunternehmen ist nicht nur darauf beschränkt, den Arbeits- und Gesundheitsschutz des Einsatzbetriebes zu überwachen,[12] sondern sollte eigenständig tätig werden. Dass allgemein davon ausgegangen wird, dass Zeitarbeitsunternehmen mehr tun können, als nur den Einsatzbetrieb zu überwachen, ergibt sich schon aus verschiedenen Angeboten der für die Zeitarbeit zuständigen Verwaltungs-Berufsgenossenschaft (VBG).[13] Letztlich sind beide gemeinsam für die Sicherheit und Gesundheit der Zeitarbeitskräfte zuständig.[14] Aus dem Vorgenannten ist klar, dass der Arbeits- und Gesundheitsschutz der Zeitarbeitskräfte im Einsatzbetrieb um keinen Zentimeter gekürzt sein darf.

11 Daraus ergibt sich, dass es die Aufgabe des Einsatzbetriebes ist, den Schutz der Arbeitnehmer vor Ansteckung zu prüfen und ggf. bestimmte Maßnahmen bis zur Schließung des Betriebes zu ergreifen, sofern dies nicht übergeordnet aufgrund von behördlichen Maßnahmen geschieht. Die Aufgabe des Zeitarbeitsunternehmens ist es, diese Maßnahmen des Einsatzbetriebes zu kontrollieren und, sofern es zu der Einschätzung kommt, dass die Maßnahmen unzureichend sind, den Arbeitnehmer aus dem Einsatzbetrieb abzuziehen.

---

11 *Schüren*, in: Schüren/Hamann, AÜG, § 11 Rn. 195; ErfK/*Wank*, § 11 AÜG Rn. 22.
12 *Schüren*, in: Schüren/Hamann, AÜG, § 11 Rn 195.
13 So z.B. das Prämienverfahren der VBG, bei der Investitionen für bestimmte präventive Maßnahmen, wie z.B. das Managementsystem „Arbeitsschutz mit System (AMS)", finanziell unterstützt werden.
14 DGUV-Branchenregel Zeitarbeit, S. 10.

Für die internen Mitarbeiter des Zeitarbeitsunternehmens bestehen natürlich alle originären Fürsorgepflichten des Arbeitgebers aus § 618 BGB und weiteren öffentlich-rechtlichen Vorschriften und Anordnungen der Länder und Kommunen. **12**

Für den Schutz der internen Mitarbeiter gäbe es ein Mittel, überflüssige Begegnungen mit den Mitarbeitern des Einsatzbetriebs zu verhindern. Das Gesetz sieht jedoch für den Abschluss eines Arbeitnehmerüberlassungsvertrages immer noch die **Schriftform** vor (§ 12 Abs. 1 Satz 1 AÜG). Dies im Zusammenspiel mit den vor Überlassungsbeginn bestehenden **Offenlegungspflichten** in § 1 Abs. 1 Satz 5 und 6 AÜG ist eine unheilvolle Mischung, die dazu führt, dass der Disponent regelmäßig mit dem Auto zum Einsatzbetrieb fährt, um dort vor Einsatzbeginn den Arbeitnehmerüberlassungsvertrag unterschreiben zu lassen. Damit werden persönliche Begegnungen in einer Zeit erzwungen, in der davon amtlich abgeraten wird. Schade, dass der Gesetzgeber in dieser Phase an dieser Stelle nicht die Kraft gehabt hat, dieses Schriftformerfordernis wenigstens befristet in eine Textform umzuwandeln. Zu erklären ist dieses Formerfordernis ohnehin auch ohne Virus nicht. Die Einführung einer Textform verkürzte weder die Rechte der Kunden noch diejenigen der Arbeitnehmer. **13**

III. Arbeitsrechtliche Reaktionen auf die Pandemie

1. Kündigung des Arbeitsverhältnisses

a) Einleitung

Es sei gleich zu Beginn gesagt, dass mit dem Aufgreifen dieses Themas keine Empfehlung verbunden ist. Erste Rückmeldungen aus der Branche sprechen dafür, dass das Kurzarbeitergeld intensiv genutzt wird und Arbeitslosigkeit verhindern kann. Inwiefern dies so bleibt, wird auch davon abhängen, wie lange die Wirtschaft abgeschaltet bleibt und wann man den Motor wieder starten kann. **14**

Die Zeitarbeitsbranche hat in besonderem Maße den **Fachkräftemangel**, mehr noch den **Arbeitskräftemangel** zu spüren bekommen. In vielen Arbeitsagenturbezirken vor allem südlich des Mains herrschte noch 2019 praktisch Vollbeschäftigung.[15] Sich von Arbeitskräften zu trennen, bedeutet deshalb gerade für ein Zeitarbeitsunternehmen einen schmerzlichen Prozess, weil die Arbeitskräfte die Grundlage seines wirtschaftlichen Schaffens sind. Dennoch wird man in dieser Krise in manchen Fällen nicht umhin kommen, Arbeitsverhältnisse zu kündigen. Ursache von betriebsbedingten Kündigungen sind mangelnde Beschäftigungsmöglichkeiten aufgrund fehlender geeigneter Überlassungsaufträge **15**

15 Siehe https://statistik.arbeitsagentur.de/Navigation/Statistik/Statistik-nach-Regionen/Politische-Gebietsstruktur-Nav.html (zuletzt abgerufen: 29.3.2020).

(**Auftragsmangel**).[16] Allerdings bedeutet nicht jedes Ende eines Überlassungsverhältnisses die Berechtigung zur Kündigung. Im deutschen Arbeitnehmerüberlassungsrecht herrscht das **Unternehmerprinzip**. Mit der Beendigung einer Überlassung endet nicht das Arbeitsverhältnis.[17] Der Arbeitgeber gerät vielmehr in einen Annahmeverzug und ist verpflichtet, den Arbeitnehmer weiter zu vergüten (§ 11 Abs. 4 Satz 2 AÜG).[18] Der Zeitarbeitsbranche steht dieses Prinzip nicht schlecht an. Manch hitzige Diskussion über die Zeitarbeit kühlte sich ab, übersähe man dieses Prinzip nicht so häufig.

b) Entscheidung des BAG vom 18.5.2006

16 Insofern ist es auch durchaus nachvollziehbar, wenn das Bundesarbeitsgericht[19] in der grundlegenden Entscheidung zur betriebsbedingten Kündigung in der Zeitarbeit feststellt, der Hinweis auf einen auslaufenden Auftrag und einen fehlenden Anschlussauftrag reiche regelmäßig für die Begründung einer solchen Kündigung nicht aus. **Kurzfristige Auftragslücken** gehörten zum **typischen Wirtschaftsrisiko** eines Zeitarbeitsunternehmens.[20] Schon einen Tag nach Wegfall eines Auftrags könne ein neuer reinkommen.[21] Die entscheidende Frage ist: Was ist „kurzfristig“, und bei welchen Unterbrechungen ist es dem Zeitarbeitsunternehmen nicht länger zumutbar, die Nichteinsatzzeiten zu überbrücken?

17 Die ältere Rechtsmeinung und Rechtsprechung ging auf der Grundlage der damaligen Rechtslage im Arbeitnehmerüberlassungsgesetz davon aus, das Zeitarbeitsunternehmen sei auch bei einem dauerhaften Auftragsrückgang verpflichtet, den Zeitarbeitnehmer mindestens für drei Monate weiter zu beschäftigen.[22] Diese Annahme beruhte auf dem damaligen Synchronisationsverbot, wonach das Zeitarbeitsunternehmen nicht berechtigt war, den Arbeitnehmer innerhalb von drei Monaten nach einer Entlassung erneut wieder einzustellen (§ 9 Nr. 3 a. F. AÜG). Das Bundesarbeitsgericht löste sich von dieser Auffassung und verwies auf die inzwischen geänderte Rechtslage.[23] Allerdings verlangt das BAG nach wie vor einen dauerhaften Auftragsrückgang und einen umfassenden Vortrag des Arbeitgebers zu den den dauerhaften Auftragsrückgang begründenden Umständen (Vergleich der Auftragslage jetzt mit der in vergangenen Referenz-

---

16 *Schüren*, in: Schüren/Hamann, AÜG, Einleitung Rn. 286.

17 Im Falle der Synchronisierung des Überlassungsverhältnisses mit dem Arbeitsverhältnis spricht man vom sog. Agenturprinzip, dieses besteht z. B. in Frankreich.

18 *Dahl*, Das Beschäftigungsrisiko in der Zeitarbeit, DB 2006, 2520f.

19 BAG, 18.5.2006 – 2 AZR 415/05, NJOZ 2006, 3089ff.

20 BAG, 18.5.2006 – 2 AZR 415/05, NJOZ 2006, 3091.

21 Auf dieses Argument hatte es *Dahl* gebracht, DB 2003, 1627.

22 LAG Hessen, 17.11.1983 – 9 Sa599/83, BeckRS 2013, 74881.

23 Durch das Erste Gesetz für moderne Dienstleistungen am Arbeitsmarkt vom 23.12.2003 (BGBl. I 2003, S. 4607) war unter anderem das Synchronisationsverbot im AÜG gestrichen worden.

perioden, Möglichkeiten, den Arbeitnehmer umzuschulen oder fortzubilden, um ihn anderweitig einsetzen zu können).[24] Das BAG verlangt also eine Prognose, die bekanntlich immer schwierig ist, vor allem dann, wenn sie die Zukunft betrifft.

c) Dauerhafter Auftragsrückgang

Das wird besonders auf der Grundlage dieser durch die Pandemie ausgelösten Wirtschaftskrise deutlich. Niemand weiß, wann das Tal der Pandemie durchschritten ist und Wirtschaft und Gesellschaft wieder ins normale Leben zurückkehren, falls eine solche Rückkehr überhaupt möglich ist. Prognosen von Wirtschaftsexperten sind äußerst widersprüchlich, pendeln aber zwischen vorsichtigem Optimismus und schlimmen Prophezeiungen.[25] Dennoch könnte im optimalen Fall bei Überwindung der Krise z.B. dadurch, dass ein Impfstoff früher gefunden wird als erhofft oder die behördlichen Anordnungen die Ausbreitung wirksamer eindämmen als erwartet, das Pendel durchaus wieder in eine positive Richtung ausschlagen. Losgelöst von allen wirtschaftstheoretischen Gedanken könnte schlichtweg eine gewisse Erleichterung in der Gesellschaft und der zu erwartende Nachholeffekt auch wieder die Chancen auf Überlassungen im Produktionsbereich steigern. Das zeigt, wie schwierig selbst in einer Situation wie dieser es ist, für einen nicht nur kurzen Prognosezeitraum (in der Praxis stellt man meist, wie schon zuvor, auf einen Zeitraum von drei Monaten als Orientierungspunkt ab) abzuschätzen, wie sich die Überlassungsmöglichkeiten entwickeln.[26] Allerdings sollte es dem Arbeitgeber schon leichter fallen, darzulegen, dass ein bestimmter Einsatz in Bereichen, in denen aufgrund der Pandemie der Betrieb stillgelegt wurde, in absehbarer Zeit nicht möglich ist. Selbst wenn der Tiefpunkt der Pandemie überwunden ist, werden die Einsatzbetriebe zunächst ihre eigenen in Kurzarbeit befindlichen Stammarbeitskräfte aus der Kurzarbeit holen und erst im nächsten Schritt die Zeitarbeitskräfte einsetzen. Wann, wenn nicht in einer solchen Situation, sollte vor Gericht glaubhaft sein, dass ein Auftragsmangel nicht nur eine Lücke darstellt, sondern dauerhafter Natur ist. **18**

---

24 BAG, 18.5.2006 – 2 AZR 415/05, NJOZ 2006, 3092. *Teubert*, Die betriebsbedingte Kündigung von Leiharbeitnehmern, S. 152f., hat sich ausführlich mit der Frage befasst, ob es sich um eine zeitarbeitsspezifische Rechtsprechung handele und dieses verneint.

25 Eine kleine Übersicht der Einschätzungen: https://www.focus.de/finanzen/news/pandemie-kann-die-bundesregierung-alle-jobs-retten_id_11780004.html (zuletzt abgerufen: 29.3.2020).

26 *Bayreuther*, Betriebsbedingte Kündigung eines Leiharbeitnehmers nach Wegfall eines Auftrags, RdA 2007, 176, 178.

d) Innerbetriebliche Gründe

19 Die Schwierigkeit der Darlegung von außerbetrieblichen Gründen im Falle der betriebsbedingten Kündigung hat die Zeitarbeit nicht allein.[27] Der Zeitarbeit ist es nicht verwehrt, aus **innerbetrieblichen Gründen** betriebsbedingt zu kündigen. Bei einer Kündigung aus innerbetrieblichen Gründen unterliegt die **Unternehmerentscheidung** nur einer Missbrauchskontrolle dahingehend, ob sie offensichtlich unsachlich oder willkürlich ist.[28] Bezogen auf die Zeitarbeit kann eine Unternehmerentscheidung sein, ein bestimmtes Berufsfeld nicht mehr zu bedienen. Die Zeitarbeitsbranche agiert inzwischen hochgradig spezialisiert. Die Überlassung in bestimmte Bereiche erfordert Spezialwissen. So ist die Überlassung im medizinischen Bereich nicht jedem auf Anhieb möglich. Hier bedarf es Erfahrung und Wissen. Die simple Lehre, dass die Zeitarbeit lediglich Personal zur Verfügung stelle und damit weiter nichts zu tun habe, gehört der alten Zeitarbeitswelt an. Das führt aber auch dazu, dass die Schließung einer Abteilung, die sich mit einem bestimmten Einsatzbereich/Berufsfeld befasst, sehr wohl als innerbetriebliche Ursache zu beurteilen ist.[29] Die Gründe für eine „Schließung" eines Bereichs können nämlich nicht nur darin liegen, dass dort ein Auftragsmangel herrscht.[30] So kann z.B. die fehlende Wirtschaftlichkeit aufgrund niedriger Verrechnungssätze zu einer Aufgabe des Bereichs führen, die fehlende Wettbewerbsfähigkeit in einem bestimmten Bereich durch höhere Spezialisierung des Wettbewerbs oder auch erhöhte bürokratische oder sonstige Anforderungen, in einen bestimmten Bereich überlassen zu dürfen (bestimmte Sicherheitsstandards). Denkbar ist auch eine strategische Ausrichtung, z.B. die, keine Helfer mehr überlassen zu wollen. Genauso wäre es zu beurteilen, wenn eine Niederlassung geschlossen wird, weil die Zahl der Überlassungen derart zurückgegangen ist, dass sich die Aufrechterhaltung der Niederlassung nicht mehr lohnt. Dann ist diese **unternehmerische Entscheidung** als innerbetriebliche Entscheidung grundsätzlich darauf nicht gerichtlich zu prüfen, ob es auch andere Möglichkeiten der Reaktion hätte geben können.[31] Dass hingegen die pauschale Behauptung, weniger Zeitarbeitskräfte beschäftigen zu wollen, im Regelfall nicht zum Erfolg führt, liegt auf der Hand.[32]

---

27 *Teubert*, Die betriebsbedingte Kündigung von Leiharbeitnehmern, S. 153.

28 BAG, 16.12.2004 – 2 AZR 66/04, NZA 2006, 761.

29 Zu eng insoweit: *Teubert*, Die betriebsbedingte Kündigung von Leiharbeitnehmern, S. 97ff.

30 So aber *Teubert*, Die betriebsbedingte Kündigung von Leiharbeitnehmern, S. 100.

31 Vgl. *Bayreuther*, Betriebsbedingte Kündigung eines Leiharbeitnehmers nach Wegfall eines Auftrags, RdA 2007, 176, 178, allgemeine Nachweise für innerbetriebliche Gründe. Zu eng hingegen *Teubert*, Die betriebsbedingte Kündigung von Leiharbeitnehmern, S. 101 f.

32 *Teubert*, Die betriebsbedingte Kündigung von Leiharbeitnehmern, S. 100.

e) Erwägungen für die Praxis

Wenn man den geminderten Prüfungsmaßstab betrachtet, wäre anzuraten, nach innerbetrieblichen Gründen zu suchen. Aber niemand schließt ohne Not eine Niederlassung, um eine oder mehrere Kündigungen mit mehr Erfolgschancen auszustatten. Niemand schließt einen Fachbereich (z.B. Medizin), nur weil einzelnen gekündigt werden soll. Wenn die Krise aber zugleich eine bereits zuvor angedachte strategische Neuausrichtung beschleunigt, dann kann auch im Zeitpunkt dieser Krise eine innerbetriebliche Entscheidung Grundlage betriebsbedingter Kündigungen sein. **20**

Die Pandemie wird in der Regel zum Wegfall von Aufträgen führen. Dieser Auftragsmangel ist ein außerbetrieblicher Grund, der die geschilderten Darlegungs- und Beweisprobleme mit sich bringt. Das BAG empfiehlt, Ergebnisse vergleichender Referenzperioden vorzulegen. Bei den vielen Unternehmen wird da sicher ab März ein drastischer Umsatzrückgang festzustellen sein, der sich von schwankenden Umsätzen in der Vergangenheit unterscheiden wird. Auch der Vergleich mit dem Vorjahresmärz wird verdeutlichen, dass der März üblicherweise nach Ende des Winters eher ein Monat des Aufschwungs und nicht des Abschwungs ist. Bei vielen könnten die Referenzperioden einen stetigem Rückgang aufzeigen, da der Abschwung, wie erwähnt, viele schon 2019 und Anfang 2020 erfasst hat. Das dürfte dann schon eine Aussage darüber sein, dass der Personalüberhang nicht auf eine Auftragslücke zurückzuführen ist. Die Wahrscheinlichkeit eines neuen Auftrags einen Tag nach dem Ende des vorherigen, dürfte jedenfalls in den Kernbereichen der Industrie derzeit gering sein. Genauso unwahrscheinlich ist es bei einem Dienstleister, der im Gastro-/Eventbereich eingesetzt ist. Natürlich sollte man darauf achten, dass auf der Internetseite des Unternehmens nicht gleichzeitig entsprechendes Personal gesucht wird, auch wenn es ein branchentypisches Verhalten ist, immer zu suchen.[33] Auch sollte man die vergeblichen Versuche dokumentieren, anderweitige Einsatzmöglichkeiten für den Arbeitnehmer zu suchen. Ferner muss man auch darlegen können, dass der Arbeitnehmer durch Umschulung oder Fortbildung nicht anderweitig einsetzbar ist. In dieser Krise wird Umschulung oder Fortbildung häufig nicht viel helfen. Es mangelt qualifikationsübergreifend an Einsatzmöglichkeiten. Wenn der Arbeitgeber diese anspruchsvollen Hürden überwunden hat, warten noch die Anforderungen der **Sozialauswahl** auf ihn (§ 1 Abs. 3 KSchG). In die Sozialauswahl miteinzubeziehen sind vergleichbare Arbeitnehmer. Vergleichbar sind Arbeitnehmer, die – bezogen auf die Merkmale des Arbeitsplatzes – sowohl aufgrund ihrer Fähigkeiten und Kenntnisse als auch nach dem Inhalt der von ihnen vertraglich geschuldeten Aufgaben **austauschbar** sind.[34] Nach Ansicht des BAG sind **21**

---

33 *Dahl*, Betriebsbedingte Kündigung eines Leiharbeitsverhältnisses wegen Auftragsmangels, DB 2003, 1626.

34 BAG, 20.6.2013 – 2 AZR 271/12, NZA 2013, 837, 839.

damit auch diejenigen Zeitarbeitskräfte in die Sozialauswahl einzubeziehen, die in einem Einsatzbetrieb eingesetzt sind.[35] Sie dürften nur dann unberücksichtigt bleiben, wenn die **Ersetzungsbefugnis** vertraglich oder nach Treu und Glauben ausgeschlossen ist.[36] In der Praxis dürfte in vielen Fällen entweder vertraglich oder faktisch die Ersetzungsbefugnis ausgeschlossen sein. Qualifiziertes Personal wird häufig nur nach vorheriger persönlicher Vorstellung und Auswahl des Kunden eingesetzt. Dem Einsatzbetrieb ist es regelmäßig nicht egal, ob das Müller, Meier oder Schulze ist. Es mag andere Bereiche geben, Überlassungen in größerer Zahl im Helferbereich, wo dies anders ist. Tendenziell will aber der Einsatzbetrieb über einen Wechsel entscheiden und wird es als unerfreulich ansehen, wenn dies das Zeitarbeitsunternehmen tut.

2. Kurzarbeit

a) Einleitung

22 Mit der Vereinbarung von Kurzarbeit senkt der Arbeitgeber seine Lohnkosten. Er benötigt das Arbeitsvolumen aufgrund von konjunkturellen oder saisonalen Gründen nicht oder nicht in vollen Umfang. Für den Arbeitnehmer ergibt Kurzarbeit nur dann einen wirtschaftlichen Sinn, wenn über den Bezug von Kurzarbeitergeld ein Teil des Entgeltausfalls kompensiert wird.

23 Bis auf kurze Ausnahmephasen war für die Zeitarbeit der Bezug von Kurzarbeitergeld für Zeitarbeitskräfte ausgeschlossen. Während der **Finanzkrise 2008/2009** hatte der Gesetzgeber bereits eine befristete Möglichkeit vorgesehen.[37] Nun wird es eine weitere, zunächst bis zum 31.12.2020 befristete Zulässigkeit der Vereinbarung von Kurzarbeit und Bezug von Kurzarbeitergeld geben (§ 11a AÜG).

24 Die Kurzarbeit wurde während der kurzzeitigen Zulassung für die Zeitarbeit bei bis zu 22.000 Zeitarbeitskräften genutzt. Das waren etwa knapp 4 % der in der Zeitarbeit Beschäftigten. Hat sich die Branche damit für künftige Öffnungen empfohlen? Blickt man nüchtern auf die Zahlen, so könnte man fast geneigt sein, dieses zu verneinen. Aber schon die Frage ist nicht sachgerecht: Keine Branche muss sich die Berechtigung zur Kurzarbeit über Zahlen erstreiten. Warum die Zeitarbeit? Der Gesetzgeber neigt an einigen Stellen dazu, bei der Zeitarbeit ein grobes Raster anzulegen, wo die feine Differenzierung angezeigt wäre.[38] Die

---

35 BAG, 20.6.2013 – 2 AZR 271/12, NZA 2013, 837, 838.

36 BAG, 20.6.2013 – 2 AZR 271/12, NZA 2013, 837, 839.

37 Eingeführt durch Art. 10 Abs. 6 und Art. 16 des Gesetzes zur Sicherung von Beschäftigung und Stabilität in Deutschland (BGBl. I, S. 419). Zuletzt wurde die Regelung bis zum 31.12.2011 befristet.

38 Das gilt z.B. für das faktische Verbot der Überlassung von Arbeitern ins Bauhauptgewerbe, § 1b AÜG, oder das pauschale Verbot der Beschäftigung von einreisenden Drittstaatlern in der Zeitarbeit, § 40 Abs. 1 Nr. 2 Aufenthaltsgesetz.

Zeitarbeit vollständig und ohne Betrachtung des Einzelfalls von dem Bezug des Kurzarbeitergeldes auszuschließen, ist drastisch. Kurzarbeitergeld, das aus Kassen gezahlt wird, in die die Zeitarbeitsunternehmen auch einzahlen, dient dazu, Arbeitnehmer vor der Arbeitslosigkeit zu schützen. Warum sollte Zeitarbeitskräften dieser Schutz nicht zuteil werden?

b) Rechtslage vor dem 29.2.2020

aa) Regelung im Gesetz

Die Unzulässigkeit der Vereinbarung von Kurzarbeit bedurfte zuletzt keinen besonders tiefgehenden rechtlichen Erwägungen. In § 11 Abs. 4 Satz 3 AÜG hieß es dazu unmissverständlich: „Das Recht des Leiharbeitnehmers auf Vergütung kann durch Vereinbarung auf Kurzarbeit für die Zeit aufgehoben werden, für die dem Leiharbeitnehmer Kurzarbeitergeld nach dem Dritten Sozialgesetzbuch gezahlt wird; eine solche Vereinbarung kann das Recht auf Vergütung längstens bis zum 31.12.2011 ausschließen." Daraus konnte man zumindest die Meinung des Gesetzgebers ablesen, wonach außerhalb der gesetzten Frist dieses Recht nicht bestehe. Diese Auffassung vertritt auch die Bundesagentur für Arbeit in ihren Fachlichen Weisungen.[39] **25**

bb) Rechtsprechung des Bundessozialgerichts

Grundlegend hatte sich das Bundessozialgericht zu dieser Rechtsfrage 2009 geäußert und festgestellt, dass Auftragsschwankungen zum **typischen Branchenrisiko** gehörten und deshalb kein Anspruch auf Kurzarbeitergeld bestünde.[40] Im Hinblick aber darauf, dass die Zeitarbeit das Kurzarbeitergeld mit einiger Wahrscheinlichkeit nur wieder kurzfristig wird nutzen dürfen, sei ein näherer Blick auf diese Entscheidung und die länger währende vorangegangene Gesetzeslage erlaubt. **26**

Ein Unternehmen hatte Kurzarbeit auf arbeitsvertraglich schon sehr problematische Weise vereinbart und dann – erfolglos – Kurzarbeit für sechs Monate angezeigt und Kurzarbeitergeld beantragt. Letztlich ging es nur um drei Monate Kurzarbeitergeld, da die Kurzarbeit vorzeitig beendet werden konnte. Bei dem Antragsteller handelte es sich um ein „Mischunternehmen", das sowohl Zeitarbeitskräfte überließ als auch eine eigene Industriemontage betrieb. Nach der etwas ausführlicheren Sachverhaltsschilderung des Landessozialgerichts Baden-Württemberg[41] hatte das Unternehmen Auftragsmangel zu beklagen und vereinbarte deshalb Kurzarbeit. Das BSG untersuchte zunächst die Frage, ob wegen § 11 Abs. 4 Satz 2 AÜG in Verbindung mit § 615 BGB die Vereinbarung über **27**

---

39 Fachliche Weisungen der BA zum Kurzarbeitergeld, 96.37 (S. 23). Stand: 20.12.2018.
40 BSG, 21.7.2009 – B7 AL 3/08 R, NZA-RR 2010, 216ff.
41 LSG Baden-Württemberg, 14.12.2007 – L 13 AL 4932/06, info also 2008, S. 113ff.

Kurzarbeit unwirksam sei. Es stellte feinsinnig fest, dass der Arbeitgeber von den Regeln des Annahmeverzugs nicht unmittelbar abgewichen sei. Denn wenn die Arbeitszeit verkürzt wird, besteht insoweit auch kein Annahmeverzug. Aber nach Ansicht des Gerichts spreche sehr viel dafür, dass die Vereinbarung letztlich eine unzulässige Umgehung des Verbots sei, nicht vom Annahmeverzug abzuweichen. Es handele sich um eine **unzulässige Risikoabwälzung** auf den Arbeitnehmer, die der Gesetzgeber gerade habe verhindern wollen.

28 Letztlich begründet das BSG die Richtigkeit der Ablehnung von Kurzarbeitergeld mit dem Argument, der Arbeitsausfall sei nicht unvermeidbar. Aus § 11 Abs. 1 Satz 2 Nr. 2 AÜG, wonach im Arbeitsvertrag auch die Höhe der Vergütung für Nichteinsatzzeiten anzugeben sei, ergebe sich, dass der Gesetzgeber Nichteinsatzzeiten als branchentypisch ansehe. Über § 11 Abs. 4 Satz 2 AÜG habe er außerdem dem Arbeitgeber dieses **Nichteinsatzrisiko** übertragen. Ob es sich dabei um Auftragsrückgänge oder vergleichbare konjunkturelle Gründe handele, sei unerheblich. Die Einschränkung im Gesetz, wonach die Branchenüblichkeit „überwiegen" muss (heute: § 96 Abs. 4 Nr. 1 SGB III), wischt das BSG kurzerhand vom Tisch. „Andere, allgemeine wirtschaftliche Gründe" könnten einen Ausschluss des Anspruchs auf Kurzarbeitergeld zwar nicht begründen, das könne aber „regelmäßig" nicht für konjunkturell bedingte Auftrags- und Nachfrageschwankungen gelten.

cc) Pandemie als branchentypisches Risiko?

29 Sind Auftragsrückgänge, die durch eine Pandemie verursacht wurden, ein branchentypisches Risiko, das in die Kalkulation des Zeitarbeitsunternehmens eingeflossen ist?

30 Das Problem an dieser Entscheidung des BSG ist, dass selbst der Zeitarbeit wohlmeinend gegenüberstehende Personen bei diesem Sachverhalt dem Antragsteller das Kurzarbeitergeld kaum zugesprochen hätten. Selbstverständlich besteht ein Anspruch auf Kurzarbeitergeld nicht bereits dann, wenn ein Auftrag endet. Richtig ist, dass dies Teil des Unternehmerrisikos ist. Auftragsrückgänge können auch zu einem Überhang des zur Verfügung stehenden Stundenvolumens führen, der aber trotzdem kein Recht auf Kurzarbeitergeld begründet. Was die Sache so schwer macht, ist die Abgrenzung zu konjunkturellen Schwierigkeiten, die das untypische Branchenrisiko begründen, dass Zeitarbeitskräfte nach Beendigung einer Überlassung mit großer Wahrscheinlichkeit wegen eines grundlegenden konjunkturellen Rückgangs längerfristig nicht anderweitig überlassen werden kann. So war es in weiten Bereichen während der Finanzkrise 2008/2009, so ist es jetzt.

31 2009 hatte der Gesetzgeber, noch weitergehender als in der aktuellen Krisenreaktion, das Mindestquorum für den Anteil der in Kurzarbeit befindlichen Arbeitnehmer komplett entfallen lassen. Das ermöglichte Kurzarbeitergeld auch dann, wenn nur bei einem einzelnen Arbeitnehmer der Arbeitsausfall größer als 10 % war. Für die Zeitarbeit war dies ein Vorteil: Wenn ein Kundenunternehmen von Kurzarbeit betroffen war, bei dem äußerstenfalls nur eine Zeitarbeitskraft eingesetzt war, konnte für diesen einen Arbeitnehmer Kurzarbeitergeld beantragt werden. Diese gesetzliche Regelung war besonders vorteilhaft: Wenn ein Einsatzbetrieb Kurzarbeit anmeldete und das Zeitarbeitsunternehmen nur wenige Zeitarbeitskräfte, äußerstenfalls nur einen Arbeitnehmer dort eingesetzt hatte und Stammarbeitskräfte parallel in Kurzarbeit waren (**Huckepackverfahren**), ergab sich auch der Vorteil, dass für die Abgrenzung zwischen einem bloßen Auftragsverlust und einem konjunkturellen Abschwung ein wichtiges Kriterium herangezogen werden konnte: die Kurzarbeit im Einsatzbetrieb.

Auch *Schüren*[42] ist der Ansicht, dass beschäftigungslose Zwischenzeiten auch bei der Zeitarbeit konjunkturell bedingt sein können. Allerdings stellt er dann zu Unrecht auf einen fixen 3-Monats-Zeitraum ab, der nach der zitierten Rechtsprechung des BAG gerade nicht Maßstab sein soll. **32**

Letztlich müsste die Kurzarbeit für die Zeitarbeit jedenfalls dann zulässig sein, wenn der Arbeitgeber eine dem Quorum entsprechende Zahl durch betriebsbedingte Kündigung beenden könnte.[43] Denn dies markiert das Ende des Arbeitgeberrisikos. Ein zweites Kriterium könnte sein, an die Kurzarbeit im Kundenbetrieb anzuknüpfen und der Zeitarbeit das Huckepackverfahren zu ermöglichen. Denn wenn der Einsatzbetrieb Kurzarbeit erfolgreich anmelden kann, spricht viel dafür, dass es sich um ein konjunkturelles Problem handelt, das auch eine Ausstrahlungswirkung auf das Zeitarbeitsunternehmen hat. **33**

dd) Betriebs- oder Wirtschaftsrisiko

Fraglich ist, welchen Schluss man daraus ziehen kann, dass § 11 Abs. 4 Satz 2 AÜG nur Abweichungen von § 615 Satz 1 BGB zuungunsten des Arbeitnehmers verbietet, nicht ein Abbedingen von § 615 Satz 3 BGB. Die Annahme, es handele sich um ein Redaktionsversehen, wird immer fragwürdiger, zumal der Gesetzgeber trotz entsprechender Hinweise in der Literatur § 11 Abs. 4 mit der jüngsten Änderung erneut in diesem Punkt unverändert gelassen hat. Während *Schüren* aus Sinn und Zweck der Vorschrift abliest, dass auch Abweichungen vom Betriebsrisiko unzulässig seien, ist die Literatur überwiegend der Ansicht, § 11 Abs. 4 Satz 2 AÜG erstrecke sich nun einmal nicht auf § 615 Satz 3 BGB.[44] Allerdings dürfte einerseits die Frage streng zu beurteilen sein, inwiefern dann tat- **34**

---

42 *Schüren*, in: Schüren/Hamann, AÜG, § 11 Rn. 140.

43 *Dahl/Düwell*, Auswahlverschulden in der Arbeitnehmerüberlassung, DB 2009, 1074.

44 *Mengel*, in: Thüsing, AÜG, § 11 Rn. 48; *Ulrici*, AÜG, § 11 Rn. 67; BeckOK ArbR/ *Motz*, 54. Edition, Stand: 1.12.2019, § 11 AÜG.

sächlich vom Betriebsrisiko in vorformulierten Klauseln abgewichen werden kann.[45] *Joussen* weist darauf hin, dass selbst dann, wenn man die Risiken einer öffentlich-rechtlichen Schließung des Einsatzbetriebs als Betriebsrisiko ansieht, dieses auch zu einem Betriebsrisiko bei dem Zeitarbeitsunternehmen führt, der Arbeitnehmer in einen solchen Betrieb überlässt.[46] Das BAG bezeichnet dieses Risiko als unabdingbares Wirtschaftsrisiko.[47]

c) Rechtslage seit dem 1.3.2020

aa) Neue gesetzliche Grundlage

35 Der Gesetzgeber hat in einem Eilverfahren ein Gesetz[48] verabschiedet, das erleichterte Bedingungen für den Bezug von Kurzarbeitergeld vorsieht. Für die Zeitarbeitsbranche hat er damit überhaupt erst die Grundlage für die Zulassung der Kurzarbeit durch Rechtsverordnung geschaffen. In das Arbeitnehmerüberlassungsgesetz wurde eine bis zum 31.12.2021 **befristete Verordnungsermächtigung (§ 11a AÜG)** eingefügt. Die Bundesregierung wird darin dazu ermächtigt, für den Fall außergewöhnlicher Verhältnisse durch Rechtsverordnung zuzulassen, dass trotz § 11 Abs. 4 Satz 2 BGB Kurzarbeit für die Zeit vereinbart werden darf, in der Kurzarbeitergeld bezogen wird. Die Verordnung muss ihrerseits befristet werden. Ohne diese Verordnung ist es der Zeitarbeit zunächst also weiter verwehrt, Kurzarbeit wirksam zu vereinbaren und Kurzarbeitergeld mit Erfolg zu beantragen. Die Verordnung sieht allerdings eine Änderung der Vorschriften zum Kurzarbeitergeld **rückwirkend zum 1.3.2020** vor. Sie ist befristet bis zum 31.12.2020. Der Gesetzgeber hat sich für diese Verordnungsstruktur entschieden, weil durch Verordnung kurzfristig auf konjunkturelle Entwicklungen reagiert werden kann.[49] Die Verordnung wurde am 27.3.2020 veröffentlicht.[50]

36 Unverständlich ist, warum der § 11a AÜG trotz der engen Tatbestandsvoraussetzungen befristet wurde. Offenbar besteht die Sorge, der Bundesarbeitsminister könnte zu großherzig in der Zulassung der Zeitarbeit zum Kurzarbeitergeld sein, ließe man die Vorschrift unbefristet bestehen. Das kann man sich bei den Bundesarbeitsministern der letzten Jahre kaum vorstellen.

---

45 Ablehnend: BeckOK ArbR/*Motz*, 54. Edition, Stand: 1.12.2019, § 11 AÜG Rn. 28; *Schüren*, in: Schüren/Hamann, AÜG, § 11 Rn. 124.

46 Bejahend wohl *Schüren*, in: Schüren/Hamann, AÜG, § 11 Rn. 123, aber mit dem Ergebnis, dass von diesem Risiko nicht abgewichen werden dürfe.

47 BAG, 1.2.1973 – 5 AZR 382/72, NJW 1073, 1295.

48 Gesetz zur befristeten krisenbedingten Verbesserung der Regelungen für das Kurzarbeitergeld vom 13.3.2020, BGBl. I, S. 493.

49 Gesetz zur befristeten krisenbedingten Verbesserung der Regelungen für das Kurzarbeitergeld, BT-Drs. 19/17893, S. 4.

50 Verordnung über Erleichterungen der Kurzarbeit (Kurzarbeitergeldverordnung – Kug-V) vom 25.3.2020.

Fairerweise muss man sagen, dass die anderen Erleichterungen für den Bezug des Kurzarbeitergeldes auch zeitlich befristet bis zum 31.12.2021 gelten. Aber dabei geht es eben nicht um den Bezug von Kurzarbeitergeld an sich, sondern um die Erleichterungen, die man aus Sicht des Steuerzahlers sicher nicht unbefristet gewähren kann. **37**

bb) Umsetzung der Kurzarbeit in der Praxis

(1) Vereinbarung von Kurzarbeit mit der Zeitarbeitskraft

Bevor das Signal von der Politik ausgesendet wurde, dass das Kurzarbeitergeld für die Zeitarbeitsbranche geöffnet werden soll, wird die Mehrzahl der Unternehmen keine Kurzarbeit angezeigt und Kurzarbeitergeld beantragt haben. Denn Anzeige und Antrag wären nach der klaren Auffassung der Bundesagentur für Arbeit ohne Aussicht auf Erfolg. Auch danach, in dem Zeitraum bis zur Veröffentlichung der Rechtsverordnung, war eine Vereinbarung über Kurzarbeit mit dem Arbeitnehmer unwirksam.[51] Deshalb ist es notwendig, das Inkrafttreten der Vereinbarung mit dem Zeitpunkt der Veröffentlichung der Rechtsverordnung zu koppeln. **38**

Die zweite Schwierigkeit besteht darin, die **Rückwirkung der Verordnung** fruchtbar zu machen. Da der durch die Pandemie verursachte Rückgang der Überlassungsmöglichkeiten schon in der ersten Hälfte des März einsetzte, könnten die – abgemilderten – Voraussetzungen (10 % der Beschäftigten in Betrieb/Betriebsabteilung, jeweils mehr als 10 % Entgeltausfall) in einigen Fällen bereits objektiv vorgelegen haben. **39**

Die Bundesagentur für Arbeit vertritt die Ansicht, dass dann, wenn die abgemilderten Voraussetzungen für das Kurzarbeitergeld vorgelegen haben, auch rückwirkend, längstens bis zum 1.3. Kurzarbeitergeld bezogen werden kann.[52] Das gelte nur dann nicht, wenn bereits Entgelt abgerechnet worden ist, weil dann schon eine Leistung erbracht wurde, die nicht mehr rückgängig gemacht werden könne. **40**

Die Zeitarbeitstarifverträge sehen eine Fälligkeit bis zum 15. Bankarbeitstag des auf den Abrechnungsmonat folgenden Monats vor.[53] Sofern nicht ausnahmsweise, wie es die Regelung vorsieht, auf Verlangen des Arbeitnehmers eine Abschlagszahlung von bis zu 80 % des zu erwartenden Nettoeinkommens bereits vorab ausgezahlt wurden, dürfte also diese Einschränkung einem rückwirkenden Bezug von Kurzarbeitergeld nicht entgegenstehen. **41**

---

51 Jedenfalls wenn man die Rechtsprechung des BSG zugrunde legt, vgl. Rn. 26ff. Die Übertragbarkeit der Entscheidungsgründe auf diese Situation in der Pandemie ist, wie aufgezeigt, zweifelhaft.

52 Siehe https://www.bundesregierung.de/breg-de/themen/coronavirus/kurzarbeitergeld-1729626 (zuletzt abgerufen: 29.3.2020).

53 § 11 iGZ-DGB-Manteltarifvertrag.

(2) Erheblicher Arbeitsausfall (§ 96 Abs. 1 Nr. 4 SGB III)

(aa) Niederlassung als Betrieb oder Betriebsabteilung

42 Die Absenkung der Erheblichkeitsschwelle auf 10 % ist ohne Frage eine bedeutsame Erleichterung. Für die Zeitarbeit ist die Frage von Bedeutung, auf was sich diese 10 %-Schwelle bezieht: Denn Zeitarbeitsunternehmen haben üblicherweise eine ausgeprägte Niederlassungsstruktur, um die regionale Wirtschaft besser bedienen zu können. Die meisten Niederlassungen verfügen über einen eigenen Niederlassungsleiter und interne Mitarbeiter, die weitgehend selbständig für eine bestimmte Region zuständig sind. Deshalb wird man im Regelfall sagen können, dass es sich bei einer Niederlassung um einen Betrieb oder eine Betriebsabteilung handelt, sodass sich die 10 %-Grenze auf die Zahl der von Kurzarbeit Betroffenen in der jeweiligen Niederlassung bezieht. Das kann im Einzelfall eine Rolle spielen, wenn einzelne Niederlassungen gegebenenfalls nicht oder nicht in dem Maße von Kurzarbeit betroffen sind. Im Einzelfall kann diese Betrachtungsweise aber auch nachteilig sein. Denn wenn die 10 %-Schwelle erreicht ist und jeweils auch mehr als 10 % Entgeltausfall zu verzeichnen ist, kann auch für weitere Arbeitnehmer KUG bezogen werden, wenn der Entgeltausfall 10 % oder weniger beträgt. Das gilt aber dann ggf. nur für die Niederlassung, die die Schwelle erreicht und nicht für andere Niederlassungen, die die 10 %-Schwelle nicht erreichen. Die Betrachtung des gesamten Unternehmens als einheitlicher Betrieb könnte insofern im Einzelfall Kurzarbeit großflächiger ermöglichen. Derzeit aber scheint es so zu sein, dass die Erreichung der 10 %-Schwelle kein großes Problem darstellt.

(bb) Interne und externe Arbeitnehmer

43 Für die internen Mitarbeiter eines Zeitarbeitsunternehmens, also die Disponenten, Verwaltungsmitarbeiter etc. konnte schon immer Kurzarbeitergeld bezogen werden. Derzeit könnte man die internen und die externen Arbeitnehmer, also die Zeitarbeitskräfte, für das Erreichen der 10 %-Schwelle zusammenrechnen. Aber außerhalb der derzeit geltenden befristeten Ausnahmeregelung, wenn also nur für die internen Mitarbeiter Kurzarbeit vereinbart werden könnte, müsste die Erheblichkeit separat berechnet werden. Denn nimmt man ein Verhältnis von internen zu externen Mitarbeitern von 1:15, dann wird klar, dass selbst eine 10 %-Schwelle, geschweige die normal gültige von 1/3, erreicht werden könnte, bezöge man die Erheblichkeitsschwelle auf die Gesamtbeschäftigtenzahl inklusive Zeitarbeitskräften.

(3) Höhe des Kurzarbeitergeldes (§§ 105, 106 SGB III)

44 Für die Zeitarbeit ist nicht nur in diesem Zusammenhang die wichtige Frage, die andere Branchen vielleicht kaltlässt: Lohnausfallprinzip oder Referenzprinzip?

Die Zeitarbeitskräfte haben üblicherweise schwankende Entgelte. Das gilt durchaus auch während des Einsatzes, aber vor allem bei Einsatzwechsel und bei einer Nichteinsatzzeit. Ob das Lohnausfallprinzip günstiger ist oder das Referenzprinzip, richtet sich nach dem Einzelfall. Tendenziell wird es das Referenzprinzip sein. Das gilt insbesondere dann, wenn die Zeitarbeitskraft im Nichteinsatz ist und nicht die in der Zeitarbeit typischen Einsatz- oder Branchenzuschläge bekommt. Die Unterschiede können so gravierend sein, dass dies die Attraktivität des Kurzarbeitergeldes beeinträchtigen kann, wenn man einen zu niedrigen Bezugswert für das Soll-Entgelt annimmt. § 106 Abs. 1 Satz 2 SGB III sieht als Grundprinzip das Lohnausfallprinzip vor. Allerdings bemisst sich das Soll-Entgelt nach einem Schnitt der letzten drei abgerechneten Kalendermonate, wenn sich das Soll-Entgelt nicht hinreichend bestimmt feststellen lässt (§ 106 Abs. 4 SGB III). Im Hinblick auf die schwankenden Entgelte wird man typischerweise nicht sagen können, was eine Zeitarbeitskraft verdient hätte, wäre keine Kurzarbeit gewesen. Das gilt insbesondere für längere Zeiten der Kurzarbeit. Deshalb ist es sachgerecht, den § 106 Abs. 4 SGB III zur Anwendung zu bringen. Das sollte genauso wie 2009 in den Fachlichen Weisungen festgehalten werden.

IV. Arbeitnehmerüberlassung in der Landwirtschaft

Die Bundesregierung ist ersichtlich bemüht, jedwede Spielräume zu nutzen, um 45
Wirtschaft, Gesellschaft und Bürgern in dieser Krise zu helfen. Das führt – bei allem Respekt für diese Kraftanstrengung – auch zu Kuriositäten. § 1 Abs. 3 Nr. 2a AÜG sieht vor, dass Arbeitnehmerüberlassung keiner Erlaubnis bedarf, wenn sie nur gelegentlich erfolgt und der Arbeitnehmer nicht zum Zweck der Überlassung eingestellt und beschäftigt wird. Es ist schon umstritten, ob das europarechtlich zulässig ist.[54] Wohl überwiegend wird das in der Literatur verneint.[55] Die Bundesregierung erklärt nun, dass sie eine Auslegungshilfe vorlege, wonach Arbeitnehmerüberlassung in der Corona-Krise ohne Erlaubnis möglich ist und das streng auszulegende Kriterium „nur gelegentlich“ dem nicht entgegenstehe.[56] Damit sollen Personalverschiebungen in Richtung Ernährungs- und Landwirtschaft erleichtert werden. „Gelegentlich“ bedeutet eine nur ausnahmsweise durchgeführte Überlassung, die nicht regelmäßig erfolgt.[57] Der Gesetzgeber selbst wollte den Begriff „streng“ verstanden wissen, also restriktiv im Anwendungsbereich.[58] Nun hat neben dem Wortlaut eine solche Gesetzesbegründung Gewicht, zumal die Auslegung des Begriffs „gelegentlich“ noch nicht

54 Die Leiharbeitsrichtlinie (RL 2008/104/EG) sieht keine solchen Ausnahmen vor.

55 BeckOK ArbR/*Kock*, 54. Edition, Stand: 1.12.2019, § 1 AÜG Rn. 203.

56 https://www.bmel.de/SharedDocs/Pressemitteilungen/2020/054-coronapaket-der-bundesregierung.html (zuletzt abgerufen: 29.3.2020).

57 BeckOK ArbR/*Kock*, 54. Edition, Stand: 1.12.2019, § 1 AÜG Rn. 225.

58 BT-Drs. 17/4808.

so stark von der Rechtsprechung ausgeleuchtet ist. Wie nun eine Auslegungshilfe genau in die andere Richtung der Auslegungsbandbreite gehen soll, ist unklar. Da es sich um illegale Arbeitnehmerüberlassung handelte, wenn festgestellt würde, dass nicht mehr nur „gelegentlich" Arbeitnehmer überlassen wurden, sollte von dieser „Auslegungshilfe" nur vorsichtig Gebrauch gemacht werden. Immerhin sieht das Gesetz bei illegaler Arbeitnehmerüberlassung beachtliche Bußgelder (§ 16 Abs. 1 Nr. 1, Abs. 2 AÜG: bis zu 30.000 EUR) und weitere Rechtsfolgen vor (Arbeitsverhältnis zum Entleiher, §§ 9 Nr. 1, 10 AÜG).

V. Zusammenfassung

46 Die Zeitarbeit ist wie andere Branchen auch von den Folgen der Pandemie auf schwerwiegende Weise betroffen. Die ohnehin bestehende Volatilität der Branche führt in dieser Situation zu plötzlichen Abmeldesituationen, die die Unternehmen vor große Probleme stellt. Es ist deshalb gut, aber auch zwingend notwendig gewesen, die Kurzarbeit für die Zeitarbeit vollständig zu öffnen. Dabei gibt es Argumente, in der Zeitarbeit wegen § 11 Abs. 4 Satz 2 AÜG das Recht auf Vereinbarung von Kurzarbeit dauerhaft zuzulassen. Zumindest dann, wenn der Arbeitgeber andernfalls zu betriebsbedingten Kündigungen berechtigt wäre, spricht viel dafür, dass es sich nicht um ein branchentypisches, sondern um ein allgemeines wirtschaftliches Problem handelt, bei dem der Sinn und Zweck der Kurzarbeit auch auf die Zeitarbeit sinnvoll angewendet werden kann. Die Befristung der Verordnungsermächtigung in § 11a AÜG ist überflüssig, weil der Verordnungsgeber nur in eng eingegrenzten Ausnahmefällen eine Verordnung erlassen kann. Die Zeitarbeitsbranche wäre also auch mit einem unbefristet gültigen § 11 AÜG nicht ohne Weiteres zur Kurzarbeit berechtigt.

47 Es ist zu hoffen, und die ersten Einschätzungen aus der Branche stützen dies, dass in großem Umfang vom Kurzarbeitergeld Gebrauch gemacht wird. Betriebsbedingte Kündigungen werden demgegenüber hoffentlich in der Minderheit bleiben. Das Kündigungsschutzrecht stellt hohe Anforderungen an die Darlegung von außerbetrieblichen Kündigungsgründen (Auftragsmangel). Es bleibt abzuwarten, wie Arbeitsgerichte, sollten dort überhaupt in nennenswertem Umfang Fälle aus der Zeitarbeit zu behandeln sein, betriebsbedingte Kündigungen vor dem Hintergrund dieser von der Bundeskanzlerin als größte Herausforderung in der deutschen Nachkriegsgeschichte bezeichneten Pandemie beurteilen wird.

Kapitel 11

Handlungsfähigkeit des Betriebsrats in Zeiten von Corona

I. Einleitung

Die Bestrebungen der Betriebsparteien, sich im Zuge der sich ständig schneller drehenden Arbeitswelt einer weiter fortschreitenden Digitalisierung nicht zu verschließen, sind bereits seit einigen Jahren Teil einer lebhaften Diskussion. Bisweilen wurden jedoch erste Versuche, sich im Rahmen der Regeln der Betriebsverfassung neuen technologischen Möglichkeiten bei der Betriebsratsarbeit zu öffnen, überwiegend abgelehnt. Einzig die Einführung der Sondervorschrift des § 41a EBRG für Besatzungsmitglieder von Seeschiffen stellt in dieser Diskussion eine gewisse Zäsur dar. 1

Nunmehr sehen sich Arbeitnehmervertreter umfassenden Reiseverboten oder betrieblichen Abriegelungen bis hin zur flächendeckenden Anordnung von mobiler Arbeit ausgesetzt, die eine präsente Durchführung von Sitzungen auf lokaler geschweige denn auf überbetrieblicher Ebene grundsätzlich unmöglich machen. Der Corona-Virus hat die Welt und damit auch die Betriebsräte fest im Griff und zwingt sie in vielerlei Hinsicht zum Umdenken. Vielleicht eröffnet sich gerade in der jetzigen Situation, in der die Welt quasi zum Stillstand kommt, die Möglichkeit, neue Wege, bezogen auf die Digitalisierung der „normalen" Betriebsratsarbeit im Rahmen der betriebsverfassungsrechtlichen Grenzen, nicht nur zur Diskussion zu stellen, sondern grundlegend nachhaltig für die Zeit nach der Krise zu ändern. Das Stichwort „Arbeitswelt 4.0" bleibt auch in Zeiten von Corona allgegenwärtig, vielleicht bedeutender noch als vor Ausbreitung der Krise. 2

Der folgende Beitrag befasst sich daher zunächst mit einer Darstellung der allgemeinen Rechtslage vor der Ausbreitung des Corona-Virus zur Durchführung von Betriebsratssitzungen via neuerer Informations- und Kommunikationstechnik (kurz: IKT), um den Leser einen ersten Überblick darzubieten. Anschließend wird die Ausnahmesituation der Betriebsratsarbeit während einer Pandemie in die Problematik miteinbezogen, um sodann den Vertretern der Arbeitnehmerschaft eine Umsetzungshilfe zur Aufrechterhaltung ihrer Funktionsfähigkeit in dieser Krise an die Hand zu geben. Trotzdem soll der Beitrag zeigen, dass sich mit Blick auf die Zeit nach der Krise zu ergreifende Chancen aus der jetzigen Situation ergeben werden. 3

II. Durchführung virtueller Betriebsratsarbeit im Rahmen der §§ 29 ff. BetrVG

4 Vorab muss klargestellt werden, dass die Betriebsverfassung auch in Zeiten einer Pandemie nicht suspendiert ist. Die Beteiligungs- und Mitbestimmungsrechte des Betriebsrats bleiben weiterhin aktiv. Hierzu zählt genauso das Abhalten von erforderlichen Sitzungen der Arbeitnehmervertretungen. Die Durchführung von Betriebsratssitzungen ist und bleibt die zentrale Aufgabe von Betriebsräten in Deutschland. Die Wichtigkeit der Durchführung solcher Sitzungen kann nicht hoch genug bewertet werden. Schließlich agiert der Betriebsrat ausschließlich auf der Grundlage von Beschlüssen, die nur in einer ordnungsgemäß durchzuführenden Sitzung nach den §§ 29 ff. BetrVG gefasst werden können.

5 Hierfür hat der Betriebsratsvorsitzende gemäß § 29 Abs. 2 Satz 3 BetrVG alle ordentlichen Betriebsratsmitglieder und in ihrem Verhinderungsfall das gemäß § 25 BetrVG nachrückende Ersatzmitglied rechtzeitig und unter Mitteilung der Tagesordnung zur Sitzung zu laden. In der Sitzung werden die Beschlüsse grundsätzlich mit der einfachen Mehrheit der Stimmen der anwesenden Betriebsratsmitglieder gefasst, soweit mindestens die Hälfte der Mitglieder an der Beschlussfassung teilnimmt (§ 33 Abs. 1 und 2 BetrVG).

6 Aus der Formulierung „anwesend" wird zu Recht geschlossen, dass Betriebsratssitzungen ausschließlich bei aktiver, gleichzeitiger Teilnahme der Mitglieder zu erfolgen haben. Demnach wird eine Beschlussfassung im Umlaufverfahren einhellig als unzulässig erachtet.[1] Sie widerspricht der Regelung des § 33 Abs. 1 BetrVG.[2] Bei einem Umlaufverfahren findet zudem keine mündliche Beratung statt, weshalb institutionell nicht gesichert ist, dass die Mitglieder des Betriebsrats die Meinung der anderen Mitglieder kennen und auf die Willensbildung einwirken können.[3] Eine Beschlussfassung im Umlaufverfahren – beispielsweise per E-Mail – ist daher unabhängig von Sondersituationen wie einer Pandemie abzulehnen.

7 Eine Beschlussfassung per Videokonferenz wird nach heutigem Meinungsstand wohl ebenfalls überwiegend abgelehnt. Zwar sind hier alle Betriebsratsmitglieder anwesend im Sinne von § 33 Abs. 1 BetrVG, wodurch eine mündliche Beratung im vorstehenden Sinne gewährleistet ist.[4] Jedoch wird als Argument gegen eine Zulässigkeit der § 30 Satz 4 BetrVG herangezogen, wonach Betriebsratssitzungen stets nicht öffentlich sind.[5] Diese zwingende Verbotsnorm soll sicherstellen, dass die Entscheidungsfindung ohne Einfluss von außen erfolgt.[6] Daher

---

1 BAG, 4.8.1975 – 2 AZR 266/74; LAG Köln, 25.11.1998 – 2 TaBV 38/98.
2 *Fitting*, BetrVG, 29. Aufl. 2018, § 33 Rn. 21.
3 *Thüsing*, in: Richardi, BetrVG, § 33 Rn. 3.
4 *Fitting*, BetrVG, 29. Aufl. 2018, § 33 Rn. 21a.
5 *Wedde*, in: Däubler/Kittner/Klebe/Wedde, BetrVG, § 33 Rn. 10 f.
6 *Jesgarzewski/Holzendorf*, Zulässigkeit virtueller Betriebsratssitzungen, NZA 2012, 1021, 1022 m.w.N.

wird eine Unzulässigkeit einer Abstimmung per Videokonferenz damit begründet, dass allein die Möglichkeit bestünde, dass unberechtigte Dritte neben dem Betriebsratsmitglied sitzen, mithören oder mitsehen könnten.[7] Dies sei ausreichend, um den Grundsatz der Nichtöffentlichkeit der Sitzung zu verletzen.[8]

Diese noch nicht höchstrichterlich entschiedene Frage trifft in der Literatur auch **8** auf Gegenstimmen. Die Gegenauffassung geht von der generellen Zulässigkeit der Abstimmung per Videokonferenz aus.[9] Der Grundsatz der körperlichen Anwesenheit sei eingehalten, da dieser durch die gegenseitige Sicht- und Hörbarkeit gegeben sei.[10] Die bloße Möglichkeit der heimlichen Teilnahme einer unbefugten Person reiche nicht aus; vielmehr müsse diese unbefugte Person tatsächlich teilnehmen und auf die Willensbildung des Gremiums Einfluss nehmen.[11]

Vermittelnd wird u.a. das Beispiel eines international tätigen Unternehmens dis- **9** kutiert, in dem sich die Betriebsratsmitglieder in der Regel auf Dienstreisen im Ausland befinden und Betriebsratssitzungen an einem Ort nicht oder nur unter schwierigsten Umständen möglich wären.[12] In einem solchen Sonderfall sei eine Videokonferenz ausnahmsweise zulässig, da andernfalls der Betriebsrat handlungsunfähig wäre.[13]

Dieses Beispiel zeigt bereits die Komplexität, der sich Betriebsräte in der heuti- **10** ge Zeit ausgesetzt sehen. Daher kann – bei stetig fortschreitender Digitalisierung – nur der Auffassung der Vorrang eingeräumt werden, dass virtuelle Betriebsratssitzungen per Videokonferenz zulässig sind. Bemerkenswert ist hierbei, dass einzig *Fündling/Sorber* – soweit ersichtlich – die Frage aufwerfen, ob das Betriebsverfassungsgesetz in seiner aktuell gültigen Fassung dieser Auffassung überhaupt entgegensteht.[14] Zutreffend wird mit Blick auf den Wortlaut „anwesend" herausgearbeitet, dass dieser Begriff aufgrund der zeitlichen Entwicklung der Betriebsverfassung und des technischen Fortschritts funktional verstanden werden muss.[15] Dem Gesetzgeber kam es bei Einführung des Betriebsverfas-

---

7 *Jesgarzewski/Holzendorf*, Zulässigkeit virtueller Betriebsratssitzungen, NZA 2012, 1021, 1022 m.w.N.

8 So auch GK-BetrVG/*Raab*, § 30 Rn. 19; *Sendelbeck*, Betriebsrat und neue Medien, AiB 2013, 626, 628; ErfK/*Koch*, § 33 BetrVG Rn. 3; BeckOK ArbR/*Mauer*, § 33 BetrVG Rn. 3.

9 *Fündling/Sorber*, Arbeitswelt 4.0 – Benötigt das BetrVG ein Update in Sachen digitalisierte Arbeitsweise des Betriebsrats?, NZA 2017, 552, 555 ff.; *Butz/Pleul*, Elektronische Betriebsratsbeschlüsse, AuA 2011, 213 ff.

10 *Butz/Pleul*, Elektronische Betriebsratsbeschlüsse, AuA 2011, 213, 214.

11 *Butz/Pleul*, Elektronische Betriebsratsbeschlüsse, AuA 2011, 213, 214.

12 *Fitting*, BetrVG, 29. Aufl. 2018, § 33 Rn. 21b.

13 *Fitting*, BetrVG, 29. Aufl. 2018, § 33 Rn. 21b.

14 *Fündling/Sorber*, Arbeitswelt 4.0 – Benötigt das BetrVG ein Update in Sachen digitalisierte Arbeitsweise des Betriebsrats?, NZA 2017, 552, 555.

15 *Fündling/Sorber*, Arbeitswelt 4.0 – Benötigt das BetrVG ein Update in Sachen digitalisierte Arbeitsweise des Betriebsrats?, NZA 2017, 552, 555; für das Personalvertre-

sungsgesetzes auf ein unmittelbares, basisdemokratisches Diskussionsforum an, was durch die gegenseitige Wahrnehmung mittels Sehen und Hören geprägt ist. Diese Anforderung des § 33 Abs. 1 BetrVG ist bei einer Videokonferenz gewahrt. Auch der Zweck einer demokratischen Willensbildung ist bei einer Beschlussfassung mittels Videokonferenz eingehalten.[16]

11 Das Argument des möglichen Verstoßes gegen die Nichtöffentlichkeit der Sitzung verfängt dagegen nicht. Die Wirksamkeit einer Beschlussfassung des Betriebsrats von einer bloßen Möglichkeit einer Einflussnahme unbefugter Dritter abhängig zu machen, schränkt die Handlungsfähigkeit eines Betriebsrats über Gebühr ein. Zum einen verlangt das Bundesarbeitsgericht in ständiger Rechtsprechung bei einem Verstoß gegen § 30 Satz 4 BetrVG, dass ein Betriebsratsmitglied vor der Abstimmung über einen Tagesordnungspunkt die Anwesenheit einer nicht teilnahmeberechtigen Person ausdrücklich rügen muss und diese anwesend bleibt, um die Beschlussfassung als unwirksam anzusehen.[17] Es ist nicht erkennbar, warum an einer Beschlussfassung mittels Videokonferenz engere Maßstäbe als bei einer präsenten Sitzung anzusetzen seien. Zum anderen ist die Gefahr einer unbemerkten Teilnahme Unbefugter bei einer Videokonferenz nicht erkennbar größer als bei Betriebsratssitzungen vor Ort.[18] Die hypothetische Möglichkeit, dass Betriebsratsmitglieder den Sitzungsinhalt mitschneiden oder gar der Arbeitgeber Sitzungen abhört, kann bei präsenten Sitzungen nicht gänzlich ausgeschlossen werden.[19] Das Abstellen auf einen „unbekannten Dritten“ kann daher nicht ernstlich gegen die Zulässigkeit von Videokonferenzsitzungen vorgebracht werden.

12 Zu Recht geht *Krois* daher davon aus, dass sich die Unzulässigkeit nicht auf § 30 Satz 4 BetrVG stützen lasse.[20] Sie folge aber insbesondere aus dem Zweck des Anwesenheitserfordernisses, da Konferenzschaltungen hinter den – insbesondere nonverbalen – Kommunikationsmöglichkeiten bei gleichzeitiger Ortsanwesenheit zurückblieben.[21] Kommen einzelne Teilnehmer vor Ort zusammen und werden andere lediglich zugeschaltet, fehle es zudem an der Gleichwertigkeit der Kommunikationsmöglichkeiten und damit an einer wesentlichen Grundlage

---

tungsrecht entsprechend *Grandjot/Schulz*, Elektronische Betriebsratsbeschlüsse, NZA-RR 2017, 393, 394 f.

16 *Fündling/Sorber*, Arbeitswelt 4.0 – Benötigt das BetrVG ein Update in Sachen digitalisierte Arbeitsweise des Betriebsrats?, NZA 2017, 552, 555.

17 BAG, 30.9.2014 – 1 ABR 32/13, Rn. 51.

18 So auch *Günther/Böglmüller/Mesina*, Digitale Betriebsratsarbeit – Gesetzlicher Rahmen und Reformbedarf, NZA 2020, 77, 79.

19 So auch *Granjot/Schulz*, Die virtuelle Personalratssitzung, NZA-RR 2017, 393, 396 im Zusammenhang mit dem Personalvertretungsrecht.

20 *Krois*, in: Kiel/Lunk/Oetker, MHdB ArbR, Bd. 3, Kollektives Arbeitsrecht I, § 294 Rn. 70.

21 *Krois*, in: Kiel/Lunk/Oetker, MHdB ArbR, Bd. 3, Kollektives Arbeitsrecht I, § 294 Rn. 70.

für die gleichberechtigte Teilhabe an der Meinungsbildung des Gremiums.[22] Diese Argumentation kann nicht überzeugen. Wie bereits vorstehend erläutert, ist nach der gesetzgeberischen Wertung einzig maßgeblich, dass den Betriebsratsmitgliedern die Möglichkeit eingeräumt wird, gleichzeitig aktiv zu diskutieren, um eine gemeinsame Willensbildung des Gremiums zu schaffen. Weshalb der vor Ort anwesende Betriebsrat einen kommunikativen Vorteil haben solle gegenüber demjenigen, der visuell zur Betriebsratssitzung dazu geschaltet ist, kann nicht nachvollzogen werden. Beide Teilnehmer haben die gleichen Voraussetzungen, im Rahmen einer Diskussion die eigenen Argumente vorzubringen und auch von den anderen Mitgliedern visuell wahrgenommen zu werden. Ein Ungleichgewicht kann hierin nicht erblickt werden, da es letztlich auf die inhaltliche Stärke des Wortbeitrags ankommt, um andere zu überzeugen, und nicht auf das Medium, wodurch es übermittelt wird.

Einzig erforderlich bleibt auch nach der hier vertretenen Auffassung, dass die Teilnehmer der Videokonferenz eine Beteiligung unberechtigter Dritter verhindern und dass die eingesetzte Technik einen unbefugten Zugriff auf die Übertragung ausschließt.[23] **13**

Festzuhalten ist bis hierin, dass die Frage einer virtuellen Betriebsratssitzung uneinheitlich beurteilt wird, wobei die besseren Argumente für die Zulässigkeit von Videokonferenzen sprechen. Das Bundesarbeitsgericht hat sich zu dieser Problematik noch nicht äußern können. Eine Grundsatzentscheidung des Bundesarbeitsgerichts wird sich jedoch hoffentlich eher früher als später einstellen, um hierüber Klarheit im Allgemeinen zu schaffen. **14**

III. Einführung des § 41a EBRG als Öffnung zur virtuellen Betriebsratsarbeit

Unabhängig von einer abzuwartenden Entscheidung des Bundesarbeitsgerichts hat der europäische Gesetzgeber mittlerweile ein Bedürfnis anerkannt, der Mitbestimmung in Ausnahmesituationen über den Einsatz von IKT ihre Funktionsfähigkeit zu erhalten. § 41a EBRG ist mit Wirkung vom 10.10.2017 in Umsetzung der Richtlinie 2015/1794/EU in das Europäische Betriebsräte-Gesetz eingeführt worden. **15**

Nach dieser Sondervorschrift für Besatzungsmitglieder von Seeschiffen, die zugleich Mitglied eines Europäischen Betriebsrats oder einer Bordvertretung sind, kann zur Erleichterung der Sitzungsdurchführung eine Teilnahme von Mitgliedern mittels neuer IKT erfolgen, wenn **16**

22 *Krois*, in: Kiel/Lunk/Oetker, MHdB ArbR, Bd. 3, Kollektives Arbeitsrecht I, § 294 Rn. 70.

23 *Günther/Böglmüller/Mesina*, Digitale Betriebsratsarbeit – Gesetzlicher Rahmen und Reformbedarf, NZA 2020, 77, 79.

1. die Geschäftsordnung dies vorsieht und
2. sichergestellt ist, dass Dritte vom Inhalt der Sitzung keine Kenntnis nehmen können.

17 Durch diese Ergänzung sollen Arbeitnehmervertreter unter Berücksichtigung der besonderen Bedingungen in der Schifffahrtsbranche mit oft wochenlanger Ausübung ihrer Berufstätigkeit auf hoher See ihre Beteiligungsrechte als Mandatsträger ausüben können. Sie könnten regelmäßig – anders als etwa auf Dienstreisen befindliche europäische und nationale Mandatsträger – nicht einfach per öffentlichen Verkehrsmitteln (z.B. Bahn, Flugzeug) oder einem anderen Verkehrsmittel an den Ort der Sitzung des Gremiums gelangen.[24]

18 § 41a EBRG trägt dieser in Artikel 2 der Richtlinie 2015/1794/EU anerkannten besonderen Situation Rechnung und eröffnet dem Gremium die Möglichkeit, die neuen Technologien für die Fernkommunikation an Bord von Seeschiffen auf der Grundlage von Regelungen in der Geschäftsordnung nutzen zu können. Hierbei muss sichergestellt sein, dass Dritte vom Inhalt der Sitzung keine Kenntnis nehmen können. Dies umfasst die nach dem Stand der Technik möglichen Maßnahmen, wie zum Beispiel eine Verschlüsselung der Verbindung, und organisatorische Maßnahmen, wie das Zurverfügungstellen eines eigenen nichtöffentlichen Raumes für das Besatzungsmitglied während der Dauer der Sitzung.[25]

19 Die Gesetzesänderung zeigt, dass der europäische Gesetzgeber dem Bedürfnis nach einer flexibleren Gestaltung der Gremiumsarbeit Rechnung tragen will. Aber betont werden muss, dass diese Norm (bislang zumindest) ein Alleinstellungsmerkmal in der Normenklaviatur für Arbeitnehmervertreter innehat. Wie *Thüsing/Beden* zutreffend anmerken, hat sich der nationale Gesetzgeber beim Erlass von § 41a EBRG keine Gedanken zu den Modalitäten der Sitzungsabhaltung im Rahmen des § 33 BetrVG gemacht.[26] Daher kann aus dem Erlass der Vorschrift des § 41a EBRG an sich weder ein Argument für noch gegen die unter Ziffer II. (Rn. 7–9) vertretenen Rechtsauffassungen abgeleitet werden.

IV. Analoge Anwendung in Zeiten einer Pandemie

20 Da jedoch hinsichtlich des unter Ziffer II. (Rn. 14) angenommenen Zeithorizonts bis zu einer höchstrichterlichen Entscheidung in der Literatur Skepsis gehegt wird[27] und § 41a EBRG bereits nach dem Wortlaut nur in der unter III. beschriebenen Ausnahmesituation anwendbar ist, bleibt in der derzeitige Situation der Corona-Pandemie nach weiteren Lösungsmöglichkeiten zu fragen. Da die Betei-

24 BT-Drs. 18/12590, S. 13.
25 BT-Drs. 18/11926, S. 24f.
26 *Thüsing/Beden*, Betriebsratsarbeit 4.0, BB 2019, 372, 374.
27 *Günther/Böglmüller/Mesina*, Digitale Betriebsratsarbeit – Gesetzlicher Rahmen und Reformbedarf, NZA 2020, 77, 79.

ligungsrechte nicht ausgesetzt sind, bedarf es einer Aufrechterhaltung der Funktionsfähigkeit von Konzern-, Gesamt- und lokalen Betriebsräten. Schließlich haben gerade jetzt die Arbeitgeber ein existenzielles Interesse daran, mit der Mitbestimmung in einen Diskurs zu treten, um die Krise bestmöglich zu überstehen.

Entschließt sich der Arbeitgeber beispielsweise, einem Mitarbeiter betriebsbedingt zu kündigen, ist der Betriebsrat nach § 102 BetrVG zu beteiligen und um Zustimmung zu ersuchen. Da es für den Fristbeginn nur eines beweisbaren Zugangs der Anhörung beim Betriebsratsvorsitzenden bedarf und die Arbeitgeberseite nach Ablauf der Wochenfrist unabhängig von einer Gremiumsentscheidung kündigen könnte, ist die unternehmerische Entscheidungsfreiheit nicht ernsthaft tangiert. Soll in dem Betrieb jedoch als milderes Mittel Kurzarbeit eingeführt werden, bedarf es für die Bewilligung von Kurzarbeitergeld durch die Agentur für Arbeit einer Ermächtigungsgrundlage in Form einer Betriebsvereinbarung, die die Grundregeln der Kurzarbeit beinhaltet, § 87 Abs. 1 Nr. 3 BetrVG. Zum Abschluss einer Betriebsvereinbarung ist zwingend eine ordnungsgemäße Beschlussfassung durch das zuständige Gremium notwendig. Andernfalls könnte ein einzelner Mitarbeiter die Wirksamkeit der geschlossenen Betriebsvereinbarung anzweifeln und gerichtlich Annahmeverzugslohn geltend machen, was zu einer existenzbedrohenden Situation für das Unternehmen führen kann. Muss der Arbeitgeber im schlimmsten Falle sogar schließen (ggf. verbunden mit einer Insolvenz), ist mit dem Betriebsrat über die Schließung ein Interessenausgleich zu verhandeln und ein Sozialplan abzuschließen. Ein Einigungsversuch ist zwingend notwendig. Der Umweg über eine Einigungsstelle scheint bei der derzeitigen Lage der Arbeitsgerichtsbarkeit mit Terminaufhebungen auf unbestimmte Zeit (selbst im einstweiligen Verfügungsverfahren) schwer vorstellbar. Daher dürfte ein beidseitig gesteigertes Interesse an einer solidarischen Lösung zur Überbrückung dieser Unwägbarkeiten bestehen. Hierzu rief auch das Bundesministerium für Arbeit und Soziales in der Ministererklärung vom 23.3.2020 auf. Das Finden von schnellen und pragmatischen Lösungen habe derzeit die höchste Priorität. Dies haben die Betriebsparteien bei all ihrem Handeln zu beherzigen.[28] **21**

Mangels grundsätzlicher Klärung der Zulässigkeit von virtuellen Betriebsratssitzungen ist eine analoge Anwendung von § 41a EBRG die einzig rechtlich zulässige Möglichkeit, in dieser Ausnahmesituation der Mitbestimmung ihre Handlungsfähigkeit zu gewährleisten.[29] Die Voraussetzungen einer Analogie sind vorliegend erfüllt. **22**

Eine Analogie ist nur zulässig, wenn das Gesetz eine planwidrige Regelungslücke enthält. Die Lücke muss sich demnach aus dem unbeabsichtigten Abweichen **23**

---

28 Ministererklärung vom 23.3.2020, https://www.bmas.de/DE/Presse/Meldungen/2020/arbeit-der-betriebsraete-unterstuetzen.html (zuletzt abgerufen: 27.3.2020).

29 So auch *Krois*, Maßnahmen zur Sicherung der Funktionsfähigkeit der Betriebsverfassung während der Covid-19-Pandemie, DB 2020, 673, 676.

des Gesetzgebers von seinem dem konkreten Gesetzgebungsverfahren zugrunde liegenden Regelungsplan ergeben. Dabei muss die Planwidrigkeit aufgrund konkreter Umstände positiv festgestellt werden können. Andernfalls könnte jedes Schweigen des Gesetzgebers als planwidrige Lücke aufgefasst und diese im Wege der Analogie von den Gerichten ausgefüllt werden.[30] Deutlich geworden ist bisweilen, dass das Betriebsverfassungsgesetz keine Aussage zur Zulässigkeit von Videokonferenzen enthält. Zutreffend formulieren *Fündling/Sorber*, das Betriebsverfassungsgesetz schweigt überwiegend über die näheren Umstände, die an eine ordnungsgemäße Sitzung und Beschlussfassung zu stellen sind.[31] Eine Regelungslücke ist demnach anzunehmen. Diese wäre in der derzeitigen Situation auch planwidrig,[32] da der Gesetzgeber bei Erlass der Regelungen der §§ 29ff. BetrVG stets davon ausgegangen ist, dass Präsenzsitzungen jederzeit möglich sind. Eine Ausnahmesituation, wie sie seit Ausbruch des Corona-Virus herrscht, in der der Großteil der Betriebsräte zum Wohle der eigenen wie der Volksgesundheit während des mobilen Arbeitens zu Hause verweilt, war für den Gesetzgeber nicht vorhersehbar. Für diese Ansicht spricht auch die Erklärung des Bundesministeriums für Arbeit und Soziales vom 23.3.2020. Danach vertritt das Ministerium die Meinung, dass in der aktuellen Lage, wenn beispielsweise die Teilnahme an einer Präsenzsitzung zu Gefahren für das Leben oder die Gesundheit der Betriebsratsmitglieder führt oder wegen behördlicher Anordnungen nicht möglich ist, auch die Teilnahme an einer Betriebsratssitzung mittels Video- oder Telefonkonferenz einschließlich online gestützter Anwendungen wie WebEx-Meetings oder Skype zulässig ist. Dies gilt sowohl für die Zuschaltung einzelner Betriebsratsmitglieder als auch für eine virtuelle Betriebsratssitzung.[33]

24 Darüber hinaus muss der zu beurteilende Sachverhalt in rechtlicher Hinsicht so weit mit dem vom Gesetzgeber geregelten Tatbestand vergleichbar sein, dass angenommen werden kann, der Gesetzgeber wäre bei einer Interessenabwägung, bei der er sich von den gleichen Grundsätzen hätte leiten lassen wie beim Erlass der herangezogenen Norm, zum gleichen Abwägungsergebnis gekommen.[34]

---

30 BAG, 25.1.2018 – 8 AZR 309/16, Rn. 64 m.w.N.

31 *Fündling/Sorber*, Arbeitswelt 4.0 – Benötigt das BetrVG ein Update in Sachen digitalisierte Arbeitsweise des Betriebsrats?, NZA 2017, 552, 555.

32 A.A. noch *Krois*, in: Kiel/Lunk/Oetker, MHdB ArbR, Bd. 3, Kollektives Arbeitsrecht I, § 294 Rn. 70, danach fehle es an der erforderlichen Planwidrigkeit, insbesondere sei die Interessenbewertung nicht vergleichbar. Zum einen sei die Vorschrift sachlich auf Besatzungsmitglieder begrenzt, für die der Gesetzgeber in den §§ 115 Abs. 3, 116 Abs. 3 Nr. 1 BetrVG bereits andere Spezialvorschriften getroffen habe, um ihrer besonderen Situation Rechnung zu tragen. Zum anderen stünde eine Analogie zu § 41a Abs. 2 Nr. 2 EBRG in einem Wertungswiderspruch zur zwingenden Vertretungsregelung in § 25 Abs. 1 Satz 2 BetrVG.

33 Ministererklärung vom 23.3.2020, https://www.bmas.de/DE/Presse/Meldungen/2020/arbeit-der-betriebsraete-unterstuetzen.html (zuletzt abgerufen: 27.3.2020).

34 BAG, 25.1.2018 – 8 AZR 309/16, Rn. 64 m.w.N.

Wie unter Ziffer III. gezeigt, sollen europäische Betriebsräte im Rahmen des § 41a EBRG unter Berücksichtigung einer oft wochenlangen Ausübung ihrer Berufstätigkeit auf hoher See ihre Beteiligungsrechte wirksam ausüben können. Eine nahezu vergleichbare Situation ereilt die Arbeitnehmervertreter derzeit. Betriebsräte, deren Teilnahme an einer Präsenzsitzung zu Gefahren für das Leben oder die Gesundheit der Betriebsratsmitglieder führt oder wegen behördlicher Anordnungen unterbleiben muss, sind ebenso über einen nicht absehbaren Zeitraum an der Ausübung ihres Ehrenamtes gehindert. Dieser Verhinderung kann nicht durch die Hinzuziehung von Ersatzmitgliedern begegnet werden, da grundsätzlich das gesamte Gremium von solchen einschneidenden Maßnahmen wie Reiseverboten oder Unternehmensabriegelungen betroffen ist.

Zur Aufrechterhaltung der Mitbestimmung ist in einer solchen vergleichbaren **25** Ausnahmesituation jedem betroffenen Gremium die kurzfristige Umsetzung des § 41a EBRG analog anzuraten. Die Gegenansicht, wonach die gesetzlichen Vorgaben des Betriebsverfassungsgesetzes Betriebsratssitzungen per Telefon- und Videokonferenzen entgegenstünden, zumal hierbei die notwendige Vertraulichkeit nicht gewährleistet ist, kann nicht überzeugen.[35] Das plakative Anführen der bereits unter Ziffer II. aufgezeigten Argumente (Rn. 11) verkennt die derzeitige Situation grob. Der Auffassung ist zwar zuzugestehen, dass aus juristischer Sicht die Erklärung vom 23.3.2020 nur eine Auffassung wiedergibt, aber keine gesetzliche Grundlage für die Durchführung von Telefon- und Videokonferenzen darstelle. Es wird weiter ausgeführt, die Auffassung des Bundesministers stelle eine zulässige Abweichung vom Präsenzprinzip unter den Vorbehalt, dass durch konventionelle Betriebsratssitzungen das Leben oder die Gesundheit von Betriebsratsmitgliedern gefährdet wird oder dass diese aufgrund behördlicher Anordnungen nicht möglich sind. Die Aussage verkennt, dass hierdurch gerade die Vergleichbarkeit zur Ausnahmesituation des § 41a EBRG betont wird. Es lässt sich der Ministererklärung mitunter entnehmen, dass ebenfalls von einer eingeschränkteren Zulässigkeit einer virtuellen Betriebsratssitzung allgemein auszugehen sei. Jede andere Auffassung würde jedoch zum Stillstand der Betriebsratsarbeit führen. Auf die gesamtwirtschaftlichen Folgen muss nicht explizit hingewiesen werden.

V. Umsetzung der gesetzlichen Vorgaben in der Praxis

Dadurch wird deutlich, dass es für Arbeitnehmervertreter in der derzeitigen Si- **26** tuation zwingend notwendig ist, soweit nicht bei Beginn der Amtsperiode bereits

---

35 *Wedde*, 7 Fragen zur Betriebsratsarbeit während der Corona-Krise, https://www.bund-verlag.de/betriebsrat/aktuellesbr~7-Fragen-zur-Betriebsratsarbeit-waehrend-der-Corona-Krise~?newsletter=AiB%2F2020-03-18&utm_source=rechtsprechung-aib&utm_medium=email&utm_campaign=2020-03-18# (zuletzt abgerufen: 27.3.2020).

geschehen, sich den Gegebenheiten unverzüglich anzupassen. Bereits seit der Einführung von § 41a EBRG wird den Betriebsräten empfohlen, trotz seines Ausnahmecharakters in Anlehnung an § 41a Abs. 2 EBRG entsprechende Bedingungen in einer Geschäftsordnung festzulegen, unter denen eine Videokonferenz abgehalten werden kann.[36]

27 Gemäß § 36 BetrVG sollen sonstige Bestimmungen über die Geschäftsführung des Gremiums in einer schriftlichen Geschäftsordnung getroffen werden, die der Betriebsrat mit der Mehrheit der Stimmen seiner Mitglieder, also mit qualifizierter Mehrheit zu beschließen hat. Aus der Formulierung „sonstige Bestimmungen" ist zwingend abzuleiten, dass die Inhalte der Geschäftsordnung nicht von den gesetzlichen Vorschriften abweichen dürfen. Es kann lediglich eine interne, praktikable Ergänzung beschlossen werden.[37] Der Einsatz digitaler IKT für die interne Kommunikation im Rahmen der laufenden Geschäftsführung unterliegt per se keinen gesetzlichen Grenzen, sodass stets empfohlen werden kann, entsprechende Regelungen in einer Geschäftsordnung aufzunehmen.[38] Einzig sei darauf hingewiesen, dass der Betriebsrat hierdurch nicht die Erforderlichkeitsprüfung im Rahmen des § 40 Abs. 2 BetrVG umgehen kann.

28 Nach der hier vertretenen Ansicht können auch Sitzungen der Arbeitnehmervertretungen, sei es auf Ebene eines Konzern-, Gesamt- oder lokalen Betriebsrats, bereits nach dem heute geltenden Betriebsverfassungsgesetz virtuell stattfinden. Die Auslegung der §§ 29 ff. BetrVG gebietet diese Annahme (Rn. 10). Voraussetzungen sind dabei, dass die Geschäftsordnung eine entsprechende Regelung beinhaltet und der Grundsatz der Nichtöffentlichkeit im o.g. Sinne gewahrt bleibt. Diese Voraussetzungen sind auch zu beachten, würde man mit der wohl herrschenden Ansicht in der Literatur eine generelle Zulässigkeit von virtuellen Sitzungen zwar ablehnen, zumindest eine analoge Anwendung von § 41a EBRG in Zeiten der Pandemie aber bejahen.

29 Notwendig ist zum jetzigen Zeitpunkt die Einberufung einer nächsten Betriebsratssitzung gemäß § 29 Abs. 2 BetrVG. Der Betriebsratsvorsitzende eines betroffenen Gremiums lädt alle ordentlichen Mitglieder unter Mitteilung der Tagesordnung zu einer virtuellen Betriebsratssitzung ein.[39] Als Tagesordnungspunkt ist die Verabschiedung einer oder die Ergänzung der gegebenen Geschäftsordnung, um einen Passus aufzuführen, der die Durchführung von virtuellen Be-

---

36 *Fitting*, BetrVG, 29. Aufl. 2018, § 33 Rn. 21d.

37 *Günther/Böglmüller/Mesina*, Digitale Betriebsratsarbeit – Gesetzlicher Rahmen und Reformbedarf, NZA 2020, 77; *Thüsing*, in: Richardi, BetrVG, § 36 Rn. 5; LAG Hamburg, 6.10.2006 – 6 TaBV 12/06.

38 *Günther/Böglmüller/Mesina*, Digitale Betriebsratsarbeit – Gesetzlicher Rahmen und Reformbedarf, NZA 2020, 77.

39 Eine Mustereinladung für die Arbeitnehmervertretungen finden Sie mit einer Checkliste im Anhang.

triebsratssitzungen und Beschlussfassungen legitimiert. Eine Formulierung für eine Geschäftsordnung könnte wie folgt lauten:

> „In Notlagen, in denen eine Anwesenheit aller oder einzelner Mitglieder vor Ort aus Sorge um die Gesundheit sowie Leib und Leben nicht gewährleistet werden kann, werden in entsprechender Anwendung des § 41a EBRG die Sitzungen des Gremiums solange per Videokonferenzen stattfinden, bis eine Präsenzteilnahme wieder möglich ist. Eine Beschlussfassung ist abweichend von § 33 Abs. 1 BetrVG durch Stimmabgabe per Videokonferenz möglich."

In der einzuberufenden Sitzung bedarf es einer qualifizierten Mehrheit, um die Geschäftsordnung zu ergänzen oder zu beschließen. Damit reicht die Mehrheit der Stimmen der an der Abstimmung teilnehmenden Betriebsratsmitglieder nicht aus, sondern es ist stattdessen die Mehrheit der Stimmen aller Betriebsratsmitglieder erforderlich. Es wird mindestens die Zahl an Ja-Stimmen benötigt, die auch zur Feststellung der Beschlussfähigkeit erreicht werden muss. Dass der Betriebsrat vollzählig an der Sitzung teilnimmt, ist jedoch nicht erforderlich. **30**

Nach Legitimation der Durchführung von virtuellen Sitzungen können auf diesem Wege Beschlüsse solange gefasst werden, bis eine persönliche Teilnahme an einer Sitzung vor Ort wieder möglich ist. Bis dahin muss nur betriebsrätlich sichergestellt sein, dass die Teilnehmer der Videokonferenz eine Beteiligung unberechtigter Dritter verhindern und dass die eingesetzte Technik einen unbefugten Zugriff auf die Übertragung ausschließt. **31**

Es ist aufgrund der unterschiedlichen juristischen Auffassungen dringend anzuraten, nach Beendigung der Pandemie alle analog § 41a EBRG gefassten Beschlüssen nachträglich per präsenter Beschlussfassung zu genehmigen, um etwaigen Streitigkeiten vorzubeugen. Aus dem gleichen Grund ist vorab mit der Arbeitgeberseite dieses Vorgehen einvernehmlich im Rahmen der vertrauensvollen Zusammenarbeit abzustimmen. Die Praxis zeigt, dass sich zur Herstellung von Rechtssicherheit die Arbeitgeber ebenfalls bereit erklären werden, eine rechtsverbindliche und unwiderrufliche Erklärung abzugeben, wonach Betriebsratsbeschlüsse, die in der Zeit der Pandemie gefasst werden, nicht aus formalen Gründen angefochten bzw. gerichtlich überprüft werden. Unter diesen Umständen können beide Betriebsparteien effizient und solidarisch die Krise bewältigen. **32**

VI. Fazit

Die Betriebsratsarbeit ist einem kontinuierlichen Veränderungsprozess ausgesetzt. Unternehmen stellen sich dezentraler auf. Es werden Matrixstrukturen in Konzernen unternehmensübergreifend eingeführt. Die Entscheidungsfindung der Mitbestimmung fällt im Rahmen der Globalisierung trotzdem bisweilen eher **33** starr aus. Und dies obwohl zügigere und flexiblere Handhabungen nicht nur von der Arbeitgeberseite (zu Recht) eingefordert werden, sondern solche mit dem neuesten Stand der Technik auch umsetzbar sind. Auch wenn mitunter noch offene Fragen bestehen, ist es nur noch eine Frage der Zeit, bis sich die Gesetzgebung und/oder Rechtsprechung bei der Betriebsratsarbeit der Zuhilfenahme von neuer IKT öffnen wird. Der Grundstein ist mit der Einführung des § 41a EBRG gelegt. Es bleibt zu wünschen, dass dies der Beginn einer stetigen Fortentwicklung ist, um dem Betriebsrat die Ausübung seiner Rechte trotz vielschichtiger zu berücksichtigender Gesichtspunkte zu vereinfachen und zugleich die Mitbestimmung in zentralen Punkten flexibler arbeiten zu lassen. Dass es jedoch einer solchen einschneidenden Krise bedurfte, um diesen Weg zu ebnen, konnte nicht vorhergesehen werden.

34 Diese Krise, dies muss nochmals betont werden, stellt sich auch als Chance dar. Der Deutsche Anwaltsverein hat einen Gesetzentwurf über ein Arbeitsrechtliches Pandemie-Bekämpfungsgesetz (kurz: APBG) erarbeitet, der dem Gesetzgeber zur Entscheidung überlassen wird. Hierbei soll u.a. das Betriebsverfassungsgesetz um einen neuen § 129 BetrVG folgenden Inhalts ergänzt werden:

> „§ 129 BetrVG Zeitlich befristete Änderungen des BetrVG in Verbindung mit der Covid-19 Pandemie
> […]
> (2) Der Betriebsrat bildet in Ergänzung zu § 28 BetrVG einen gesonderten Ausschuss, bestehend aus dem Vorsitzenden und zwei weiteren Mitgliedern sowie drei Ersatzmitgliedern. Er ist zuständig für die Behandlung aller dem Betriebsrat zugewiesener Fragen, Beteiligungsrechte und sonstiger Aufgaben, insbesondere der Ausübung von Beteiligungsrechten, soweit ein Zusammenhang mit der Covid-19 Pandemie besteht. Der Ausschuss fasst seine Beschlüsse mit einfacher Mehrheit. Durch Mehrheitsbeschluss des Gesamtgremiums können Beschlüsse des Ausschusses aufgehoben oder modifiziert werden. Ein Widerruf der Kompetenz des Ausschusses ist nicht zulässig.
> (3) Beschlüsse des Betriebsrats dürfen auch im Umlaufverfahren unter Nutzung moderner Kommunikationsmittel gefasst werden. Der Vorsitzende nimmt auch über derartig gefasste Beschlüsse eine Niederschrift auf. § 33 BetrVG wird insoweit modifiziert, so dass die erleichterte Beschlussfassung auch für Gesamt- und Konzernbetriebsräte gilt.
> (4) Personelle Maßnahmen gemäß § 99 BetrVG bedürfen, sofern Sie wegen der Eindämmung der Covid-19 Pandemie erfolgen, in Abweichung von § 99 BetrVG nicht der Zustimmung des Betriebsrats, sondern nur dessen Anhörung. Dauert die personelle Maßnahme über die Laufzeit dieser befristeten Änderung des BetrVG hinaus an, hat der Arbeitgeber jedoch unverzüglich die Zustimmung des Betriebsrats einzuholen.“

Diese beabsichtigte befristete Änderung des Betriebsverfassungsgesetzes würde einen weiteren (unerwarteten) Schritt Richtung Digitalisierung der Betriebsratsarbeit darstellen. Es bleibt zu hoffen, dass dies nicht der letzte ist. **35**

Checkliste zur ersten Sitzung in Zeiten einer Pandemie **36**

1. Einladung zur Sitzung durch den Vorsitzenden nach § 29 Abs. 2 BetrVG grundsätzlich auf den normalen, im Gremium abgestimmten Wegen. Sollte der Vorsitzende die Einladungen bislang persönlich übergeben haben, so sollte eine Einladung mittels IKT (z.B. per E-Mail oder Outlook-Anfrage) erfolgen.
2. Mit der Einladung wird eine Tagesordnung verschickt. Ein Musterschreiben ist in der **Anlage** zu finden.
3. Die Sitzung findet unter Zuhilfenahme neuer IKT statt. Hierfür sollte ausschließlich auf Telefon- und/oder Videokonferenzen zur internen Absprache innerhalb der Mitbestimmung zurückgegriffen werden. Videokonferenzen sind vorzugswürdig, da gegenüber Telefonkonferenzen Bedenken bestehen, ob diese dem Grundsatz der Anwesenheit genügen. Mangels Vorliegen der technischen Voraussetzungen zur Abhaltung von Videokonferenzen ist jedenfalls eine Telefonkonferenz anzuraten. Eine vorherige Absprache mit dem Arbeitgeber erscheint hilfreich.
4. Die Sitzung wird – wie bisher – durch den Vorsitzenden des Gremiums eröffnet und geleitet.
5. Über die zu beschließenden Tagesordnungspunkte wird dann bei Abstimmung über die Videokonferenz per Handzeichen abgestimmt oder die Abstimmung erfolgt bei einer Telefonkonferenz per Stimmabgabe unter Nennung des Namens und der Antwort „Ja"/„Nein"/„Enthaltung" oder „Ich nehme an der Abstimmung nicht teil". Zur Vereinfachung kann daher nur zur Durchführung von Videokonferenzen angeraten werden, soweit technisch umsetzbar.
6. Zu beachten ist, dass der Beschluss zur Ergänzung einer Geschäftsordnung einer qualifizierten Mehrheit bedarf; d.h. dieser ist mit der Mehrheit der Stimmen der Mitglieder zu fassen.
   Sollte keine Geschäftsordnung vorhanden sein, kann dennoch der Beschluss in der vorliegenden Form gefasst werden. Diese Beschlussfassung gilt sodann als Geschäftsordnung.
7. Nach Abschluss der Sitzungen wird – wie immer – der Ablauf in einem Sitzungsprotokoll niedergeschrieben.
8. Nach Beendigung der Krise sollten alle zwischenzeitlich gefassten Beschlüsse in der ersten Präsenzsitzung per einfacher Beschlussfassung nachträglich durch das Gremium genehmigt werden.

Anhang:
Muster-Einladung für eine Sitzung der Arbeitnehmervertretungen

Konzern-/Gesamt-/Betriebsrat der xxx (Niederlassung xxx)

Ort, Datum

An die
Konzern-/Gesamt-/Betriebsratsmitglieder

Einladung zur Konzern-/Gesamt-/Betriebsratssitzung

Liebe Kolleginnen und Kollegen,

die nächste Konzern-/Gesamt-/Betriebsratssitzung findet
am ____.____.2020
um ____.____. Uhr
per Videokonferenz statt. Die Einwahldaten werden nach der Teilnahmebestätigung den teilnehmenden Mitgliedern separat zugesandt.

Auf der Tagesordnung der anstehenden Sitzung stehen folgende Punkte:

1. Begrüßung und Erläuterung des Prozedere in der Zeit der Corona-Krise
2. Beschlussfassung zur Ergänzung der Geschäftsordnung um folgenden Punkt:
   In Notlagen, in denen eine Anwesenheit aller oder einzelner Mitglieder vor Ort aus Sorge um die Gesundheit sowie Leib und Leben nicht gewährleistet werden kann, werden in entsprechender Anwendung des § 41a EBRG die Sitzungen des Gremiums so lange per Videokonferenzen stattfinden, bis eine Präsenzteilnahme wieder möglich ist. Eine Beschlussfassung ist abweichend von § 33 Abs. 1 BetrVG durch Stimmabgabe per Videokonferenz möglich.
3. weitere TOP

Solltet ihr an der anstehenden Sitzung nicht teilnehmen können, teilt mir dies bitte so schnell wie möglich mit. Die Mitteilungspflicht ergibt sich aus § 29 Abs. 2 S. 5 BetrVG. Sollte ein Verhinderungsfall i.S.d. § 25 BetrVG vorliegen, bin ich verpflichtet, das Ersatzmitglied zu laden.

Mit freundlichen Grüßen

....
Betriebsratsvorsitzende(r)

Kapitel 12

Die Durchführung einer Einigungsstelle während einer Pandemie

I. Einleitung

Mit der Corona-Pandemie ändert sich der Fokus der Mitbestimmung und damit auch der Einigungsstelle. Über Monate erbittert geführte Streitigkeiten zur Einführung von Workday oder Salesforce verlieren ebenso an Dramatik wie die noch kurz zuvor heiß diskutierte Beurteilung psychischer Belastungen. An ihre Stelle treten die in diesem Band erörterten Themen, insbesondere die Einführung von Kurzarbeit[1] und damit die Gretchenfrage der Aufstockungsbeträge.[2] 1

Die Verschiebung des Fokus der Mitbestimmung hat Folgen für die Einigungsstelle. Denn die bisherigen Themen sollen auf Veranlassung einer oder beider Betriebspartei(en) suspendiert und durch andere Regelungsgegenstände wie Kurzarbeit oder Betriebsschließung schnellstmöglich ersetzt werden. Neben Fragen zur Verfahrensführung (Wer entscheidet über eine Suspendierung? Ist sie mit dem Beschleunigungsverbot vereinbar?) ist vor allem zu klären, ob eine Einigungsstellensitzung per Videokonferenz durchgeführt werden kann. Dabei ist die Rechtsansicht, die der Bundesminister für Arbeit und Soziales in seiner Erklärung vom 20.3.2020 bzgl. Betriebsratssitzungen vertreten hat (Beschlüsse aus Telefon- und Videokonferenzen sind wirksam), hilfreich und auf die Einigungsstelle übertragbar. Letztendlich entscheidet allerdings nicht das Ministerium für Arbeit und Soziales über die Zulässigkeit des Einsatzes von Videokonferenzen in Einigungsstellen, sondern der Gesetzgeber oder die Rechtsprechung. Ob der Aktualität der Fragestellung liegen bisher keine arbeitsgerichtlichen Entscheidungen und auch nur spärlich Literaturmeinungen zu diesem Thema vor. 2

II. Das Verfahren vor der Einigungsstelle

Der Gesetzgeber hat im Interesse einer vereinfachten Konfliktlösung bei einem Streit der Betriebsparteien in mitbestimmungsrechtlichen Regelungsfragen von 3

1 Grundlegend BAG, 5.3.1974 – 1 ABR 28/73; fortgeführt u.a. in BAG, 4.3.1986 – 1 ABR 15/84 (auch Initiativrecht des Betriebsrats); BAG, 14.2.1991 – 2 AZR 415/90 (eine Regelungsabrede reicht nicht aus, um unmittelbare zu wirken); BAG, 16.12.2008 – 9 AZR 164/08; BAG, 18.11.2015 – 5 AZR 491/14 (für die Mindestanforderungen an die Betriebsvereinbarung).

2 Vgl. LAG Köln, 14.6.1989 – 2 TaBV 17/89, und BAG 21.1.2003 – 1 ABR 9/02.

einer weitgehenden rechtsförmlichen Ausgestaltung des Einigungsstellenverfahrens abgesehen. Das Gesetz schreibt lediglich die mündliche Beratung, die Abstimmung durch den Spruchkörper, den Abstimmungsmodus, die schriftliche Niederlegung und die Zuleitung der Beschlüsse vor (§ 76 Abs. 3 BetrVG). Weitere Einzelheiten können die Betriebsparteien in einer Betriebsvereinbarung regeln (§ 76 Abs. 4 BetrVG). Damit gewährt das Betriebsverfassungsgesetz der Einigungsstelle im Interesse einer effektiven Schlichtung einen weitgehenden Freiraum.[3] Das Heranziehen anderer verfahrensrechtlicher Vorschriften, etwa der ZPO oder des ArbGG, verbietet sich dadurch. Die Einigungsstelle ist ein privates Schlichtungsinstrument und kein in die Gerichtsbarkeit eingebundenes Verfahren. Sie bestimmt – falls Vorgaben fehlen – ihr Verfahren selbst.[4]

4 Der Freiraum der Einigungsstelle ist durch allgemein anerkannte, elementare Verfahrensgrundsätze begrenzt. Diese Grundsätze sind einerseits aus dem Rechtsstaatsgebot des Grundgesetzes (Art. 20 I, III, 28 I GG) und andererseits aus der Funktion der Einigungsstelle als ein Organ, das normative Regelung erzeugt, abzuleiten.[5] Es gehört u. a. zu den elementaren Grundsätzen des Einigungsstellenverfahrens, dass die abschließende mündliche Beratung und Beschlussfassung in Abwesenheit der Betriebsparteien erfolgt.[6] In seiner Entscheidung vom 18.1.1994 (1 ABR 43/93) stellt das BAG dazu fest:

> „Das LAG unterscheidet die Verfahrensabschnitte mündliche Verhandlung einerseits und mündliche Beratung mit Beschlussfassung andererseits. Diese Unterscheidung ist insofern etwas missverständlich, als ihr der Eindruck entnommen werden könnte, das Verfahren vor der Einigungsstelle folge den Grundsätzen eines justizförmigen Verfahrens mit zwei streng voneinander getrennten und aufeinander folgenden Verfahrensabschnitten der mündlichen Verhandlung und Beratung mit Beschlussfassung. Die Einigungsstelle ist aber kein Gericht. Sie übt auch im verbindlichen Verfahren keine richterliche Tätigkeit aus. Die Einigungsstelle ist ein betriebsverfassungsrechtliches Hilfsorgan eigener Art zu dem Zweck, die Mitbestimmung der Arbeitnehmer bei der Gestaltung der betrieblichen Ordnung zu gewährleisten. Sie ist dazu bestimmt, durch Zwangsschlichtung Pattsituationen im Bereich der paritätischen Mitbestimmung aufzulösen. Soweit ihr Spruch die Einigung zwischen Arbeitgeber und Betriebsrat ersetzt, hat er grundsätzlich keinen anderen Rechtscharakter als eine entsprechende Vereinbarung der Betriebspartner. Die Einigungsstelle soll die Einigung zwischen Arbeitgeber und Betriebsrat ersetzen. Deshalb ist es nicht nur sinnvoll, sondern notwendig, dass die Beteiligten vor der Einigungsstelle selbst zu Wort kommen und ihre Positionen

---

3 BAG, 17.9.2013 – 1 ABR 24/12.
4 BAG, 18.4.1989 – 1 ABR 2/88.
5 BAG, 18.4.1989 – 1 ABR 2/88.
6 BAG, 18.1.1994 – 1 ABR 43/93.

darlegen können. Soweit die Einigungsstelle die Einigung der Parteien ersetzt, ist es von besonderer Bedeutung, dass die Betriebsparteien die Möglichkeit haben, ihre unterschiedlichen Auffassungen zu der Regelungsfrage und Lösungsvorschläge zunächst ungefiltert selbst darstellen zu können, damit der unparteiische Vorsitzende sich ein Bild über den Streitstoff und die Lösungsmöglichkeiten machen kann. Das ist von besonderer Bedeutung, wenn – wie vorliegend – die von beiden Seiten benannten Beisitzer in der Einigungsstelle betriebsfremd sind. Dementsprechend ist es so gut wie einhellige Meinung, dass die mündliche Verhandlung vor der Einigungsstelle parteiöffentlich ist."

III. Videokonferenz in der Einigungsstelle

§ 76 Abs. 3 Satz 2 BetrVG gibt keine Anhaltspunkte dafür, ob eine Videokonferenz das Gebot der mündlichen Beratung erfüllt. Auch die Gesetzgebungsmaterialien helfen nicht weiter: 5

Das Gebot der Mündlichkeit war bereits in § 55 Abs. 3 BetrVG 1952 enthalten. Die Gesetzesmaterialien führen dazu aus: 6

> Die Einigungsstelle beschließt nach mündlicher Aussprache (Beratung) unter Abwägung der beiderseitigen Interessen mit einfacher Stimmenmehrheit.[7]

Der Gesetzgeber wollte die Mündlichkeit von dem schriftlichen Verfahren abgrenzen. Moderne Kommunikationsformen, wie die Videotechnik, waren damals noch so phantastisch wie der Warp-Antrieb. Daran hat sich auch bei der Einführung des BetrVG 1972 und § 76 Abs. 3 BetrVG nichts geändert, mit dem § 55 Abs. 3 BetrVG 1952 lediglich in das neue geltende Recht übernommen wurde.[8] 7

Die Videokonferenz entwickelte sich erst Ende des letzten Jahrhunderts und fand erstmals in den USA im Jahr 1996 Eingang in die Zivilprozessordnung (FRCP 43 (a)).[9] In Deutschland ist die Zulässigkeit des Einsatzes von Videokonferenzen im Zivilprozess seit 2001 in § 128a ZPO geregelt. Ob durch § 128a ZPO der für den Zivilprozess ebenfalls geltende Grundsatz der Mündlichkeit (§ 128 ZPO) konkretisiert oder durchbrochen wird, lässt sich den Gesetzesmaterialen nicht entnehmen. Denn zunächst spricht der Gesetzeber davon, dass § 128a ZPO „ermöglicht, dass mündliche Verhandlungen unter Beteiligung einer per Videokonferenz zugeschalteten Partei bzw. ihres Vertreters durchgeführt werden können…", um später auszuführen, „dass der Grundsatz des § 128 8

7 BT-Drs. I/1546, S. 51.
8 BT-Drs. VI/1786, S. 46.
9 Ausführlich: *Glunz*, Psychologische Effekte beim gerichtlichen Einsatz von Videotechnik.

Abs. 1 ZPO, nach dem die Parteien über den Rechtsstreit vor dem erkennenden Gericht mündlich verhandeln, im Interesse der Prozessökonomie durchbrochen ist."[10] Die späteren Reformen der ZPO in den Jahren 2010[11] und 2013[12] haben die Möglichkeiten des Einsatzes der Videokonferenz erweitert, ohne auf die Frage der Mündlichkeit einzugehen.

9 Da der Gesetzgeber aber nicht nur im (über § 46 Abs. 2 ArbGG auch für die Arbeitsgerichte geltenden[13]) Zivilprozessrecht die Videokonferenz ausdrücklich geregelt hat (vgl. auch den Einsatz von Videokonferenzen bei Besatzungsmitgliedern von Seeschiffen in § 41a EBRG[14] und die Möglichkeit, Videokonferenzen bei Aufsichtsratssitzungen nach § 110 AktG[15] einzusetzen) ist evident, dass es zu einer Nutzung von Videokonferenz als Konkretisierung oder Durchbrechung des Mündlichkeitsprinzips des § 76 Abs. 3 Satz 2 BetrVG einer ausdrücklichen gesetzlichen Regelung bedarf.

10 Dieses Ergebnis entspricht auch dem Sinn und Zweck der Einigungsstelle als Schlichtungseinrichtung und Instrument, die betriebliche Zusammenarbeit zu stärken. Der einen Konflikt letztlich nicht beendende Spruch soll die Ausnahme sein und die vertrauensvolle Zusammenarbeit der Betriebsparteien durch die Einigungsstelle gestützt werden. Eine Stärkung der Zusammenarbeit der Betriebsparteien gelingt nur, wenn der Vorsitzende behutsam lenkt und den Betriebsparteien die Möglichkeit gibt, die Verhandlung selbst zu einem erfolgreichen Ende zu führen. Dies gilt für die Phase der Sachverhaltsaufklärung und Positionierung ebenso wie für die Interessenklärung und Lösungsphase bis hin zur Verhandlung des konkreten Textes einer Betriebsvereinbarung. Eine Einigung kann nur gelingen, wenn jede Seite ihre Interessen darlegen und die Interessen der anderen Partei verstehen kann. Dazu bedarf es einer Interaktion, die am besten durch eine persönliche Aussprache erfolgt. Es wird darüber hinaus die Möglichkeit geschaffen, dass sich die Betriebsparteien in getrennten Sitzungen besprechen oder den Vorsitzenden hinzuzuziehen, um mit ihm Kompromisslinien zu erörtern. Dies ist trotz des technischen Fortschritts bei Videokonferenzen deutlich

---

10 BT-Drs. 14/6036.

11 BT-Drs. 17/1224.

12 BT-Drs. 17/12418.

13 Vgl. *Holthaus/Koch*, Auswirkung der Reform des Zivilprozessrechts auf arbeitsgerichtliche Verfahren, RdA 2002, 140.

14 BT-Drs. 18/11926 als Erfüllung der Richtlinie (EU) 2015/1794 des Europäischen Parlaments und des Rates.

15 Nach der Gesetzesbegründung des Transparenz- und Publizitätsgesetz (TransPuG) aus dem Jahr 2002 in BT-Drs. 14/8769 stellt die Neufassung des § 110 Abs. 3 AktG in Abkehr vom bisherigen Wortlaut („zusammentreten") klar, dass für die Sitzungen des Aufsichtsrats künftig nicht in allen Fällen zwingend die körperliche Anwesenheit aller Aufsichtsratsmitglieder erforderlich ist, sondern jedenfalls in begründeten Ausnahmefällen auch eine Sitzung in Form einer Telefon- oder Videokonferenz erlaubt und ausreichend ist.

schwieriger, wenn die Besitzer nicht persönlich verhandeln. Zudem tritt der Vorsitzende bei der Videokonferenz stärker in den Vordergrund und das Verfahren nähert sich dem eines gerichtlichen Prozesses an.

Das Gebot der Mündlichkeit steht dem Einsatz der Videotechnik in der Eini- **11**
gungsstelle allerdings nicht vollständig entgegen. Denn es erstreckt sich gem. § 76 Abs. 3 Satz 2 BetrVG ausdrücklich nur auf die Beratung vor der Beschlussfassung. Zwar ist die in der Literatur diskutierte Unterscheidung zwischen der Beratung vor der Beschlussfassung und der Verhandlung vor der Einigungsstelle im Übrigen[16] künstlich und nach der oben zitierten Entscheidung des BAG[17] zumindest missverständlich, allerdings ist die Einigungsstelle nach den ebenfalls oben dargestellten Grundsätzen frei darin, wie sie eine notfalls erforderliche Beratung vor einem Spruch vorbereitet. Selbstverständlich können dabei Schriftsätze ausgetauscht sowie Telefon- oder Videokonferenzen abgehalten werden. Wenn es der Einigungsstelle – wie in mehr als 90 % der Fälle – gelingt, ihrem Auftrag nachzukommen und „betriebliche Streitigkeiten und Meinungsverschiedenheiten möglichst im Betrieb zu bereinigen“[18] und damit auf einen Spruch zu verzichten, ist es für die einvernehmlich abgeschlossene Betriebsvereinbarung kein Verfahrensmangel, wenn die Verhandlungen dafür im Vorfeld im Rahmen einer Videokonferenz stattgefunden haben.[19] § 77 Abs. 2 BetrVG bestimmt lediglich, dass Betriebsvereinbarungen von Arbeitgeber und Betriebsrat gemeinsam zu beschließen sind. Eine vorherige mündliche Beratung ist nicht erforderlich.

IV. Sondersituation Corona-Pandemie

Der Gesetzgeber hat für Sonderfälle (anders als bei § 110 AktG) keine Ausnah- **12**
men für den Einsatz von Videotechnik geschaffen. Damit sind Beratungen vor der Einigungsstelle grundsätzlich nicht als Videokonferenz möglich. Allerdings erkennt das BAG Notfälle an,

> „in denen sofort gehandelt werden muss, um von dem Betrieb oder den Arbeitnehmern Schaden abzuwenden und in denen entweder der Betriebsrat nicht erreichbar ist oder keinen ordnungsgemäßen Beschluss fassen kann. Schon dem Grundsatz der vertrauensvollen Arbeit (§ 2 I BetrVG) kann entnommen werden, dass in solchen extremen Notsituationen der Arbeitgeber

---

16 Vgl. u. a. *Fitting*, BetrVG, 20. Aufl., § 76 Rn. 71; *Künzl*, in: Germelmann/Matthes/Prütting, ArbGG, Anhang besondere Verfahren – Einigungsstelle, Rn. 118; *Wenning-Morgenthaler*, Die Einigungsstelle, 4. Aufl. 2013.

17 BAG, 18.1.1994 – 1 ABR 43/93.

18 Vgl. die Gesetzesbegründung in BT-Drs. I/1546, S. 51.

19 So im Ergebnis wohl auch *Tischer/Hahn*, in: Spengler/Hahn/Pfeiffer, Betriebliche Einigungsstelle, 2010, S. 102 Rn. 15.

das Recht hat, vorläufig zur Abwendung akuter Gefahren oder Schäden eine Maßnahme durchzuführen, wenn er unverzüglich die Beteiligung des Betriebsrats nachholt."[20]

13 Wenn es in Notfällen möglich ist, Mitbestimmungsrechte des Betriebsrats außer Acht zu lassen, dann ist es erst recht zulässig, diesen Mitbestimmungsrechten notfalls mittels Videokonferenz in der Einigungsstelle zur Geltung zu verhelfen. Dies gilt auch dann, wenn die Arbeitgeber selbst – wie bei der Kurzarbeit und Betriebsschließung während einer Pandemie – ein hohes Interesse daran haben, eine Entscheidung der Einigungsstelle zu erreichen.

14 Was ein Notfall ist, hat das BAG in den genannten Entscheidungen nicht ausgeführt.[21] Es hat lediglich den Not- vom Eilfall abgegrenzt.

15 Unzweifelhaft stellt die Corona-Pandemie eine Sondersituation dar. Bund und Länder verhängen unvermittelt und kurzfristig Ausgangsbeschränkungen, mahnen die Bevölkerung zur Einhaltung und warnen vor gesundheitlichen Folgen für Leib und Leben. Die Bundeskanzlerin hält erstmalig eine Rede an die Nation, in der sie auf die Ernsthaftigkeit der Situation hinweist. Die Corona-Pandemie hindert damit die Mitglieder der Einigungsstelle, persönlich an einer Sitzung teilzunehmen. Die durch Corona verursachte Sondersituation ist kein bloßer Eilfall im Sinne der Rechtsprechung des BAG, bei dem ein Umstand zwar plötzlich eintritt, aber es den Betriebsparteien zumutbar und möglich ist, dafür vorsorgliche Regelungen aufzustellen (z.B. für die Anordnung von Überstunden). Wenn selbst die Bundesregierung das Ausmaß der Pandemie unterschätzt, täglich auf Sicht fährt, jeden Tag dazu lernt und das Toilettenpapier ausgeht, kann die Rechtsprechung den Betriebsparteien nicht vorwerfen, dass sie diese Situation hätten erkennen können.

16 Aktuell haben die Behörden angesichts der dramatischen Ansteckungsgefahr und Todesfälle zu Recht davor gewarnt, dass sich mehrere Personen, die nicht im gleichen Haushalt leben, längere Zeit gemeinsam in einem Raum aufhalten. Genau dies ist bei der Einigungsstelle aber der Fall. Die Sitzung der Einigungsstelle dauert in der Regel einen ganzen Tag (Sachverhaltsdarstellung – Positionieren – Interessenklärung – Lösungsfindung – Formulierung des Ergebnisses und ggf. Abstimmung), an dem die Teilnehmer gemeinsam in einem geschlossenen Raum diskutieren und interagieren. Unzweifelhaft ist dies eine Sondersituation, in der die persönliche Teilnahme an der Sitzung für Beisitzer und Vorsitzenden ob des hohen Ansteckungsrisikos und der teils dramatisch verlaufenden Erkrankungen eine erhebliche Gesundheitsgefahr darstellt.

---

20 BAG, 19.2.1991 - 1 ABR 31/90; BAG 17.11.1998 – 1 ABR 12/98; jüngst LAG Niedersachsen, 3.7.2017 – 8 TaBV 42/16.

21 In der Literatur werden als Beispiele vor allem Brand und Überschwemmung genannt, vgl. u.a. *Fitting*, BetrVG, § 87 Rn. 25.

Die Sondersituation wird nicht per se zu einem Notfall. Die meisten Mitbestimmungsthemen können ohne weiteres auf einen späteren Zeitpunkt verschoben werden. Kaum eine Vergütungsordnung, Arbeitszeit oder technische Einrichtung dürfte zwingend während einer Pandemie eingeführt werden müssen. Dagegen kann z.B. dem Arbeitgeber Zahlungsunfähigkeit und damit ein Notfall drohen, wenn bei plötzlich einbrechendem Geschäft keine Kurzarbeit angeordnet oder keine Betriebsänderung durchgeführt werden kann. 17

Fazit: 18

Der Einsatz einer Videokonferenz im Einigungsstellenverfahren kann vorbereitend erfolgen. Es ist nicht zu beanstanden, wenn sie die persönliche Sitzung ersetzt und die Betriebsparteien dadurch zu einer Einigung kommen.

Die mündliche Beratung, die zwingend vor einer Abstimmung zu erfolgen hat, wird durch die Videokonferenz nur in Notfällen ersetzt. Der Notfall setzt eine Sondersituation und eine Eilbedürftigkeit voraus. Ob der Ausgangsbeschränkungen und Warnung der Behörden liegt bei Corona eine solche Sondersituation vor. Müssen gravierende Schäden und Vermögensverluste durch mitbestimmte Maßnahmen dringend verhindert werden (z.B. Kurzarbeit und Betriebsänderung), ist es auch zulässig, durch Spruch der Einigungsstelle im Rahmen einer Videokonferenz zu entscheiden. 19

V. Verfahrensleitung

Die Vorbereitung der Einigungsstelle obliegt dem Vorsitzenden. Er ist dafür verantwortlich, dass die Beisitzer rechtzeitig und in geeigneter Weise über die geplante Sitzung unterrichtet werden.[22] Dazu stimmt er den Tagungsort (i.d.R. Räume im Betrieb oder in einem Hotel) und den zeitlichen Beginn mit den Ansprechpartnern auf beiden Seiten ab. Es ist unüblich, die Ladung an alle Beisitzer mit Postzustellungsurkunde oder Einschreibebrief mit Rückschein zu versenden. Soweit der Vorsitzende keine Anhaltspunkte für eine Unzuverlässigkeit seiner Ansprechpartner hat, kann er davon ausgehen, dass eine Ladung per Email (über den Ansprechpartner jeder Seite) ausreicht. Erscheint ein Beisitzer dann allerdings nicht, gilt dieser als nicht förmlich geladen, es sei denn, der jeweilige Ansprechpartner war ladungsbevollmächtigt i.S.v. § 164 Abs. 3 BGB.[23] 20

Der Vorsitzende fordert die Betriebspartner in aller Regel zur Einreichung von Schriftsätzen auf. Eine Einlassungspflicht besteht allerdings nicht. Die Schriftsätze sind weiterzuleiten, damit alle Beteiligten auf dem gleichen Sachstand 21

22 BAG, 27.6.1995 – 1 ABR 3/95.
23 BAG, 27.6.1995 – 1 ABR 3/95.

sind. Aus § 74 Abs. Satz 2 BetrVG, wonach Arbeitgeber und Betriebsrat strittige Fragen mit dem ernsten Willen zur Einigung zu verhandeln und Vorschläge für die Beilegung von Meinungsverschiedenheiten zu machen haben, folgt, dass die Parteien der Einigungsstelle die erforderlichen Unterlagen und Daten zur Verfügung stellen müssen.

22 Die Verhandlungsleitung obliegt dem Vorsitzenden. Er hat den Betriebspartnern, nicht alleine den Beisitzern der Einigungsstelle, rechtliches Gehör zu gewähren (Art. 103 GG).[24] Alle Beteiligten der Einigungsstelle sollen ausreichend Gelegenheit haben, sich in der Sache zu äußern, Stellungnahmen zum Vorbringen der anderen Seite abzugeben und Lösungsvorschläge zu unterbreiten. Daher ist das Verfahren vor der Einigungsstelle parteiöffentlich.[25] Außer den Vertretern des Arbeitgebers und Mitgliedern des Betriebsrats (und ggf. deren Verfahrensbevollmächtigten) kann kein anderer, auch kein Betriebsangehöriger an den Sitzungen teilnehmen. Das schließt allerdings nicht aus, dass die Einigungsstelle andere Personen als Zeugen oder Sachverständige oder Auskunftsperson hinzuzieht. Auch die Anwesenheit eines Protokollführers verletzt den Grundsatz der Nichtöffentlichkeit nicht.[26]

23 Die Anwesenheit von Arbeitgebervertretern oder Betriebsratsmitgliedern ändert nichts daran, dass die Einigungsstelle anstelle der Betriebsparteien über die Regelungsfrage zu entscheiden hat. Deshalb muss die abschließende Beratung und Beschlussfassung nur mit den Beisitzern und in Abwesenheit der Betriebspartner stattfinden. Andernfalls ist der Spruch der Einigungsstelle unwirksam.[27] Zutreffend fasst das LAG Hessen zusammen:

> „Die mündliche Verhandlung vor der Einigungsstelle ist parteiöffentlich. Deshalb bestehen keine Bedenken dagegen, dass Betriebsratsmitglieder, die keine Mitglieder der Einigungsstelle sind, bis unmittelbar vor Beginn der Schlussberatung an den Verhandlungen der Einigungsstelle teilnehmen. Der Eintritt in die Schlussberatung stellt eine zeitliche Zäsur dar. Ab diesem Zeitpunkt berät und beschließt die Einigungsstelle in Abwesenheit anderer Personen, auch der Betriebspartner. Die Einigungsstelle soll als selbstständiges Organ der Betriebsverfassung eigenständig und unabhängig von den Betriebspartnern beschließen."[28]

24 Im Übrigen bestimmt der Vorsitzende Inhalt und Ablauf des Einigungsstellenverfahrens im Interesse einer effektiven Schlichtung nach pflichtgemäßem Er-

---

24 Zur Nichtigkeit des Spruchs einer Einigungsstelle wegen Verletzung des rechtlichen Gehörs ArbG Frankfurt am Main, 8.8.2017 – 24 BV 207/16.

25 BAG, 18.1.1994 – 1 ABR 43/93; LAG Hessen, 3.8.2015 – 16 TaBV 200/14; *Tischer/Hahn*, in: Spengler/Hahn/Pfeiffer, Betriebliche Einigungsstelle, 2010, S. 112 Rn. 53.

26 *Fitting*, BetrVG, § 76 Rn. 49, 50.

27 BAG, 18.1.1994 – 1 ABR 43/93.

28 LAG Hessen, 3.8.2015 – 16 TaBV 200/14.

messen. Die Verhandlungen müssen nicht ständig im Plenum stattfinden. Der Vorsitzende kann – in Abstimmung mit den Beisitzern – getrennte Beratungen führen (sog. Pendeldiplomatie). In diesen Gesprächen gewähren die Beisitzer häufig Einblicke in Hintergründe, die sie im Plenum nicht offenbaren würden. Der Vorsitzende kann dadurch noch besser die Motive beider Seiten erfassen und auf die konkrete Situation zugeschnittene Lösungen vorschlagen.

Im pflichtgemäßen Ermessen des Vorsitzenden liegt auch, zu welchem Zeitpunkt er einen eigenen Einigungsvorschlag vorlegt, zu dem die Beisitzer und die Parteien Stellung nehmen können.[29] Über Verfahrensfragen mit weitreichender Bedeutung (z.B. Vertagung,[30] Zuständigkeit[31] oder Beweisbeschlüsse[32]) entscheidet die Einigungsstelle durch Beschluss, wenn kein Einvernehmen erzielt wird. Solche Verfahrensbeschlüsse sind nicht gesondert anfechtbar.[33] **25**

Die Einigungsstelle kann eigene Ermittlungen anstellen, Zeugen hören, Sachverständigengutachten einholen oder Ortsbesichtigungen durchführen. Sie kann auch einen Beweisbeschluss fassen. Zwangsmittel zur Durchsetzung stehen ihr allerdings nicht zu.[34] **26**

VI. Sondersituation Corona-Pandemie

Einigen sich die Betriebsparteien angesichts der Corona-Pandemie darauf, einen Einigungsstellentermin abzusagen, haben sie dem Vorsitzenden die Entscheidung abgenommen. Er stellt das Ruhen der Einigungsstelle oder die Verschiebung auf einen späteren Termin fest. **27**

Beantragt nur eine Seite die Terminaufhebung oder hat der Vorsitzende selbst Bedenken, muss er die Entscheidung nach pflichtgemäßem Ermessen treffen. Angesichts der erheblichen gesundheitlichen Gefahren, die von Corona ausgehen, und der Warnungen der Behörden ist das pflichtgemäße Ermessen des Vorsitzenden auf Null reduziert. Das Gesundheitsinteresse der Teilnehmer der Einigungsstelle (auch des Vorsitzenden) ist regelmäßig höher zu bewerten als das **28**

---

29 BAG, 11.2.1992 – 1 ABR 51/91.

30 LAG Köln, 26.7.2005 – 9 TaBV 5/05.

31 LAG Köln, 26.4.2019 – 9 TaBV 12/19.

32 BAG, 13.11.1991 – 7 ABR 70/90.

33 BAG, 4.7.1989 – 1 ABR 40/88; BAG, 22.1.2002 – 3 ABR 28/01; LAG Berlin-Brandenburg, 21.3.2012 – 20 TaBV 188/11: Der Beschluss einer Einigungsstelle, in dem der Antrag des Arbeitgebers, das Verfahren wegen Erledigung einzustellen, abgelehnt wird, ist als bloßer Zwischenbeschluss nicht selbstständig anfechtbar.

34 LAG Berlin-Brandenburg, 1.7.2011 – 8 TaBV 656/11: Zwischenbeschluss einer Einigungsstelle über Arbeitsplatzbegehung kann gegen den Willen der Arbeitgeberin nicht durchgesetzt werden.

Interesse am Abschluss einer Betriebsvereinbarung. Der Vorsitzende muss den Termin aufheben.

29 Selbstverständlich können sich Beisitzer und Vorsitzender aber auf eine Verhandlung in Form einer Videokonferenz verständigen. Der Vorsitzende kann dies sogar im Rahmen der Verfahrensführung gegen den Willen einer Partei anordnen. Allerdings kann er seine Anordnung nicht durchsetzen. Ihm stehen keine Zwangsmittel zur Verfügung.

30 In den Fällen, in denen die Durchführung der Einigungsstelle dringend erforderlich ist, liegt es im pflichtgemäßen Ermessen des Vorsitzenden, über die Art und Weise der Durchführung zu entscheiden. Aus den o. g. Gründen kann er auf moderne Kommunikationstechniken ausweichen. Er kann verbindlich und durchsetzbar anordnen, die mündliche Beratung vor der Abstimmung sowie die Abstimmung selbst mittels Videokonferenz durchzuführen. Die Videokonferenz ist gegenüber anderen Kommunikationsformen, wie Austausch von Schriftsätzen oder Telefonkonferenzen, zu bevorzugen. Heutzutage können durch Zoom, Skype und Webex ähnliche Verhältnisse wie bei einem persönlichen Treffen (Blickkontakt, Arbeiten an einem gemeinsamen Dokument, Lösungsentwicklung an einem Whiteboard etc.) gewährleistet werden. Unzweifelhaft ist dies aber die Ultima Ratio. Der persönliche Kontakt ist stets zu bevorzugen, wenn es die Lage zulässt und keine Gefahr für Gesundheit und Leben besteht. Denn dem Interesse, die Verhandlungsautonomie und die vertrauensvolle Zusammenarbeit zu stärken, kann am besten entsprochen werden, wenn die Betriebsparteien die Gelegenheit erhalten, – moderiert durch den Vorsitzenden – sich auszusprechen, Standpunkte darzulegen, dem anderen zuzuhören, die Interessen des anderen zu verstehen, zusammen Lösungsideen zu erarbeiten und gemeinsam Erfolge durch den Abschluss von Vereinbarungen zu erzielen. Je geringer oder subtiler der Einfluss des Vorsitzenden, desto mehr wird die Zusammenarbeit der Betriebsparteien gestärkt. Durch andere Kommunikationsformen, insbesondere durch schriftliche Verfahren, aber auch durch Videokonferenzen, tritt der Vorsitzende stärker in den Vordergrund. Dies hat der Gesetzgeber 1952 bereits erkannt, als er die Mündlichkeit der Beratung festgeschrieben hat. Diesem Gedanken gilt es nach Möglichkeit nachzukommen.

31 Soweit eine Videokonferenz als Ersatz der mündlichen Beratung unvermeidlich ist, hat der Vorsitzende im Rahmen seiner Verfahrensführung folgende Punkte sicherzustellen:

- Die Teilnehmer haben sich mit ihrem Namen oder mit den ihnen zugeordneten Zugangsdaten anzumelden.
- Es wird ein System verwendet, das den Anforderungen an Integrität und Vertraulichkeit nach dem Stand der Technik (siehe DSGVO) genügt.
- Das System zeigt ständig eine Liste aller teilnehmenden Personen an.

- Der Vorsitzende fragt zu Beginn der Sitzung jeden Teilnehmer, ob er sich alleine in einem geschlossenen Raum befindet.
- Dies muss von jedem Teilnehmer bestätigt werden.
- Die Bestätigung wird im Protokoll vermerkt.
- Der Vorsitzende belehrt alle Mitglieder, dass sie sofort mitteilen müssen, wenn eine andere Person den Raum betritt, in dem sie sich befinden.
- Auch diese Belehrung wird im Protokoll vermerkt.

VII. Fazit

In Zeiten der Corona-Pandemie werden Einigungsstellen, die nicht dringlich sind, vertagt. **32**

Die Beisitzer können sich anstelle der Vertagung auf eine Videokonferenz verständigen und im Rahmen dieser eine Betriebsvereinbarung abschließen. Eine Abstimmung kann in der Regel per Videokonferenz nicht erfolgen.

Die Anordnung einer Videokonferenz durch den Vorsitzenden und die Abstimmung in der Videokonferenz sind in Notfällen möglich. Ein Notfall liegt während der Corona-Krise bei Einigungsstellen vor, die keinen Aufschub dulden.

Kapitel 13

Gesetz zur Abmilderung der Folgen der Covid-19-Pandemie im Zivil-, Insolvenz- und Strafverfahrensrecht

Zur Eindämmung des massiven Anstiegs der Infektionen mit dem SARS-CoV-2-Virus haben die Behörden im März 2020 die Schließung einer Vielzahl von Einrichtungen, Gastronomiebetrieben und Einzelhandelsgeschäften angeordnet und zahlreiche öffentliche Veranstaltungen untersagt. In der Folge haben auch Unternehmen des produzierenden Gewerbes ihr Geschäft beschränkt oder eingestellt. 1

Diese Maßnahmen führen zu erheblichen Einkommensverlusten bei Personen, die ihren Lebensunterhalt überwiegend aus dem Betrieb dieser Einrichtungen und Unternehmen bestritten haben. Verfügen diese Personen nicht über ausreichende finanzielle Rücklagen, werden sie bis zur Aufhebung der Maßnahmen nicht oder nur eingeschränkt in der Lage sein, ihre laufenden Verbindlichkeiten zu begleichen. 2

Der Gesetzgeber hat mit Hochdruck auf die Krise reagiert und in kürzester Zeit ein Gesetz beschlossen, um die Auswirkungen der Krise abzumildern. Das Gesetzespaket greift hierzu umfassend in zentrale insolvenz- sowie zivilrechtliche Regelungen ein, um die betroffenen Unternehmen vor der Insolvenz zu bewahren und die Wirtschaft auf die Zukunft auszurichten. Sollten die geplanten Änderungen in einem ersten, nicht veröffentlichten Entwurf Unternehmen und Verbrauchern gleichermaßen zugute kommen, können die nun beschlossenen Gesetzesänderungen im Rahmen des Moratoriums sowie des Darlehensrechts nur noch von Verbrauchern und Kleinstunternehmen beansprucht werden. 3

I. Änderungen zum Insolvenzrecht

Die nachfolgenden Änderungen zum Insolvenzrecht treten mit Wirkung zum 1.3.2020 in Kraft und mit Ablauf des 31.3.2021 außer Kraft, Art. 6 Abs. 1 Gesetz zur Abmilderung der Folgen der Covid-19-Pandemie im Zivil-, Insolvenz- und Strafverfahrensrecht. 4

1. Aussetzung der Insolvenzantragspflicht

5 Die Insolvenzantragspflicht gemäß § 15a InsO, § 42 Abs. 2 BGB wird für juristische Personen und Personengesellschaften bis zum 30.9.2020 ausgesetzt, sofern die Insolvenzreife auf den Auswirkungen der Covid-19-Pandemie beruht und Aussicht auf Beseitigung der Zahlungsunfähigkeit besteht. Die Vorschrift wurde rückwirkend zum 1.3.2020 in Kraft gesetzt. Den betroffenen Unternehmen und ihren organschaftlichen Vertretern soll damit Zeit gegeben werden, um die notwendigen Vorkehrungen zur Beseitigung der Insolvenzreife zu treffen, insbesondere um zu diesem Zwecke staatliche Hilfen in Anspruch zu nehmen oder Finanzierungs- oder Sanierungsvereinbarungen mit Gläubigern und Kapitalgebern zu treffen.

6 Da allerdings unklar sein kann, ob die Insolvenz auf den Auswirkungen der Covid-19-Pandemie beruht oder nicht und sich bei den bestehenden Unsicherheiten auch schwer Prognosen treffen lassen, sollen die Antragspflichtigen weitergehend durch die (widerlegliche) Vermutung entlastet werden, dass bei bestehender Zahlungsfähigkeit am 31.12.2019 davon auszugehen ist, dass die spätere Insolvenzreife auf der Covid-19-Pandemie beruht und Aussichten darauf bestehen, eine eingetretene Zahlungsunfähigkeit zu beseitigen. Damit soll erreicht werden, dass die derzeit bestehenden Unsicherheiten und Schwierigkeiten hinsichtlich des Nachweises der Kausalität und der Prognostizierbarkeit der weiteren Entwicklungen nicht zulasten der Antragspflichtigen gehen. Angesichts des Zwecks der Vermutung, den Antragspflichtigen von den Nachweis- und Prognoseschwierigkeiten effektiv zu entlasten, kann diese nur in solchen Fällen widerlegt werden, bei denen kein Zweifel daran besteht, dass die Covid-19-Pandemie nicht ursächlich für die Insolvenzreife war und dass die Beseitigung einer eingetretenen Insolvenzreife nicht gelingen konnte. Es sind insoweit höchste Anforderungen zu stellen.

7 Die Vermutungsregelung ändert im Übrigen nichts an der Beweislast. Auch wenn der Schuldner zum 31.12.2019 zahlungsunfähig war, bleibt es dabei, dass das Nichtberuhen der Insolvenzreife auf den Folgen der Covid-19-Pandemie oder das Fehlen von Aussichten auf eine Beseitigung der Zahlungsunfähigkeit von demjenigen zu beweisen ist, der sich darauf beruft, dass eine Verletzung der Insolvenzantragspflicht vorliegt.

8 Gelingt dem Schuldner im Streitfall also der Nachweis, dass er zum Jahreswechsel noch nicht zahlungsunfähig war, obliegt es im Streit um die rechtzeitige Insolvenzantragstellung dem späteren Insolvenzverwalter oder auch dem Staatsanwalt, zu beweisen, dass die Insolvenzreife des Schuldners andere Gründe als die Auswirkungen der Covid-19-Pandemie hatte bzw. die Zahlungsunfähigkeit des Schuldners ohnehin nicht zu beseitigen war (§ 292 ZPO).

Flankierend dazu werden Insolvenzverfahren über den Schuldner aufgrund von Gläubigerinsolvenzanträgen, die innerhalb von drei Monaten ab Inkrafttreten des Gesetzes gestellt werden, nur dann eröffnet, wenn der Eröffnungsgrund bereits am 1.3.2020 vorlag. Diese Regelung gilt aber nicht für die im Kreditwesen- oder Versicherungsaufsichtsgesetz geregelten Antragsrechte der Bundesanstalt für Finanzdienstleistungsaufsicht und sonstigen zuständigen Aufsichtsbehörden. **9**

Bei natürlichen Personen, die keiner Insolvenzantragspflicht unterliegen, konnte die Unterlassung eines Insolvenzantrags bislang zur Versagung der Restschuldbefreiung nach § 290 Abs. 1 Nr. 4 InsO führen. Diese Rechtsfolge wird nunmehr aus den gleichen Gründen, die eine Aussetzung der Insolvenzantragspflicht für juristische Personen und Personengesellschaften bis zum 30.9.2020 rechtfertigen, für denselben Zeitraum ausgesetzt. **10**

2. Haftungserleichterung für Geschäftsführer und Vorstände

Trotz Aussetzung der Insolvenzantragspflicht würden Geschäftsführer und Vorstände erheblichen Haftungsrisiken unterliegen, weil die tatsächliche Insolvenzreife allein durch die Aussetzung der rechtlichen Antragspflicht nicht beseitigt wird. Nach der bisherigen Rechtslage sind beispielsweise die Geschäftsführer einer GmbH „*der Gesellschaft zum Ersatz von Zahlungen verpflichtet, die nach Eintritt der Zahlungsunfähigkeit der Gesellschaft oder nach Feststellung ihrer Überschuldung geleistet werden*“, § 64 Satz 1 GmbHG. Daher sieht das Gesetz nun vor, dass Zahlungen aus dem Gesellschaftsvermögen trotz Insolvenzreife („verbotene Zahlungen“) nicht pflichtwidrig sind und damit nicht zur persönlichen Haftung der Leitungsorgane führen, wenn sie im ordnungsgemäßen Geschäftsgang erfolgen. Hierunter fallen insbesondere Zahlungen zur Aufrechterhaltung oder Wiederaufnahme des Geschäftsbetriebes oder auch Maßnahmen im Zuge der Neuausrichtung des Geschäfts im Rahmen einer Sanierung. **11**

3. Privilegierung von Sanierungskrediten

a) Privilegierung von Fremd- und Gesellschafterdarlehen

Bislang war die Rückzahlung von Krediten, die in der Krise gewährt oder besichert wurden, anfechtbar. Gleiches galt für Gesellschafterdarlehen, soweit sie in einem bestimmten zeitlichen Abstand zur Insolvenzantragstellung über das Vermögen des Darlehensnehmers erfolgten. Zukünftig werden Rückzahlungen von Krediten, die im Aussetzungszeitraum gewährt bzw. besichert werden, pauschal bis zum 30.9.2023 als nicht gläubigerbenachteiligend behandelt und damit einer Anfechtung entzogen. Dies soll die Bereitschaft von Banken und Gesellschaftern erhöhen, den aufgrund der Covid-19-Pandemie gefährdeten Unternehmen **12** kurzfristige weitere Liquidität zur Verfügung zu stellen und damit die finanzielle Lage dieser Unternehmen zu stabilisieren.

13 Zusätzlich werden Gesellschafterdarlehen, die im Aussetzungszeitraum gegeben werden, in einem später eröffneten Insolvenzverfahren nicht als nachrangig und damit in der Regel als komplett wertlos behandelt, wenn das Insolvenzverfahren bis zum 30.9.2023 beantragt wird. Das gilt auch für Drittdarlehen, die von einem Gesellschafter besichert werden.

b) Keine Sittenwidrigkeit von neuen Krediten und Kreditbesicherungen

14 Das Gesetz sieht ferner vor, dass neue Kredite, die im Aussetzungszeitraum gewährt oder besichert werden, nicht als sittenwidrig behandelt werden. Hiermit wird der ständigen Rechtsprechung des Bundesgerichtshofes begegnet, nach der ein („Sanierungs-")Kredit sittenwidrig und damit nichtig ist, sofern er begeben wurde, ohne dass sich der Darlehensgeber zuvor davon überzeugt hat, dass dieser Kredit der nachhaltigen Sanierung des Unternehmens und nicht der Insolvenzverschleppung dient. Diese Gefahr wird durch die Neuregelung nunmehr ausgeschlossen.

4. Erleichterungen beim Anfechtungsrecht

15 Im Aussetzungszeitraum vorgenommene Rechtshandlungen, die wie vertraglich vereinbart erbracht werden (sog. kongruente Leistungen), sind nach der geplanten Neuregelung in einem späteren Insolvenzverfahren der Anfechtung pauschal entzogen. Ohne diese Regelung wären diese Rechtshandlungen nach § 130 InsO anfechtbar, wenn der Leistungsempfänger die Zahlungsunfähigkeit des Schuldners kannte oder jedenfalls Umstände kannte, die zwingend auf dessen Zahlungsunfähigkeit schließen ließen. In der aktuellen Krisensituation dürfte dies bei vielen Leistungsempfängern der Fall sein. Für den vertragsgerechten Leistungsaustausch ist damit im Aussetzungszeitraum bis zum 30.9.2020 das Anfechtungsrisiko erheblich eingeschränkt und stellt kein Hindernis für Weiterbelieferungen mehr dar. Eine Ausnahme gilt nur für den Fall, dass der Leistungsempfänger wusste, dass die Sanierungs- und Finanzierungsbemühungen des Schuldners nicht zur Beseitigung einer eingetretenen Zahlungsunfähigkeit geeignet waren. Es darf aber bereits heute bezweifelt werden, ob ein künftiger Insolvenzverwalter diesen Nachweis im Einzelfall führen kann.

16 Rechtshandlungen, insbesondere Zahlungen, die abweichend von den vertraglichen Regelungen vorgenommen wurden (sog. inkongruente Leistungen), konnten bislang unter erleichterten Voraussetzungen angefochten werden. Nach der neuen Gesetzeslage werden nun aber auch solche Rechtshandlungen zu einem großen Teil im Aussetzungszeitraum der Anfechtung entzogen. Dies gilt vor allem für die Fälle, in denen Vertragspartner nach Vertragsschluss die Zahlungs- und Lieferbedingungen nochmals anpassen, indem sie beispielsweise Zahlungsziele verkürzen, andere Sicherheiten als ursprünglich vereinbart bestellen oder Zahlungserleichterungen gewähren. Mussten sie nach der alten Rechtslage im Insolvenzfall des Vertragspartners eine Anfechtung befürchten, so gilt das aktuell nur noch dann, wenn der Leistungsempfänger wusste, dass die Sanierungs- und Finanzierungsbemühungen des Schuldners nicht zur Beseitigung einer eingetretenen Zahlungsunfähigkeit geeignet waren.

II. Änderungen zum Gesellschafts-, Genossenschafts-, Vereins-, Stiftungs- und Wohnungseigentumsrecht

Die nachfolgenden Änderungen zum Insolvenzrecht treten am Tag nach der Verkündung in Kraft und mit Ablauf des 31.12.2021 außer Kraft, Art. 6 Abs. 2 Gesetz zur Abmilderung der Folgen der Covid-19-Pandemie im Zivil-, Insolvenz- und Strafverfahrensrecht. **17**

1. Kapitalgesellschaften, Versicherungsvereine auf Gegenseitigkeit, Genossenschaften und Wohnungseigentümergemeinschaften

Die Einschränkungen von Versammlungsmöglichkeiten zur Eindämmung der Covid-19-Pandemie haben auch Auswirkungen auf die Handlungsfähigkeit von Gesellschaften, Vereinen und Genossenschaften. Diese sind teilweise nicht mehr in der Lage, im herkömmlichen Präsenz-Wege ordentliche oder außerordentliche Beschlüsse herbeizuführen. Das kann unter anderem dazu führen, dass Finanzierungen platzen, besondere Maßnahmen zur Bewältigung der Krise nicht ergriffen oder Geschäftsleitungs- und Aufsichtsämter nicht neu besetzt werden können. Daher sieht der Gesetzentwurf unter anderem die folgenden, vorübergehenden Rechtsänderungen vor: **18**

Hauptversammlungen von Aktiengesellschaften, Kommanditgesellschaften auf Aktien und Europäischen Gesellschaften sollen auf Entscheidung des Vorstands auch ohne entsprechende Regelung in der Satzung präsenzlos mittels Online-Teilnahme erfolgen dürfen (Virtuelle Hauptversammlungen), die Möglichkeit von Anfechtungen gegen diese Entscheidung wird eingeschränkt. **19**

Die Einberufungsfrist wird auf 21 Tage verkürzt, der Nachweis des Anteilsbesitzes bei börsennotierten Gesellschaften wird auf den zwölften Tag vor der Versammlung verlegt. Ergänzungsverlangen im Hinblick auf die Tagesordnung müssen in diesem Fall mindestens 14 Tage vor der Versammlung der Gesellschaft zugehen. **20**

Der Vorstand darf auch ohne Satzungsermächtigung nach Ablauf eines Geschäftsjahres einen Abschlag auf den voraussichtlichen Bilanzgewinn ausschüt- **21** ten; ferner kann der Vorstand entscheiden, dass die Hauptversammlung auch später als in den ersten 8 Monaten des Geschäftsjahres stattfindet.

22 Diese Entscheidungen des Vorstandes bedürfen aber in jedem Fall der Zustimmung des Aufsichtsrats, der diese Beschlüsse seinerseits im Rahmen einer virtuellen Sitzung treffen kann.

23 Dies gilt jedoch nicht für die SE, da bei monistisch verwalteten SEs die vorgenannten Entscheidungen stets der Verwaltungsrat trifft.

24 Das Gesetz enthält ferner Erleichterungen für Versammlungen und Beschlüsse von Genossenschaften und Wohnungseigentümergemeinschaften. Entsprechende Erleichterungen gelten auch für die Versammlungen und Beschlussfassungen in der GmbH.

2. Umwandlungsrecht

25 Für die Anmeldung von Umwandlungen zum Handelsregister gilt vorübergehend, dass die Schlussbilanz (§ 17 Abs. 2 UmwG) statt lediglich 8 maximal 12 Monate alt sein darf. Die Vorschrift betrifft Verschmelzungen und auch Spaltungen. Die erforderliche Planung, technische und organisatorische Vorbereitung und Durchführung der für die Umwandlungsbeschlüsse erforderlichen Versammlungen wird in vielen Fällen zu Verzögerungen führen. Diese können die Einhaltung der Achtmonatsfrist, die bei dem Bilanzstichtag des übertragenden Rechtsträgers 31.12.2019 eine Anmeldung der Umwandlung zum Handelsregister bis spätestens 31.8.2020 erfordert, erschweren. Zur Erreichung dieses Zwecks war die Verlängerung der Frist durch das Gesetz erforderlich.

3. Vereine und Stiftungen

26 Die Amtszeit von Vorstandsmitgliedern von Vereinen und Stiftungen, die für eine bestimmte Zeit bestellt wurden, endet mit Zeitablauf. Wenn nicht rechtzeitig ein neues Vorstandmitglied bestellt wird, kann dies die ordnungsgemäße Vertretung des Vereins oder der Stiftung gefährden. Deshalb sieht die gesetzliche Neuregelung vor, dass die Vorstandsmitglieder auch nach Ablauf ihrer Amtszeit bis zur Bestellung eines Nachfolgers im Amt bleiben.

27 Außerdem gelten nun auch für Vereine und Stiftungen dieselben Versammlungserleichterungen wie für andere Gesellschaftsformen (vgl. Ziffer 1).

4. Änderungen des Einführungsgesetzes zur Strafprozessordnung

28 Die nachfolgend Änderungen zum Strafprozessrecht treten am Tag nach der Verkündung in Kraft, Art. 6 Abs. 3 Gesetz zur Abmilderung der Folgen der Covid-19-Pandemie im Zivil-, Insolvenz- und Strafverfahrensrecht.

29 Hauptverhandlungen im Strafverfahren durften gemäß § 229 Abs. 1 und 2 StPO bis zu drei Wochen, wenn sie vor der Unterbrechung länger als zehn Verhandlungstage angedauert haben, bis zu einem Monat unterbrochen werden. Urteile, die nicht am Schluss der Verhandlung verkündet werden, müssen gemäß § 268 Abs. 3 Satz 2 StPO spätestens am elften Tag danach verkündet werden. Bei Hauptverhandlungen, die länger als zehn Verhandlungstage angedauert haben, sind diese Fristen gemäß § 229 Abs. 3 Satz 1 aufgrund von Krankheit, Mutterschutz und Elternzeit bis zu zwei Monaten gehemmt und enden gemäß § 229 Abs. 3 Satz 2 frühestens zehn Tage nach Ablauf der Hemmung.

30 Nunmehr ist der Lauf dieser Unterbrechungsfristen – unabhängig von der Dauer der Hauptverhandlung – gehemmt, solange die Hauptverhandlung aufgrund von Schutzmaßnahmen zur Verhinderung der Verbreitung von Infektionen mit dem SARS-CoV-2-Virus nicht durchgeführt werden kann, längstens jedoch für zwei Monate. Diese Fristen enden frühestens zehn Tage nach Ablauf der Hemmung. Beginn und Ende der Hemmung stellt das Gericht durch unanfechtbaren Beschluss fest. Dies gilt entsprechend auch für die Frist zur Urteilsverkündung.

III. Änderung des Einführungsgesetzes zum Bürgerlichen Gesetzbuch

31 Die nachfolgenden Änderungen zum Zivilrecht treten am 1.4.2020 in Kraft und – mit Ausnahme der Regelungen zum Miet- und Pachtrecht – am 30.9.2023 außer Kraft. Die Regelungen zum Miet- und Pachtrecht treten bereits am 30.6.2022 außer Kraft.

1. Moratorium

32 Vor dem Hintergrund drohender Einkommens- und Einnahmenverluste infolge der Covid-19-Pandemie besteht die Befürchtung, dass eine Vielzahl von Personen nicht oder nur eingeschränkt in der Lage sein wird, ihre laufenden Verbindlichkeiten in den nächsten Monaten zu begleichen.

33 Um den daraus resultierenden wirtschaftlichen und rechtlichen Problemen zu begegnen, wurde im Bereich des Zivilrechts ein Moratorium für die Erfüllung bestimmter vertraglicher Ansprüche von Verbrauchern eingeführt. In Artikel 240 des Einführungsgesetzes zum Bürgerlichen Gesetzbuch (EGBGB) werden daher zeitlich befristet Regelungen eingeführt, welche Verbrauchern, die wegen der Covid-19-Pandemie ihre vertraglichen Verpflichtungen aus wesentlichen Dauerschuldverhältnissen nicht erfüllen können, die Möglichkeit einräumen, die Leistung einstweilen zu verweigern oder einzustellen, ohne dass hierdurch für sie nachteilige Folgen entstehen.

34 Eine solche Regelung ist notwendig, da die wenigsten Verträge Regelungen zu „Höherer Gewalt“ enthalten. Die vorhandenen gesetzlichen Regelungen, insbesondere § 275 BGB (Unmöglichkeit) und § 313 BGB (Störung der Geschäftsgrundlage) geben zwar einen gewissen Spielraum; sie schützen den Verbraucher aber nicht vor Sekundäransprüchen, insbesondere Schadensersatz, und befreien insbesondere nicht von der Zahlungspflicht („Geld hat man zu haben“).

35 Daher hat ein Verbraucher nunmehr das Recht, Leistungen zur Erfüllung eines Anspruchs, der im Zusammenhang mit einem Verbrauchervertrag steht, der ein wesentliches Dauerschuldverhältnis ist und vor dem 8.3.2020 geschlossen wurde, bis zum 30.6.2020 zu verweigern, wenn dem Verbraucher infolge von Umständen, die auf die Covid-19-Pandemie zurückzuführen sind, die Erbringung der Leistung ohne Gefährdung seines angemessenen Lebensunterhalts oder des angemessenen Lebensunterhalts seiner unterhaltsberechtigten Angehörigen nicht möglich wäre.

36 Wesentlich sind solche Dauerschuldverhältnisse für Verbraucher, die zur Eindeckung mit Leistungen der Daseinsvorsorge erforderlich sind. Hierzu zählen etwa Pflichtversicherungen, Verträge über die Lieferung von Strom und Gas oder über Telekommunikationsdienste, soweit zivilrechtlich geregelt auch Verträge über die Wasserver- und -entsorgung.

37 Bei Kleinstunternehmen ist Voraussetzung für die Leistungsverweigerung, dass das Unternehmen die Leistung nicht erbringen kann oder die Erbringung der Leistung ohne Gefährdung der wirtschaftlichen Grundlagen ihres Erwerbsbetriebs nicht möglich ist. Kleinstunternehmens im Sinne der gesetzlichen Regelung sind alle Unternehmen mit bis zu 9 Beschäftigten und einem Jahresumsatz von bis zu 2 Mio. EUR.

38 Für Kleinstunternehmen sind solche Dauerschuldverhältnisse wesentlich, die zur Eindeckung mit Leistungen zur angemessenen Fortsetzung seines Erwerbsbetriebs erforderlich sind. Auch hier gehören Pflichtversicherungen, Verträge über die Lieferung von Strom und Gas oder über Telekommunikationsdienste, soweit zivilrechtlich geregelt auch Verträge über die Wasserver- und -entsorgung zu solchen Leistungen.

39 Das Leistungsverweigerungsrecht besteht nicht nur bei Entgeltforderungen, sondern auch bei anderen Forderungen, sodass sich auch der Schuldner darauf berufen kann, welcher eine Lieferung nicht fristgerecht erbringen oder ein Werk nicht fristgemäß fertigstellen kann. Ebenfalls erfasst sind sämtliche Ansprüche aus und in Zusammenhang mit einem Vertrag, d. h. vertragliche Schadensersatz- und Aufwendungsersatzansprüche.

40 Die vorgesehenen Regelungen sollen aber nicht dazu führen, dass der Vertragspartner dadurch unzumutbar belastet wird. Daher ist das Verweigerungsrecht dann ausgeschlossen, wenn die Leistungsverweigerung unter Berücksichtigung aller Umstände des Einzelfalls einschließlich der durch die Covid-19-Pandemie verursachten Veränderungen der allgemeinen Lebensumstände für den Gläubiger unzumutbar ist. Es ist also eine ausgewogene Abwägung aller betroffenen Interessen vorzunehmen. Wenn das Leistungsverweigerungsrecht jedoch ausgeschlossen ist, kann der Schuldner den Vertrag kündigen. Da es sich bei der Abwägung aber um eine Wertungsfrage handelt, werden einige Sachverhalte nachträglich dahingehend von Gerichten geprüft werden, ob und inwieweit eine Weigerung tatsächlich zulässig war.

Entscheidend ist auch, dass nur die Einführung einer zeitlich befristeten Stundung geplant ist, sodass die primäre Verpflichtung gerade nicht erlischt. Die Leistung kann lediglich für den begrenzten Zeitraum nicht vom Vertragspartner vollstreckt werden. Während des Zeitraums sollen aber auch keine sekundären Verpflichtungen, wie z.B. Schadensersatz wegen Verzug, entstehen können, sodass der Schuldner auch insoweit vor einem Anwachsen seiner Schuld geschützt werden soll. **41**

Ebenfalls wichtig ist, dass die geplanten Folgen nicht automatisch eintreten. Das Verweigerungsrecht muss ausdrücklich vom Schuldner – ggf. unter Darlegung der Umstände – geltend gemacht werden. Wenn der Vertragspartner die Voraussetzungen anzweifelt, muss der Schuldner grundsätzlich auch belegen, dass gerade die Covid-19-Pandemie Ursache für seine Leistungsunfähigkeit ist. **42**

2. Miet- und Pachtverhältnisse

Das Recht des Vermieters zur Kündigung bei Zahlungsverzug ist sowohl bei Wohn- als auch bei Gewerberaummietverhältnissen beschränkt. Nach den gesetzlichen Regelungen kann der Vermieter nicht kündigen, soweit der Mieter im Zeitraum vom 1.4.2020 bis 30.6.2020 trotz Fälligkeit die Miete nicht leistet und die Nichtleistung auf den Auswirkungen der Covid-19-Pandemie beruht. Der Zusammenhang zwischen Covid-19-Pandemie und Nichtleistung muss aber vom Mieter glaubhaft gemacht werden und wird nicht mehr, wie noch im Vorentwurf, zu seinen Gunsten vermutet. **43**

Gerät ein Mieter durch die Pandemie in Zahlungsschwierigkeiten und ist nicht in der Lage, die Mieten der Monate April bis Juni 2020 zu zahlen, kann der Vermieter somit befristet bis zum 30.6.2020 nicht wirksam kündigen, sofern der Mieter seine Berechtigung zur Leistungsverweigerung glaubhaft machen kann. Der Mieter muss dann Tatsachen darlegen, aus denen sich eine überwiegende Wahrscheinlichkeit dafür ergibt, dass seine Nichtleistung auf der Covid-19-Pandemie beruht. Zur Glaubhaftmachung kann sich der Mieter entsprechender Nachweise, einer Versicherung an Eides Statt oder sonst geeigneter Mittel bedienen. **44**

Auf sonstige Kündigungsgründe erstreckt sich die Beschränkung des Kündigungsrechts nicht. Dem Vermieter bleibt es unbenommen, das Mietverhältnis **45** während der Geltungsdauer des Gesetzes aufgrund von Mietrückständen zu kündigen, die in einem früheren Zeitraum aufgelaufen sind beziehungsweise die aus einem späteren Zeitraum resultieren werden. Er kann die Kündigung auch aus sonstigen Gründen erklären, etwa wegen anderer Vertragsverletzungen.

46 Gleichzeitig ordnet die Regelung kein Entfallen der Mietzahlungspflicht an. Dies bedeutet, dass wegen Zahlungsrückständen, die vom 1.4.2020 bis zum 30.6.2020 eingetreten und bis zum 30.6.2022 nicht ausgeglichen sind, nach diesem Tag wieder gekündigt werden kann. Damit haben Mieter vom 30.6.2020 an über zwei Jahre Zeit, einen zur Kündigung berechtigenden Mietrückstand auszugleichen. Unklar bleibt jedoch, welche rechtlichen Durchsetzungsmöglichkeiten dem Vermieter nach dem 30. Juni 2020 im Hinblick auf die dann aufgelaufenen Mietrückstände zustehen. Auch wenn die Gesetzesbegründung offensichtlich von einer zweijährigen Rückzahlungsphase ausgeht, sind Beitreibungsmaßnahmen des Vermieters nicht ausdrücklich ausgeschlossen. Um diesem Risiko angemessen zu begegnen, sollten die Vertragsparteien die Rückzahlungsmodalitäten in jedem Fall privatschriftlich regeln.

47 Die vorgenannten Kündigungsbeschränkungen gelten ebenfalls für Pachtverhältnisse.

3. Darlehensverträge

48 Auch das Verbraucherdarlehensrecht erfährt einschneidende Änderungen durch das Gesetzespaket der Bundesregierung. Ziel ist es, den Vertragsparteien Zeit zu verschaffen, nach Lösungen zu suchen, um das Darlehensverhältnis nach dem Ende der Krise fortsetzen zu können.

49 So gilt für Verbraucherdarlehensverträge, die vor dem 15.3.2020 abgeschlossen wurden, dass Ansprüche des Darlehensgebers auf Rückzahlung, Zins- oder Tilgungsleistungen, die zwischen dem 1.4.2020 und dem 30.6.2020 fällig werden, für die Dauer von drei Monaten gestundet werden, wenn der Verbraucher aufgrund der Covid-19-Pandemie Einnahmeausfälle hat, die dazu führen, dass er die geschuldete Leistung ohne Gefährdung seines oder des angemessenen Lebensunterhalts seiner Unterhaltsberechtigten nicht zumutbar erbringen kann. Der Darlehensnehmer hat die insoweit erforderlichen Nachweise zu erbringen.

50 Damit wird die Fälligkeit der Darlehensansprüche – bezogen auf den ursprünglichen Leistungstermin – um jeweils drei Monate hinausgeschoben. Zudem sind Kündigungen wegen Zahlungsverzugs oder wesentlicher Verschlechterung der Vermögensverhältnisse des Darlehensnehmers in diesem Zeitraum ausgeschlossen.

51 Die Darlehensgeber sollen den betroffenen Verbrauchern während dieses Zeitraums die Möglichkeit eines Gesprächs anbieten, um ihre vertragliche Beziehung angesichts der Krise auf eine tragfähige Grundlage zu stellen. Sofern die Parteien keine Verhandlungslösung hinsichtlich der Fortführung des Darlehensverhältnisses nach dem 30.6.2020 finden, verlängert sich die Vertragslaufzeit automatisch um drei Monate.

Die Erleichterungen für den krisenbetroffenen Verbraucher sind jedoch dann **52**
nicht anwendbar, wenn der Darlehensgeber geltend macht, dass Stundung oder Ausschluss der Kündigung unter Berücksichtigung aller Umstände des Einzelfalls einschließlich der durch die Krise veränderten allgemeinen Lebensumstände für ihn unzumutbar sind.

Die Neuregelung beschränkt die darlehensrechtliche Stundung und den Kündi- **53**
gungsschutz auf Verbraucherdarlehen. Da auch Unternehmen von der Covid-19-Pandemie stark betroffen sein können, sieht das Gesetz eine Ermächtigung an das Bundesministerium der Justiz und für Verbraucherschutz vor, mittels Rechtsverordnung im Einvernehmen mit dem Bundesministerium der Finanzen und dem Bundesministerium für Wirtschaft und Arbeit den Anwendungsbereich dieser Regelungen auf weitere Darlehensnehmergruppen, insbesondere auf Kleinstunternehmen, zu erstrecken.

Kapitel 14

Abschließende Stellungnahme der Herausgeber

I. Warum dieses Handbuch *(Dahl/Helm/Göpfert)*

> „Es gibt nur ein perspektivisches Sehen, nur ein perspektivisches ‚Erkennen'; und je mehr Affekte wir über eine Sache zu Worte kommen lassen, je mehr Augen, verschiedene Augen wir uns für dieselbe Sache einzusetzen wissen, um so vollständiger wird unser ‚Begriff' dieser Sache, unsre ‚Objektivität' sein."[1]
>
> Friedrich Wilhelm Nietzsche (1844–1900)

1 Die verbindende Perspektive der Herausgeber ist der Betrieb. Die sich unterscheidende Perspektive ist das jeweilige weltanschaulich geprägte Rollenverständnis. Verbindende Perspektive ist das gegenseitige Zuhören und die gemeinsame Überzeugung von der Notwendigkeit und Zukunftsfestigkeit gewerkschaftlicher und betrieblicher Interessenvertretung.

2 Verbindend ist, dass der „vorgegebene Interessengegensatz zwischen Arbeitgeber und Arbeitnehmer,"[2] vertreten durch Betriebsräte und ihre Gewerkschaften, anzuerkennen ist und eine gute Grundlage für Lösungen auf gleicher Augenhöhe ist.

II. Wann Arbeitsschutz – Wenn nicht jetzt? *(Dr. Rüdiger Helm)*

3 Zu Kurzarbeit haben Sie schon vieles gelesen. Betrachten wir daher den – uns in Zeiten der Pandemie besonders bewegenden – Wunsch, gesund zu bleiben. Aus der betrieblichen Perspektive ist das der betriebliche Arbeits- und Gesundheitsschutz. Dieser muss in der Lage sein, auch auf von außen eintretende Veränderungen schnell und mit klaren Verantwortlichkeiten vorbereitet, zu reagieren.

1. Reaktionsfähiger Arbeitsschutz

4 Das am 7.1.2020 als Erreger identifizierte SARS-CoV-2-Virus[3] wurde durch den Ausschuss für biologische Arbeitsstoffe (ABAS)[4] als Biostoff der Risiko-

---

1 *Nietzsche*, Zur Genealogie der Moral, 1887.
2 BVerfG, 10.12.1985 – 1 BvR 1724/83, Rn. 9.
3 Zunächst wurde dieses Corona-Virus als 2019-nCoV, dann als SARS-CoV-2 bezeichnet.
4 Der ABAS berät das BMAS gem. § 3 Abs. 3, § 19 BioStoffV bei der Einstufung von Biostoffen in Risikogruppen nach § 3 Abs. 1 BiostoffV bzw. Art. 2 RL 2000/54/EG. Für bio-

gruppe 3 eingestuft. Die Umsetzungsdefizite im deutschen Arbeitsschutzrecht sind erheblich. Die BioStoffV verlangt die Einbeziehung von Risiken in die Gefährdungsbeurteilung.

5 Welche betriebliche Stelle den betrieblichen Arbeitsschutz als betriebliche Querschnittaufgabe sicherzustellen hat, ist Teil des betrieblich einzurichtenden mitbestimmten Arbeitsschutzmanagements. § 3 Abs. 2 ArbSchG verlangt, dass zur „Planung und Durchführung" der erforderlichen Maßnahmen des Arbeitsschutzes „eine geeignete Organisation" einzurichten und sicherzustellen ist, dass „Maßnahmen erforderlichenfalls bei allen Tätigkeiten und eingebunden in die betrieblichen Führungsstrukturen beachtet werden."

6 Die notwendigen Handlungen anlässlich einer Pandemie, z.B. um Ansteckungsrisiken entgegenzuwirken, lassen sich mit einer solchen Struktur zügig umsetzen. Aber ein mitbestimmtes Arbeitsschutzmanagement fehlt in vielen Betrieben bis heute.

7 Die wenigsten Betriebe scheinen vorbereitet zu sein, die pandemiebedingten Eil-Maßnahmen des Arbeitsschutzes zu ergreifen. Hier die häufige Zurückhaltung von Arbeitgebern in mitbestimmungspflichtigen Angelegenheiten oder eine nicht ausreichende Durchsetzungskraft von Betriebsräten als Grund heranzuziehen, greift zu kurz. Das ArbSchG gilt seit 1996. Pandemiebedingte Maßnahmen des Arbeitsschutzes sind wohl in jedem Betrieb geboten. Dennoch fehlt oft eine mitbestimmt eingerichtete Arbeitsschutzorganisation. Auf das Beschäftigtenwissen kommt es an, wenn es um deren effektive und reaktionsfähige Ausgestaltung geht. Die Einbindung der Beschäftigtenvertretungen verlangt folgerichtig die Mitbestimmung und das Unionsrecht.

8 Nicht mitbestimmte Maßnahmen des Arbeitsschutzes sind rechtsunwirksam.[5] Die Mitbestimmung im Arbeitsschutz bezieht sich auf ausfüllungsbedürftige Rahmenvorschriften. Bei § 3 und § 5 ArbSchG handelt es sich um solche ausfüllungsbedürftige Rahmenvorschriften.[6] „§ 3 ArbSchG ist gewissermaßen der ‚Prototyp' einer allgemein gehaltenen Rahmenvorschrift (…). Diese Vorschrift enthält (…) von den Betriebsparteien auszufüllende Regelungsspielräume."[7] Rahmenvorschriften sind mitbestimmt auszufüllen.

9 Mitbestimmung verlangt eine Einigung mit dem Betriebsrat oder das Ersetzen der fehlenden Entscheidung durch eine Entscheidung der Einigungsstelle. Wäh-

---

logische Arbeitsstoffe gilt entsprechend dem von ihnen ausgehenden Infektionsrisiko eine Unterteilung in vier Risikogruppen. Fehlt eine europäische Einordnung, erfolgt diese vorläufig auf nationaler Ebene. Fehlt eine Feststellung insgesamt, ist sie betrieblich zu ermitteln. Für Biostoffe geht das nach den Technischen Regeln für Biologische Arbeitsstoffe (TRBA) 462.

5 BAG, 16.6.1998 – 1 ABR 68/97, Rn. 33.

6 BAG, 13.8.2019 – 1 ABR 6/18, Rn. 30; BAG, 19.11.2019 – 1 ABR 22/18, Rn. 28.

7 BAG, 18.3.2014 – 1 ABR 73/12, Rn. 24.

rend Betriebe sich der Notwendigkeit der Beachtung der Mitbestimmung bei pandemiebedingter Kurzarbeit oder pandemiebedingter Änderung von Arbeitszeitmodellen bewusst sind, lässt sich das für den Bereich des Arbeitsschutzes nicht beobachten.

2. Arbeit unter erschwerten Bedingungen

Das Bundesarbeitsgericht[8] unterstreicht die Bedeutung der im sechsten Abschnitt des ArbSchG beschriebene Rolle und Funktion der Behörden im Arbeitsschutz. Die Überwachung des Arbeitsschutzes ist staatliche Aufgabe, § 21 Abs. 1 ArbSchG. Es geht um nicht mehr und nicht weniger als die Gewährleistung des Rechts auf Leben und körperliche Unversehrtheit. Die Gewährleistung von Grundrechten gehört zu zentralen Aufgaben des Staates. Dem Arbeitgeber zugewiesene öffentlich-rechtliche Pflichten sind regelmäßig auch privatrechtliche Pflichten im individuellen Arbeitsverhältnis, die dem Schutz der einzelnen Beschäftigten dienen.[9] Wie aber sieht die Praxis aus? **10**

Die im fünften Abschnitt des ArbSchG geregelte Gemeinsame Deutsche Arbeitsschutzstrategie (GDA) erstellt GDA-Leitlinien. Diese unterstützen die Behörden bei ihrer Arbeit und haben eine wichtige betriebliche Unterstützungsfunktion. Umso bedeutender ist es, dass GDA-Leitlinien rechtsfehlerfrei erstellt werden. Die GDA-Leitlinie Gefährdungsbeurteilung und Dokumentation ist die Arbeitsgrundlage für Aufsichtsbehörden, um die Pflicht zur Durchführung von Gefährdungsbeurteilungen zu prüfen. Darin heißt es: **11**

> „§ 5 Abs. 1 ArbSchG verpflichtet den Arbeitgeber zur Durchführung einer Gefährdungsbeurteilung (…). Dies sollte mit den Beschäftigten oder mit der Vertretung der Beschäftigten erfolgen."[10]

„Sollte"? – Die Rechtslage ist eine andere. Spätestens seit 2004 betont das Bundesarbeitsgericht in ständiger Rechtsprechung,[11] dass die Mitbestimmung bei der Gefährdungsbeurteilung zwingend zu beachten ist. Dennoch wird Betriebsräten von Behördenvertretern, wie der Gewerbeaufsicht der Bezirksregierung Schwaben/Bayern im Juli 2019, die Annahme der GDA-Leitlinie entgegen gehalten. **12**

Weil aufgrund der die Mitbestimmung prägenden „Theorie der Wirksamkeitsvoraussetzung" nicht mitbestimmtes Ausfüllen von Rahmenvorschriften rechtsunwirksam ist,[12] widerspricht die vorzitierte GDA-Leitlinie in einem zentralen Punkt den Rechtsprinzipien wirksamer betrieblicher Normsetzung. Die „Theorie **13**

---

8 BAG, 28.3.2017 – 1 ABR 25/15, Rn. 24.
9 HK-ArbSchR/*Grünberg/Kohte*, Teil 3, BioStoffV Rn. 52; BAG, 12.8.2008 – 9 AZR 1117/06.
10 GDA-Leitlinie Gefährdungsbeurteilung und Dokumentation, S. 10.
11 BAG, 8.6.2004 – 1 ABR 4/03; BAG, 8.6.2004 – 1 ABR 13/03.
12 BAG, 16.6.1998 – 1 ABR 68/97, Rn. 33.

der Wirksamkeitsvoraussetzung ist entwickelt worden, um zu verhindern, dass der Arbeitgeber dem Einigungszwang mit dem Betriebsrat (...) ausweicht. (...) Derjenige, der sich betriebsverfassungswidrig verhält, soll sich Dritten (...) gegenüber nicht auf diese Verletzung berufen können."[13] Die Aussage, dass die Mitbestimmung beachtet werden „sollte", ist mit dieser Rechtslage nicht zu vereinbaren. Denn auch betriebsverfassungswidriges Verhalten wird als rechtswirksam angenommen und ein Ausweichen aus der Mitbestimmung durch die GDA-Richtlinie legitimiert.

14 Wie das Bundesverfassungsgericht betont, muss die Rechtsordnung auch dann eindeutige Aussagen gegenüber Rechtsunterworfenen machen, wenn mehrere Teilrechtsgebiete betroffen sind.[14] Wenn Aufsichtsbehörden und die mit diesen nach § 21 Abs. 3 ArbSchG zusammen wirkende GDA in einer für die betriebliche Ebene zentralen Aussage ihre Leitlinien entgegen der gefestigten Rechtsprechung des Bundesarbeitsgerichts formulieren, werden sie dem Grundsatz der Einheit der Rechtsordnung und dem Maßstab des BVerfG nicht gerecht.

15 Das Bundesarbeitsgericht ist die zuständige Fachgerichtsbarkeit. Nachdem dieses Gericht die Mitbestimmungspflicht feststellt, ist es im Sinne der gesetzlichen Unterstützungsaufgabe der Aufsichtsbehörden, Betriebe zutreffend zu unterrichten. Der Grundsatz der Einheit der Rechtsordnung gebietet, dass eine Rechtslage, die nach Bundesarbeitsgerichts unwirksam ist, nicht von den Aufsichtsbehörden als rechtswirksam angesehen werden darf. Nur das stellt die Mitbestimmung und die unionsrechtskonforme Umsetzung der dem Arbeitsschutzrecht zugrunde liegenden Richtlinien sicher.

16 Das Übergehen der Mitbestimmung ist mit den Leitgedanken der Verbetrieblichung des Arbeitsschutzes nicht zu vereinbaren. Nach Art. 11 der Arbeitsschutzrichtlinie (RL 89/391/EWG) sind die Beschäftigten bzw. deren Vertretungen bei der Entwicklung der Maßnahmen des Arbeitsschutzes nach den nationalen Rechtsvorschriften zu beteiligen. Das ist eindeutig. Dahinter steht ein zentraler Gedanke des Arbeitsschutzrechts. Effektiver Arbeitsschutz verlangt, dass das Beschäftigtenwissen berücksichtigt wird. Im Sinne von Nietzsche sind viele Perspektiven einzubeziehen, um einen vollständigeren Blick von dem Untersuchungsgegenstand zu erhalten und so mehr Objektivität zu erreichen. Arbeits- und Gesundheitsschutz ist betriebliche Pflichtaufgabe. Die Arbeitsschutzbehörden haben eine Beratungspflicht für die Betriebe. Es ist hilfreich, wenn diese Verpflichtung im Einklang mit der Rechtsprechung des Bundesarbeitsgerichts wahrgenommen werden kann. **Das verlangt, die GDA-Leitlinie entsprechend zu berichtigen und klarzustellen, dass eine wirksame Gefährdungsbeurteilung die Beachtung der Mitbestimmung des Betriebsrats voraussetzt.**

---

13 BAG, 3.12.1991 – GS 2/90, Rn. 113.

14 BVerfG, 19.10.2016 – 2 BvR 1943/16, Rn 22.

3. Berichtigung der GDA-Leitlinie

Nach der Pandemie ist vor der Pandemie. Betrieblichen Akteuren kann nicht vorgehalten werden, wenn sie sich an unrichtigen Annahmen der GDA-Leitlinie orientieren. Behördlichen Verantwortlichen kann nicht vorgehalten werden, wenn sie sich an den Annahmen der GDA-Leitlinie orientieren. Es würde aber einen deutlichen Schritt vorwärts im betrieblichen Arbeitsschutz bedeuten, wenn dann, wenn das Bundesarbeitsgericht von der Unwirksamkeit einer betrieblichen Regelung ausgeht, deren Wirksamkeit nicht von der nach § 21 Abs. 1 Satz 2 ArbSchG zuständigen Behörde angenommen wird. Es wäre wünschenswert, dass vor einer Pandemie in allen Betrieben eine mitbestimmte Arbeitsschutzorganisation eingerichtet ist. Viele Betriebe wären auf die Corona-Pandemie besser vorbereitet. **17**

Der Corona-Virus zeigt die Bedeutung des Arbeits- und Gesundheitsschutzes und die Notwendigkeit vorbereiteter betrieblicher Strukturen. In der Bayerischen Allgemeinverfügung zur Änderung arbeitszeitrechtlicher Vorgaben betont der Normgeber: **18**

> „Weicht der Arbeitgeber aufgrund der bewilligten Ausnahmen von den Vorgaben des Arbeitszeitgesetzes ab, ist der Gesundheitsschutz der Beschäftigten sicherzustellen."

In der gleichen Allgemeinverfügung hebt er hervor: **19**

> „Diese Allgemeinverfügung erweitert die Möglichkeiten betrieblicher Steuerung, ersetzt aber nicht die Mitbestimmungsrechte des Betriebs- bzw. Personalrats nach den jeweiligen Betriebs- bzw. Personalvertretungsgesetzen."

III. Pulverfass Kurzarbeit *(Holger Dahl)*

Deutschland und die Welt befinden sich durch Corona in der größten Krise seit dem zweiten Weltkrieg. Die Bundesregierung setzt darauf, dass die in der Finanzkrise bewährte Kurzarbeit Unternehmen wie Mitarbeitern gleichermaßen erneut helfen wird, die Talsohle zu durchschreiten. Allerdings hat Corona viel drastischere Folgen als die Finanzkrise. Denn die Wirtschaft hat dank der Ausgangssperren eine Vollbremsung hingelegt und nicht nur die Luftfahrtgesellschaften haben ihre Flotte – was noch nie geschah – von heute auf morgen auf den Boden gestellt. Auch andere Wirtschaftszweige wie die Gastronomie und der Einzelhandel sind „gegrounded". Abgesehen von einigen wenigen Krisengewinnern spürt jede Branche die dramatischen Auswirkungen der Corona-Krise. Angesichts dessen liegen die Nerven bei vielen betrieblichen Akteuren nachvollziehbarerweise blank. Während die Unternehmen stärker als jemals zuvor um jeden Euro Liquidität kämpfen (teilweise noch nicht einmal ihre Mieten bezah- **20** len) und teilweise Aufstockungen des Kurzarbeitergelds nicht (mehr) gewähren wollen, sorgen sich Betriebsräte, dass die Mitarbeiter mit 60 bis 67 % ihres Nettolohns ihren Lebensunterhalt nicht bestreiten und ihre monatlichen Verpflichtungen nicht erfüllen können.

21 Die Kurzarbeitsbetriebsvereinbarung hat wegen der vom BAG eröffneten Möglichkeit, eine Reduzierung des Volumens der Arbeitszeit über § 87 Abs. 1 Nr. 3 BetrVG flächendeckend einzuführen,[15] viele Arbeitgeber in der Finanzkrise zu Freunden der Betriebsverfassung gemacht. Denn sie mussten dadurch nicht mit jedem Mitarbeiter einzeln darüber diskutieren, ob er bereit ist, in Kurzarbeit zu gehen und damit das arbeitsvertraglich vereinbarte Volumen der Arbeitszeit zu reduzieren.[16]

22 Das BAG hat den Eingriff in das Synallagma des Arbeitsvertrages gestattet und festgestellt, dass damit keine Annexkompetenz hinsichtlich der Entgelthöhe verbunden ist.[17] Das Entgelt vermindert sich vielmehr mit der Verringerung des Arbeitszeitvolumens.[18] Allerdings hat es auch festgestellt, dass es bei der Abwägung, ob und in welchem Umfang Kurzarbeit eingeführt wird, nicht nur auf den entsprechenden Rückgang an Beschäftigungsvolumen ankommt:

> „Eine mit dem Betriebsrat zu vereinbarende Regelung über die Einführung von Kurzarbeit oder ein entsprechender Spruch der Einigungsstelle kann daher bei angemessener Berücksichtigung der Belange des Betriebes und der betroffenen Arbeitnehmer im Sinne von § 76 Abs. 5 Satz 3 BetrVG nicht nur das Interesse der Arbeitnehmer an der Erhaltung ihrer Entgeltansprüche und das Interesse des Arbeitgebers, von Lohnansprüchen nach § 615 BGB befreit zu werden, gegeneinander abwägen. In die Interessenabwägung muss vielmehr auch einbezogen werden, ob und in welchem Umfange durch die Einführung von Kurzarbeit Arbeitsverhältnisse ganz oder wenigstens für eine weitere Zeit erhalten werden können. Die Tatsache, dass notwendige betriebsbedingte Kündigungen vermieden oder hinausgeschoben werden können, kann unter Umständen allein rechtfertigen, dass Kurzarbeit eingeführt wird und damit die Entgeltansprüche der Arbeitnehmer gemindert werden."[19]

---

15 Vgl. u.a. BAG, 14.12.1991 – 2 AZR 415/90 und BAG, 16.12.2008 – 9 AZR 164/08; zum Initiativrecht des Betriebsrats BAG, 4.3.1986 – 1 ABR 15/84; zur Unabhängigkeit vom Kurzarbeitsgeld BAG, 16.12.2008 – 9 AZR 164/08; zum Inhalt der Betriebsvereinbarung BAG, 18.11.2015 – 5 AZR 491/14; zum Urlaub während der Kurzarbeit BAG, 16.12.2008 – 9 AZR 164/08.

16 Zur betriebsbedingten Kündigung BAG, 23.2.2012 – 2 AZR 548/10.

17 BAG, 21.1.2003 – 1 ABR 9/02; so auch LAG Köln, 14.6.1989 – 2 TaBV 17/89.

18 BAG, 4.3.1986 – 1 ABR 15/84.

19 BAG, 4.3.1986 – 1 ABR 15/84.

Das LAG Köln führt aus:[20] **23**

„Mit einer solchen Trennung verliert der Betriebsrat keineswegs das Recht, eine Betriebsvereinbarung über Einführung von Kurzarbeit immer dann abzulehnen, wenn er der Auffassung ist, die mit der Arbeitszeitverkürzung verknüpften Lohn- bzw. Gehaltskürzungen stellten ein unangemessenes Sonderopfer für die von ihr betroffenen Arbeitnehmer dar. Verwehrt wird ihm lediglich, sich bei der Einführung von Kurzarbeit durch Klauseln wie der vorliegenden jeglicher Entscheidungsrisiken und damit letztlich einer gründlichen Notwendigkeitsüberprüfung im Hinblick auf die Kurzarbeit zu entziehen. Ein solches Vorgehen des Betriebsrates wäre mit Sinn und Zweck der Mitbestimmung nicht in Einklang zu bringen. Untrennbarer Bestandteil der Mitbestimmung ist nämlich die Mitverantwortung, welche vom Betriebsrat gem. § 87 I Nr. 3 BetrVG eine Entscheidung darüber fordert, ob er der Einführung von Kurzarbeit mit der Folge von Lohnkürzungen aller betroffenen Arbeitnehmer zustimmen oder sie mit dem Risiko etwaiger Entlassungen einzelner Arbeitnehmer ablehnen will."

Diese Interessenabwägung stellt die betrieblichen Akteure derzeit vor Zerreißproben und Situationen, vor denen sogar erfahrene Einigungsstellenvorsitzende Reißaus nehmen. Die Wucht, mit der die Betriebsparteien bei dieser – für beide Seiten existentiellen Frage – aufeinanderprallen, ist häufig noch größer als bei einer Betriebsänderung. **24**

IV. Rückkehr aus der Krise *(Dr. Burkard Göpfert)*

Es mag im Moment noch undenkbar erscheinen, aber möglicherweise wird es uns in wenigen Wochen (ggf. schon über Ostern) zunehmend beschäftigen, wie Belegschaften geordnet wieder in die betriebliche Normalität zurückgeführt werden können. Ausgehend von einem mittlerweile bahnbrechenden Beitrag zur Entwicklung der Pandemie[21] besteht dabei das Problem in der „Gestaltung der Landebahn", einer möglicherweise weit über 12–18 Monate hinausgehenden Phase, in der die Wirtschaft zwar wieder anläuft, aber eine Vielzahl von Restriktionen (Reiserestriktionen, aber auch weitergehender Gesundheitsschutz) aufrecht erhalten bleiben muss, bis notwendiger Impfstoff usw. entwickelt und die Pandemie weltweit zu einem Ende gebracht worden ist. **25**

Arbeitsrechtlich muss daher jetzt schon damit begonnen werden, die notwendigen Voraussetzungen für eine geordnete Rückkehr in die Betriebe zu schaffen. **26**

---

20 LAG Köln, 14.6.1989 – 2 TaBV 17/89.

21 Medium.com v. 19.3.2020, Coronavirus: The Hammer and the Dance, https://medium.com/@tomaspueyo/coronavirus-the-hammer-and-the-dance-be9337092b56 (zuletzt abgerufen: 3.4.2020).

Das betrifft nicht nur die Beendigung von Kurzarbeit (hier wurden leider oft die Betriebsvereinbarung zu lange oder ohne vorzeitige Ausstiegsregelungen geschlossen), sondern den gesamten Umgang mit einer möglicherweise immer wieder „aufflackernden" Krankheit. Hierzu folgende erste Überlegungen:

- Noch vor Ostern beginnen: Beratungen und vorsorglicher Abschluss von (Konzern-/Gesamt-)Betriebsvereinbarungen zum Verhalten und Gesundheitsschutz nach „Lockerung" bzw. Beendigungskündigung der Lock-Down-Maßnahmen.
- Regelung nachhaltiger Melde-, Zugangs- und Kontrollsysteme.[22]
- Ampelmodelle über Apps werden kommen – z. B. „grün" = Keine Symptome im Familien- und Freundeskreis, „gelb" = freiwillige Selbstquarantäne und „rot" = Arbeitsunfähigkeit. Das wird eine datenschutzrechtliche Herausforderung, die aber unvermeidbar wird. Es geht dabei nicht um Kontrollverhältnisse wie in Wuhan.[23] Aber ein strenges Monitoring der Belegschaft ist im Sinne des Gesundheitsschutzes unumgänglich. Die Diskussion um die datenschutzrechtlichen Herausforderungen hat gerade erst begonnen.[24]
- Split Teams usw. müssen ggf. auf Monate oder Jahre beibehalten werden. Hier kann man vor allem aus den SARS-Regionen lernen, z. B. aus Singapur.
- Hygiene-Vorschriften, insbesondere für Lieferanten/Dienstleister – auch das ist auf Jahre zu regeln.
- Dringend: Urlaubsregelung 2020. Dabei geht es nicht um „Zwangsurlaub" wie in Spanien,[25] aber Urlaub muss – so traurig das ist – als „Balkonien"-Urlaub genommen werden. Es kann nicht sein, dass ganz Deutschland Urlaub macht, wenn „es im Herbst wieder losgeht".
- Home-Office und Arbeitsnachweis/Zeit: Die Umsetzung der jüngsten EuGH-Rechtsprechung zur Arbeitszeit liegt plötzlich im Arbeitgeberinteresse!
- Gesundheitsschutz als „positive Maßnahme": Besondere Gesundheitsschutz-Maßnahmen für die „55+" (z. B. Vorrang bei Home-Office oder Back-Office).
- Rückkehr-Optionen in den erneuten „Lock Down", vorsorgliche Kurzarbeit nicht zu vergessen …

---

22 faz.net v. 27.3.2020, Bosch entwickelt Schnelltestgeräte für Corona, https://www.faz.net/aktuell/gesellschaft/bosch-entwickelt-schnelltestgeraete-fuer-corona-16699168.html?GEPC=s5 (zuletzt abgerufen: 3.4.2020).

23 welt.de, So rigide organisiert China das Leben nach der Ausgangssperre, https://www.welt.de/politik/ausland/article206835033/Coronavirus-in-China-So-sieht-Wuhans-neue-Normalitaet-aus.html (zuletzt abgerufen: 3.4.2020).

24 faz.net v. 28.3.2020, Seuchenschutz oder Datenschutz?, https://www.faz.net/aktuell/wirtschaft/digitec/seuchenschutz-oder-datenschutz-was-zaehlt-mehr-in-der-corona-krise-16701085.html?GEPC=s5 (zuletzt abgerufen: 3.4.2020).

25 tagesschau.de v. 28.3.2020, Spanien schickt Arbeitnehmer in „Zwangsurlaub", https://www.tagesschau.de/ausland/corona-pandemie-spanien-101.html (zuletzt abgerufen: 3.4.2020).

- … und leider wohl auch eine Personalanpassung an völlig veränderte Geschäftsmodelle. Wer wird die nächsten Monate/Jahre gerne reisen, übernachten, wer am Samstagvormittag die Innenstädte und Shopping Malls füllen und wer die Stadien und Opern usw.? Die digitale Revolution hat gerade erst begonnen …

Das sind alles – wie gesagt – nur erste Überlegungen, die auch nicht jeder teilen **27**
wird. Aber das Leben geht weiter – auch im Arbeitsrecht.

Literaturverzeichnis

Ascheid/Preis/Schmidt (Hrsg.)	Kündigungsrecht, Kommentar, 5. Aufl. 2017
Auernhammer	DSGVO/BDSG, Kommentar, 6. Aufl. 2018 (herausgegeben von Eßer/Kramer/von Lewinski)
Baeck/Deutsch	Arbeitszeitgesetz, Kommentar, 3. Aufl. 2014
Baeck/Deutsch/Winzer	Arbeitszeitgesetz, Kommentar, 4. Aufl. 2020
Bauer	Unzeitgemäßes Arbeitszeitgesetz, RAW 2016, 1
Bauer/Günther	Ungelöste Probleme bei Einführung von Kurzarbeit, BB 2009, 662
Bauer/Opolony	Arbeitsrechtliche Fragen bei Katastrophen, NJW 2002, 3503
Baumgartner/Hansch	Der betriebliche Datenschutzbeauftragte, ZD 2019, 99
Bayreuther	Mehr Flexibilität hinsichtlich des Arbeitsumfangs?, NZA-Beilage 2018, 103
Bayreuther	Betriebsbedingte Kündigung eines Leiharbeitnehmers nach Wegfall eines Auftrags, Besprechung des Urteils BAG v. 18.5.2006 – 2 AZR 412/05, RdA 2007, 176
Besgen	Krankenhausarbeitsrecht, 2. Aufl. 2016
Bischof	Mitbestimmung bei Einführung und Abbau von Kurzarbeit, NZA 1995, 1021
Boecken/Düwell/Diller/Hanau (Hrsg.)	Gesamtes Arbeitsrecht, Kommentar, 2016 (zit.: NK-ArbR/*Bearbeiter*)
Bonanni	Die Folgen von Corona für Arbeitnehmer und Arbeitgeber – Ein Special mit vielen Informationen, Handlungsoptionen und Praxistipps, ArbRB 2020, S1
Bonnani/Kamps	Daten- und arbeitsschutzrechtliche Anforderungen an Home-Office-Vereinbarungen, ArbRB 2014, 83
Brand	Sozialgesetzbuch – Arbeitsförderung SGB III, Kommentar, 8. Aufl. 2018

Brink/Joos	Reichweite und Grenzen des Auskunftsanspruchs und des Rechts auf Kopie, ZD 2019, 483
Brune	Weiterbildung im digitalen Wandel, SPA 2018, 161
Bundesamt für Bevölkerungsschutz und Katastrophenhilfe/ Regierungspräsidium Stuttgart – Landesgesundheitsamt	Handbuch Betriebliche Pandemieplanung, 2. Aufl. 2010
Burger (Hrsg.)	TVöD/TV-L – Tarifverträge für den öffentlichen Dienst, Kommentar, 4. Aufl. 2020
Butz/Pleul	Elektronische Betriebsratsbeschlüsse, AuA 2011, 213
Dahl	Das Beschäftigungsrisiko in der Zeitarbeit, DB 2006, 2519
Dahl	Betriebsbedingte Kündigung eines Leiharbeitsverhältnisses wegen Auftragsmangels, DB 2003, 1626
Dahl/Düwell	Auswahlverschulden in der Arbeitnehmerüberlassung, DB 2009, 1650
Däubler/Hjort/Schubert/ Wolmerath (Hrsg.)	Arbeitsrecht, Individualarbeitsrecht mit kollektivrechtlichen Bezügen, Handkommentar, 4. Aufl. 2017
Däubler/Kittner/Klebe/ Wedde (Hrsg.)	Betriebsverfassungsgesetz, 16. Aufl. 2018
Dausend	Der Auskunftsanspruch in der Unternehmenspraxis, ZD 2019, 103
Deter/Köhlert	Das Problem der Freistellung ehrenamtlicher Helfer in internationalen Hilfsinsätzen am Beispiel der Seuche „Ebola", MedR 2015, 332
Diederich/Faber	Arbeitsschutz: Mit Fachkunde und Teamwork, Gute Arbeit 2018/9, 8 ff.
Düwell (Hrsg.)	Betriebsverfassungsgesetz, BetrVG/EBRG/ WahlO, Kommentar, 5. Aufl. 2018
Dzida	Die Mitbestimmung des Konzernbetriebsrats bei Ethik-Richtlinien, NZA 2008, 1265

Engeler/Quiel	Recht auf Kopie und Auskunftsanspruch im Datenschutzrecht, NJW 2019, 2201
Eylert	Arbeitszeitschutz durch den Betriebsrat?, NZA-Beilage 2017, 95
Faas/Henseler	Speicherdauer und Aufbewahrungsfristen unter der DSGVO, BB 2018, 2292
Falter	Die Arbeitsleistung in der Pandemie, BB 2009, 1974
Feichtinger/Malkmus (Hrsg.)	Entgeltfortzahlungsrecht, Kommentar, 2. Aufl. 2010
Fitting (Hrsg.)	BetrVG, Kommentar, 30. Aufl. 2020
Fitting (Hrsg.)	BetrVG, Kommentar, 29. Aufl. 2018 (zit.: Fitting, BetrVG, 29. Aufl. 2018)
Fuhlrott	Arbeitsrechtliche Fragestellungen im Zusammenhang der Coronavirus-Epidemie, GWR 2020, 107
Fuhlrott	Umfang und Grenzen des arbeitnehmerseitigen Auskunftsanspruchs nach Art. 15 DS-GVO, GWR 2019, 157
Fuhlrott/Fischer	Corona: Virale Anpassungen des Arbeitsrechts, NZA 2020, 345
Fündling/Sorber	Arbeitswelt 4.0 – Benötigt das BetrVG ein Update in Sachen digitalisierte Arbeitsweise des Betriebsrats?, NZA 2017, 552
Gagel	SGB II/SGB III – Grundsicherung und Arbeitsförderung, Kommentar (Loseblattsammlung), 76. EL 2019
Ganz/Thomas	Die Ankündigung von Personalentwicklungsmaßnahmen – arbeitsrechtliche Erwägungen (Teil 1), ArbRAktuell 2013, 119
Germelmann/Matthes/ Prütting (Hrsg.)	Arbeitsgerichtsgesetz, 9. Aufl. 2017
Giesen/Kreikebohm/Rolfs/ Udsching (Hrsg.)	BeckOK Sozialrecht, 55. Edition. Stand: 1.12.2019
Glunz	Psychologische Effekte beim gerichtlichen Einsatz von Videotechnik, 2012

Gola Der „neue" Beschäftigtendatenschutz nach § 26 BDSG n. F., BB 2017, 1462

Gola (Hrsg.) Datenschutz-Grundverordnung – VO (EU) 2016/679, Kommentar, 2. Aufl. 2018

Gola/Heckmann (Hrsg.) Bundesdatenschutzgesetz, Kommentar, 13. Aufl. 2019

Göpfert/Brune Moderne Führungsinstrumente auf dem arbeitsrechtlichen Prüfstand, NZA-Beilage 2018, 87

Göpfert/Lausberg Brauchen wir ein Transformations-Kurzarbeitergeld? – 10 Thesen zur Förderung von Re-Qualifizierung, ZIP 2019, 1270

Göpfert/Seier Die „Transformations-Einigungsstelle": Inhalt und Grenzen eines „Qualifizierungs-Sozialplans", NZA 2019, 588

Göpfert/Seier „Qualifizierungsbetriebe" als Alternative zum Personalabbau?, NZA 2018, 1439

Göpfert/Wenzler Erzwingbarer „Qualifizierungs"-Sozialplan?, NZA 2020, 15

Grandjot/Schulz Die virtuelle Personalratssitzung – Zulässigkeit von Videokonferenzen nach dem Bundespersonalvertretungsgesetz, NZA-RR 2017, 393

Grimm Kurzarbeitergeld bei Nichtbeschäftigung und Betriebsstörungen aufgrund Corona (SARS-Covid 19) – Mit vielen Tipps für die Antragstellung und gestaltende Beratung, ArbRB 2020, 97

Grobys/Panzer-Heemeier (Hrsg.) StichwortKommentar Arbeitsrecht, 3. Aufl. 2019

Groß/Gressel Kündigungen als Folge von Digitalisierung und Automatisierung, DB 2016, 2355

Günther/Böglmüller/Mesina Digitale Betriebsratsarbeit – Gesetzlicher Rahmen und Reformbedarf, NZA 2020, 77

Hanau/Hoff Annahmeverzug bei flexibler Arbeitszeit, insbesondere bei Arbeitszeitkonten, NZA 2015, 1169

Henkel/Hagemeier Mitwirkungs- und Mitbestimmungsrechte des Betriebsrates in Angelegenheiten der außertariflichen Angestellten , BB 1976, 1420

Henssler/Moll/Bepler (Hrsg.)	Der Tarifvertrag, 2. Aufl. 2016
Hess/Worzalla/Glock/Nicolai/Rose/Huke (Hrsg.)	Kommentar zum Betriebsverfassungsgesetz, 10. Aufl. 2018
Holthaus/Koch	Auswirkungen der Reform des Zivilprozessrechts auf arbeitsgerichtliche Verfahren, RdA 2002, 140
Hümmerich/Reufels (Hrsg.)	Gestaltung von Arbeitsverträgen und Dienstverträgen für Geschäftsführer und Vorstände, 4. Aufl. 2019
Jacobs	Reformbedarf im Arbeitszeitrecht, NZA 2016, 733
Jesgarzewski/Holzendorf	Zulässigkeit virtueller Betriebsratssitzungen, NZA 2012, 1021
Jordan/Bissels/Löw	Ist der Betriebsrat zur Speicherung von Arbeitnehmerdaten berechtigt? Arbeitnehmerdaten, Beschäftigtendatenschutz, Betriebsrat, Erhebung, Nutzung, Personenbezogene Daten, Verarbeitung, BB 2010, 2889
Joussen	Kollektivrechtliche Aspekte des Arbeitnehmerdatenschutzes, ZfA 2012, 235
Jung/Hansch	Die Verantwortlichkeit in der DS-GVO und ihre praktischen Auswirkungen, ZD 2019, 143
Kiel/Lunk/Oetker (Hrsg.)	Münchener Handbuch zum Arbeitsrecht, Bd. 1: Individualarbeitsrecht I, 4. Aufl. 2018
Kiel/Lunk/Oetker (Hrsg.)	Münchener Handbuch zum Arbeitsrecht, Bd. 3: Kollektives Arbeitsrecht I, 4. Aufl. 2019 (zit.: Bearbeiter, in: MHdB ArbR)
Kiel/Lunk/Oetker/Richardi/Wlotzke/Wißmann (Hrsg.)	Münchener Handbuch zum Arbeitsrecht, Bd. 4: Kollektives Arbeitsrecht II, 4. Aufl. 2018
Kleinebrink	Arbeitgeber und Betriebsrat als „Verantwortliche“ im neuen Datenschutzrecht?, DB 2018, 2566
Klemm/Kornbichler/Neighbour u. a. (Hrsg.)	Beck'sches Formularbuch Arbeitsrecht, 4. Aufl. 2020 (zit.: *Bearbeiter*, in: BeckFormBArbR)
Klimkhammer/Peters	Fortbildungsvereinbarungen – eine nützliche Investition mit Risiken, ArbRAktuell 2015, 369

Knickrehm (Hrsg.)	Gesamtes Soziales Entschädigungsrecht, Handkommentar, 1. Aufl. 2012
Kocher	Diskontinuität von Erwerbsbiografien und das Normalarbeitsrecht – Der Umgang mit Unsicherheiten, NZA 2010, 841
Kohn	Der Schadensersatzanspruch nach Art. 82 DS-GVO, ZD 2019, 498
Kohte/Faber/Feldhoff (Hrsg.)	Gesamtes Arbeitsschutzrecht, 2. Aufl. 2018 (zit.: HK-ArbSchR/*Bearbeiter)*
Kollmer/Klindt/Schucht	ArbSchG – Arbeitsschutzgesetz mit Arbeitsschutzverordnungen, 3. Aufl. 2016
Kort	Neuer Beschäftigtendatenschutz und Industrie 4.0, RDA 2018, 24
Kort	Ethik-Richtlinien im Spannungsfeld zwischen US-amerikanischer Compliance und deutschem Konzernbetriebsverfassungsrecht (BAG, NJW 2008, 3731), NJW 2009, 129
Kort	Der Beschäftigtendatenschutz gem. § 26 BDSG-neu, ZD 2017, 319
Kort	Schranken des Anspruchs des Betriebsrats auf Information gem. § 80 BetrVG über Personaldaten der Arbeitnehmer, NZA 2010, 1267
Kramer (Hrsg.)	IT-Arbeitsrecht, 2. Aufl. 2019
Krause	Herausforderung Digitalisierung der Arbeitswelt und Arbeiten 4.0*, NZA-Beilage 2017, 53
Krois	Maßnahmen zur Sicherung der Funktionsfähigkeit der Betriebsverfassung während der Covid-19-Pandemie – Austausch von Erklärungen, wirksame Beschlussfassung des Betriebsrats und flankierende Maßnahmen, DB 2020, 673
Kühling/Buchner (Hrsg.)	Datenschutz-Grundverordnung, Bundesdatenschutzgesetz: DS-GVO/BDSG, Kommentar, 2. Aufl. 2018
Kurzböck/Weinbeck	Die datenschutzrechtliche Verantwortlichkeit des Betriebsrats, BB 2020, 500
Küttner	Personalbuch 2019, 26. Aufl. 2019

Lackner/Kühl	Strafgesetzbuch: StGB, Kommentar, 29. Aufl. 2018
Lakies	Das Weisungsrecht des Arbeitgebers (§ 106 GewO) – Inhalt und Grenzen, BB 2003, 364
Landmann/Rohmer (Hrsg.)	Landmann/Rohmer, GewO, Kommentar, Loseblattsammlung, Stand: 82. EL Oktober 2019,
Lingemann/Chakrabarti	Hilfe des BAG bei Ausschlussklauseln, NJW 2019, 978
Lukas/Dahl (Hrsg.)	Mitbestimmung in sozialen Angelegenheiten, Bd. 1: Arbeitszeit und Urlaub, 2016
Lunk/Rodenbusch	Die Haftung des Betriebsrats und seiner Mitglieder, NJW 2014, 1989
Meyer	Ankündigungsfristen bei kurzfristigen Dienstplanänderungen?, RDA 2019, 223
Moll (Hrsg.)	Münchner Handbuch zum Arbeitsrecht, 4. Aufl. 2019 (zit.: *Bearbeiter*, in: Moll, MHdB ArbR)
Müller	Homeoffice in der arbeitsrechtlichen Praxis, 2019
Müller-Glöge/Preis/Schmidt (Hrsg.)	Erfurter Kommentar zum Arbeitsrecht, 20. Aufl. 2020 (zit.: ErfK/*Bearbeiter*)
Oberthür/Seitz	Betriebsvereinbarungen, Handbuch, 2. Aufl. 2016
Peters	Das Weisungsrecht des Arbeitgebers, 1. Aufl. 2019
Pieper	ArbSchR – Arbeitsschutzrecht, 6. Aufl. 2017
Plath (Hrsg.)	DSGVO/BDSG, Kommentar zu DSGVO, BDSG und den Datenschutzbestimmungen des TMG und TKG, 3. Aufl. 2018
Pletke/Schrader/Siebert/Thoms/Klagges	Rechtshandbuch Flexible Arbeit, 2017
Pulte/Bigos	Betriebsvereinbarungen in der Praxis, 5. Aufl. 2019
Ribbeck	Personalmanagement in Sozialunternehmen, 2020
Richardi (Hrsg.)	Betriebsverfassungsgesetz, 16. Aufl. 2018

Röder/Gebert	Technologischer Wandel und Betriebsänderung – Bringen Industrie 4.0 und E-Mobilität den „Qualifizierungssozialplan"?, NZA 2017, 1289
Rolfs/Giesen/Kreikebohm/ Udsching (Hrsg.)	Beck'scher Online-Kommentar Arbeitsrecht, 55. Edition, Stand: 1.3.2020 (zit.: BeckOK ArbR/*Bearbeiter*)
Rolfs/Giesen/Kreikebohm/ Udsching (Hrsg.)	BeckOK Sozialrecht, 55. Edition, Stand: 1.12.2019, (zit.: BeckOK SozR/*Bearbeiter*)
Rolfs/Witschen/Veit/Hoff	Recht und Praxis der Arbeitszeitkonten, Handbuch, 3. Aufl. 2017
Säcker/Oetker	Tarifliche Kurzarbeits-Ankündigungsfristen im Gefüge des Individualarbeitsrechts und des kollektiven Arbeitsrechts, ZfA 1991, 131
Schaub	ArbR-HdB, 18. Aufl. 2019
Schmidl/Wolff	„Verantwortlicher" i. S. d. DSGVO?, AuA 2018, 696
Schmidt/Novara	Arbeitsrechtliche Aspekte der Pandemievorsorge und -bekämpfung, DB 2009, 1817
Schönke/Schröder	Strafgesetzbuch: StGB, Kommentar, 30. Aufl. 2019
Schüren/Hamann (Hrsg.)	Arbeitnehmerüberlassungsgesetz, Kommentar, 5. Aufl. 2018.
Sendelbeck	Betriebsrat und neue Medien, AiB 2013, 626
Simitis/Hornung/Spiecker gen. Döhmann (Hrsg.)	Datenschutzrecht, DSGVO mit BDSG, Kommentar, 2019
Spengler/Hahn/Pfeiffer(Hrsg.)	Betriebliche Einigungsstelle, Handbuch, 2. Aufl. 2019
von Steinau-Steinrück/Mosch	Arbeitsrechtliche Maßnahmen bei ausgebrochener Pandemie, NJW-Spezial 2009, 578
Stück	Pandemie – Praktische und arbeitsrechtliche Maßnahmen zur Vorbeugung und Bekämpfung, MDR 2009, 1209
Stück	Betriebsrat oder Geheimrat? Beschäftigtendatenschutz beim Betriebsrat, ZD 2019, 256
Stück//Wein	Influenza-Pandemie: Arbeitsort, Arbeitszeit und Mitbestimmung, AuA 2007, 345

Stück/Wein Influenza-Pandemie: Arbeitsort, Arbeitszeit und Mitbestimmung – Maßnahmen zeitig treffen, AuA 06/07, 345

Stück/Wein Arbeitsrechtliche Fragen – Gerüstet für die Vogelgrippe, AuA 2007, 282

Stück/Wein Die ärztliche Untersuchung des Arbeitnehmers – Voraussetzungen, Inhalt und Rechtsfolgen, NZA-RR 2005, 505

Teubert Die betriebsbedingte Kündigung von Leiharbeitnehmern, 2016

Thüsing (Hrsg.) Arbeitnehmerüberlassungsgesetz, 4. Aufl. 2018

Thüsing/Beden Betriebsratsarbeit 4.0: Die Betriebsratssitzung per Videokonferenz und die virtuelle Betriebsversammlung, BB 2019, 372

Thüsing/Rombey Die „schriftlich oder elektronisch" erteilte Einwilligung des Beschäftigten nach dem neuen Formerfordernis in § 26 II 3 BDSG, NZA 2019, 1106

Trittin Vergütungsanspruch gegen den Arbeitgeber bei Kurzarbeit, wenn das Arbeitsamt kein Kurzarbeitergeld zahlt, AiB 1991, 94

Ulrici Arbeitnehmerüberlassungsgesetz, 2017

Wahlig/Jeschke Betriebsbedingte Kündigung versus Kurzarbeit, NZA 2010, 607

Wenning-Morgenthaler Die Einigungsstelle, 6. Aufl. 2013

Wenzel/Wybitul Vermeidung hoher DS-GVO-Bußgelder und Kooperation mit Datenschutzbehörden, ZD 2019, 290

Weth/Thomae//Reichold Arbeitsrecht im Krankenhaus, 2. Aufl. 2011

Wiese/Kreutz/Oetker (Hrsg.) Gemeinschaftskommentar zum Betriebsverfassungsgesetz, 11. Aufl. 2018 (zit.: GK-BetrVG/*Bearbeiter*)

Wisskirchen/Bissels/Schmidt „Der unzeitgemäße Arbeitnehmer": Die Änderung von Anforderungen an Mitarbeiter als Kündigungsgrund, NZA 2008, 1386

Wybitul Immaterieller Schadensersatz wegen Datenschutzverstößen – Erste Rechtsprechung der Instanzgerichte, NJW 2019, 3265

Wybitul/Grützner Compliance nach 50 Millionen Euro DSGVO-Bußgeld, CB 2019, Heft 04, Umschlagteil, I

Wybitul/Haß/Albrecht Abwehr von Schadensersatzansprüchen nach der Datenschutz-Grundverordnung, NJW 2018, 113

Zippelius Juristische Methodenlehre, 11. Aufl. 2012